EV reinhardt

Nitza Katz-Bernstein

Selektiver Mutismus bei Kindern

Erscheinungsbilder, Diagnostik, Therapie

4., aktualisierte Auflage

Ernst Reinhardt Verlag München Basel

Prof. Dr. *Nitza Katz-Bernstein*, Beraterin, Supervisorin, Kinder- und Jugendlichenpsychotherapeutin (SPV, CH) und Logopädin, leitete das Zentrum für Beratung und Therapie und zusammen mit Dr. Katja Subellok das Sprachtherapeutische Ambulatorium an der Fakultät Rehabilitationswissenschaften der Universität Dortmund. Von der Autorin im Ernst Reinhardt Verlag außerdem lieferbar:

Katz-Bernstein/Meili-Schneebeli/Wyler-Sidler (Hg.): Mut zum Sprechen finden. Therapeutische Wege mit selektiv mutistischen Kindern. 2., aktualisierte Auflage ISBN 978-3-497-02330-1

Katz-Bernstein/Subellok (Hg.): Gruppentherapie mit stotternden Kindern und Jugendlichen. Konzepte für die sprachtherapeutische Praxis. ISBN 978-3-497-01622-8

Hinweis: Soweit in diesem Werk eine Dosierung, Applikation oder Behandlungsweise erwähnt wird, darf der Leser zwar darauf vertrauen, dass die Autorin große Sorgfalt darauf verwendet hat, dass diese Angabe dem Wissensstand bei Fertigstellung des Werkes entspricht. Für Angaben über Dosierungsanweisungen und Applikationsformen oder sonstige Behandlungsempfehlungen kann vom Verlag jedoch keine Gewähr übernommen werden. – Die Wiedergabe von Gebrauchsnamen, Handelsnamen, Warenbezeichnungen usw. in diesem Werk berechtigt auch ohne besondere Kennzeichnungen nicht zu der Annahme, dass solche Namen im Sinne der Warenzeichen- und Markenschutz-Gesetzgebung als frei zu betrachten wären und daher von jedermann benutzt werden dürften.

Bibliografische Information der Deutschen Bibliothek

Die Deutsche Bibliothek verzeichnet diese Publikation in der Deutschen Nationalbibliografie; detaillierte bibliografische Daten sind im Internet über <http://dnb.ddb.de> abrufbar.
ISBN 978-3-497-02530-5 (Print)
ISBN 978-3-497-60209-4 (E-Book)

4., aktualisierte Auflage

© 2015 by Ernst Reinhardt, GmbH & Co KG, Verlag, München

Printed in Germany
Reihenkonzeption Umschlag: Oliver Linke, Augsburg
Covergestaltung unter Verwendung von Fotos von Familie Katz-Bernstein, Bülach/Schweiz.
Satz: ew print & medien service gmbh, Würzburg

Ernst Reinhardt Verlag, Kemnatenstr. 46, D-80639 München
Net: www.reinhardt-verlag.de Mail: info@reinhardt-verlag.de

Inhalt

Eine kleine Vorgeschichte 9
Einleitung 13

Teil I   Theoretische Zugänge 23

1   Was ist (selektiver) Mutismus? 24
1.1   Definition und Erscheinungsbild 24
1.2   Diagnostische Kriterien 27
1.3   Mutismusarten 28
1.4   Epidemiologie, Co-Morbidität und Risikofaktoren 30
1.5   Beitrag zur Ätiologie: Warum schweigen Kinder?
         Die Unfähigkeit, die Fremdheit zu überwinden 35

2   Linguistische und entwicklungspsychologische
         Zugänge
         *Wie sich das Sprechen und das (selektive) Schweigen
         entwickeln* 39
2.1   Warum ein entwicklungspsychologischer Zugang? 39
2.2   Spracherwerb und Sprachentwicklung
         Sozial-interaktive Position 40
2.2.1   Kommunikations- und Dialogstrukturen
         Wie lernt man zu kommunizieren? 42
2.2.2   Trianguläre Prozesse
         Anforderungen meistern können 46
2.2.3   Innere Repräsentation
         Die Kraft der Vorstellung und der Bewertung 50
2.2.4   Symbolisierung und narrative Organisation
         Erwerb narrativer Kompetenzen 54
2.2.5   Trennung zwischen innerem und äußerem Dialog
         Strategien der Konversation 57
2.2.6   Verinnerlichte Wertmaßstäbe
         Regulierung des eigenen Verhaltens 59
2.3   Zusammenfassung 62

Teil II Diagnostik und Koordination der Therapie 63

1 Diagnostische Erhebungen
Wie kann ein (selektiver) Mutismus erfasst werden? 64

2 Setting und „Case Management"
Wer, was, wo, wann und wozu? 70

3 Erhebung von therapierelevanten Daten 73

Teil III Therapeutische Zugänge und Wirkfaktoren 85

1 Therapeutische Haltung 86

1.1 Druck ausüben oder gewähren lassen?
*Die Gestaltung der therapeutischen Beziehung als
„Scaffolding"-Prinzip* 87

1.2 Beziehungsgestaltung und Motivation 88

1.3 Modelle, Techniken, Trainingsprogramme 94

1.4 Integrative Prinzipien für die therapeutische Arbeit 95

2 Therapiegestaltung 97

2.1 Klärung des Therapieauftrages
Umgang mit ambivalenten Botschaften 97

2.2 Trennung von Bezugspersonen
Mama bleibt draußen! 102

2.3 „Safe Place"
Der sichere Ort als Ausgangspunkt 106

2.4 Stärkung des „Alter Ego"
„Beweise mir, dass ich okay bin, so wie ich bin!" 112

2.5 Durchhaltevermögen
Arbeit ohne Response 117

Teil IV Nonverbal kommunizieren 119

1 Aufbau eines kommunikativen Verhaltens
„Turn-taking" 120

2 Arbeit mit Puppen und Übergangsobjekten
Eine Hütte für den Bären 122

3 Das Märchenheft mit den Sprechblasen
„Jaul, Kabumm, Seufz..." 126

4 Sprachtherapeutische Maßnahmen
Sprachaufbau ohne Sprechen 129

5 Symbolisierung und narrative Verarbeitung
Erzählen ohne Sprache 134

5.1	Das Symbolspiel als therapeutische Intervention	134
5.2	Die Aktualität des therapeutischen Symbolspiels	136
5.3	Die therapeutische Rolle beim Symbolspiel	138
5.4	Exkurs: Entwicklungsdiagnostik des Symbolspiels	142
6	Aggressionen zähmen im Symbol- und Rollenspiel	146

Teil V   Aufbau der verbalen Kommunikation ... **153**

1	Lärmend kommunizieren	154
2	Erste Worte	157
2.1	Das erste Wort des Vorschulkindes *Die Kunst der Unterstellung*	157
2.2	Das erste Wort des Schulkindes *Hierarchie des Ortes, der Personen und der Sprechweise*	162
3	Arbeit mit dem Tonband	170
4	Schattensprechen und Zugzwänge	172
5	Die Arbeit mit „Ego-States", „inneren Stimmen" oder „Introjekten"	176
6	Hausaufgaben	180
7	Transfer: Die Generalisierung des Sprechen-Könnens	185
8	Krise und Widerstand	188
9	Ende der Therapie: Evaluation und Abschied	193

Teil VI   Zusammenarbeit mit Angehörigen und Fachleuten ... **197**

1	Familie und Schweigen	198
2	Die Zusammenarbeit mit Eltern und Angehörigen	202
2.1	Grundsätze für die Arbeit mit Eltern	202
2.2	Besonderheiten in der Zusammenarbeit	204
2.3	Themen, die Eltern oft beschäftigen	206
2.3.1	Umgang mit Wutausbrüchen und aggressivem Verhalten des Kindes	207
2.3.2	Beratung bezüglich einer begleitenden Medikation	212
2.3.3	Wenn Gewalt oder Missbrauch vermutet wird	215
3	Mutismus und Schule	217
4	Zusammenarbeit mit weiteren Fachleuten	219

Teil VII Fallbericht 225

Lui, die Klasse und ich
Der gemeinsame Weg aus dem Schweigen
Von Ruth Marosi 226

Zusammenfassung der Fallbeispiele 236

Literatur 244

Sachregister 260

Eine kleine Vorgeschichte

Als ich meine therapeutische Arbeit nach 22 Jahren zugunsten der Arbeit an der Universität Dortmund aufgab, nahm ich mir vor, ein Buch über die Therapie von (selektiv) mutistischen Kindern zu schreiben. Zu sehr hat mich die Arbeit mit ihnen beeindruckt, geprägt und fasziniert, um nicht die Erfahrungen weitergeben zu wollen. Die Arbeit in Dortmund nahm mich sehr in Anspruch. Neben der Routine der Hochschule musste das Sprachtherapeutische Ambulatorium umziehen und der neue, modularisierte Diplomstudiengang „Pädagogik und Rehabilitation bei Sprach-, Kommunikations- und Hörstörungen" musste etabliert werden. Durch Kooperationen mit dem Ausland kamen neue Forschungen und Projekte zustande.

Seit Beginn meiner Leitung des Sprachtherapeutischen Ambulatoriums begleitete mich der Traum, eine Anlaufstelle für Kinder mit (selektivem) Mutismus zu verwirklichen. Ich wusste, dass es für diese Kinder zu wenig informierte und spezialisierte Stellen gibt. Ich wusste aber auch, wie anspruchsvoll und intensiv sich die Therapie der Kinder und die Zusammenarbeit mit Angehörigen und Therapeuten gestaltet.

Eine empirische Erhebung von zwei Lehramtskandidatinnen über die Verbreitung des Mutismus in öffentlichen Schulen in NRW (Konrad/ Kunze 2002) brachte einen neuen Aufschwung mit sich. Der Bedarf an Informationen und Therapien war offensichtlich. Daraufhin veranstalteten wir an der Universität Dortmund im Rahmen des Sprachtherapeutischen Ambulatoriums einen Informationsabend für Fachleute und betroffene Eltern. Und es erreichten uns erste gezielte Anfragen nach Informationen und Therapie. Die Zeit war reif, motivierte und geschulte Mitarbeiterinnen waren da, und so wurde die Anlaufstelle „Mutismus-Netz" im Ambulatorium gegründet. Mittlerweile kann das Sprachtherapeutische Ambulatorium der Universität Dortmund auf eine therapeutische und beraterische Tätigkeit bei über 200 Fällen von selektivem Mutismus bei Kindern und Jugendlichen zurückblicken. Viele der therapeutischen Bausteine, die in diesem Buch beschrieben werden, wurden in Weiterbildungen und Supervisionen an die zuständigen Therapeuten vermittelt und fließen nun in die praktische Arbeit mit den Kindern ein. Das Konzept wurde weiterentwickelt, „DortMuT" entstand.

Als ich einer Schulpsychologin von dem entstehenden Buch berichtete, erzählte sie mir begeistert von einer Lehrerin, die durch pädagogisch geschickte Interventionen ein selektiv mutistisches Kind bei sich in der Klasse zum Reden brachte. Diesen Bericht wollte ich unbedingt in mein Buch aufnehmen, da er meine interdisziplinäre Einstellung in Bezug zum Mutismus auf die beste Weise unterstützte und zeigte, dass ein geschickter

Umgang mit pädagogischen Maßnahmen zum Ziel führen kann. Den Bericht von Frau Marosi finden Sie am Ende dieses Buches. An dieser Stelle möchte ich Frau Marosi sehr danken. Ein ganz besonderer Dank gebührt der Leiterin des Ambulatoriums PD Dr. Katja Subellok sowie Kerstin Bahrfeck-Wichitill und dem gesamten Team, die die Arbeit mit selektiv-mutistischen Kindern und Jugendlichen in Forschung, Lehre, Therapie und Beratung mit Engagement und Begeisterung auch ohne mich weiterführen, da ich in der Zwischenzeit in Ruhestand getreten bin.

Seit 2005, dem Erscheinungsjahr der 1. Auflage dieses Buches, hat sich im Bereich des selektiven Mutismus viel getan. Ein aktuelles Thema in der Forschung bezieht sich auf die Frage, ob selektiver Mutismus als ein Phänomen zu betrachten ist, das zur Gruppe der sozialen Phobien oder Angststörungen gezählt werden kann. Hierzu werden in der vorliegenden 3. Auflage aktuelle Literaturquellen mit einbezogen. Auch Ergebnisse einer der weltweit ersten (aus der Schweiz stammenden) Längsschnittstudie zum Selektiven Mutismus ist zwischenzeitlich erschienen (Steinhausen 2006). Rege internationale Forschungstätigkeit ist zu verzeichnen, die sich Fragen der Co-Morbidität, der Differentialdiagnostik, des familiären und kulturellen Hintergrunds bei Selektivem Mutismus annimmt. Ein Beispiel hierzu ist die Dissertation von Anja Starke (2015).

Die hier vertretene therapeutische Intention, selektiv-mutistische Kinder in Handlungen, Rollen und Interaktionen einzubinden, wird durch neuere Spracherwerbstheorien, wie sie von Tomasello (2009; 2010) und Pellegrini (2009; 2010) sowie im deutschsprachigem Raum von Andresen (2002; 2005) vertreten werden, weiter bekräftigt.

Eine weitere erfreuliche Nachricht: Die 3. Auflage dieses Buches ist auch in englischer Sprache erhältlich. Damit ist dieses Werk für weitere Sprachräume zugänglich.

Grundlegende Erkenntnisse führen das Entwicklungsrisiko von selektiv-mutistischen Kindern deutlich vor Augen und bestätigen sowohl, die Sprachtherapie als zuständige Fachdisziplin einzubeziehen, als auch den hier vertretenen interdisziplinären und integrativen Ansatz, den wir im Team des Sprachtherapeutischen Ambulatoriums der Technischen Universität Dortmund seit 1995 praktizieren. Diesen Ansatz haben wir kürzlich auf *DortMuT* getauft – *Dortmunder Mutismus-Therapie* (Subellok et al. 2011). In unserem fallbezogenen Buch „Mut zum Sprechen finden" (Katz-Bernstein et al. 2012) wird diese interdisziplinäre Ausrichtung konkretisiert.

Im Ambulatorium an der Technischen Universität Dortmund, seit meinem Ruhestand nun unter der Gesamtleitung von PD Dr. Katja Subellok, hat sich das *Netzwerk-Mutismus* für Forschung, Weiterbildung und Therapie unter der Leitung von Kerstin Bahrfeck-Wichitill stark ausgeweitet und etabliert.

Auch in Fachkreisen, mit denen wir in Dortmund in Verbindung stehen, sind erfreuliche Entwicklungen zu verzeichnen; Studienstätten integrieren vermehrt den selektiven Mutismus in ihre Studienprogramme, Studienstätten und Praxen verzahnen sich in Forschungs- und Weiterbildungsaktivitäten. Eine beachtliche Zahl neuerer, deutschsprachiger Literatur ist erschienen (Brand 2009; Garbani 2009; Hartmann 2010 u. a.), eine neue Fachzeitschrift „*Mutismus.de*" für Therapie, Forschung und Selbsthilfe der Mutismus Selbsthilfe Deutschland e. V. (www.mutismus.de) wird herausgegeben, federführend durch B. Hartmann und M. Lange. Auch in der Schweiz hat sich die IG-Mutismus (unter www.mutismus.ch erreichbar, unter der Leitung von Sandra Melliger und Beat Schweizer) gut etabliert. Weitere Übersichten zu unterschiedlichen Ländern im Heft mutismus.de, 2014/6. All diese Entwicklungen tragen zu neuen Erfahrungswerten bei und verankern den selektiven Mutismus im Handlungsfeld der Sprachtherapie im Einklang mit internationalen Entwicklungsbestrebungen als unverzichtbare Fachdisziplin neben Psychotherapie und Psychiatrie.

Zuletzt noch zwei Bemerkungen: Die Literatur der Hirnforschung, mit der ich mich in den letzten Jahren intensiv beschäftigte, kann meine langjährigen therapeutischen Erkenntnisse sowie die Entwicklungs- und Spracherwerbstheorien, auf die ich mich stütze, auf faszinierende Weise bestätigen. Deshalb habe ich vor manchen Kapiteln Zitate aus der Literatur zur Hirnforschung eingestreut, um den Zusammenhang mit selektivem Mutismus zu verdeutlichen und mit therapeutischen Erfahrungen zu vernetzen.

Die zweite Bemerkung betrifft die Berufsbezeichnungen: Ich verwende die weibliche Form im Text, wenn mehr Frauen in dem Beruf arbeiten, die männliche Form, wenn mehr Männer in einem Beruf tätig sind. Ist die Verteilung gleich, verwende ich die weibliche und die männliche Form abwechselnd.

Zürich, im Januar 2015
Nitza Katz-Bernstein

Einleitung

Dieses Buch hat den Anspruch, allgemeine Informationen über (selektiven) Mutismus bei Kindern zu vermitteln. Sein Hauptanliegen ist es aber, Therapeuten unterschiedlicher Fachrichtungen und Pädagoginnen, die mit (selektiv) mutistischen Kindern verschiedener Altersstufen therapeutisch arbeiten bzw. diese unterrichten oder betreuen, vielfältige, konkrete therapeutische und rehabilitative Zugänge und Arbeitsinstrumente zu eröffnen. Es erläutert Therapiebausteine, Prozesse sowie störungsbildbezogene Spezifitäten. Je nach individuellem Bedarf und Indikation des Kindes, gemäß den erworbenen Kompetenzen, Möglichkeiten und Zuständigkeiten des Psychotherapeuten, Logopäden oder Sprachtherapeuten sowie der Erzieherin oder der Lehrerin, die für das Kind zuständig ist, soll die Therapie bzw. Förderung abgestimmt werden können.

Für Therapeutinnen und Therapeuten mit mehr Erfahrung soll das Buch eine Erweiterung ihrer eigenen Zugänge, oder aber eine Bestätigung, Vertiefung und/oder Einordnung der eigenen Interventionen ermöglichen. Denn wie Hartmann (1997), Bahr (1996) und Schoor (2002) betonen, sind die Kasuistik und die Einzelfall-Dokumentation bei dieser Störung besonders wichtig und wertvoll. Nur sie können das therapeutische Vorgehen konkretisieren und zur Überwindung von Ratlosigkeit, Rückschritten und Stagnation, die in der Natur des therapeutischen Weges mit diesen Kindern liegen, beitragen.

Jahrelange praktische Erfahrung, die in diesem Buch zum Ausdruck kommt, sowie supervisorische Begleitung und Beratung von Therapeuten, Erzieherinnen und Lehrern bei ihren therapeutischen und pädagogischen Bemühungen zeigen, wie krisen- und störanfällig sich die Arbeit mit diesen Kindern gestalten kann. Daher sind gesicherte Informationen sowie eine fachliche Begleitung und Unterstützung zumindest dann, wenn wenig Erfahrung mit der Arbeit mit (selektiv) mutistischen Kindern vorhanden ist, unerlässlich. Dieses Buch soll einen Baustein einer solchen fachlichen Begleitung bilden.

Darüber hinaus soll dieses Buch ein Beispiel für integrative Zugänge sein über jeglichen Schulenstreit und über unterschiedliche Fachkompetenzen hinaus (im Sinne von Miller et al. 2000; Fiedler 2000; Metzmacher et al. 1996; Metzmacher/Wetzorke 2004). Der (selektive) Mutismus als konkretes Störungsbild im Kindesalter meldet in seiner Vielschichtigkeit und Komplexität einen Handlungsbedarf an, an dem die Notwendigkeit der Integration deutlich wird.

Meine langjährige therapeutische und supervisorische Arbeit mit Kindern mit (selektivem) Mutismus ließ in mir die Überzeugung wachsen, dass diese Kinder spezifische Zugänge brauchen. Die folgenden Faktoren sprechen dafür.

1. Komplexität und Interdisziplinarität der Störung
2. Ansiedlung der therapeutischen Maßnahmen zwischen Psychiatrie, Psychotherapie, Sprachtherapie, Sonder- und/oder Integrativer Pädagogik
3. Notwendige Berücksichtigung unterschiedlicher theoretischer Ansätze für die Therapie
4. Erforderlicher Einsatz von besonderen therapeutischen Medien
5. Arbeit mit dem fast immer vorhandenen Widerstand
6. Spezieller Umgang mit kindlichen Ängsten und Ambivalenzen
7. Besonderheit sprachtherapeutischer und sprachaufbauender Arbeit mit nicht-sprechenden Kindern
8. Notwendigkeit von „idiographischen", interaktiven und psychodynamisch orientierten Zugängen
9. Gestaltung bzw. Abgrenzung der Arbeit mit Eltern und Angehörigen, der Hilfen bei Milieuwechsel, bei Heim- oder stationärer Unterbringung

1. Komplexität und Interdisziplinarität der Störung: (Selektiver) Mutismus liegt an der Schnittstelle von Medizin, Kinder- und Jugendpsychiatrie, Psychotherapie, Sprach- und Kommunikationstherapie, Pädagogik, Sonderpädagogik, Sozialpädagogik und Sozialarbeit (Hartmann 1997; Sharkey/McNicholas 2008). Die jeweilige Entscheidung, welche therapeutischen, pädagogischen und/oder psychiatrischen Interventionen vorgenommen werden sollen, wie sie zu konkretisieren und zu koordinieren sind, bedarf eines abgestimmten Case Managements. Sein Fehlen vermindert wesentlich die Chancen für Rehabilitation und Therapieerfolg, die als Prävention vor der Pubertät von großer Bedeutung sind.

2. Ansiedlung der therapeutischen Maßnahmen zwischen Psychotherapie, Sprachtherapie, Sonder- und/oder Integrativer Pädagogik: Eine der Schwierigkeiten in der Gestaltung der Therapie liegt in der Abgrenzung zwischen den Fachdisziplinen, die als rehabilitative und therapeutische Maßnahmen zu wählen sind. Der Kinder- und Jugendpsychiater, bei dem ein (selektiv) mutistisches Kind vorstellig wird, ist darauf angewiesen, mit unterschiedlichen Fachleuten zusammenzuarbeiten. In einem weiteren Schritt ist der Arzt darauf angewiesen zu wissen, ob der Therapeut sich eine Arbeit mit dem (selektiv) mutistischen Kind und seinen Angehörigen zutraut und ob er bereit ist, die Verantwortung zu übernehmen. Dazu kommen Schwierigkeiten bei der Diagnose. Zu Beginn der Therapie eines Psychotherapeuten ist eine Diagnostik notwendig, die den Stand der Sprachentwicklung und/oder des Sprachverständnisses ermittelt durch Befragung der Eltern und/oder häusliche Aufnahmen. Eine genaue Diagnostik und Abgrenzung der Störung ist meistens schwierig und bedarf oft des Einbezugs eines Sprachtherapeuten. Damit neben dem (selektiven) Mutismus eine zusätzliche Sprachentwicklungsverzögerung oder/und eine andere Sprachstörung diagnostiziert werden kann, was laut unterschiedlicher Quellen häufig der Fall sein kann (Rösler 1981; Lempp 1982; Kristensen 2000; Cunningham 2004; McInnes 2004; Manassis et al. 2007; Sharkey/McNicholas 2008), ist die Berücksichtigung des sprachtherapeutischen Aspekts während der Psychotherapie unerlässlich.

Die Sprachtherapeutin hingegen sieht sich mit psychischen und entwicklungspsychologischen Besonderheiten und Auffälligkeiten konfrontiert, die sie in diesem Ausmaß und Schweregrad selten therapeutisch zu berücksichtigen hat. Auch die systemische Arbeit, d. h. der Einbezug der Eltern, Erzieherinnen und Lehrpersonen, stellt die Sprachtherapeutin vor besondere, transdisziplinäre Ansprüche. Gegebenenfalls muss sie die Beratungsarbeit mit den Eltern abgeben (siehe dazu Katz-Bernstein/Subellok 2009; Subellok et al. 2012).

Um ein (selektiv) mutistisches Kind in der Schule optimal fördern zu können, sind die zuständigen Schulbehörden und Lehrkräfte auf die oben genannte, psychologische und sprachtherapeutische Diagnostik angewiesen. Ohne eine aktive, abgestimmte Zusammenarbeit mit den Lehrern ist es undenkbar, das Symptom anzugehen oder die in der Therapie errungenen, kommunikativen und sprachlichen Verhaltensmuster zu manifestieren und zu generalisieren. Daher sind der gegenseitige Informationsaustausch und vor allem die Koordination von kontinuierlichen Interventionen sowie die Aneignung von Spezialwissen aus anderen Fachdisziplinen nicht zu umgehen. Eine neuere Publikation aus dem angloamerikanischen Raum zeigt erweiterte Möglichkeiten der schulischen Betreuung dieser Kinder auf (Kearney 2010).

3. Notwendige Berücksichtigung unterschiedlicher theoretischer Ansätze für die therapeutischen Methoden: Anders als bei vielen anderen Störungen muss die Therapie von Kindern mit (selektivem) Mutismus unterschiedliche Bausteine umfassen, um erfolgreich zu sein (Katz-Bernstein 2002; Teil III–VI dieses Buch). Ungeachtet der fachlichen Zuständigkeiten sollen mögliche Therapieebenen vorgestellt werden, damit die Erwägungen für Therapie- und pädagogischen Alltag sowie Fördermaßnahmen gezielter vorgenommen werden können.

In diesem Buch sollen therapeutische Bausteine integriert werden, die sowohl unterschiedlichen psychotherapeutischen Schulen als auch unterschiedlichen Fachdisziplinen wie der Kinder- und Jugendlichenpsychotherapie als auch der Logopädie/Sprachheilpädagogik entstammen. Eine solche Integration wird heute, angesichts des Standes der Forschung von psychotherapeutischen Wirkfaktoren, fortwährend propagiert (Fiedler 2000; Metzmacher/Wetzorke 2004; Miller et al. 2000). Dabei wird kein Plädoyer für Kurztherapien gehalten, da diesen modern gewordenen Therapieformen keine wissenschaftliche Überlegenheit gegenüber anderen Methoden, was zeitliche Ressourcen betrifft, nachgewiesen werden konnte

(Miller et al. 2000, 24). Für die Therapien von (selektiv) mutistischen Kindern bleibt zu hoffen, dass sie der Forderung nach immer kürzeren Interventionen standhalten können.

Vielmehr strebt dieses Buch durch unterschiedliche Zugänge und gezielte Methodenintegration an, eine möglichst hohe Effizienz der Therapie zu erreichen. Kognitiv-behaviorale Anteile der Therapie scheinen nachweislich effizient zu sein (Bennett et al. 2013; Bergmann et al. 2013), weitere Studien, insbesondere für integrative Ansätze, stehen an.

Die *prozessualen Erhebungen von diagnostischen Daten* umfassen sowohl Daten aus Beobachtungen in der Schulklasse, als auch solche, die durch schulärztliche, schulpsychologische, psychotherapeutische oder logopädische Fachpersonen erhoben werden.

Das *Case Management* kann in einem interdisziplinären Team verwirklicht werden. Die *Klärung des Therapieauftrages, die Beziehungs- und Kommunikationsgestaltung* beinhaltet Elemente aus der systemischorientierten Psychotherapie. Sie wird jedoch in ein prozesshaftes, dialogisches Geschehen eingebaut und dadurch tiefenpsychologisch fundiert.

Der *Safe Place* ist eine Therapietechnik, die auf dem Konzept des „Sicheren Ortes" beruht. Sie stammt aus einer Übung, die durch Violett Oaklander bekannt geworden ist (1981), stützt sich auf die Theorie des intermediären Raumes von Winnicott (2002) und wurde als Konzept für die Arbeit von schwer traumatisierten Patienten ausgearbeitet (Reddemann 2001; Tinker/Wilson 2000; Greenwald 2001). Das Konzept des „Safe Place" wurde bei ängstlichen, mutistischen Kindern und/oder bei Kindern mit Sprachstörungen eingesetzt und für die Integrative Kinderpsychotherapie praxeologisch ausgearbeitet (Katz-Bernstein 1995).

Die *Stärkung des „Alter Ego"* ist der Individualpsychologie Adlers (1974) entlehnt, die die „Ermutigung" als wichtigen Teil der therapeutischen Arbeit erachtet.

Der *Aufbau eines kommunikativen Verhaltens* ist eine direktiv-übende, kognitiv-behaviorale, jedoch nichtverbale Art der Therapie, wie sie seit langen Jahren in der sprachtherapeutischen Arbeit mit sprachverzögerten (Franke 1996) oder mit stotternden Kindern erprobt worden ist (Katz-Bernstein 1982; 2003b).

Die *Arbeit mit Puppen und Übergangsobjekten* (Petzold 1983, Tarr Krüger 1995) entstammt der „Integrativen Therapie" und wurde für die psychotherapeutische Arbeit mit Kindern und Jugendlichen entwickelt (Petzold/Ramin 1991). Sie ist vor allem einsetzbar bei Kindern im Vorschulalter und in der unteren Primarschulstufe.

Die *sprachtherapeutischen Maßnahmen* entstammen der logopädischen Arbeit mit sprachentwicklungsverzögerten Kindern. Eine tiefenpsychologisch fundierte Sicht aus der Psychotherapie von Kindern und Jugendlichen ermöglicht den Einbezug der Ebene der *Symbolisierung und eine narrative Verarbeitung*. Auf diese Weise kann die Therapeutin zentrale

Themen des schweigenden Kindes mit Hilfe des Symbolspiels deuten, psychodynamisch in das Geschehen eingreifen und behutsam zu einer dialogischen Interaktion mit dem Kind gelangen.

Der Aufbau der verbalen Kommunikation (inkl. Transfer), die sich Schritt für Schritt des Symptoms annimmt, entstammt den kognitiv-behavioral orientierten Therapierichtungen und bedient sich beispielsweise der Erstellung von Sprech- und Schweigehierarchien, Desensibilisierungsübungen, u. a. m.

Die Arbeit mit inneren Stimmen ist eine Technik aus der Gestalttherapie (Perls 2002), (Watkins/Watkins 2003). Vorwiegend für Menschen mit traumatischen Erfahrungen wurde die Arbeit mit *Ego-States* entwickelt (Fritzsche/Hartman 2010). Durch den Einsatz von kreativen Medien wird diese Technik kindgemäß und spielerisch und kann in der therapeutischen Arbeit mit (selektiv) mutistischen Kindern und Jugendlichen eingesetzt werden.

Die Arbeit der *Geführten Imagination* ist eine Technik von Leuner, bekannt als „katatymes Bilderleben" (1986). Sie wird in der systemisch-orientierten Hypnotherapie mit Kindern (Mrochen 2001) sowie in der Integrativen Kinder- und Jugendlichenpsychotherapie (Katz-Bernstein 2003b) angewandt.

Die *Zusammenarbeit mit Angehörigen und Fachpersonen* leitet sich wiederum aus den systemisch-orientierten Strategien ab und zeigt sowohl Ideen und Besonderheiten in der Arbeit mit Eltern mutistischer Kinder, als auch die Möglichkeiten der Zusammenarbeit mit Lehrern und Sozialpädagogen, ärztlichen und behördlichen Fachpersonen (dazu Katz-Bernstein 2010b, Subellok/Katz-Bernstein 2006).

Andere Ideen und Anregungen stammen aus der eigenen langjährigen Arbeit mit Kindern sowie aus supervisorischer Arbeit, die mir Einblicke in hunderte von Therapien verschaffte. Sie entstanden auf der Suche nach Zugängen zu schwierig zu erreichenden Kindern. Viele dieser Anregungen wurden gemeinsam innerhalb von Supervisionsgruppen, die ich viele Jahre leitete, erarbeitet. Die Supervisionsgruppen betrafen die Bereiche Kinder- und Jugendlichenpsychotherapie, Logopädie/Sprachtherapie sowie Bewegungs- und Musiktherapie.

All diese Facetten, Techniken und Anregungen sind hier weniger additiv gemeint und sollen nicht zu einem mechanistischen, fragmentierten Vorgehen führen. Der sorgfältige Einbezug der kognitiven, behavioralen und emotionalen Prozesse der Therapeuten soll die Arbeit psychodynamisch-fundiert werden lassen. Dies soll den einzelnen Bausteinen der Therapie zu einem verbindenden und verbindlichen Rahmen verhelfen.

4. Einsatz von besonderen therapeutischen Medien: Die Arbeit mit einem sprachverweigernden Kind stellt einen Anspruch, der sowohl für Psychotherapeuten als auch für Sprachtherapeuten oft (noch) ungewöhnlich ist. An Fallbeispielen soll dem Leser der Einsatz von speziellen Medien und Techniken verdeutlicht werden.

5. Spezielle Arbeit mit dem fast immer vorhandenen Widerstand: Ein Therapeut, der mit (selektiv) mutistischen Kindern arbeitet, befindet sich oft in schwierigen Gemütsverfassungen, die aus der Resonanz („Gegenübertragung") eines körpersprachlichen Widerstands und der Verweigerung, die durch das Kind kommuniziert wird, entstehen. Um diese Interaktionsmuster und Prozesse zu erkennen und zu verstehen, sind besondere therapeutische Qualitäten notwendig, die zum großen Teil lernbar sind. Durch Literatur, Kasuistik und Supervision kann die Sensibilität für den Umgang mit diesen Kommunikationsmustern entwickelt werden. Ich erachte die Berücksichtigung dieser Ebene im Umgang mit mutistischen Kindern als unerlässlich, da die Störung sich in dieser speziellen Körpersprache manifestiert.

6. Wissen, wie man mit kindlichen Ängsten und Ambivalenzen umzugehen hat: (Selektiver) Mutismus wird in der vorhandenen Literatur auch als Angststörung bezeichnet (Spasaro/Schaefer 1999) bzw. als deren comorbides Symptom, oder aber als Begleiterscheinung dazu (DIMDI 2014; DSM 2013; Chavira et al. 2007; Cunnigham et al. 2006; Kearney 2010; Kristensen 2000; Manassis et al. 2007; Steinhausen et al. 2006; Vecchio/Kearney 2005; Yeganeh et al. 2003). Der Umgang mit Angststörungen bedarf eines therapeutischen Wissens sowie besonderer therapiedidaktischer Zugänge. Es handelt sich immer wieder um eine Ambivalenz zwischen dem Befreit-werden-Wollen von dem Symptom und dem Verharren-Wollen im eigenen, vertrauten Verhaltensmuster. Denn dieses eingespielte, vertraute Verhalten stellt eine Angstbewältigungsstrategie dar, eine Lösung für Entwicklungsanforderungen, die das Kind nicht anders zu lösen weiß (Perednik 2011). Durch detaillierte Fallvignetten und Beispiele sollen Möglichkeiten zum therapeutischen Umgang mit den Ängsten und Ambivalenzen, die in der Natur dieses Phänomens liegen, nachvollziehbar werden.

7. Besonderheit sprachtherapeutischer und sprachaufbauender Arbeit mit nicht-sprechenden Kindern: Die Sprachdefizite, Sprachentwicklungsverzögerungen und -störungen, die, wie die Forschung auch immer wieder belegt, oft hinter einem mutistischen Verhalten stehen können (Bar-Haim et al. 2004; Cohan et al. 2006; Kearney 2010), bedürfen einer Spezialisierung, die Ähnlichkeiten mit der Arbeit mit nicht-sprechenden Menschen (AAC – Alternative Augmentative Communication) aufweist. Anders jedoch als bei nicht-sprechende Menschen mit ausgeprägten körperlichen oder kognitiven Einschränkungen, erfordert die sprachtherapeutische Arbeit mit mutistischen Kindern, eine eigene Ausprägung und eine besondere therapeutische Didaktik, die in diesem Buch besprochen und exemplarisch ausgeführt werden soll.

Zu erwähnen ist die Ermittlung von Grad und Umfang des Sprachverständnisses, des passiven (und aktiven) Wortschatzes, des Stands der syntaktisch-morphologischen Entwicklung, des Redeflusses und der Artikulation. Ebenso sind die Symbolisierungs- und Erzählfähigkeit zu prüfen. Diese „Diagnostik unter verlängerten, erschwerten Bedingungen" ist notwendig, um Wesen und Umfang der Störung festzustellen und um therapeutische Interventionen zwischen unterschiedlichen Fachleuten zu koordinieren.

Jede sprachliche Entwicklungsverzögerung und -störung kann primärer oder potenzierender Faktor für diese sekundäre Störung sein (vgl. Kearney 2010). Ist eine sprachliche Auffälligkeit ermittelt worden, so kann die sprachliche Förderung ein wichtiger Baustein zur Überwindung des Mutismus werden. Bei solch einer Kommunikations-, Symbolisierungs- und Sprachförderung ist zunächst mit wenig Response zu rechnen, und sie wird erst einmal „ins Leere" vorgenommen. Es bedarf daher einer nicht-direktiven Art der Sprachförderung, die mit anderen Bausteinen der Therapie verbunden wird.

8. Notwendigkeit von „idiographischen", integrativen, sowohl kognitivbehavioralen als auch interaktiven und psychodynamisch orientierten Zugängen: (Selektiver) Mutismus ändert sich ständig durch gegebene, äußere Faktoren, durch interne, entwicklungsbedingte Verläufe sowie durch die Wechselwirkung zwischen ihnen. Daher ist eine „idiographische" (Motsch 1992), einzelfallorientierte Vorgehensweise (Grohnfeldt 1996; auch Petermann 1996) fast unumgänglich. Diese verlangt den Einbezug von quantifizierenden, objektivierenden Kriterien, die mit Kriterien und Verläufen qualifizierender Art in Verbindung gebracht werden müssen. Dies kann bedeuten, dass eine fortwährende Reflexion und eine kontinuierliche Adaptierung der Therapieplanung vorgenommen werden muss. In den meisten Fällen ist es sinnvoll, einen verhaltensmodifikatorischen Plan zu verfolgen und den Kindern eine Struktur anzubieten, wie sie aus dem Schweigen herausfinden können, Schritt für Schritt und ganz konkret. Die Schritte werden mit den Kindern vorbesprochen, abgestimmt und durch sie reguliert. Um beispielsweise unterscheiden zu können, ob eine flexible Änderung oder ob Beharrlichkeit und Durchhaltevermögen therapeutisch sinnvoller sind, bedarf es jedoch fallbezogener Einblicke in individuelle Fallverläufe, die ein solches, differenziertes Vorgehen veranschaulichen und in der Beziehungsgestaltung der Therapie ihren Niederschlag finden (siehe dazu Katz-Bernstein 2008; Bennett et al. 2013; Bergmann et al. 2013; Kristensen/Oerbeck 2013).

9. Gestaltung bzw. Abgrenzung der Arbeit mit Eltern und Angehörigen, der Hilfen bei Milieuwechsel, bei Heim- oder stationärer Unterbringung: Die Berücksichtigung der Angehörigen und der systemischen Dimension ist bei dieser Störung unerlässlich (Chavira et al. 2007; Kristkeitz 2011).

Der nicht gelungene, soziale Übergang des Kindes vom Elternhaus zum sozialen Kontext des Kindergartens und/oder der Schule kann selten ohne Unterstützung der Eltern und den Einbezug der Lehrpersonen aufgehoben werden. Wenn dieser Umstand für die meisten psychisch bedingten Störungen sowie für Sprachstörungen gültig ist, so verlangen die Spezifität und die Komplexität des (selektiven) Mutismus sowie seine folgeträchtigen Konsequenzen besondere Zugänge zu den Angehörigen (Katz-Bernstein 1993; 2000; Katz-Bernstein/Subellok 2009). Im idealen Fall kann eine kooperative und gelungene Zusammenarbeit die Therapie bedeutend positiv beeinflussen.

Manchen Eltern mutistischer Kinder fällt es schwer, die Therapie des Kindes durch eine Mitarbeit zu unterstützen. Sie benötigen Geduld und Zeit seitens des Therapeuten. Dieser muss sich neben der guten Zusammenarbeit mit kooperativen, motivierten und besorgten Eltern, in manchen Fällen mit einer minimalen Mitarbeitsbereitschaft begnügen und sich dennoch uneingeschränkt dem Kind widmen. Manche Eltern lassen sich durch unvermutete Fortschritte des Kindes zur Mitarbeit ermuntern.

Die Gefahr der Enttäuschung angesichts idealtypischer, systemisch-familiärer Interventionen, für die in vielen systemisch orientierten Konzepten plädiert wird, ist in der Arbeit mit Familien von (selektiv) mutistischen Kindern beachtlich. Häufig gehören die Eltern einer anderen Kultur oder sozialen Schicht an, bei der der Umgang mit der Störung und deren Bedeutung eine andere Relevanz haben als die öffentlich-institutionale Norm. Es ist auch möglich, dass die Eltern die Landessprache nur dürftig beherrschen. Dies kann die Einstellung zur Therapie beeinflussen oder zu Missverständnissen und gegenseitigem Argwohn bezüglich Erwartungen und Abmachungen führen. Auch sind Fragen der schulischen Förderung, die Wahl des geeigneten Förderorts zu klären, in seltenen Fällen auch eine Heimeinweisung oder ein stationärer Aufenthalt des Kindes zu empfehlen und mit den Angehörigen abzustimmen. Vor allem wird hier auf die kindzentrierte, therapiebegleitende Zusammenarbeit eingegangen (Katz-Bernstein 2000; Subellok/Katz-Bernstein 2006). Diese Art der Zusammenarbeit scheint die häufigste, oft die einzig mögliche und realisierbare Art, um mit den Eltern umzugehen.

Wie schon erwähnt, sind in diesem Buch sowohl die verhaltensmodifikatorische, als auch die interaktive, psychodynamische Dimension berücksichtigt worden. Das Aufgreifen der körpersprachlich kommunizierten, psychodynamischen Strategien gehört zum integrativen, therapeutischen

Selbstverständnis, das hier präsentiert wird (Katz-Bernstein et al. 2002). Der Einbezug dieser Strategien ist anspruchsvoll und nicht immer einfach, benötigt Übung und Erfahrung, um nicht additiv, sondern integrativ zu wirken. Er ist aber dennoch m. E. trainierbar. Für die Therapie von (selektiv) mutistischen Kindern scheint mir eine solche Kombination in den meisten Fällen sinnvoll und angebracht. Es wäre ein Verlust, wenn eine Treue zu gewissen „psychotherapeutischen Ideologien" die Sicht auf Zugänge zu den Kindern verstellen würde (Miller et al. 2000; Fiedler 2000; Metzmacher/Wetzorke 2004).

Teil I
Theoretische Zugänge

1   Was ist (selektiver) Mutismus?

1.1   Definition und Erscheinungsbild

Das Wort „Mutismus" stammt von „mutus" (lat.) und bedeutet Schweigen. Für das seit langem bekannte Phänomen des beharrlichen Schweigens findet man in der Fachliteratur folgende Bezeichnungen:

Aphasia Voluntaria (Kussmaul 1877)
Freiwillige Stummheit (Gutzmann 1894)
Totaler / elektiver Mutismus (Tramer 1934)
Elektiver Mutismus (ICD-10, F94.0)
selective mutism (SM) – Selektiver Mutismus (DSM-IV)
Partielles / Universelles Schweigen (Schoor 2002)

Mutistische Kinder besitzen meist die Fähigkeit zu sprechen. Sie setzen diese jedoch in für sie fremden Situationen, an bestimmten Orten und/ oder gegenüber einem bestimmten Personenkreis nicht ein. Sie verstummen, erstarren oder verständigen sich ausschließlich und konsequent mittels Gesten, Mimik oder schriftlichen Mitteilungen (Hartmann 1992).

> „Selektiver Mutismus ist eine Störung der Kindheit, die als eine umfassende Sprachlosigkeit in mindestens einer spezifischen Situation auftritt, trotz der Fähigkeit, in anderen Situationen zu sprechen." (Dow et al. 1999, 19, Übersetzung v. d. Autorin)

In den Leitlinien der Deutschen Gesellschaft für Kinder- und Jugendpsychiatrie ist die folgende Definition gegeben:

> „Beim elektiven Mutismus handelt es sich um eine emotional bedingte Störung der sprachlichen Kommunikation. Sie ist durch selektives Sprechen mit bestimmten Personen oder in definierten Situationen gekennzeichnet. Artikulation, rezeptive und expressive Sprache der Betroffenen liegen in der Regel im Normbereich, allenfalls sind sie – bezogen auf den Entwicklungsstand – leicht beeinträchtigt." (Castell, Schmidt 2003)

Hartmann (1997 gestützt auf Tramer 1934; Böhme 1983) unterscheidet zwischen *totalem Mutismus* und *elektivem Mutismus*. Beim totalen Mutismus besteht eine völlige Verweigerung der Lautsprache bei erhaltenem Hörvermögen, die jedoch öfter als sekundäres Symptom von psychotischen Erkrankungen, schweren depressiven Störungen u. a. auftritt. Jegliches Sprechen sowie Geräusche, die im Mund erzeugt werden, wie

Räuspern, Husten oder Niesen wird gegenüber allen Personen vermieden. Totaler Mutismus tritt bei Kindern äußerst selten auf. Beim elektiven Mutismus (Tramer 1934) werden bestimmte, fest umschriebene Personen oder Kontexte gewählt, mit denen bzw. in denen nicht gesprochen wird (Friedman/Karagan 1973; Biesalski 1983).

Der elektive Mutismus ist die häufigere und geläufigere Störung, bei dem „eine nach vollzogenem Spracherwerb erfolgte Verweigerung der Lautsprache gegenüber einem bestimmten Personenkreis" erfolgt (Hartmann 1997, 57). Castell und Schmidt empfehlen, da der totale Mutismus selten vorkommt, ihn nicht als eine Sondergruppe, sondern als eine besondere *Ausprägung* des Mutismus gelten zu lassen (2003).

In diesem Buch wird vor allem von Kindern mit selektivem Mutismus die Rede sein. Um Kinder mit einem totalen Mutismus nicht auszuschließen, wird fast durchgehend von (selektivem) Mutismus die Rede sein, wobei bei Wiederholungen lediglich der Begriff „Mutismus" verwendet wird.

Der Übergang vom elektiven zum selektiven Mutismus, der sich in der Fachliteratur in den letzten vierzig Jahren vollzogen hat (Hartmann 1997, 22f) bedarf einer zusammenfassenden Erklärung.

Der Begriff *elektiv* suggeriert eine Freiheit der Wahl, mit welchen Personen, in welchen Situationen und an welchen Orten geschwiegen bzw. gesprochen wird. Beim *selektiven* Mutismus ist, subjektiv gesehen, eine solche Entscheidungsfreiheit nicht gegeben. Wenn ein Vorschulkind oder ein Grundschulkind einer Situation begegnet, in der es als „Bewältigungsstrategie" (Bahr 1996) konsequent das Sprechen verweigert und schweigt, dann kann nicht von einer Freiwilligkeit im herkömmlichen Sinne gesprochen werden (Spasaro/Schaefer 1999, 2). Es bedarf oft beachtlicher Anstrengungen, tagtäglich gegen die Verlockungen des Sprechens anzukämpfen, um das Schweigen durch- und auszuhalten. Auch kann beim Frühmutismus (4–6 Jahren) und beim Spätmutismus (6–8 Jahren) nicht von einer bewussten Wahl einer Verhaltensstrategie gesprochen werden, sondern eher von einer intuitiven Lösung. In der fremden sozialen Situation wird gemäß des zur Verfügung stehenden Verhaltensrepertoirs (i. S. v. Gehm 1991; Mérö 2002; Roth 2001; Roth et al. 2010), das generalisiert worden ist, reagiert. Daher könnte der Name *elektiv* zur Verharmlosung der Hartnäckigkeit und des Schweregrades der Störung führen. Bei Erzieherinnen, Lehrern und Angehörigen löst diese Ohnmacht angesichts des eisernen Schweigens Ärger aus (Kearney 2010). Dieser Ärger führt in der Regel eher zu einer Verstärkung und Aufrechterhaltung des Verhaltens.

Die Frage der Freiwilligkeit wird in neueren Literaturquellen aus dem angloamerikanischen Raum auch mit einer Angststörung in Form einer sozialen Phobie, einer kindlichen Depression oder einer Zwangshandlung beantwortet (Hayden 1980; Dow et al. 1999; Kristensen 2000; Hartmann/Lange 2010; Yeganeh et al. 2003; Sharp et al. 2007; Carbone et al. 2010). Bei dieser

Art von Störungen stehe das Kind wie unter einem „Bann" bzw. unter dem Zwang, das Sprechen an bestimmten Orten oder in bestimmten Situationen einzustellen und keinen Laut von sich zu geben. Ein solcher Zwang scheint nicht zugänglich für eine willentliche Kontrolle zu sein.

Des Weiteren wird in der neuen angloamerikanischen Literatur ein neurologischer Aspekt diskutiert, weshalb für eine therapiebegleitende medikamentöse Behandlung plädiert wird. Dabei handelt es sich um Medikamente aus der Gruppe der antidepressiven, zwang- und angstlösenden Mittel wie beispielsweise „Clomipramine", „Fluvoxamine" und „Prozac®" (Black/Uhde 1994; Rapoport 1989; Wright et al. 1999). Die Notwendigkeit einer medikamentösen Therapie sowie ihre Langzeitfolgen sind umstritten. Es bedarf sicherlich weiterer, verantwortungsbewusster Forschung, auch über Langzeitwirkungen, um diese Zusammenhänge weiter zu klären (vgl. dazu Manassis/Tannock 2008).

Was ist demnach selektiver Mutismus? Folgende Definition ist im ICD–10 zu finden (Dilling/Freyberger 2014, 331):

F94.0: elektiver Mutismus
Dieser ist durch eine deutliche, emotional bedingte Selektivität des Sprechens charakterisiert, so dass das Kind in einigen Situationen spricht, in anderen definierbaren Situationen jedoch nicht. Diese Störung ist üblicherweise mit besonderen Persönlichkeitsmerkmalen wie Sozialangst, Rückzug, Empfindsamkeit oder Widerstand verbunden.

Dazugehöriger Begriff:
▨ selektiver Mutismus

Ausschluss:
▨ passagerer Mutismus als Teil einer Störung mit Trennungsangst bei jungen Kindern (F93.0)
▨ Schizophrenie (F20)
▨ tiefgreifende Entwicklungsstörungen (F84)
   umschriebene Entwicklungsstörungen des Sprechens und der Sprache (F80)

(Entsprechend ICD-10-GM, 2014, 331: Störungen sozialer Funktionen mit Beginn in der Kindheit und Jugend)

In der aktuellen Literatur wird der Mutismus vermehrt den Angststörungen und den sozialen Phobien zugeordnet (Aktuelle Übersicht in Smith/Sluckin 2014, 21).

1.2 Diagnostische Kriterien

„A Andauernde Unfähigkeit, in bestimmten Situationen zu sprechen (in denen das Sprechen erwartet wird, z. B. in der Schule), wobei in anderen Situationen normale Sprechfähigkeit besteht.

B Die Störung behindert die schulischen oder beruflichen Leistungen oder die soziale Kommunikation.

C Die Störung dauert mindestens einen Monat (und ist nicht auf den ersten Monat nach Schulbeginn beschränkt).

D Die Unfähigkeit zu sprechen ist nicht durch fehlende Kenntnisse der gesprochenen Sprache bedingt, die in der sozialen Situation benötigt werden oder dadurch, dass der Betroffene sich in dieser Sprache nicht wohl fühlt.

E Die Störung kann nicht besser durch eine Kommunikationsstörung (z. B. Stottern) erklärt werden und tritt nicht ausschließlich im Verlauf einer tiefgreifenden Entwicklungsstörung, Schizophrenie oder einer anderen Psychotischen Störung auf."

(DSM-IV, Saß et al. 2003, 73f.)

Wie im DSM-IV erwähnt, sehen wir oft Kinder, deren andere Sprachstörungen vom Mutismus überlagert werden. In älteren psychoanalytischen Quellen wird die Störung zu den hysterischen Phobien gezählt, in neueren sind Befunde aus der Neurologie und der Gehirnforschung bekannt (siehe dazu Hartmann 1997; 2002). Der Stand der Forschung lässt, wie schon erwähnt, keine lineare, klar abgegrenzte Ätiologie zu. Vielmehr werden organische und neurologische Komponenten (Rapoport 1989), Alterationen prä-, peri- und postnataler Natur, sowie exogene Faktoren, Modelllernen, Traumata und/oder Kulturwechsel sowie Erschwerungen des Spracherwerbs als sich gegenseitig beeinflussende, potenzierende und begünstigende Risikofaktoren der Störung angenommen (Hartmann 1997; Bahr 1996; Dow et al. 1999; Schoor 2002; Spasaro/Schaefer 1999; Kristensen 2000; Manassis et al. 2007; Nowarowski et al. 2009; Starke 2015).

Betrachtet man die drei Formen der kindlichen Ängste, nämlich Trennungsangst (extreme Angst vor der Trennung von vertrauten Bezugspersonen), Vermeidungsverhalten (übermäßiges Zurückschrecken vor unbekannten Personen, so dass soziale Beziehungen eingeschränkt werden; Schüchternheit sowie Mangel an Sozialkontakt) und Störung mit Überängstlichkeit (übermäßige und unrealistische Befürchtungen, gekoppelt mit Gefühlen extremer Beklommenheit, Nachdenken über Leistungen und allgemeine Angespanntheit bis zur Erstarrung), so stellt man fest, dass all diese Merkmale auf markante Weise auch beim Mutismus anzutreffen sind (angelehnt an Thyer 1991, zit. in Petermann/Petermann 1996, 11f). In der aktuellen Diskussion zur Klassifikation des selektiven

Mutismus als Angststörung bringen Carbone et al. (2010, 1058) folgende zusammengefasste Argumente, die dafür plädieren:

- Die hohe Co-Morbidität beider Störungen,
- die hohe Rate der Angststörungen bei den Angehörigen,
- ähnliche Temperamentsmerkmale beider Störungsarten,
- die Ähnlichkeit der therapeutischen Maßnahmen.

Dennoch soll vor allzu schneller Taxierung und Stigmatisierung durch eine monokausale Diagnostik im frühen Kindesalter gewarnt werden. Förderlich sind ätiologische und diagnostische Feststellungen dann, wenn sie zur Einleitung von therapeutischen und rehabilitativen Maßnahmen dienen und als Unterstützung zur Bewältigung von Belastungsfaktoren für Eltern und weitere Personen, die mit Erziehungsaufgaben des jeweiligen Kindes beauftragt sind, relevant sind.

Dieser „idiographische" Aspekt (Motsch 1996) soll hier in theoretischen und praktischen Überlegungen und Zugängen eine besondere Berücksichtigung finden und die Notwendigkeit von interdisziplinärer Zusammenarbeit und Transdisziplinarität in Diagnostik, Therapieplanung und -verlauf hervorheben.

1.3 Mutismusarten

Es gibt verschiedene Vorschläge, wie man den Mutismus in Untergruppen einteilen kann. Die erste wesentliche Unterscheidung ist die zwischen dem totalen und dem elektiven Mutismus (Tramer 1934 siehe 1.1).

Wallis (1957) ordnete die Mutismusarten nach ätiologischen Gesichtspunkten:

- Mutismus infolge einer Psychose
- Mutismus infolge einer hirnorganischen Auffälligkeit
- Mutismus infolge einer psychogenen Störung

Biesalski (1973) nimmt eine Mischung zwischen gradueller Erscheinung und Ätiologie vor. Interessant ist hierbei der Zusammenhang von Redeflussstörungen und Mutismus, der später noch aufgegriffen wird.

- Totaler Mutismus
- Elektiver Mutismus
- Mutismus infolge einer Redeflussstörung
- Mutismus infolge einer Psychose

Schmidbauer (1971) ordnet die Mutismusarten nach dem Entstehungszeitpunkt:

- Initial-Mutismus
- Reaktiver Mutismus

Spoerri (1986) zeigt die Notwendigkeit einer Abgrenzung in Kindes- und Erwachsenenalter auf:

- Mutismus im Kindesalter (Regression)
- Mutismus bei Erwachsenen (Schizophrenie, katatone Zustände, depressive Zustände, Paranoia und Hysterie)

Dies ist eine Unterscheidung, die sowohl für die Erwachsenenpsychiatrie als auch für die Kinderheilkunde und Pädagogik unerlässlich ist. So ist der Mutismus im Kindesalter aus entwicklungspsychologischen und sprachentwicklungsrelevanten Gründen sowohl diagnostisch als auch therapeutisch ganz anders einzuordnen. Dabei handelt es sich noch um eine entwicklungsbedingte, oft angemessene, in den allermeisten Fällen passagere, wenn auch als Risikofaktor ernstzunehmende Störung. Dagegen ist Mutismus ganz anders zu gewichten je länger er anhält und je älter das Kind ist. Das Alter, in dem der Mutismus auftritt, wird in zwei Gruppen geteilt:

- der Frühmutismus (ab 3;4–4;1 Jahre)
- der Spät- / Schulmutismus (ab 5;5 Jahre)

Diese Einteilung zeigt, dass die Störung immer mit einem Übergang verknüpft ist – von einem vertrauten, familiären Kreis zu einem Exponiert-Sein verbunden mit der Anpassung und der Integration in eine neue soziale Gruppe (Bahr 1996, 37ff; Hartmann 1997, 67f).

Lesser-Katz (1988) unterscheidet bei Kindern zwei Hauptgruppen:

- compliant, timid, anxious, dependent, insecure
  (gefügig, scheu, ängstlich, anhänglich, unsicher)
- noncompliant, passive-aggressive, avoidant
  (nicht-einfügsam, passiv-aggressiv, vermeidend)

Therapeutisch relevant und hilfreich ist eine Einteilung von Hayden (1980), amerikanische Spezialistin für mutistische Kinder, die 68 mutistische Kinder untersuchte. Sie unterscheidet vier Typen von Mutismus, die das Erscheinungsbild, die Verhaltensauffälligkeit und die psychosozialen Ursachen näher beschreiben:

> „**Symbiotic mutism** characterized by a symbiotic relationship with a caregiver and a manipulative and negativistic attitude towards controlling adults."

[Symbiotischer Mutismus ist als eine symbiotische Beziehung zu einer Bezugsperson und als eine manipulative, negativistische Einstellung gegenüber verantwortlichen Erwachsenen charakterisiert.]

„**Speech phobic mutism** characterized by a fear of hearing one's voice accompanied by obsessive-compulsive behaviors."

[Sprechangst-Mutismus ist durch die Angst, die eigene Stimme zu hören, charakterisiert und wird von Zwangsgedanken und/oder -handlungen begleitet.]

„**Reactive mutism** caused by a single depression and withdrawal."

[Reaktiver Mutismus wird durch eine einmalige Depression und Rückzug verursacht.]

„**Passive-aggressive mutism** characterized by a defiant refusal to speak and the use of ‚silence as a weapon.'

[Passiv-aggressiver Mutismus ist durch eine aufsässige Verweigerung zu sprechen und eine Anwendung des ‚Schweigens als eine Verteidigungswaffe' gekennzeichnet.]

(Hayden 1980; zit. in Grayson et al. 1999, 91f, Übersetzung v. d. Autorin)

Diese Einteilung macht deutlich, dass (selektiver) Mutismus das gemeinsame Merkmal des Schweigens aufweist. Die Ätiologie und die begleitenden Verhaltensmerkmale können jedoch unterschiedlicher Herkunft sein. Diese Gruppenbildung von Hayden wird hinsichtlich ihrer Eignung als Differentialdiagnostik in Frage gestellt (Kolvin/Fundudis 1981, 220; Bahr 1996, 22). Sie verhelfen jedoch zur Differenzierung von therapeutischen Schwerpunkten und ermöglichen Erwägungen, die zu wirkungsvollen Zugängen zu diesen Kindern führen. Auch kann diese Einteilung in der Zusammenarbeit mit Angehörigen und anderen Fachleuten hilfreich sein.

1.4   Epidemiologie, Co-Morbidität und Risikofaktoren

Obwohl (selektiver) Mutismus nicht häufig auftritt, erreichen uns im Sprachtherapeutischen Ambulatorium der Technischen Universität Dortmund zahlreiche Anmeldungen, seitdem bekannt wurde, dass wir ein Forschungs- und Therapieprojekt lanciert haben (siehe dazu Mutismus Netzwerk: www.fk-reha.tu-dortmund.de/zbt/de/spa/mutismus/index.html, neuerdings auch IMF – Interdisziplinäres Mutismus Forum). Eine ähnliche Erfahrung konnte ich in der Schweiz in den Jahren zwischen 1975–1990 machen: Sobald eine Anlaufstelle öffnet, häufen sich die Anfragen und bestätigen den Bedarf an einer spezialisierten, interdisziplinären Therapie- und Informationsstelle. Ähnliche Erfahrungen vermelden die Selbsthilfe- und Fachgruppen Selbsthilfe Mutismus Deutschland e.V.

(www.mutismus.de), StillLeben e.V. (www.selektiver-mutismus.de) und IG Mutismus Schweiz (www.mutismus.ch). Inzwischen sind in den deutschsprachigen Ländern ein reger fachlicher Austausch sowie Weiterbildungs- und Beratungstätigkeiten zu verzeichnen. Dazu zählt auch die neu gegründete Zeitschrift „Mutismus.de" (Zu weiteren Ländern Smith/Sluckin 2015, 289f.).

In der Literatur schwanken epidemiologische Angaben zwischen weniger als 0,1% (Fundudis et al. 1979) und 0,7% (Kos-Robes 1976) der klinisch erfassten Kinder (Hartmann 1997, 46; Bahr 1998, 39). Steinhausen nennt 0,5% mutistische Kinder unter den psychiatrischen Auffälligkeiten (Steinhausen 2000; weitere Studien dazu bei McInnes et al. 2004).

Bei einer ersten, von uns geleiteten Erhebung in Nordrhein-Westfalen im Jahr 2003 wurden schriftlich und per E-Mail 170 Schulen angeschrieben und um die Ermittlung von mutistischen Kindern in der Schule gebeten. Der Rücklauf von 50 Schulen brachte folgende Resultate:

In den ersten Klassen (ca. 1000 Kinder bei der Einschulung) wurden drei Kinder mit selektivem Mutismus ermittelt. Dies entspricht einem ungefähren Wert von 0.3% (Kunze/Konrad 2003).

In den übrigen Klassen (ca. 5000 Kinder) gab es weitere vier Kinder mit selektivem Mutismus, davon zwei in der Regelschule (3. bzw. 4. Klasse) und zwei in der Schule für Lernbehinderte (7. bzw. 8. Klasse) (Kunze/Konrad 2003). Diese Erhebung zeigt einen der untersten Mittelwerte von ähnlichen epidemiologischen Erhebungen in der Literatur. Selbstverständlich sind dabei alle Einschränkungen und Relativierungen, wie beispielsweise die Interpretation der Rücklaufquote (wir vermuten, dass die betroffenen Schulen eher motiviert waren, sich zu melden) oder die Häufung in den ersten Klassen zu berücksichtigen.

Ob überwiegend Mädchen oder Jungen vom (selektiven) Mutismus betroffen sind, lässt sich nicht eindeutig klären. Es finden sich Quellen, die eine Prävalenz von Mädchen (in einer Relation von 1,6:1 bis 2,6:1) proklamieren (Wright et al. 1985; Lebrun 1990; Cline/Baldwin 2004; Schoor 1996; 2001, 188). Andere Quellen jedoch widerlegen diese Tendenz (Hartmann 1997, 47f.).

Die ermittelte Dauer der Störung seit ihrer Erfassung beträgt bei Mädchen 5;6, bei Jungen 4;0 Jahre (Hartmann 1997, 69), ungeachtet der therapeutischen Versorgung. Das zeigt wiederum die Notwendigkeit der Koordination der Maßnahmen. Denn der pädagogische Bildungsprozess muss – wenn auch unter erschwerten Bedingungen – weiter gewährleistet und gesichert werden, die Kulturtechniken müssen dennoch erworben werden, damit der nahtlose Anschluss an Berufswahl und soziale Integration im Moment der Auflösung der Störung erfolgen kann.

Oft wird auch für stationäre Aufenthalte plädiert. Studien über die Besserung der Störung bei einer solchen Maßnahme sprechen bei Kindern zwischen drei und acht Jahren von 62%, (Lowenstein 1979), bei einer

Gruppe von Kindern zwischen sechs und acht Jahren von 46% (Kolvin/ Fundudis 1981). Das zeigt, dass eine stationäre Unterbringung je nach Kind sehr sorgfältig erwogen werden muss, da sie nicht immer effizient erscheint und sogar zu einem Misserfolgserlebnis führen kann. Die kann sich negativ auf weitere therapeutische Maßnahmen auswirken.

Zusätzliche Auffälligkeiten (Co-Morbidität) bei selektiv-mutistischen Kindern

Bei dem Phänomen des (selektiven) Mutismus ist die Co-Morbidität mit anderen Verhaltensauffälligkeiten und psychiatrischen Störungsbildern bekannt (Luchsinger/Arnold 1970; Rösler 1981; Lempp 1982; Funke et al. 1978; Lesser-Katz 1988; Hartmann 1997; Kristensen 2000; Bar-Haim et al. 2004; Manassis et al. 2007 u. a.).

Es folgen weitere Befunde aus älteren und neueren Quellen: Castell und Schmidt (1999; 2000, 2) zählen folgende co-morbide, psychiatrische Begleiterscheinungen auf:

- Soziale Ängstlichkeit,
- Störung des Sozialverhaltens mit oppositionellem Verhalten,
- Depressive Symptomatik,
- Regulationsstörung von Schlaf, Essen, Ausscheidungsfunktion oder Verhaltenskontrolle.

Rösler (1981, 188) fand bei einer Untersuchung bei 32 selektiv-mutistischen Kindern folgende zusätzliche psychopathologische Auffälligkeiten sowie weitere Merkmale:

Psychopathologische Auffälligkeiten
- Angstsymptome (90,6%)
- Passives Rückzugsverhalten (63%)
- Stimmungsschwankungen (37,5%)
- Konzentrations- und Leistungsstörungen (37,5%)
- Aggressivität (28,1%)
- Hypermotorik (28,1%)
- Markante Mimik und Gestik (28,1%)
- Hartnäckigkeit (18,8%)
- Bettnässen (Enuresis) (31,2%)
- Tics, Jactation, Stereotypien (21,9%)
- Zwänge (21,9%)
- Enkopresis (6,3%)
- Nägelkauen (Onychophagie), Daumenlutschen und Haareraufen (Trichotillomanie) (40,6%)

Weitere Befunde bezüglich neurologischer Auffälligkeiten
- Pathologische Anamnese (50%)
- Auffällige Anamnese (34,4%)
- Unauffällige Anamnese (15,6%)
- Klinisch-neurologischer Befund (50%)
- Pathologisches EEG (50%)

Entwicklungsstörungen
- Statomotorische Entwicklungsverzögerung (31,3%)
- Sprachentwicklungsverzögerung (65,6%)
- Sprachstörung (46,6%)
- Visu-motorische Störung (40,6%)
- Linkshändigkeit (12,5%)
- Lese-Rechtschreibschwäche (15,6%)

Steinhausen und Juzi (1996) fanden zusätzlich Trennungsangst, Schlaf- und Essstörungen im frühen Kleinkind- und Vorschulalter; Wittchen nennt weitere Merkmale:

„Extreme Schüchternheit, soziale Isolierung und Rückzug, Anhänglich- keit, Schulverweigerung, Zwangsverhalten, Negativismus, Wutausbrüche oder andere manipulative oder oppositionelle Verhaltensweisen können insbesondere zu Hause beobachtet werden." (Wittchen 1989, 124)

Relevant für dieses sind vor allem folgende „Nebenmerkmale" des selek- tiven Mutismus:

„Begleitende Sprechstörungen wie eine Entwicklungsbezogene Artikula- tionsstörung, eine Expressive oder Rezeptive Sprachentwicklungsstörung oder eine körperliche Störung, die die Artikulationsfähigkeit beeinträch- tigen, können vorhanden sein." (Wittchen et al., DSM-III-R 1991, 124)

Folgende „Characteristics" sind in der angloamerikanischen Literatur zu finden, die nicht in den diagnostischen Kriterien der DSM-III-R erwähnt werden:

- excessive shyness *(ekzessive Scheu)*
- anxiety *(Angststörung)*
- social isolation and withdrawal *(soziale Isolation und Rückzug)*
- maternal overprotection *(mütterliche Überbehütung)*
- symbiotic relationship with a parent (usually the mother) *(symbioti- scher Bezug zu einem Elternteil, besonders zur Mutter)*
- language difficulties *(sprachliche Erschwernisse)*
- early hospitalisation *(frühe Hospitalisierung)*

▓ memory span deficits *(Defizite der Gedächtnisspanne)*
▓ deficits in auditory efferent activity *(Defizite der auditiven Aufmerk-samkeitsspanne)*
▓ trauma *(Trauma)*
▓ maternal disharmony *(mütterliche Dysharmonie)*
▓ fear of strangers *(Fremdenangst)*
▓ depression *(Depression)*
▓ manipulative, controlling or aggressive interpersonal style *(manipula-tiver, kontrollierender oder aggressiver interpersoneller Umgangsstil)*

(Hayden 1980; Kolvin/Fundudis 1981; Lesser-Katz 1986; 1988; Meyers 1984; Rutter, Garmezy 1983; Wilkins 1985; Wright et al. 1985; cite. Grayson et al. 1999, 91f.; Mac Gregor et al. 1994, Übersicht in Kearney 2010; Smith/Sluckin 2014).

Diese Aufzählung zeigt, dass *sprachliche Störungen* und Defizite als primärer Grund – oder zumindest als Risikofaktor – für den selektiven Mutismus angesehen werden können. Mehrere ältere, aber vor allem aktuelle Studien vermögen, sprachliche Auffälligkeiten bei selektiv-mutistischen Kindern (Steinhausen/Juzi 1996; Kristensen 2000) oder Beeinträchtigungen weiterer Basiskompetenzen, die mit der Sprachentwicklung interagieren, wie der auditiven Aufmerksamkeitsspanne (Bar-Haim et al. 2004) zu belegen. Auch fällt selektiver Mutismus gehäuft mit sprachlicher Unsicherheit infolge von Migration zusammen (Elitzur/Perednik 2003; Kristensen/Oebeck 2006; Manassis et al. 2007; Toppelberg et al. 2005; Yeganeh et al. 2003, Starke 2015). Weitere neuere Studien zeigen Defizite und Verzögerungen der pragmatischen, sozialen, kommunikativen, und/ oder der narrativen Kompetenzen (Cunnigham et al. 2004; McInnes et al. 2004; Carbone et al. 2010). Diese letzteren Befunde bestätigen meine eigenen langjährigen Erfahrungen in Diagnostik, Therapie und Beratung in diesem Bereich und rechtfertigen den Einbezug von Sprachtherapie/ Logopädie in der Versorgung selektiv-mutistischer Menschen (Katz-Bernstein/Subellok 2009; dazu auch Johnson/Wingens 2004). Diese pragmatischen, kommunikativen und narrativen Defizite werden im hier vorgestellten Therapieansatz berücksichtigt. Eine weitere Unsicherheit besteht über die Differentialdiagnose Mutismus/tiefgreifende Entwicklungsstörungen (Autistisches Spektrum) (dazu auch Kramer 2006). Die langjährige Erfahrung sowie Berichte von Eltern in den neu entstandenen Selbsthilfegruppen legen nahe, Mischformen anzunehmen. Ein Blick in die Literatur zeigt Forschungsbedarf auf.

Wie schon erwähnt kann jegliche Verunsicherung in der Entwicklung und im Erwerb der Sprache, sei sie linguistischer (auf der semantisch-lexikalischen, phonologischen, sowie auf der syntaktisch-morphologischen Ebene) bzw. funktioneller Art (auf der phonetischen Ebene) oder betreffen sie die Performanz der Sprache (auf der pragmatischen Ebene), einen Risikofaktor für den Mutismus darstellen. (Spasaro/Schaefer 1999; Hartmann 1997; Bahr 1996; 2002; Schoor 2002). Folgende weitere Sprachstörungen wurden gefunden:

- Stottern, Poltern-Stottern
- partielle/multiple Dyslalie
- Dysarthrophonie, Dysarthrie, Dyspraxie
- stark eingeschränkter Wortschatz, semantische Störungen
- grammatische (syntaktisch-morphologische) Störungen
- Sprachentwicklungsstörung bei Zweisprachigkeit

Versteht man den selektiven Mutismus als eine Potenzierung von einigen Faktoren, die sich zu diesem Störungsbild verdichten, so werden weitere Risikofaktoren relevant.

Weitere Risikofaktoren:
- Migration und Bilingualität (28% bzw. 22%)
- Psychische Störungen, Persönlichkeitsstörungen der Eltern (10,5%)
- Mutistischanmutende Verhaltensweisen der engsten Angehörigen (72,2%, Kontrollgruppe: 17,6%)
- Prä-, peri-, postnatale Komplikationen (75%)
- Störung der pragmatisch-kommunikativen Kompetenz
- Temperamentsmerkmale (Rückzug, Scheu, Ängstlichkeit, Schweigsamkeit) (Steinhausen/Juzi 1996, zit. n. Hartmann 2002)
- Geschwister- oder Zwillingskonstellation (Subellok et al. 2011)

Diese lange Liste der Befunde bestätigt, dass der Mutismus eine Störung darstellt, die in Wechselwirkung und in Potenzierung mit weiteren mannigfaltigen, kindlichen Störungen auftritt. Eine interdisziplinäre Haltung ist daher gerechtfertigt

1.5 Beitrag zur Ätiologie: Warum schweigen Kinder?
Die Unfähigkeit, die Fremdheit zu überwinden

„… a multidimensional model seems to be most appropriate for the explanation of SM." (Steinhausen et al. 2006, 751)

„. . . man (geht) in der Entwicklungspsychologie davon aus, dass es leichter Stress ist, der Entwicklung in einem konstruktiven Sinn ermöglicht: Die Anforderung, die durch eine neue Erfahrung, eine unbekannte Aufgabe an das Kind gestellt wird, wird dann zur Entwicklung neuer Fähigkeiten und Kompetenzen führen, wenn sie – vom Kind selbst oder mit Hilfe anderer Personen – zu bewältigen ist. Die Anforderung, die durch extremen Stress erlebt wird, führt zwar zu einer Bewältigungsreaktion, nicht aber zur Bewältigung. Gleichwohl werden die Folgen der Bewältigungsreaktion entwicklungsbedeutsam." (Welzer 2002, 65)

In der Literatur finden sich zur Ätiologie des (selektiven) Mutismus unterschiedliche Erklärungen. Der jeweilige Erklärungsansatz geht meistens aus dem Forschungs- und Therapieansatz, dem Menschenbild sowie aus der Fachdisziplin und der Ausbildung der Autoren hervor (Bahr 1996, 29). Es lassen sich im Wesentlichen folgende Modelle unterscheiden:

- Operante Konditionierung
- Lernen am Modell oder die Erfahrung der Selbstwirksamkeit (Bandura 1977; 1983) (wie im lerntheoretischen Ansatz)
- Neurotisches Verhalten infolge eines Konfliktes, der durch das Schweigen ausgedrückt wird, so der psychoanalytische Erklärungsansatz (Lempp 1982; Kos-Robes 1976 u. a.)
- Schweigen infolge von Heredität oder als Folge von Familie als Modell für ein schweigendes Verhalten (Lebrun 1990; Black/Uhde 1995; Steinhausen/Adamek 1997; Cohan et al. 2006; Cunningham et al. 2006; Chavira et al. 2007) (genetischer bzw. systemischer Ansatz)
- Schweigen als Bewältigungsstrategie (Bahr 1996)
- Schweigen als Symptom einer Angststörung (Yeganeh et al. 2003; Sharp et al. 2007; Carbone et al. 2010)
- Schweigen infolge von Mehrsprachigkeit (Dahoun 1995; Elitzur/Perednik 2003; Yeganeh et al. 2003; Toppelberg et al. 2005; Kristensen/Oerbeck 2007; Manassis et al. 2007; soziologisch-linguistischer Ansatz)
- Diáthese-Stress-Modell (Cohan et al. 2006; Hartmann 1997)

Die Relevanz solcher Sichtweisen liegt darin, dass sie pädagogischen und therapeutischen Fachpersonen zu einer Sinnkonstruktion des Mutismus verhelfen und sie dadurch handlungsfähig machen (weiter dazu siehe Hartmann 1997, 71ff.; Bahr 1996, 28ff). Jede dieser „Brillen" ermöglicht eine weitere Differenzierung der Störung und kann durch die anderen Perspektiven eine fruchtbare Relativierung erfahren. Auch können therapeutische Maßnahmen gezielter, im interdisziplinären Sinn koordiniert werden.

Wichtig ist m. E. ein entwicklungspsychologischer Aspekt, der als Ergänzung zu den Abhandlungen von Hartmann (1997) und Bahr (1996) eine gewisse Ausführlichkeit verdient: Die *fehlende kommunikative und sprachliche Kompetenz* des (selektiv) mutistischen Kindes. Diese erschwert es, einen Übergang zwischen „vertraut" und „fremd" vorzunehmen. Diese Perspektive aus neueren entwicklungspsychologischen Theorien der Säuglings- und Gehirnforschung liegt diesem Buch zur Beleuchtung des selektiven Mutismus zugrunde (siehe Teil II):

Die starren Grenzen, die das Kind zwischen „fremd" und „vertraut" zieht, verhindern einen sozialen Lernprozess. Denn eine Entwicklung im kindlichen Alter wird als eine Ausdehnung von „Umweltausschnitten", die das Kind durch – krisenanfällige – Übergänge zu erobern vermag, gekennzeichnet (Bronfenbrenner 1980). Das Kind ist nicht in der Lage, neue Bekanntschaften zu knüpfen und so seinen Bewegungs- und Vertrautheitsradius, sowohl leiblich als auch in seiner Vorstellung und als Konstruktion des autobiographischen Gedächtnisses (Nelson 1993, 2006; Welzer 2002; Markowitsch/Welzer 2006), zu vergrößern. Dadurch fehlen dem Kind die attraktiven Kontakte zu Lehrpersonen und Peer-Gruppen, die die Autorität und die phantasierte Macht und Größe der Eltern zu relativieren vermögen und zur Ablösung von ihnen verhelfen.

Um Fremdheit zu überwinden, sollten für das Kind verschiedene Faktoren gewährleistet sein:

- Es muss eine hinreichend stabile Bindung zu den Bezugspersonen vorhanden sein.
- Die Eltern sollten als Referenz bei der Wahl und Gestaltung von neuen Kontakten genutzt werden können. Dem Kind muss klar sein, dass das Anfreunden mit Fremden grundsätzlich erwünscht ist und dass die Loyalität zu den Eltern dadurch (grundsätzlich) nicht gefährdet ist.
- Das Kind sollte bereits positive, nicht-bedrohliche Vorerfahrungen mit Fremden gemacht haben.
- Es braucht Gewissheit, am fremden Ort willkommen zu sein und (grundsätzlich) gemocht zu werden.
- Fehlverhalten und Versagen am neuen Ort dürfen keine grausamen und beschämenden Konsequenzen haben.
- (Begrüßungs- und Abschieds-) Gesten und Rituale, die den temporären Charakter von Begegnungen symbolisieren, sowie soziale Regeln der Nähe- und Distanzregulierung bei fortdauernden Beziehungen sollte das Kind verinnerlicht haben.
- Eine gewisse eigene Regulierung der Beziehungen sollte gewährleistet sein.
- Das Kind sollte eine hinreichende Furchtlosigkeit, Entspanntheit und Neugier besitzen, um sich auf die sich entwickelnden kommunikativen Spielchen und Interaktionen, die durch eine gegenseitige Anpassung und ein gemeinsames Gestalten entstehen, einlassen zu können.
- Es braucht genügend sprachliche Kompetenz, um Anweisungen, Ankündigungen und Orientierungshinweise zu verstehen, um dringende Bedürfnisse und Nöte anzukündigen, um um Hilfe zu bitten und Intentionen mitzuteilen. Es sollte Erzählungen und Berichte verstehen und ein Interesse haben, das sich in typischen Merkmalen von Zuhörerverhalten zeigt (Hausendorff/Quasthof 1996).

▪ Zuletzt sollte das Kind über narrativ-expressive Kompetenzen verfügen, um über sich und andere erzählen, nachdenken und eine eigene autobiographische Konstruktion entwickeln zu können (Andresen 2003, 2005; Fujiki et al. 1997; McInnes 2004; Quasthoff et al. 2011).

Diese Liste ist gewiss nicht vollständig. Auch müssen nicht alle Bedingungen erfüllt sein, um neue Kontakte knüpfen zu können. Sie soll jedoch vor Augen führen, wie schwierig das Erlernen, das Regulieren und das kontinuierliche Aufrechterhalten von sozialen Beziehungen ist. Vor allem soll die Aufzählung die subjektiv geprägten, möglichen Ängste, die bei (selektiv) mutistischen Kindern vor Kontaktknüpfung und Überwindung von Fremdheit vorkommen können, nachvollziehbar machen.

Das Wesentliche liegt dabei in der Balance des „leichten Stresses", der dem Kind eine Bewältigung ermöglicht, es aber nicht überfordert (Welzer 2002, 65). Es sei hier auch an das „Anforderungen-Kapazitäten-Modell" bezüglich der Entstehung und Aufrechterhaltung des Stotterns erinnert (Starkweather 1987). Nicht immer kann eine Balance zwischen kommunikativen und sprachlichen Entwicklungsanforderungen, die zu bewältigen sind, und den Kapazitäten, die dem Kind zur Verfügung stehen, hergestellt werden.

Die Anhäufung der ermittelten Fälle während des Übergangs zum Kindergarten und zur Schule, die in der Literatur zu finden ist (Lowenstein 1979; Kolvin/Fundudis 1981; McInnes et al. 2004) sowie zahlreiche Therapieberichte deuten vermehrt auf Überforderungen aufgrund von Mängeln im Erwerb von dialogischen, kommunikativen, linguistischen und sprachlichen Kompetenzen hin, die meist im expressiven Bereich liegen. Wie wichtig es ist, diese sozialen, kommunikativen und sprachlichen, im Zusammenhang mit Mutismus auch „protokonversationellen" (Traverthen 1998) oder „prenarrativen" (Schröder/Katz-Bernstein 2014) Fähigkeiten und Fertigkeiten im Kindesalter zu erlernen, führt uns auch die neuere Hirnforschung vor Augen: Der Lernprozess in der Kindheit verändert unwiederbringlich die „Architektur" des Gehirns (Welzer 2002; Markowitsch/Welzer 2006). Das bedeutet, dass die sozial-kommunikativen Defizite, die ein mutistisches Kind „kultiviert", seine gesamte Identität durchdringen, so dass der mutistische Umgang mit Fremden eine prägende Konditionierung erfährt.

Im Folgenden wird daher ein entwicklungspsychologischer Ansatz vorgestellt, der ausführlicher auf den Erwerb von kommunikativen und sprachlichen Kompetenzen und damit auch auf den Verlust der Fähigkeit zu sprechen und zu kommunizieren eingeht.

2 Linguistische und entwicklungspsychologische Zugänge

Wie sich das Sprechen und das (selektive) Schweigen entwickeln

2.1 Warum ein entwicklungspsychologischer Zugang?

„Wenn ein in seinem Selbstwertgefühl angeschlagener Mensch sich als Psychotherapiepatient nicht auf seine problematischen Seiten reduziert, sondern in seinen positiven Zielen und Fähigkeiten erkannt, bestätigt und unterstützt fühlt, dann erlebt er sich allein schon dadurch in veränderten Bedeutungen mit direkten positiven Auswirkungen auf sein Wohlbefinden, aber auch mit einer erhöhten Aufnahmebereitschaft für veränderungsorientierte therapeutische Interventionen." (Fiedler 2000, 87f)

Die kriteriengeleitete, versachlichende Position für Definition, Diagnostik und Therapieziele des selektiven Mutismus ist unerlässlich. In Teil I, Kapitel 1 war es mir wichtig, Fachleuten die nötigen Instrumente, Unterscheidungskriterien und Eckdaten zuzuspielen, um die Störung zu identifizieren und abzugrenzen, Risikofaktoren kennen zu lernen und über (selektiven) Mutismus interdisziplinär kommunizieren zu können. Oft wird jedoch durch diese „glatte", strenge Versachlichung ein Störungsbild suggeriert, das auf Komplexität von Auffälligkeiten, insbesondere im Kindesalter, nicht zutrifft. Auch soll hier eine Pathogenese nur insoweit Berücksichtigung finden, als sie für Entscheidungen schulischer und therapeutischer Art, für eine Zusammenarbeit in einem Team von Fachpersonen und Angehörigen, sowie für Kostenträger notwendig ist. Eine pathogenetische Sichtweise jedoch reicht m. E. nicht aus, um einen therapeutischen Zugang zu Kindern mit (selektivem) Mutismus zu gewinnen. Daher soll die Pathogenese in diesem Buch nicht als alleinige Haltung vertreten werden. Die scharfe Unterscheidung zwischen „gesund" und „krank", „normal" und „abweichend" oder „gestört" würde dieser Störung, die einen stark psychogenen und psychosozialen Hintergrund hat, nicht gerecht. Um ein sich entwickelndes Kind mit (selektivem) Mutismus therapeutisch zu betreuen, braucht es darüber hinaus ein „salutogenetisches" (Antonowsky 1997; Franke 2010), Ressourcen aktivierendes, psychologisches und pädagogisches Verständnis (Fiedler 2000, 86ff). Dieses muss das schweigende Verhalten zunächst als eine mögliche Alternative, als ein Verhaltensmuster, das für die Lebenszusammenhänge des Kindes einen Sinn macht, anerkennen (Bahr 1996). So soll eine differenzierte „Strukturdiagnostik" des Mutismus ermöglicht werden (Teil II,

Kapitel 3), um Entwicklungsdefizite und -blockaden zu erkennen, um Fehlendes nach Bedarf aufbauen zu können und um Blockaden zu lösen.

In diesem Buch möchte ich daher größere, entwicklungspsychologische Zusammenhänge aufzeigen und die Verbindung zwischen der Entwicklung der sprachlichen Kompetenz und Performanz und der psychosozialen Entwicklung verdeutlichen (vgl. dazu Cohan et al. 2006). Dadurch soll es für therapeutische und pädagogische Fachpersonen möglich werden, eine „dreifache", also symptomatisch-phänomenologische, entwicklungsgeschichtliche und sozial-kontextuelle Konstruktion der Ist-Situation des Kindes zu bilden. Die pädagogischen und therapeutischen Maßnahmen finden statt auf

- der symptomatisch-beschreibenden und definierenden Ebene (in diesem Buch *„Symptomdiagnostik"* genannt),
- der Ebene der intrapsychischen, individuellen Geschichte des Kindes, die vor dem Hintergrund seiner allgemeinen und individuellen Entwicklung verstanden werden kann (*„Strukturdiagnostik"*) und
- der interpsychischen Ebene, d.h. dem Eingebettet-Sein in einen spezifischen, systemischen und sozialen Kontext (wird hier *„systemdiagnostisch"* erhoben; Katz-Bernstein 2003a; Katz-Bernstein/Zaepfel 2004) Mit Hilfe dieser drei Ebenen wird ein flexibler Handlungsplan von rehabilitativen, therapeutischen und pädagogischen Zielen konstruiert (Zaepfel/Metzmacher 1998). Idiographisch zu handeln heißt dabei immer, eine Ist-Zustand-Geschichte, die man mit dem Kind und seinen Angehörigen teilt, zu entwerfen, und die Interventionen so abzustimmen, dass sie eine Veränderung und Weiterentwicklung der konstruierten Geschichte ermöglichen. Nur dieser, eher „narrative" Zugang zum Kind erlaubt es, der Therapie eine Ausrichtung zu geben, die keinen starren Zielen folgt, sondern Spielraum für eine individuelle Entwicklung lässt. Dieser Spielraum ist notwendig, da die Therapie und Rehabilitation dieser Kinder oft voller Überraschungen und Wendungen steckt.

2.2   Spracherwerb und Sprachentwicklung
Sozial-interaktive Position

„Das bewusste Erinnern ist (. . .) von Beziehungen geprägt und muss es auch sein (. . .). Die Kontinuität des Bewusstseins entsteht, weil das Gehirn Zusammenhänge zwischen einzelnen Augenblicken herstellt. Ohne diese Verbindungen würden wir von einem Augenblick zum nächsten nur eine Folge unzusammenhängender Reize wahrnehmen und diese Erfahrung könnten wir nicht in Wissen und in ein Verständnis der Welt umformen." (Rosenfield 1999, 16)

Tab. 1: Überblick über die folgenden Kapitel

Kapitel	Ebene	Erworbene Kompetenz/Input
Kommunikations- und Dialogstrukturen (2.2.1) – erworben durch dyadische Interaktion	kommunikative Ebene	prosodischer Input
Trianguläre Prozesse (? ? ?) – Verbindung einer dritten Dimension der Kommunikation	evaluative, kognitiv-affektive Ebene	phonetisch-phonologischer Input
Innere Repräsentation (2.2.3) – Loslösung von der konkreten Realität	repräsentative Ebene	semantisch-lexikalischer Input
Symbolisierung, narrative Organisation (2.2.4) – generische und episodische Strukturen	symbolisch-narrative Ebene	syntaktisch-morphologische Integration
Trennung zwischen innerem und äußerem Dialog (2.2.5) – soziale Sprachkompetenz	pragmatisch-kommunikative Ebene	narrative und diskursive Kompetenz
Regulierung des eigenen Verhaltens durch internalisierte Wertmaßstäbe (2.2.6) – Konstitution einer eigenen Identität	operationale Ebene	Erwägungs- und Entscheidungskompetenz

„Wenn wir nicht beschreiben können, in welchem Verhältnis etwas zu uns steht, dann ist es weder ein ‚Teil' von uns, noch ist es uns ‚fremd' (…). Hier zeigt sich, wie tiefgreifend Sprache das Wesen des Bewusstseins verändert." (Rosenfield 1999, 68f)

Der Erwerb der Sprache ist laut neueren Theorien gleichzeitig die Einführung des Kindes in die soziale Welt mit ihren Regeln, Geboten, Verboten und Tabus (Bruner 1987; Katz-Bernstein 1998a; Tomasello 2009). Zugleich finden ein ausgeprägter Austausch und eine Wechselwirkung zwischen der Fähigkeit zu sprechen und zu denken statt (i. S. Wygotsky 1986). Das Kind lernt, die Sprache adäquat zu verwenden, um eigene Bedürfnisse, Absichten und Wünsche zu äußern, um Beziehungen zu erwerben und zu regulieren, um Handlungen zu planen, zu steuern und zu beeinflussen und um über sich denken und erzählen zu können. Auf diese Art unterscheidet es zwischen sich und anderen Menschen und konstituiert eine eigene Identität (Katz-Bernstein 2003a). Neben phylogenetischen, allgemeinen Abläufen zum Erwerb der Sprache sind auch ontogenetische Prozesse, d. h. individuelle Erfahrungen und die eigene Konstruktion und Organisation dieser Erfahrungen für die sprachliche Kompetenz prägend (Thomae 1988; Roth 2001).

Da Mutismus eine besondere Art einer Sprach-, Verhaltens- und Sozialisationsstörung ist, die mit dem Erwerb der Kompetenz des eigenständigen Gebrauchs von Sprache zusammenhängt, ist es wichtig, die dazu notwendigen Entwicklungsschritte zu kennen. Diese sind für therapeutische Planung und Intervention relevant, weil man den selektiven Mutismus im Kindesalter als eine ausgesprochene Entwicklungsstörung ansehen kann. Bei den strukturdiagnostischen Erhebungen der Fähigkeit des Sprachhandelns gilt folgende Leitfrage:

Welchen sprachlichen, sozialen und kognitiv-affektiven **Entwicklungsstand** hat das Kind erreicht (phylogenetisch), und wie gestaltet sich die **individuelle Organisation** seiner Persönlichkeit samt ihrer Störung (ontogenetisch)?

2.2.1 Kommunikations- und Dialogstrukturen
Wie lernt man zu kommunizieren?

„Die Fähigkeit zur wechselseitig abgestimmten Interaktion (ist) ausgebildet (. . .), bevor das Kind in der Lage ist, mit Objekten in einer intentionalen Weise umzugehen. Er (Traverthen 1998; Hinzuf. der Verf.) nennt diese Fähigkeit ,protokonversationell' – eine vororganisierende Form des Sprechens mit gestischen, vokalisierenden und expressiven Mitteln." (Welzer 2002, 74)

„Daraus folgt, dass eine Sache vergleichsweise neu und interessant sein muss, damit unsere schnell lernende Hirnstruktur sie aufnimmt bzw. ihre Aufnahme unterstützt." (Spitzer 2002, 34)

Im Kleinkindalter: Der Erwerb der Sprache fängt mit der intuitiven Fähigkeit der Eltern an, die Kommunikationsbereitschaft des Kindes zu wecken, einen Blickdialog mit ihm zu etablieren und seine Intentionen und Regungen durch Sprache zu interpretieren (Tomasello 2009; 2010). Dass Menschen miteinander während eines Dialoges im Wechsel sprechen, dass es notwendig ist, zuzuhören, während der andere spricht, dass man darauf angewiesen ist, gehört zu werden, wenn man verstanden werden will (turn-taking), wird schon von den ersten Tagen nach der Geburt von den Bezugspersonen „antrainiert", mittels Gesten, Blick- und Stimmqualitäten. Die Mutter wartet nach einer „rhetorischen" Frage, die sie dem Kind stellt, als ob sie ihm das Intervall der Antwort gibt. Bei jedem Gurren des Kindes tut sie so, als ob es eine Antwort sei, der sie einen Sinn gibt und die sie verstanden hat. Sie spricht in einem Tempo, mit einer Stimmmelodie (Prosodie) und Intonation, die der Empfangskapazität und dem Gedächtnisvermögen des Kindes genau angepasst ist, ohne sich dessen bewusst zu sein. Welche sprachlichen Strukturen werden in dieser ersten Phase erworben?

- Errichten eines Aufmerksamkeitsbogens
- Dialogregeln, Zuhörer-Sprecher-Wechsel
- Austausch von Befindlichkeiten, Benennung von Stimmungen
- gegenseitige Beruhigung, Ermutigung
- Lenkung von Handlungen durch Sprache (Verbote, Warnungen, Anweisungen)
- Ankündigungen
- Hinweise auf Ereignisse, ihre Benennung, Sinngebung und Bewertung
- Begleitung von Handlungen und ihre Strukturierung (Ursache, erwartete Wirkung, Zweck und Sinn werden kommentiert)
- Deutung von Gesten als Ausdruck einer Handlungsabsicht
- Etablierung einer elementaren Form der narrativen Organisation von Erfahrungen (Anfang, Mitte, Höhepunkt und Ende werden durch stimmliche Betonung markiert) (Katz-Bernstein 1998b)

Interessant ist dabei „*die Kunst der Unterstellung*": Die engen Bezugspersonen, so Papoušek (1994), tun so, als ob das Kind sie schon längst versteht, bevor es tatsächlich ein Wort verstehen kann. Sie setzen ihre optimistischen Bemühungen solange fort, bis es dem Kind *tatsächlich* möglich ist, ganz allmählich die Rolle des Verstehenden und aktiv Sprechenden einzunehmen. So wird „die Zone des nächsten Entwicklungsschritts" (Wygotsky 1986) eingenommen. Die Zuversicht und die Geduld, die die Bezugsperson ganz selbstverständlich aufrechterhält, sind eine enorme pädagogisch-didaktische, jedoch unbewusste Kraft, die Papoušek und Papoušek (1977) „intuitive elterliche Didaktik" nennen. Diese ermöglicht es dem Kind auf eine natürliche Art, die Hürden der Sprachentwicklung

zu überwinden und seine Motivation aufrechtzuerhalten. Der Spracherwerb ist somit bereits im ersten Lebensjahr mit enormen kognitiven, neu-
rologisch-physiologischen, motorischen und psychisch-affektiven Leistungen verbunden.

Relevanz für Kinder mit (selektivem) Mutismus: Bei Kindern mit Sprach-
entwicklungsstörungen sowie bei Kindern mit Redestörungen wie
Stottern, Poltern und Mutismus findet sich oft ein Mangel an innerer
Repräsentation von Dialogregeln (Katz-Bernstein 1998a; 2003b; vgl. dazu
Cunningham et al. 2004; Manassis et al. 2007). Die Repräsentation von
Dialogregeln als verinnerlichtes Wissen, wie man mit kommunikativen
Situationen umgeht, ist wichtig, um die Fremdheit eines Gegenübers zu
überwinden, um die Spannung einer Begegnung zu bewältigen, um Kon-
takt herzustellen und zu definieren, um Kontinuität einer Beziehung zum
Ausdruck zu bringen und um den Grad an Bekanntheit, Nähe und Dis-
tanz weiterhin zu regulieren. Zu diesen Dialogregeln gehören:

- Begrüßungs- und Abschiedsrituale,
- Blickaustausch und Wechsel von Augenkontakt vor und während des
  Sprechens,
- Turn-taking-Verhalten des Sprechens und Zuhörens im Wechsel,
- Austausch von nicht-verbalen *Regulatoren* (Krause 1988), Gesten und
  Körpersignalen, die den Sprecherwechsel im Konsens bestimmen,
- vor allem die Erfahrung und die Zuversicht, eigene Absichten und
  Wünsche kommunizieren zu können.

Solche Mängel und Defizite der Gestaltung eines Dialoges zeigen sich auf
zwei Arten:

1. Distanzlosigkeit: Manche Kleinkinder zeigen ein unmittelbares und
übergangsloses Kontaktaufnahme-Verhalten, als ob sie den Bekanntheits-
oder Fremdheitsgrad des Gegenübers nicht erkunden und/oder nicht re-
gistrieren. Solche Kinder haben (noch) nicht gelernt, ihr Verhalten, bezogen auf eine mehr oder minder fremde Person zu regulieren. Dies setzt
voraus, dass sie die Abstufungen an Fremdheit wahrnehmen und die
Person als ein kontinuierliches, individuelles, von sich getrenntes Individuum wahrnehmen, mit dem man eine konstante, fortdauernde und sich
entwickelnde „Beziehungsgeschichte" eingehen kann. Wenn der Mangel
an Scheu über das vierte Lebensjahr hinaus andauert, kann er auf eine
Entwicklungsstörung hinweisen. Die Kinder gestalten die Beziehungs-
aufnahme gleichförmig, oft übergangslos und wenden keine Begrüßungs-
und Abschiedsrituale an, bzw. handeln nur reaktiv, wenn ihnen diese
entgegengebracht werden. Sie haben oft wenig individuellen Beziehungs-
spielraum entwickelt und scheinen weniger an der Person interessiert zu

sein als an ihrer Funktion als Vermittler von Befriedigungsmöglichkeiten für die eigenen Bedürfnisse (Ogden 1995; Dornes 1993; 1997).

2. *Weigerung, Fremdheit zu überwinden:* Jede Kultur bietet soziale Regeln und Rituale an, die, einmal erworben, helfen, Beziehungen zu regeln und zu definieren. Das gibt soziale Sicherheit und Schutz vor dem Unvorhersagbaren einer fremden Person. Im Gegensatz zu distanzlosen Kindern registriert ein Großteil der mutistischen sowie der sozial unsicheren Kinder sehr wohl die Fremdheit des Gegenübers, findet jedoch keine Mittel und Wege der Performanz, diese zu überwinden oder zu regulieren (Petermann/Petermann 1996). Bei diesen Kindern kann der Mangel an innerer Repräsentation von Dialogregeln potenzierend für ihre Angst vor dem Sprechen wirken.

Erkenntnisse aus der Bindungsforschung und deren Verbindung mit dem Explorationsverhalten im Säuglingsalter können eine weitere psychodynamische Dimension der Weigerung, sich fremden Personen anzunähern, erklären. Laut Grossmann beeinflusst eine sichere Bindung zur primären Bezugsperson folgende drei Eigenschaften: „Integrität der Gefühle, Klarheit der eigenen Motive und die uneingeschränkte und unbelastete Breite der Handlungsmöglichkeiten" (Grossmann 2014, 30). Neben selteneren Weinen zeigen sicher gebundene Säuglinge im Alter von sechs bis zehn Monaten ein differenzierteres Lautieren im fröhlichen Plappern (Grossmann 2014, 33; Klann-Delius 2014). Die Deutung des Gefühlsausdruckes der Mutter kann dem Kind eine Referenz geben, sich fremden Situationen anzunähern oder diese zu meiden. Forschungen zu Neugier und Explorationsverhalten von Kindern gegenüber neuen sozialen Situationen und neuen Objekten geben Hinweise darauf, dass die sozial-sicher gebundenen Kinder „im Kontakt mit anderen Kindern offen ihre Emotionen zeigen und Augenkontakt aufrecherhalten" (Schölmerich/Lengning 2014, 205). Unsicher-ambivalentgebundene Kinder zeigten hingegen wenig Kontaktverhalten. Bei diesen Kindern, so Schölmerich und Lengning, „ist das Erkundungsverhalten schon in der fremden Situation stark eingeschränkt, da ihr Bindungssystem chronisch aktiviert ist" (Schölmerich/Lengning 2014, 206, gestützt auf Frömmer-Bombik 1995). Interessant ist auch die Erkenntnis, dass sich die Kinder bei unsichervermeidender Bindung stärker im Symbolspiel vertiefen (Schölmerich/Lengning 2014, 206, gestützt auf Maslin-Cole und Spieker 1990). Bei dieser dritten Kategorie des Bindungsmusters ist die Zuwendung ähnlich wie die der sicher-gebundenen Kinder, der hier zuerst genannten Kategorie. Wie aufgezeigt, ermöglichen das Symbolspiel und die Bildung von narrativen Strukturen eine gewisse Distanz und Ablösung von realen Beziehungen (Klann-Delius 2014). Das könnte als eine Tendenz zur Hinwendung an die Objekt- und Phantasiewelt bei größerer Vermeidung von

sozialen Beziehungen gedeutet werden, wie sie oft bei den eher leistungs-
starken mutistischen Kindern zu finden ist. Allerdings zeigen Schölmerich und Lengning, dass erst die Untersuchung und die Gegenüberstel-
lung von „Anlage und Umwelt", das heißt die angeborenen „Tempe-
ramentseigenschaften" in Verbindung mit den Bindungsmustern, eine
Relativierung beider Faktoren leisten.

In der Therapie mit diesen Kindern sollen behutsam neue Erfahrungen
gemacht werden. Beispielsweise sollen eigengesteuerte Erkundungen und
vorsichtige Annäherungserfahrungen ermöglicht werden. Therapeuten
können die Erfahrung machen, wie mutistische und sprechscheue Kinder
Kontakt mit dem sich vorsichtig annähernden Therapeuten aufnehmen.
Spielt man beispielsweise mit diesen Kindern Verstecken (zur Stärkung
der inneren Repräsentation und zur Überwindung von Fremdheit), und
tut man so, als ob man sie sucht, können die meisten dieser Kinder, auch
noch im Alter von 10–12 Jahren, Kontakt auf eine scherzhafte und/oder
expansive Art aufnehmen: Sie geben fremde, hinweisende Geräusche von
sich, schmeißen Gegenstände nach den Therapeuten, schlagen oder bo-
xen die Puppe, die ihnen als symbolische „Mittelperson" („Intermediär-
objekt", Winnicott 2002) angeboten wird. Es ist offenbar, dass sie nicht
gelernt haben, durch ritualisiertes Verhalten eine Annäherung in den Beziehungen zu gestalten, so dass sie zu kleinkindlicheren und regressiven
Formen und Ritualen der Kontaktaufnahme greifen.

2.2.2   Trianguläre Prozesse
Anforderungen meistern können

> „Während in der spielerischen Interaktion, die sich wie beim Kitzeln und
> Necken – auf den Körper des Babys bezog, mittels körperlicher Abfolgen
> und Routinen und begleitender Vokalisierungen ‚geschichtenähnliche'
> Abläufe' abgebildet haben, wechselt die Aktivität nunmehr auf die Ver-
> wendung von Spielzeugen in ‚Person-Person-Objekt-Spielen', in denen
> affektive Gesten und Töne mit ‚ernsthaften' Versuchen einhergehen, ge-
> genstandsbezogene Anforderungen zu meistern." (Welzer 2002, 75, zit.
> n. Traverthen 1998)

Im Kleinkindalter: Irgendwann im ersten Lebensjahr macht das Kind
einen großen kognitiven Schritt: es lernt zu **„triangulieren",** d. h. es er-
richtet mit einer Bezugsperson eine gemeinsame Aufmerksamkeit (Bru-
ner/Laciavelli 1989; Stern 1992; 1995) und es vermag Gesten als Hand-
lungsabsichten zu deuten (Tomasello 2009, 2010).

Zunächst ist das Kind nur in der Lage, einen Reiz zu verfolgen, beispielsweise das mütterliche Gesicht, das zu ihm spricht. Wenn die Mutter
nun mit einer Glocke läutet, so wendet sich das Kind dem neuen Reiz zu,

und das vorherige Spiel mit der Mutter ist bereits vergessen. Die Mutter wiederum – unbewusst und intuitiv – hört dann auf, mit der Glocke zu läuten. Sie zieht die Aufmerksamkeit wieder auf sich, indem sie den Klang imitiert oder den Gegenstand akzentuiert benennt, dazu lächelt, oft mit einer besonderen, humorvollen Kommunikationsqualität, die ein wenig verschmitzt und wissend wirkt, als ob sie sagt: „Schau, das bin ich, die die Glocke läutet!". Sie klingelt wieder, bis das Kind anfängt, sie und die Glocke abwechselnd anzuschauen (Stern 1992; Dornes 1993). Das Lächeln des Kindes wird als Zeichen dafür gedeutet, dass das Kind den kognitiven Schritt vollzogen hat. Es hat gelernt, zwei Realitäten, Akteur und Gegenstand, miteinander zu verbinden. Genau genommen sind es drei Elemente, die es nun kognitiv zu verbinden vermag, die grundlegend jede zukünftige sprachliche Kommunikation konstituieren: **„Ich-Du-Sache"** (Zollinger 1995).

Diese Verbindung bildet einen ganz neuen Stand der Erkenntnisfähigkeit und Bewusstheit, die mehr ist, als nur drei Elemente additiv zu verbinden. Die Verbindung lässt neue, unvorhersagbare Erkenntnisse hervortreten (Feinberg 2002) und ermöglicht dem Kind, Ereignisse und Gegenstände aus einer neuen Dimension zu betrachten, nämlich Menschen als soziale Akteure zu erkennen. Dadurch lernt es, sich selbst als potenziellen Akteur wahrzunehmen, der mit anderen zu kooperieren vermag (Tomasello 2010). Es wird ihm möglich, Ereignisse und Objekte gemeinsam zu bewerten, auf sie aufmerksam zu machen, ihren Sinn zu erfragen oder die eigene Handlungsintention auszudrücken.

Wichtig ist die Bewertung von Gegenständen, Handlungen und Personen; die Mutter dient dabei als Referenzperson – sie ermuntert, warnt, verbietet, stellt Bedingungen, führt heran und reguliert, bis die „Gefahren" beim Umgang mit dem fremden Objekt gebannt sind und die nötigen Fertigkeiten und Kompetenzen im Umgang mit ihm erworben sind.

Die Fähigkeit zu triangulieren hat während der Entwicklung verschiedene Abstraktionsstufen (Tomasello 2009). Dies scheint der Ursprung der „Mentalisation" im Kindesalter zu sein. „Mentalisation" bezeichnet die Fähigkeit, Sprache zu entwickeln (Zollinger 1995), über sich und andere nachzudenken und mit weiteren Personen zu kommunizieren (Fonagy/Target 2001).

Relevanz für Kinder mit selektivem Mutismus: Die Verbindung „Ich-Du-Sache", also eine gemeinsam ausgerichtete Aufmerksamkeit, herzustellen (Stern 1995; Bruner 1987; Tomasello 2009) ist eine der ersten kommunikativen Gesten, die im therapeutischen Kontext mit mutistischen Kindern gelingt. Über das Handeln, Basteln, Geschichtenvorlesen, Spielen, Verstecken usw. gelingt es meistens auf eine unbeschwerte Art, sich diesen Kindern zu nähern. Viel eher als ritualisierte Kontaktaufnahme-Gesten anzutrainieren, sollte man sie in ein kontinuierliches Projekt einbinden. So gestaltet man die Beziehung auf einem natürlichen, neutralen Weg und durch das gemeinsame Handeln wird die Fremdheit allmählich überwunden (Ehrsam/Heese 1954, Perednik 2011).

Ein guter Hinweis zur *Differentialdiagnose Autismus – Mutismus* kann die Erkundung dieser Ebene bei den Kindern sein.

> *Bei der Kontaktaufnahme mit dem scheuen Robin (9 J.) fordere ich den mit gesenktem Blick dasitzenden Jungen auf: „Ich weiß jetzt noch nicht, was dir hier im Zimmer gefällt, gar nicht gefällt oder aber ein ganz bisschen gefallen könnnnnnte!" Ich schlage Folgendes vor: „Ich mache die Augen zu, du lässt deine Augen im Zimmer spazieren gehen und suchst zwei Sachen aus, die dir am besten gefallen. Danach muss ich raten, was du ausgesucht hast." (Ich weiß bereits, dass er durch ein leichtes Kopfnicken oder -schütteln Fragen beantwortet!)*

Bei diesem Kommunikationsspiel kann eine Triangulierung mit der fremden Situation, Hierarchie von Fremdheit/Vertrautheit, Lust an Erkundung und Überwindung des Fremden geschaffen werden. Eine solche Übung wäre mit einem autistischen Kind nicht oder nur erschwert möglich. Welche Merkmale der Kommunikation sind bei mutistischen Kindern zu erwarten?

- Ein möglicher, anfänglicher Mangel am Gebrauch von *deiktischen Gesten*, die Hinweise auf eine gemeinsam ausgerichtete Aufmerksamkeit geben. Bei manchen Kindern dienen die deiktischen (hinweisenden) Gesten als Kommunikationsersatz für den sprachlichen Dialog und sind besonders gut ausgebaut. Wie oben aufgezeigt, kann bei einem solchen Mangel die erste therapeutische Intervention auf den Aufbau eines deiktischen Zeichensystems zielen.
- Wenn ein mutistisches Kind zu sprechen beginnt, so bezieht sich die sprachliche Äußerung noch lange nicht auf ein „Sprechen über ein Thema". Es bedarf zunächst oft des Aufbaus von Kommunikationsbausteinen, non-verbal und verbal, wie *Fragen/Antworten, Vor- und Nachmachen, Führen und Geführt-werden* **mit** *Rollentausch, abwechselndes und gemeinsames Gestalten* usw., ähnlich wie bei redeflussgestörten Kindern (Katz-Bernstein 2003b), um ein altersadäquates sprachliches und nicht-sprachliches Kommunikationsverhalten zu erreichen. Die ersten Worte werden sich in der Regel lange Zeit auf der *Frage (Therapeuten)/Antwort (Kind)-Ebene* bewegen, noch ohne Rollentausch (turn-taking) stattfinden. Dies ist ein wesentlicher, jedoch nur partieller Therapieerfolg. Das Ziel ist, dass das Kind den Kommunikationspartner auf Sachverhalte und Begebenheiten, die für es wichtig sind, hinweist und ihn nutzt, Erzählenswertes über sie

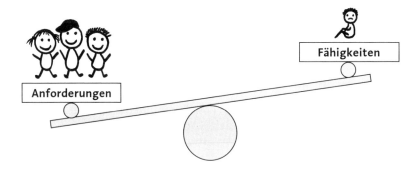

Abb. 1: Modell von Anforderungen und Fähigkeiten mod. n. Starkweather 1990

zu berichten (weiteres zu Erzählfähigkeiten vgl. auch Hausendorf/ Quasthoff 1996).

Es ist entscheidend für die Förderung, hier zu differenzieren, ob die Sprachlosigkeit, die oft bei komplexeren, selbstständigen sprachlichen Aufgaben auftritt, aus einem Mangel an kommunikativer Performanz herrührt oder aber auf primäre *linguistische Defizite* und Verzögerungen hinweist. Um einem Gesprächspartner über Sachverhalte berichten zu können, bedarf es linguistischer Fähigkeiten, nämlich *lexikalischer* (Wortschatz), *semantischer* (Wortbedeutung) *und grammatikalischer Kompetenzen*. Die linguistischen Fähigkeiten umfassen darüber hinaus das Vermögen, die Relationen zwischen Akteuren, vergangenen und zukünftigen Tätigkeiten in unterschiedlichen räumlichen und zeitlichen Verhältnissen anzuordnen, losgelöst von den konkreten Gegenständen und der in der Gegenwart sichtbaren Handlungen. Viele linguistische Unsicherheiten können auch durch eine *phonologische Differenzierungsschwäche* verursacht werden (das Beherrschen des Regelsystems von Lauten, um sie richtig kombinieren und einsetzten zu können).

Bei Vroni (4;6 Jahre alt) hat sich der selektive Mutismus als eine sekundäre Störung infolge einer Sprechstörung auf der phonetischen Ebene erwiesen. Als sie in der Therapie zu sprechen anfing, wurde klar, dass sie eine multiple, ja fast eine universelle Dyslalie und eine dysarthrische, schwerfällige und schleppende Sprechweise mit dyspraktischen Komponenten hatte (bei auffälliger Anamnese bezüglich eines perinatalen Risikofaktors). Dabei zeigten sich jedoch keine Sprachauffälligkeiten auf der semantisch-lexikalischen oder auf der syntaktisch-morphologischen Ebene. Das ansonsten intelligente, kognitiv gut entwickelte und begabte Mädchen hatte bei der um drei Jahre älteren Schwester deren Redegewandtheit registriert und entwickelte ein Störungsbewusstsein gegenüber der eigenen gestörten expressiven Sprechweise. In der Folge zog sie sich, laut Bericht der Mutter, vor Fremden zurück, zeigte Trennungsangst von der Mutter und entwickelte beim Eintritt in die Kinderspielgruppe einen selektiven Mutismus.

Immer wieder liegt der Grund für das Verstummen in einer Überforderungssituation bei linguistisch anspruchsvolleren Anforderungen, in Übergangssituationen zu fremden Kontexten, wie Kindergarten, Schule, Arztbesuch, überall dort also wo erwartet wird, dass das Kind, meistens getrennt von seinen Bezugspersonen, selbstständig oder gar von sich aus über Sachverhalte berichtet.

Das Anforderungs-/Kapazitätenmodell zur Erläuterung der Entstehung des Stotterns von Starkweather (1990) kann demnach auch als Verursachungsmodell auf mehrere Fälle des selektiven Mutismus übertragen werden (siehe dazu auch Teil IV, Kapitel 3).

2.2.3   Innere Repräsentation
Die Kraft der Vorstellung und der Bewertung

„Strukturierte und sequenzierte gemeinsame Handlungsverläufe (. . .) etablieren im sich entwickelnden Gehirn des Säuglings Repräsentationen, die deswegen ‚Bedeutung‘ erzeugen, weil die Handlungen zu Erlebnissen führen, die das Baby auf irgendeine Weise fühlt". (Welzer 2002, 83)

„Hat der Hippocampus eine Sache als neu und interessant bewertet, dann macht er sich an ihre Speicherung, d. h. bildet eine neuronale Repräsentation von ihr aus." (Spitzer 2002, 34)

Im Kleinkindalter: Mit der Zeit sind einige Personen und Gegenstände dem Kind vertraut. Es „begrüßt" sie freudig, wenn es ihnen begegnet. „Vertraut" bedeutet, dass das Kind bereits ein inneres, mehr oder minder stabiles Bild mit den wichtigsten Merkmalen der Person oder des Objekts gespeichert hat. Durch einen Klang, ein visuelles Merkmal oder gar eine Benennung wird die Person/das Objekt für die Erinnerung abrufbar und der Erinnerung zugänglich. Dieser Vorgang wird „innere Repräsentation" (Piaget 1947) genannt. Diese erfährt eine immer größer werdende Komplexität, denn nicht nur Gegenstände und Personen werden abrufbar, auch ganze sich wiederholende Sequenzen und Handlungsabläufe. Kausale Zusammenhänge erfahren eine Generalisierung und ermöglichen die Ableitung von Regeln. Interessant ist dabei, dass nur „Varianzerfahrungen", also solche Erfahrungen, die zwar ähnlich sind, jedoch vom ursprünglichen Bild abweichen, die Aufmerksamkeit des Kindes auf sich lenken (Ciompi 1994). Diese regen das Kind dazu an, Vergleiche anzustellen (Spitzer 2002). Wenn jedoch keine inneren Repräsentationen vorhanden sind, gibt es keinen Anlass zur Differenzierung der Wahrnehmung (Ciompi 1994; Lempp 1992). Es ist leicht nachzuvollziehen, wie wichtig rituelle, sich wiederholende Handlungen und Spielchen sind, um zeitliche, räumliche und personelle Relationen zu verstehen.

Zugleich entsteht jedoch eine zweite Form der Repräsentation: die Wahrnehmung der Veränderungen des Selbstzustands (Damasio 1997 in Welzer 2002, 81). So entsteht ein subjektives Gefühl eines Selbst, das auf der vergangenen und gegenwärtigen Kontinuität eines Körpergefühls basiert. Der körperliche, bewertende Bezug zur erfahrenen Handlung stellt die Wurzel von Subjektivität dar (Damasio 1999). Die Welt wird dadurch vorhersagbar und für eine Eigenwirksamkeit durch Handeln und Mitwirken zugänglich. Diese Verbindung von inneren Repräsentationen der Sachwelt und der eigene Bezug dazu sind wichtige mentale und soziale Strategien, um dem „Nesthocker Mensch" zu einer eigenständigen, kohärenten Identität zu verhelfen (Markowitsch/Welzer 2006). Durch sie wird es dem Kind möglich, eine physische und psychische Distanz herzustellen, Fremdheiten in weiteren „Umweltausschnitten" zu überwinden (Bronfenbrenner 1980), sich loszulösen und zu sozialisieren.

Relevanz für Kinder mit selektivem Mutismus: Wenn von innerer Repräsentation gesprochen wird, so sind zwei, eher sekundäre, Aspekte der inneren Repräsentation in Verbindung mit mutistischen Kindern erwähnenswert.

Der erste Aspekt bezieht sich auf die innere Repräsentation der engsten Bezugspersonen bzw. auf die **Loslösungskompetenz** von der Mutter und/oder den engen Familienbezügen (Rutter 1981). „Während sich in der Wir-Gruppe der Familie im Kind das Bewusstsein vom ‚Selbst-im-Zusammensein-mit-anderen' herausbildet, erregen fremde Personen in ihm Gefühle von Angst, Unsicherheit und Misstrauen" (Welzer 2002, 75). Es ist die eigene, wahrgenommene Bewertung des Fremden als Erzeuger von körperlichen Gefühlen des Unbehagens, die das Kind zu seiner mutistischen Reaktion verleitet. Die Emotionen, die hier entstehen, werden „Regulative von interpersonellen Kontakten und Beziehungen" genannt (Traverthen 1998, 18). Es entsteht eine Trennungslinie der Bewertung von ‚Fremd ist unangenehm für mich, Vertraut dagegen gut' beim Kind, die sich allmählich systematisch verankert und als Verhaltensmuster generalisiert.

Mutismus kann demnach in manchen Fällen mit einer Trennungsproblematik von der Mutter gekoppelt sein (siehe Fall Vroni). Um sich von der Mutter loslösen zu können, muss das Kind sich soweit mit dem Mutterbild auseinander gesetzt haben, dass es viele der Tätigkeiten, die die Mutter verrichtet, verstehen und nachvollziehen kann. Das Kind kann sich diese z. T. zutrauen, oder die Beherrschung dieser Kompetenzen für sich in die Zukunft projizieren (in der kindlichen Logik in der Form: „Wenn ich ein wenig größer bin, dann kann ich das auch.") Ein mutistisches Kind traut sich eine der wichtigsten Kompetenzen diesbezüglich nicht zu: Es ist nicht in der Lage mittels sprachlicher Kompetenz oder aber Performanz, fremde Kontakte selbstständig aufzunehmen, zu regulieren und/oder aufrechtzuerhalten. Eine der Hilfestellungen für die Loslösung von der Mutter ist die Aneignung eines Übergangobjektes als symbolischer „Mutterersatz" (Winnicott 2002). Eine der ersten therapeutischen Interventionen bei einer Trennungsproblematik wird sich mit dieser Loslösung befassen, möglicherweise mit Hilfe eines Übergangsobjektes.

Ellen (4;6 Jahre alt) hat offensichtlich Mühe, sich von der Mutter zu trennen. Nachdem sie es in der ersten Stunde gewagt hat, die Seite der Mutter für einige Minuten zu verlassen, um in eine Hütte zu schauen, in der sich angeblich „jemand" (der Bär) versteckt hat, sage ich ihr Folgendes: „Schau, Ellen, für heute müssen wir leider aufhören zu spielen, unsere Zeit ist zu Ende. Das nächste und das übernächste Mal darf Mama noch mit uns im Zimmer sein. Danach muss sie, wie alle Mütter, die mit ihren Kindern zu mir kommen, draußen warten. Ein wenig schade, nicht? Aber das hier ist ein Ort für Kinder. Es gibt Kinder und Mütter, denen es nicht leicht fällt, dass die Mama draußen sitzen muss. Aber alle lernen es am Schluss und sind danach froh, dass sie das schon können".

Am Anfang der zweiten Stunde schlage ich vor: „Was wir machen können ist, der Mama „jemanden" mitzugeben, damit sie nicht ganz alleine draußen sitzen muss. Hast du schon eine Idee (ich zeige auf die Puppenecke), welche Puppe du Mama gerne mitgeben möchtest? Du musst es heute noch nicht wissen, wir haben noch bis zum nächsten Mal Zeit!" (vgl. dazu auch „Schattensprechen und Zugzwänge" (Teil V, Kapitel 4), „Arbeit mit Puppen und Übergangsobjekten" (Teil IV, Kapitel 2) sowie „Trennung von den Bezugspersonen" (Teil III, Kapitel 5))

Der zweite erwähnenswerte Aspekt ist, dass **Migration** und die Anforderung, unterschiedliche Sprachen zu erlernen, Risikofaktoren für die Störung darstellen können und zwar in linguistischer und in kultureller Hinsicht (Bradley/Sloman 1975; Cline/Kysel 1987; Kracht/Schümann, 1994; Dahoun 1995; Cline/Baldwin 2004; Elitzur/Perednik 2003; Starke 2015; Yeganeh et al. 2003; Toppelberg et al. 2005; Wagner 2004). Es ist bekannt, dass es für das Kind einfacher ist, Sprachen getrennt zu erwerben, indem man eine Personentrennung vornimmt, d. h. dass es für die Kinder leichter ist, die Interaktionen mit einer bestimmten, ihm vertrauten Person einer Sprache zuzuordnen und sie auf diese Art als eine „geschlossene Interaktionseinheit" zu erwerben.

Anders als die weitreichende Literatur im angloamerikanischen und deutschsprachigen Raum sehen Kracht und Schümann (1994) den selektiven Mutismus, der in der Zweitsprache erscheint, als einen Sonderfall, der das „Etikett" Mutismus nicht verdient, da dadurch die Gefahr der Minderbewertung der Kompetenzen der ersten Sprache besteht, die pathologisierend für ein eher kulturelles Phänomen sein können. Vielleicht kann eine gemeinsame, versöhnliche Haltung gefunden werden, wenn man den (selektiven) Mutismus als eine äußerst komplexe Störung betrachtet und einiges bedenkt:

- Kinder mit dieser Störung sollten aufgrund von extremer Scheu, Depression, Sprachstörung oder Missbrauch genauso wenig „etikettiert", pathologisiert und ausgegrenzt werden.
- Der psychische Leidensdruck ist ein ähnlicher, der Handlungsbedarf genauso gegeben und die Kostenträger sollten genauso in die Pflicht genommen werden.
- Die Gefährdung der Bildung und Beschulung sowie der sozialen Integration dieser Kinder sind ähnlich und die Risikofaktoren für die weitere Entwicklung sind genauso gegeben.

Der Fall Ali (Katz-Bernstein/Zaepfel 2004), der an einigen Stellen in diesem Buch aufgerollt wird, verdeutlicht diese Argumentation.

> *Ali (14 Jahre alt) antwortet auf meine Frage, wie er gelernt habe, Arabisch und Schweizerdeutsch auseinander zu halten: „Äh, es ist gar nicht schwer. Ganz einfach; ich schau ihm in die Augen und dann macht es so „Switch!" im Kopf, und es kommt von selbst die richtige Sprache raus"! Er setzt alsbald hinzu: „Ja, aber nicht in der Schule! Dort ist alles Schweizerdeutsch und da muss ich aufpassen!" (Katz-Bernstein 1989).*

Bei einem solchen Fall muss durch diagnostische Erhebungen der Stand des Erst- und Zweitspracherwerbs ermittelt werden und anschließend eine „eingleisige Sprachförderung" vorgenommen werden (siehe Fall Marcella und Simona, Teil IV, Kapitel 4).

Des Weiteren muss die kulturelle Komponente beachtet werden. Sehr oft, wie beim Fall Ali, bewältigen mutistische Kinder den Zweitspracherwerb angeblich mühelos. Sie merken jedoch die *Kulturendiskrepanz*: Das Selbstverständnis der einen Kultur wird als ein ganzer, gesamter Kontext mit seinen besonderen Wertmaßstäben, Bräuchen und Umgangsritualen erlebt und innerlich repräsentiert. Sich von einem Kontext zum anderen tagtäglich umstellen zu können, wird umso schwieriger, wenn die eine Kultur von der anderen als fremd, bedrohlich oder gar störend interpretiert wird. Je größer die vom Kind erlebte Diskrepanz zwischen den Kulturen und je wertender die Erfahrungen des Kindes bezüglich des Umgangs der einen Kultur mit der anderen ist, umso schwerer ist der zu bewältigende Überstieg vom einen Kulturkontext zum anderen (Dahoun

1995; Elizur/Perednik 2003; Cline/Baldwin 2004). Dabei ist die Diskrepanz des Bildungsstands der Stammfamilie ebenso maßgebend (Starke 2015). Bei ungünstigem Verlauf und bei einer Anhäufung von Risikofaktoren können Scham, Scheu, Ambivalenz, Verdecken oder Herausstellen der Herkunft (um diese zu schützen oder aufzuwerten) mögliche Reaktionen sein. Eine logische „Bewältigungsstrategie" (Bahr 1996) ist der selektive Mutismus (Hartmann/Lange 2003).

Eines der Ziele der therapeutischen Interventionen wird die Verarbeitung der Diskrepanz darstellen, um einen gelungenen Umgang mit den unterschiedlichen Kulturrepräsentationen des Kindes zu erreichen (Katz-Bernstein/Zaepfel 2004).

2.2.4 Symbolisierung und narrative Organisation
Erwerb narrativer Kompetenzen

> „Geschichten treiben uns um, nicht Fakten. Wer glaubt, beim Lernen gehe es darum, Fakten zu büffeln, der liegt ganz falsch; Einzelheiten machen nur im Zusammenhang einen Sinn, und es ist dieser Zusammenhang und dieser Sinn, der die Einzelheiten interessant macht." (Spitzer 2002, 35)

Im Kleinkindalter: Um die Objekte „ökonomisch" zu speichern, damit mit ihnen operiert werden kann, reduziert das Gedächtnis sie auf einige dominante Merkmale. Diese Reduktion ermöglicht es, ähnliche Gegenstände in Gruppen einzuteilen. Sie ermöglicht außerdem ein **Symbolverständnis** zu entwickeln, was uns von allen anderen Spezies unterscheidet und zu Menschen macht (Feinberg 2002). Wie das Symbolverständnis genau entsteht, ist Gegenstand von mannigfaltigen, auch sehr aktuellen Forschungen und Theorien (Tomasello 2009, 2010), unter anderem solchen, die „emergente" Eigenschaften des Wissens und des Lernens erforschen (Spitzer 2002). Tatsache ist, dass das Kind im zweiten Lebensjahr die Bedeutung des Winkens versteht und sie adäquat anwenden kann, ein „brrrm brrrm" beim Spiel mit einem Spielzeugauto sinngemäß erzeugen kann und sich an seine Puppe/seinen Teddy gerne klammert, ihn küsst, kämmt, wäscht . . . – alles Symbolhandlungen, die eine Imitation von realen Handlungen mit Ersatzobjekten darstellt. Neben Namen von Objekten werden Verben, die unterschiedliche Handlungen bezeichnen und Relationen zwischen ihnen ausdrücken, wichtig, Zwei- und Dreiwortsätze entstehen. Für die Symbolhandlungen muss das Kind Handlungen beobachten, sie imitieren, ausbauen, verändern und seiner Phantasie freien Lauf lassen, wobei diese spielerische **„Nebenrealität"** (Lempp 1992) nie von der Realität losgelöst ist. Sie dient dazu, die Realität verstehbar zu machen, sie zu ordnen und zu erschließen. Dabei kann das Kind Zusammenhänge und Relationen verstehen, die es dann sprachlich auszudrücken lernt: Der Teddybär liegt im Bett und nicht neben dem Bett, die Teller stehen auf dem Tisch und nicht unter dem Tisch etc. Die Symbolhandlungen werden immer länger, kontinuierlicher, erzählen Begebenheiten, ihre Folgen und Schlussfolgerungen: Die Teddyfamilie geht in den Zirkus. Dort sehen sie einen Clown, der ständig fällt. Dann kommen die Pferde und in der Pause bekommen die Kinder ein Eis . . .

Mit vier bis sechs Jahren lernen die Kinder ganze Geschichten zu erzählen. Eine spielerische Handlung lässt neue Ideen entstehen und ermöglicht kreative Lösungen und überraschende Wendungen (Andresen 2002). Diese zunächst fragmentierte Fähigkeit, Geschichten zu erzählen, verdichtet sich zu der Fähigkeit, sich selbst zu betrachten (Lempp 1986; 1992), über sich nachzudenken und die eigenen Handlungen zu bewerten und zu steuern (Katz-Bernstein 2003b).

Mit dem Verständnis von komplexen Interaktionen und Handlungen vervollständigt sich zum einen die grammatische Kompetenz (Roth 2001), zum anderen führt dieses Verständnis zur Bildung von narrativen Kompetenzen. Darunter versteht man die Fähigkeit, satzübergreifende, interaktive Diskursregeln zur Strukturierung von Berichten und Erzählungen zu gebrauchen (Hausendorf/Quasthoff 1996; Quasthoff/Katz-Bernstein 2007; Quasthoff et al. 2011, Schröder/Katz-Bernstein 2014). Während des Sprechakts wird vermehrt die Verwendung von *Illustratoren*, die die Rede unterstützen und semantisch markieren, beobachtet (Krause 1988; Katz-Bernstein et al. 2002). Die Fähigkeit, über sich zu erzählen, dient der Bildung einer autobiographischen Bewusstheit. Diese beinhaltet Wissen über sich, wer man ist, in welchen näheren und weiteren sozialen Bezügen man steht, in welche Generationsrangordnung man sich einzuordnen hat, auf welche Lebensabschnitte man zurückblicken kann und welche einen in der Lebensspanne noch erwarten (Roth 2001; Nelson 2006). Die Hirnforschung berichtet über eine Ausdifferenzierung der Großhirnrinde, die vermehrt mit der eigenen Bewusstheit, dem autobiographischen Gedächtnis und der Reflexionsfähigkeit gekennzeichnet wird (Nelson 1993; 1994; 2006). Der Sitz der autobiographischen Gedächtnisart im Gehirn kann heute lokalisiert und deren Verlust bei Hirntraumata und Demenzprozessen nachgewiesen werden (Roth 2001; Markowitsch/Welzer 2006). Die Sozialisation und die schulische Bildung im Kindesalter widmen sich der Aufgabe, dieses komplexe Wissen nach und nach zu konstruieren. Das autobiographische Wissen wird aus räumlichem und zeitlichem Vorstellungsvermögen mit einem „Selbst-Konstrukt" – eine verbundene, umfassende und mehr oder minder zusammenhängend organisierte Vorstellung über sich – in Verbindung gebracht. Durch dieses autobiographische Wissen vermag ein Individuum mit fortschreitendem Alter immer komplexere Zusammenhänge und Handlungsmöglichkeiten zu überblicken, zu sich und seiner Lebensplanung in

Bezug zu setzen und ihre Verwirklichung verfolgen und überwachen zu können (Nelson 1993; 2006; Roth 2001; Markowitsch/ Welzer 2006).

Die Bildung einer solchen Vorstellung ist mit kognitiv-affektiven Abstraktionsprozessen verbunden. Dies, so die Annahme, wurde phylogenetisch nur möglich, weil sich ein symbolisches, von der konkreten Ebene losgelöstes Kommunikationssystem entwickeln konnte. Die Bewertung von Situationen, ihre emotionale Färbung und demzufolge alltägliche, spontane Entscheidungsprozesse werden jedoch nach wie vor vom nichtbewussten Anteil, von der „archaischen" Amygdala (Mandelkern) geleistet (Roth 2001). Das heißt, dass angstbesetzte Situationen in ihren gesamten ätiologischen Wurzeln nur sehr bedingt durch logische Argumente und Einsichten allein zugänglich und zu bewältigen sind. Hier zeigt sich die Effektivität von behavioralen Zugängen, die neue, automatisierte und habitualisierte Verhaltensweisen zu implantieren vermögen. Es werden aber auch ihre Grenzen bei schwierigeren und komplexeren Störungsbildern und Fällen deutlich, wenn sie als alleinige Intervention über längere Zeit eingesetzt werden (Rapoport 1989; Roth 2001). Eine begleitende, narrative Verarbeitung ist daher notwendig. Hier kann das Kind die Geschichte von sich und den anderen um sich herum neu erzählen und „probehandeln", um das neuere, „mutige" Selbstbild zu konstruieren und sich die Geschichte einzuprägen (Oerter 1999; 2001; Pellegrini 2009; 2010). Daher besteht die Notwendigkeit einer Methodenintegration.

Relevanz für Kinder mit selektivem Mutismus: Für das Verständnis des Störungsbildes und der Therapie von Kindern mit selektivem Mutismus haben diese Erkenntnisse weitgehende Konsequenzen linguistischer und psychischer Art. Die Fähigkeit zur sprachlichen Symbolisierung entwickelt sich aus zahlreichen symbolischen Handlungen und durch Spiel- und Phantasietätigkeit, die immer komplexer werden (Andresen 2002). Dabei entwickelt sich die Kompetenz der Realitätsprüfung, und eine Trennung zwischen Realität und Phantasie, die die Grundlage jeglicher Angstbewältigung bildet, entsteht. Diese Trennung muss antrainiert, ritualisiert und gelernt sein, damit sie sich in der „Architektur des Gehirns" (Röthlein 2002; Solms/Turnbull 2004) im frühen Kindesalter vernetzen und einprägen kann. Laut Lempp (1992) können Phantasien und Vorstellungen dann erfolgreich für die Gestaltung der „Hauptrealität" eingesetzt werden, wenn die „Überstiegsfähigkeit" zwischen diesen zwei Arten von Wahrnehmung erworben und gesichert ist. Im Falle einer mangelhaften, unausgebildeten Überstiegsfähigkeit, z. B. infolge von Teilleistungsstörungen, droht eine unscharfe Trennung beider Ebenen. Eine solche Vermischung zwischen Realität und Phantasie gilt als Risikofaktor für psychotische Zustände und Störungsbilder (Lempp 1992; dazu auch Solms/ Turnbull 2004).

Diese entwicklungspsychologische Erklärung der kindlichen Psychose zeigt Zusammenhänge zwischen dem Mangel an kognitiv-sozialen Kompetenzen, Teilleistungsstörungen und der Anfälligkeit für paranoide und psychotische Zustände und Störungen im kindlichen Alter (Lempp 1992; Röthlein 2002, 102). Angesichts der Co-Morbidität bei (selektiv) mutistischen Kindern und der Vermengung von Mutismus mit anderen psychiatrischen Störungsbildern im kindlichen Alter und vor allem in späteren Altersphasen wird hier die Überzeugung zum Ausdruck gebracht, dass der Aufbau von symbolischen, narrativen und sozialen Kompetenzen eine präventive und therapeutische Relevanz besitzt, die von Fachpersonen eine besondere Beachtung verdient. In Teil IV, Kapitel 5 wird auf diagnostische Beobachtungsmöglichkeiten und auf therapeutische Interventionen des narrativ-symbolischen Spiels eingegangen.

2.2.5 Trennung zwischen innerem und äußerem Dialog
Strategien der Konversation

„Wenn sich (. . .) jemand partout nicht sozial anpassen oder zwischen Traum und Wahrnehmung nicht mehr unterscheiden kann, dann hat das möglicherweise seine Ursache in nicht ausreichend oder falsch ausgebildeten Hirnverschaltungen." (Röthlein 2002, 102)

Im Vorschul- und Primarschulalter: Wenn Kinder anfangen zu verstehen, dass sie eigenständig existieren, lernen sie das Schweigen und Verschweigen als Mittel kennen und schätzen. Schweigen ermöglicht es ihnen, Geheimnisse zu haben, die andere nicht verraten können. Das ist eine emotionale Leistung, die mit dem ersten „Nein" erprobt wird (Zollinger 1989). Dazu ist es nötig, Einsamkeit und Liebesentzug auszuhalten und ein fremdes, getrenntes Element zwischen sich und den geliebten Personen zuzulassen. So lernen die Kinder, dass Menschen die Fremdheit und Vertrautheit ändern und regulieren können und dürfen. Mit der Zeit werden ihnen auch Hierarchien von Beziehungen z. B. zu nahen Menschen wie Vater, Mutter, Geschwister – deutlich. Manche Kinder brauchen die Mutter noch sehr, um fremde Situationen einzuschätzen und zu bewältigen. So gibt es z. B. Großvater und Großmutter, über die man Dinge sagt, die man in ihrer Gegenwart nicht erzählen würde, und es gibt Nachbarn, die man gar nicht nett findet, die man aber grüßt, wenn man sie sieht. Diese soziale Performanz-Anforderung, die mit Kontrolle der eigenen Sprechhandlung verbunden ist, kann einem unsicheren Kind Mühe bereiten: Wie und wann kann man verraten, was man denkt? Wann schweigt man lieber? Das Kind merkt: Es gibt Fremde, vor denen man die Gedanken verstellen und verstecken muss, oft auch die eigenen Gewohnheiten in der Familie, das Benehmen der Eltern und die eigene Kultur. Diese

Trennung zwischen **innerem Dialog** und den zensierten, sozialisierten Äußerungen bedeutet für das Kind eine kognitiv-emotionale Anstrengung, die Angst machen kann und Kinder zum Verstummen bringen kann. Dieser Überstieg zwischen sprachlich-gedanklichen Realitätsebenen muss erworben werden und wird **pragmatische, soziale Kompetenz** genannt.

Kinder mit Fehlentwicklungen in diesem Bereich beginnen zu lügen, bekommen Schwierigkeiten bei der Unterscheidung zwischen Phantasie und Realität oder reagieren mit (selektivem) Mutismus. Manche Kinder haben, aus Scheu und/oder Angst vor Fremden, nicht gelernt, sprachlichen Kontakt aufzunehmen und empfinden die sprachliche Kontaktaufnahme mit einem Fremden als aufdringlich, ja als einen Übergriff.

Relevanz für Kinder mit selektivem Mutismus: Bei mutistischen Kindern kann man feststellen, dass der Übergang zwischen dem inneren Dialog, der die Quelle der Spontaneität, des lebendigen, phantasie- und lustvollen sozialen Sprechhandelns darstellt, zum sozialen, kontrollierten und zensierten Sprechhandeln nicht gelungen ist, da es dem Kind an der nötigen Flexibilität fehlt (Wygotsky 1986). Während des kommunikativen Akts des Sprechhandelns ist es notwendig, zwischen eigenen, spontanen Handlungs- und Kommunikationsimpulsen und der Anpassung dieser an soziale Anforderungen, Grenzen und Tabus zu pendeln. Diese Fähigkeit ist gepaart mit einem empathischen Verstehen für die Perspektive des Gegenübers (Lempp 1992). Demzufolge ist ein solcher Sprachakt immer auch ein kreativer, dialogischer Prozess einer Co-Existenz, zwischen der eigenen Individualität und der einer angepasst sozialen Identität. Bei mutistischen Kindern können die beiden Ebenen einander wenig befruchten. Dadurch wird der innere Dialog undurchlässig für das soziale Handeln, bleibt starr, einförmig und „die Überwindung des Fremden" gelingt nicht. Es wird keine Ausdifferenzierung der Beziehungen durch eine Mischung und einen Fluss zwischen fremd und vertraut möglich.

Fujiki et al. (1997) beschreiben in ihrer Studie die Schwierigkeiten von Kindern mit Spezifischen Sprachentwicklungsstörungen (SSES), in gezielten Gruppenaktivitäten beitragend zu partizipieren. McInnes et al. (2004) wiesen in einer Studie nach, dass Kinder mit selektivem Mutismus noch mangelhaftere narrative Kompetenzen zeigen als Kinder der Vergleichsgruppe mit SSES, trotz normaler nonverbaler, kognitiver und rezeptiver Eigenschaften. McInnes zufolge seien die narrativen Kompetenzen jedoch Grundlage für Bildungs- und Lernprozesse (2004, 304).

Meine therapeutischen Interventionen werden immer darauf zielen, mittels symbolisierter Sprechhandlungen Zugang zu der spontanen Handlungsquelle zu gewinnen, um die sozialen und interaktiv-narrativen Kompetenzen aufzubauen (Schröder/Katz-Bernstein 2014).

2.2.6 Verinnerlichte Wertmaßstäbe
Regulierung des eigenen Verhaltens

„Einer der Ecksteine des modernen neurologischen Denkens betrifft die Art und Weise, wie höhere Gehirnregionen gezielt und zweckdienlich niedrigere Regionen kontrollieren (…). Der Vorgang des Sprechens ist ein weiteres Beispiel (…). Wenn wir sprechen, wollen wir nicht explizit, dass ein bestimmter Muskel des Mundes sich in einer spezifischen und bewussten Weise bewegt. Wir senden der Zunge nicht bewusst einen Befehl, sich nach links und dann nach rechts (…) zu bewegen. Wir könnten es in Wirklichkeit nicht einmal, selbst wenn wir wollten (…)." (Feinberg 2002, 199f)

„Bewertungen müssen mitarbeiten, wenn etwas gelernt werden soll." (Röthlein 2002, 103)

Im Schulalter: Im späteren Schulalter erwirbt das Kind Gruppenregeln, die zunächst durch eine pädagogische Fachperson, später durch die Peer-Gruppe mitbestimmt und aufrechterhalten werden (Rahm 2004). Es kommt dann in der Vorpubertät und Pubertät die schwierige Anforderung auf das Kind zu, eigene Grenzen des sozialen Verhaltens zu formen: Welche Risiken können eingegangen werden, wo sind Gefahren, Verführungen, Fauxpas, die man meidet. Es wird mehr und mehr Erwägungs- und Entscheidungskompetenz verlangt.

Genauso schwierig und damit eng verbunden ist die **Konstitution einer eigenen Identität**. Diese besteht aus einer Mischung von kontinuierlichen (manchmal auch zufälligen) Zuschreibungen positiver und negativer Art, Erfolgs- und Misserfolgserfahrungen, erlernten sozialen Regeln aus Familie und weiteren Kontexten sowie Kompensationsverhalten. Der Erwerb solcher Regeln sichert dem Kind ab dem Schulalter einen attraktiven Platz in der gleichaltrigen Gruppe. Bis dahin hat das Kind eine lange Entwicklung hinter sich, in der es automatisierte und hierarchisch verschachtelte Kompetenzen motorischer, kognitiver, verbaler und sozialer Art erworben hat, die alle miteinander eng vernetzt sind. Diese Kompetenzen ermöglichen ihm, sich selbst, sein Verhalten und den sozialen Umgang mit anderen Menschen „hinreichend gut" und altersgemäß selbstständig zu regulieren. All diese Vorgänge sind mit der Kompetenz „sich selbst zu betrachten" (Lempp 1992) eng verknüpft. Eine solche Sozialisation kann jedoch nur wirksam werden, wenn das Erleben einer kontinuierlichen, zusammenhängenden Identität gelungen ist (Rosenfield 1999; Feinberg 2002; Markowitsch/Welzer 2006). „*Das Gehirn lässt die Einheit des Selbst entstehen, indem es eine verschachtelte Hierarchie des Sinns und Zwecks erschafft (…)."* (Feinberg 2002, 220). Durch verbundene Versatzstücke der Erinnerung, die durch einen „Ich-Kern" zusammengehalten werden (Rosenfield 1999, 54), können sich Selbst- und Fremdbildern nähern, ein soziales Eingebundensein kann stattfinden und das Gefühl dazu zu gehören kann sich entwickeln. Erikson (1976) nennt diese Entwicklungskompetenz „Initiative", weil nicht mehr das reaktive Verhalten auf einen gegebenen Rahmen erfordert wird, sondern eigene Initiativen, Unternehmungen und Entscheidungen für die weitere Entwicklung wichtig werden. Mit zunehmendem Alter schwindet der Einfluss der Familie immer mehr zugunsten von weiteren sozialen Kontexten von Schule und Freizeit. Zu erwähnen wären dabei auch Vorbilder und Verhaltensweisen, die aus den Medien verinnerlicht werden. Diese in jungen Jahren erworbenen sozialen Regeln sind grundlegend für die Konstitution eines Selbstbildes für verinnerlichte Wertmaßstäbe und Verhaltensweisen.

Relevanz für Kinder und Jugendliche mit selektivem Mutismus: Es liegt auf der Hand, dass diese sozialen Kompetenzen und die Performanz, sollte der Mutismus im Schulalter noch andauern, ganz besonders in Mitleidenschaft gezogen werden (vgl. Andresen 2002; 2005; Manassis et al. 2007; Steinhausen et al. 2006). Zunächst können die mangelhaft erworbenen und wenig automatisierten, alltäglichen sozialen Kompetenzen (das Grüßen, Verabschieden, Anbandeln, Small Talk usw.), in dieser Entwicklungsphase verheerende Auswirkungen haben. Die Sicherheit, die Hürden einer sozialen Begegnung „irgendwie" durch Rituale und verbale Floskeln zu meistern, um darüber hinaus eine Annäherung oder eine Freundschaft zu entwickeln, ist für ein mutistisches Kind meistens nur begrenzt gegeben. Dies führt zum sozialen Rückzug oder zu Abhängigkeit von einer Referenzperson. Auf solche selbstständigen Peer-Kontakte und Freundschaften ist jedoch der Heranwachsende immer mehr angewiesen. Wichtig ist auch der Erwerb von „narrative-skills" (vgl. McInnes et al. 2004), die dem Kind ermöglichen an Gruppenaktivitäten in Kindergarten und Schule zu partizipieren (dazu Quasthoff et al. 2011).

Zudem sollte das Kind nun immer mehr das Risiko eingehen, die Wertmaßstäbe und Vorschriften der Erwachsenen zu relativieren. Durch die Etablierung neuer sozialer Bezüge kann es sich äußerlich und innerlich auch von anderen Abhängigkeiten der Familie distanzieren und eigene, nicht immer mit ihr in Einklang stehende Entscheidungen treffen. Das ist die Chance der erweiterten Sozialisation der Kinder und Jugendlichen. Ein mutistisches Kind steckt in einer Entwicklungsfalle. Eltern mutistischer Kinder berichten oft, dass das Kind diese Distanzierungsversuche nur innerhalb der Familie zum Ausdruck bringen kann, in Form von bockigem, trotzigem und frechem Verhalten gegenüber den Personen, bei denen am wenigsten Risiken für Sanktionen zu erwarten sind oder bei solchen Bezugspersonen, die dadurch am meisten mit Ratlosigkeit und Ohnmacht reagieren. Die Kinder stecken jedoch dabei in einem auswegslosen Dilemma: Sie können oft dem schwindenden Liebesentzug und der sich ausdehnenden Abgrenzung keine anderweitigen, kompensierenden Freundschaftsbeziehungen oder Gruppenzugehörigkeitsgefühle entgegensetzen. Genauso ausweglos gestaltet sich die Lage der Bezugspersonen.

Auch das Selbstbild, das sich in diesem Alter herauskristallisiert, kann durch die eigene Abgrenzung von sozialen Kontexten stark in Mitleidenschaft gezogen werden. Der Heranwachsende fühlt sich nicht dazugehörig, die soziale Welt bleibt fremd und bedrohlich. Die Reaktion darauf kann Ohnmacht, Rückzug, eigene Verachtung, Scham, arrogantes, überhebliches Verhalten oder Flucht in virtuelle Welten der Medien sein. Sie kann aber auch bis zu Selbstverletzungen, kindlichen Depressionen und Suizidwünschen führen.

Diese nicht oder wenig gelungene soziale Einbindung kann auch psychodynamisch zu kognitiven Entwicklungsrückständen führen. Sie kann zu Störungen einer zusammenhängenden Identität und des Realitätsbezuges führen. Eine solche Entwicklung birgt Risikofaktoren in sich, die die Anfälligkeit für dissoziative und psychotische Störungen erhöhen (Fonagy/Target 2001; Lempp 1992).

Die wenigsten Kinder und Jugendlichen mit (selektivem) Mutismus schaffen es, sich eine Position in einer Peer-Gruppe zu erobern. Ali (14 Jahre alt) gelang es dennoch. Er stammte aus einer fremdländischen, jedoch angesehenen Familie, sein Vater bekleidete eine wichtige Position, was Ali eine gewisse Selbstsicherheit gab. Er hatte eine ansprechende Erscheinung, war immer modisch gekleidet, charmant und mit einem Sinn für Humor ausgestattet. Im Sport war er ein erwünschter, ja begehrter Teamteilnehmer, er war ein guter bis sehr guter Schüler, speziell in mathematisch-naturwissenschaftlichen Fächern. Besonders gut konnte er malen. Dadurch war es ihm innerhalb einer Kindergruppe, mit der er seine Freizeit verbrachte, auch möglich, normal zu sprechen. Traf die Gruppe auf fremde Kinder, ganz speziell auf Mädchen, verstummte er. In solchen und anderen Kontexten, in denen Ali nicht sprach, übernahmen einige in der Gruppe, ganz besonders sein Freund Lars, mit einer selbstverständlichen Solidarität für ihn die Sprecherrolle (Katz-Bernstein/Zaepfel 2004).

Diese Anhäufung von „protektiven Faktoren" bei Ali kann als ein Glücksfall unter den (selektiv) mutistischen Kindern angesehen werden. Sie führt zweierlei vor Augen: zum einem, wie wichtig der Aufbau von unterschiedlichen Kompetenzen und Faktoren sein kann, die die Selbstsicherheit stärken, zum anderen, wie wichtig die Erstellung eines sozialen Netzes bei Schulkindern sein kann.

2.3 Zusammenfassung

In diesen Kapiteln über die soziale Konstitutionsposition des Spracherwerbs sollte die Wechselwirkung zwischen linguistischen Fertigkeiten,
sozialen Kompetenzen und der Identitätsbildung deutlich werden. Der
Mutismus, sein Entstehen und seine Aufrechterhaltung sowie die Auswirkungen für die sprachliche und persönliche Entwicklung wurden
skizziert und veranschaulicht. Der Erwerb der Sprache ist ein komplexes
Geschehen, anfällig für Störungen physiologischer, kognitiver, emotionaler und sozialer Art. Solche Störungen erschweren den Erwerb einer sozialen Kompetenz zur „Überwindung des Fremden". Diese erworbene
Fähigkeit hängt von dem Erwerb einer internalisierten, symbolisierenden
„Zwischeninstanz" ab, in der zwischen Handlungsmöglichkeiten und
ihren Konsequenzen erwogen und entschieden wird. Diese regulierende
Instanz kommt im kindlichen Spiel auf ihrem Weg zur Verinnerlichung
und Abstraktion der Sprache zum Ausdruck. Sie ist durch Sprache begleitet, strukturiert und memoriert und ermöglicht es zwischen inneren,
spontanen Bedürfnissen und sozialen Tabus und Anforderungen zu vermitteln, um Kontakte zu knüpfen, zu gestalten und zu regulieren. Dies ist
eine entscheidende Kompetenz, um an Schul- und Bildungsaktivitäten
teilnehmen und mit anderen interagieren und kooperieren zu können.
Eine der „Bewältigungsstrategien", die Störungen in diesem Bereich aus-
gleichen soll (Bahr 1996), ist der Mutismus bzw. der selektive Mutismus.
Das Wissen um Prozesse der Sprachentwicklung ermöglicht es uns, die
Defizite, die hinter dem Mutismus stehen können, zu eruieren.

Teil II

Diagnostik und Koordination der Therapie

1 Diagnostische Erhebungen
Wie kann ein (selektiver) Mutismus erfasst werden?

Erste Auffälligkeiten und Merkmale einer sich manifestierenden Störung: Oft ist die Erzieherin in der Vorschuleinrichtung die Erste, der auffällt, dass ein Kind über längere Zeit nicht spricht. In diesem Alter, zwischen 4 – 6 Jahren, handelt es sich um den so genannten *„Frühmutismus“*. Seltener begegnet einer Lehrerin ein Kind, bei dem der Mutismus zum ersten Mal auffällt. Wenn das der Fall ist, spricht man vom *„Spätmutismus“*, der zwischen 6 – 8 Jahren auftritt (Hartmann 1997, 67).

Viele Kinder zeigen ein beobachtendes, zurückhaltendes und/oder scheues Verhalten an einem fremden Ort, besonders in einer Kindergruppe gehört dies – wie schon erwähnt – zu einem ganz normalen Bewältigungsverhalten am Übergang zwischen „Umweltausschnitten“ (Bronfenbrenner 1980). Ein Kind, das sich in der vertrauten Familie bewegen kann, sprechen und kommunizieren lernt, muss zunächst die Umgangsformen, Kommunikationsrituale und Regeln der Umwelt kennen lernen, um seinen Platz in der neuen Gruppe zu finden. Die sozialen Regeln, die in der nicht-verbalen und verbalen Sprache zum Ausdruck kommen, erscheinen erwachsenen Personen meist so alltäglich und banal, dass es schwer ist, nachzuvollziehen, wie verlegen und unbeholfen sich eine Person fühlen kann, die die kleinen Gesten und Signale nicht beherrscht.

Zu diesen sozialen Regeln zählen zunächst einmal die „Regulatoren“, Signale, die das „Turn-taking“ sowie Distanz und Nähe zwischen Sprechenden direkt regulieren. Auch der Austausch von Begrüßungs- und Abschiedsgesten und -worten, die die Qualität der Beziehung gegenseitig dokumentieren und absichern, gehört dazu. Die zweite Gruppe von nicht-verbalen Signalen sind die „Illustratoren“. Das sind die Gesten und mimischen Ausdrucksformen, die Sprache umschreiben und bildhaft unterstützen, was klein oder groß, gerade oder krumm, maßlos oder geringfügig empfunden wird. Sie ermöglichen es, die Sprache auch humorvoll zu überzeichnen, zu unterstreichen, zu relativieren und zu übertreiben. Dadurch sind Qualitäten und Nuancen kommunizierbar, die jegliches Vermögen der digitalen Sprache übertreffen. Auch diese Ebene ist ein wichtiger sozialer Regulator (Krause 1988; Katz-Bernstein et al. 2002). Diese Performanzebene des Spracherwerbs erfordert viel Codierungs- und Decodierungsarbeit der symbolisierten und abstrahierten Signale und bedarf des Trainings, der Nachahmung und der Rituale (Wygotsky 1986). Diese „Skills-Defizit-Hypothese“, die Interaktionsmanagement und Sprachgebrauch betrifft, ist auch aus der Sprechangstforschung bekannt (Van Kleeck/Daly 1982; Fujiki et al. 1997; Cunningham et al. 2004;

McInnes et al. 2004). In den meisten Fällen zeigen die Kinder vier Arten von mutistischen Verhaltensweisen:

1. Sie „versteinern" oder „frieren ein" bei direkter Ansprache.
2. Sie schweigen und haben ein allgemein gehemmtes, zurückgezogenes Verhalten.
3. Sie verhalten sich mehr oder minder normal, sprechen jedoch nicht. Die Lautsprache und das laute Sprechen werden gemieden, wobei die Kinder oft bereit sind, gestikulierend zu kommunizieren.
4. Das eher abwehrende, feindselige und aggressive Verhalten wird von einem hartnäckigen und „demonstrativ" anmutenden Schweigen begleitet.

Wie oben erwähnt, sind die Verhaltensweisen oft nicht strikt voneinander zu trennen, erscheinen als Mischtypen oder sind situativ und temporär bedingt. Auch die Neigung zur Vermeidung von Räuspern, Husten, Niesen und weiteren Körpergeräuschen können wesentlich schwanken.

Wenn ein Kind jedoch länger als die drei ersten Monate in der neuen Umgebung kein Wort von sich gibt, die Therapeutin die Stimme des Kindes noch nie gehört hat, das Kind eine der vier oben aufgeführten Verhaltensweisen in Verbindung mit dem Schweigen aufzeigt, so sind genügend Merkmale vorhanden, um anzunehmen, dass es sich um ein mutistisches Kind handelt. Wichtig sind vor allem zwei Zeichen:

- Das Kind scheint in seinem Verhalten fixiert zu sein und vollzieht keine weitere Entwicklung um Vertrautheit und Sprechen zu erreichen.
- Die Therapeutin merkt bei sich Besorgnis, Unwohlsein und/oder eine Fremdheit angesichts des schweigenden Verhaltens.

Nicht immer wissen die Eltern vom mutistischen Verhalten des Kindes an fremden Orten, manche sind überrascht, da das Kind zu Hause ein völlig anderes oder gar gegenteiliges Verhaltensbild aufweist. Daher fällt es ihnen manchmal schwer abzuschätzen, wie schwerwiegend und folgenschwer das schweigende Verhalten ihres Kindes sein kann (Dührssen 1988, 662).

Wichtig ist noch die Unterscheidung zwischen selektivem Mutismus und Sprechangst. „Sprechangst bezeichnet relativ starke bis zur Flucht/ Vermeidung führende Angst/Unsicherheit im Sprechen/Reden implizierenden Publikumssituationen" (Kriebel 1984, 11; siehe auch Kriebel 2001). Sprechangst kann als die Angst *vor* Menschen zu sprechen, Mutismus als die Angst *mit* jemandem zu sprechen bezeichnet werden (Bahr 2002, 31, Hervorh. v. d. Verf.). Schoor (2002, 221) fügt hinzu, dass die Sprechangst eher reflektiert und von dem Betroffenen verbal geäußert werden kann, während Mutismus eher einen unbewussten Akt darstellt. Eine weitere Hilfe dazu kann auch die Studie zur Identifikation vom SM im Primarbereich sein (Starke/Subellok 2012) sowie das neue Screening-Verfahren von Starke et al. (in Vorb.).

An dieser Stelle soll auf den Ratgeber von Hartmann/Lange (2003) verwiesen werden, der knappe und übersichtliche Informationen und Anweisungen über „Mutismus und Kindergarten" (30) und „Mutismus in der Schule" (35) gibt. Auch ist es möglich, unter www.mutismus.de einen „Evaluationsbogen für das sozialinteraktive Kommunikationsverhalten bei Mutismus" herunterzuladen.

Kommentierung von diagnostischen Merkmalen: Wie in Teil I, Kapitel 2 gezeigt, sind die Merkmale im DSM-IV festgelegt. Die Kriterien von Saß et al. (2003, 73) sollen hier dargestellt und nochmals kommentiert werden, damit Fachleute Beobachtungskriterien haben, um ein Kind mit selektivem Mutismus mit einer gewissen Sicherheit zu identifizieren.

> „Andauernde Unfähigkeit, in **bestimmten Situationen** zu sprechen (in denen das Sprechen erwartet wird, z. B. in der Schule), wobei in anderen Situationen normale Sprechfähigkeit besteht" (Saß et al. 2003, 73)

Der selektive Mutismus zeigt sich in der Regel während eines Übergangs von einem intimen, vertrauten Ort oder einer Personengruppe in einen neuen sozialen Kontext. Es gehört zum normalen Verhalten eines Kindergartenkindes oder eines Schülers in der ersten Klasse, in den ersten drei Monaten mit Schüchternheit und Schweigen zu reagieren, bis sich allmählich das Schweigen legen kann. Mit den Erfahrungen des Angesprochen-Werdens, Gesehen-Werdens und der Beachtung durch die pädagogische Bezugsperson, die Partizipation an Handlungen, Spielen und Projekten, gepaart mit der Bestätigung der eigenen Beiträge, kann sich meistens die Fremdheit der Situation legen. Das eigene Vertrauen, die unterschiedlichen sozialen Anforderungen verstehen, einordnen und meistern zu können, kann wachsen. Schweigt ein Kind über den Zeitraum von drei Monaten hinaus, so sollte es genauer beobachtet werden.

Beobachtungs-Checkliste zur ersten Feststellung eines (selektiven) Mutismus (vorwiegend für Kindergarten und Schule)
- Zeigt das Kind ein allgemein unbeschwertes Verhalten?
- Befindet sich das Kind noch in einer Eingewöhnungsphase an die Abläufe?
- Sind Situationen auszumachen, in denen das Kind sich eher wohl und entspannt fühlt, z. B. wenn es alleine oder mit einzelnen Kindern spielt, sich unbeobachtet weiß?
- Nimmt das Kind Anteil am Geschehen? Lacht es mit, macht es sonstige Körpergeräusche?
- Gibt das Kind Lautmalereien beim Spielen von sich wie z. B. „brrr"

beim Autofahren, Schnalzen, wenn mit einem Pferd gespielt wird, „Peng", wenn geschossen wird, Fauchen beim Spiel mit Tigerfiguren?
- Kommuniziert es nonverbal? Wenn ja, mit wem und in welchen Situationen?
- Sind vielleicht nur ritualisierte Situationen wie Morgenkreis oder Frontalunterricht mit Meldepflicht betroffen?
- Ist eine Entwicklung und Entspannung seit dem Anfang auszumachen?

Wenn drei oder mehr der obigen Fragen mit „nein" beantwortet werden müssen, so ist es ratsam, eine fachliche Diagnostik vorzunehmen. Ebenso kann von einem selektiven Mutismus ausgegangen werden, wenn mehrere der folgenden, typischen Verhaltensweisen für den (selektiven) Mutismus bejaht werden können.

- Das Schweigen dauert über sechs Monate an.
- Es zeigt sich keine Entwicklung in Richtung Sprechen.
- Das Schweigen zeigt sich als systematisch und wirkt „eisern".
- Beim Ansprechen senkt das Kind den Kopf und/oder erstarrt.
- Das Kind zeigt ein ritualisiertes Verhalten zur Etablierung des Schweigens. Es wird z. B. stellvertretend ein sprechendes Kind aus der Gruppe organisiert oder ein Zeichensystem für die Verständigung entwickelt.
- Das Kind schweigt auch im Spiel mit einzelnen Kindern, in informellen Situationen und im versunkenen Spiel.
- Es sind sonstige Verhaltensauffälligkeiten, soziale Risikofaktoren, Behinderungen und/oder Störungen zu beobachten.
- Die Berichte der Eltern zeigen eine Diskrepanz zwischen den Verhaltensweisen zu Hause und dem Verhalten in der Einrichtung (z. B. redet das Kind zu Hause „ganz normal" oder „wie ein Wasserfall", ist ganz frech und aufsässig).

„Die Unfähigkeit zu sprechen ist nicht durch fehlende Kenntnisse der gesprochenen Sprache bedingt, die in der sozialen Situation benötigt wird oder dadurch, dass der Betroffene sich in dieser Sprache nicht wohlfühlt." (Saß et al. 2003, 73)

In der Praxis ist es sehr schwer, zwischen einem Mutismus, der als Resultat von sprachlichen Erschwerungen infolge einer Zweisprachigkeit auftritt und zwischen einem „reinen" Mutismus zu unterscheiden. Erschwerungen im Spracherwerb und in der Sprachentwicklung sind, wie gesagt, häufig ein mitbestimmender Risikofaktor für die Entwicklung des Mutismus als bisher vermutet. Die Störung an sich, die Auswirkungen sowie die Entwicklungsbehinderung sind jedoch in beiden Fällen identisch. Wie kann man das Kriterium von Saß et al. anwenden, wenn das Kind nicht zugänglich ist für verbale Tests? Wie soll bei Kindern zwischen „sich in einer Sprache nicht wohl fühlen und daher schweigen" und (selektivem) Mutismus unterschieden werden? Es ist anzunehmen, dass Saß et al. einem Missbrauch des „Etiketts" einen Riegel vorschieben wollen. Auch ist denkbar, dass ein Schweigen bei einer absoluten Nicht-Beherrschung der Sprache, beispielsweise infolge von Migration (Unkenntnis der Sprache) oder im Zusammenhang mit einer starken kognitiven Beeinträchtigung (Unfähigkeit, das Sprachsystem zu verwenden), vom (selektiven) Mutismus zu unterscheiden ist. Genauso wie das Schweigen infolge von peripher oder zentralbedingten Hörbeeinträchtigung nicht als selektiver Mutismus bezeichnet werden kann.

> „Die Störung behindert die schulischen oder beruflichen Leistungen oder die soziale Kommunikation." (Saß et al. 2003, 73)

Für eine pädagogische Fachkraft ist es leicht auszumachen, wie sehr das Schweigen die gesamte sprachliche und soziale Entwicklung beeinträchtigt. Für Außenstehende, manchmal auch für die nächsten Angehörigen, sind das Ausmaß der Störung und die Behinderung auf den ersten Blick nicht ersichtlich. Manche Eltern wissen, wie oben schon erwähnt, vom andersartigen Verhalten des Kindes nur sehr wenig und äußern sich, wenn sie ihre Kinder und deren schweigendes Verhalten beobachten, eher erstaunt: „Ich erkenne mein Kind kaum wieder . . ." Sie geraten oft in Verlegenheit und Ratlosigkeit, versuchen das Kind zum Sprechen zu bewegen, ermahnen es oder ergreifen sonstige (oft auch wenig hilfreiche) erzieherische Maßnahmen.

Anders als beim Frühmutismus im Vorschulalter ist Mutismus im Schulalter für die Eltern meistens nicht neu. Er hat sich dann als Störung eindeutiger manifestiert, hat gravierendere Folgen für die Entwicklung des Kindes und evtl. auch eindeutigere Ursachen.

> „Die Störung kann nicht besser durch eine Kommunikationsstörung (z. B. Stottern) erklärt werden und tritt **nicht** ausschließlich im Verlauf einer tiefgreifenden Entwicklungsstörung, Schizophrenie oder einer anderen Psychotischen Störung auf." (Saß et al. 2003, 73)

Hier wird ein Problem angesprochen, auf das in diesem Buch immer wieder hingewiesen wird. Hinter dem Mutismus kann sich eine Sprachstörung verstecken. Stottern, Sprachentwicklungsstörungen sowie Dysarthrophonie und Dyspraxie kamen bei ca. 50% (24 von 52 Fällen) der Kinder zum Vorschein, deren Therapie ich begleitete. Es ist also fraglich, ob ein ätiologischer Faktor, der zum Mutismus führt, als Ausschlusskriterium dienen kann. Dies scheint mir unrealistisch. Zum einen, weil die daraus resultierende Entwicklungsstörung und die weiteren Beeinträchtigungen die gleichen sind, ob der Mutismus in „reiner" Form vorliegt oder sich als Reaktion auf ein sprachliches Unvermögen darstellt. Zum anderen ist es hier oft unmöglich, diese Unterscheidung festzustellen, bevor das Kind mit fremden Personen spricht. Also scheint eine solche Unterscheidung oft nicht sinnvoll und meistens auch nicht durchführbar. Demzufolge dient die Unterscheidung zu Forschungszwecken, als ätiologischer Hintergrund, dem noch nachgegangen werden sollte. Mit den bisherigen diagnostischen Mitteln ist die Unterscheidung jedoch oft erst möglich, nachdem das Kind zu sprechen anfängt.

Wichtig scheint es mir auch, die genannte „tiefgreifende Entwicklungsstörung" näher zu betrachten. Mutismus ist eine der Störungen, die als posttraumatisches Syndrom bekannt sind (Mac Gregor et al. 1994). In diesem Fall kommen noch weitere, bekannte Merkmale hinzu, die der Therapeutin entweder unmittelbar oder aber im Verlauf der Therapie auffallen. In einem solchen Fall soll zur sicheren Klärung eine Supervision oder der Einbezug von weiteren Fachleuten erfolgen.

Auch bei **kindlicher Schizophrenie** oder beim **Autistischen Syndrom** werden dem Therapeuten weitere Merkmale auffallen, die über das hartnäckige Schweigen und dazugehörende Verhaltensmerkmale hinausgehen. Solche Merkmale wären z. B. Wahrnehmungs- und/oder Orientierungsstörungen, Absenzen, bizarres Verhalten, Ausbrüche, Tics u. a. m., deren Ausmaß den Einbezug von weiteren Fachleuten erfordern.

All diese Überlegungen berechtigen zu zwei wichtigen Hinweisen:

1. Die Störung ist im kindlichen Alter **nicht hermetisch** und ohne weiteres **abgrenzbar von weiteren, umschriebenen Entwicklungsstörungen**.
2. Nicht umsonst gilt sie aus psychiatrischer und psychologischer Sicht als durchaus **ernst zu nehmende Auffälligkeit** und möglicherweise als eine **Störung mit gravierendem Hintergrund**.

Dennoch sei hier gewarnt vor einer schnellen Taxierung einer kindlichen Verhaltensauffälligkeit und dem damit verbundenen Beitrag zu seiner Fixierung. Kinder zeigen während ihrer Entwicklung als Reaktion auf Anforderungen, denen sie sich (unbewusst) nicht gewachsen fühlen, Verhaltensmerkmale, auch ausfallende und bizarre, denen mit guten (sonder-)pädagogischen bzw. therapeutischen Maßnahmen und durch Unterstützung der elterlichen Kompetenzen erfolgreich begegnet werden kann (MacCracken 1987; Teil VII).

Zusammenfassung der Beobachtungskriterien:

- Unfähigkeit, in bestimmten Situationen zu sprechen
- Die schulischen/beruflichen Leistungen und die soziale Kommunikation werden beeinträchtigt.

- Die Störung hält mindestens einen Monat an.
- Es liegt keine Unkenntnis der gesprochenen Sprache vor.
- Es liegt keine Kommunikationsstörung und keine tiefgreifende Entwicklungsstörung vor.

2 Setting und „Case Management"
Wer, was, wo, wann und wozu?

Die Möglichkeiten, die einer Therapeutin im Falle eines beharrlich und inadäquat schweigenden Kindes offen stehen, sind, (unter Einverständnis der Eltern) das Kind beim Schulpsychologen, Schularzt oder Kinder- und Jugendpsychiatrischen Dienst anzumelden. Es ist auch möglich, in einem Beratungszentrum anzufragen, ob es eine Sprachtherapeutin/Logopädin oder eine Kinderpsychotherapeutin gibt, die oder der mit der Störung vertraut ist und mit der man sich beraten kann.

Wann Psychotherapie, wann Sprachtherapie?

Ob eine Sprach- oder Psychotherapie angesagt ist, entscheidet sich oft rein pragmatisch. Ein Kind wird angemeldet, und je nach Erfahrung sowie „personeller Ansprechbarkeit" wird das Kind in eine Psycho- oder Sprachtherapie geschickt. In der angloamerikanischen und deutschen Literatur wird jedoch empfohlen, beide Wege offen zu lassen (Dow et al. 1999).

Tendenziell kann festgehalten werden: Handelt es sich beim Mutismus um eine ausgeprägte Angststörung oder eine soziale Phobie (Yeganeh et al. 2006), um posttraumatischen, reaktiven Mutismus (Hayden 1980) und/oder sind problematische Familienverhältnisse bekannt, dann sollte auf keinen Fall der Einbezug eines Kinder- und Jugendpsychologen und eines Psychotherapeuten fehlen.

Handelt es sich eher um Mutismus, bei dem sprachliche Verzögerungen, Störungen und Defizite bekannt oder zu vermuten sind, oder ist der Mutismus eher als Logophobie (Kriebel 2001) zu verstehen, so ist der Einbezug einer Sprachtherapeutin unverzichtbar.

Es gilt jedoch zu bedenken, dass Grenzfälle die Regel sind – interdisziplinäre Verständigung kann demzufolge nur förderlich sein. Erfahrungswerte zeigen, dass bei der Störungsart des Mutismus Fachleute beider Disziplinen häufig an ihre persönlichen und professionellen Grenzen stoßen.

Als Supervisorin habe ich oft erlebt, dass für Psycho- und Sprachtherapeuten die gemeinsame Arbeit mit mutistischen Kindern eine besondere

Chance darstellt. In Kombination mit guter supervisorischer Begleitung können beide Disziplinen die eigenen fachlichen Grenzen deutlich erweitern und viel voneinander lernen.

Eine gute therapeutische Betreuung weist folgende zwölf Merkmale auf. Diese Qualitätskriterien berücksichtigen übergreifende, wissenschaftlich ermittelte Wirkfaktoren aus der Psychotherapie (Miller et al. 2000).

1. Vorerfahrungen der Therapeutin oder der therapeutischen Stelle in der Behandlung der Störung
2. Eine gewisse professionelle Reife der Therapeutin
3. Es wird auf eine Regelmäßigkeit der therapeutischen Sitzungen geachtet.
4. In der als Therapie umschriebenen Zeit widmet sich die Therapeutin ungestört und intensiv dem Kind (oder einer kleinen Gruppe von Kindern).
5. Die Therapeutin ist fähig, unterschiedliche Zugänge und Methoden, je nach Alter, Störung und Charakter des Kindes, anzubieten und zu kombinieren.
6. Die Therapeutin berücksichtigt Sprachdefizite, -störungen und -verzögerungen, die hinter der Störung stehen.
7. Die Therapeutin vermittelt eine Sicherheit und Ernsthaftigkeit im Umgang mit dem Kind und seiner Störung.
8. Sie scheint das Kind zur Mitarbeit gewinnen zu können und zu motivieren – das Kind kommt grundsätzlich gerne zur Therapie –, sie lässt sich andererseits von vorübergehenden Widerständen und „Durchhängern" nicht beirren.
9. Ein unterstützender, beratender Einbezug der Eltern ohne Schuldzuweisungen wird gewährleistet.
10. Eine unterstützende, offene und kollegiale Zusammenarbeit mit weiteren erziehenden und lehrenden Fachleuten des Kindes wird gesucht und angeboten.
11. Die Therapeutin wurde durch ernst zu nehmende Fachleute und/oder Institutionen empfohlen.
12. Die Arbeit der Therapeutin wird durch einen Supervisor begleitet.

Solche Güte- und Qualitätskriterien sollten vorher überprüft werden, da ein gescheiterter Therapieversuch Prozesse der Entwicklung verzögern oder gar die Störung noch weiter fixieren kann.

Wichtig ist auch eine gute Koordination und Abstimmung zwischen therapeutischen, fördernden, erzieherischen und lehrenden Fachleuten. Oft handelt es sich um eine Kombination von Maßnahmen, die koordiniert werden müssen. Idealerweise sollte eine fachliche Ansprechperson zur Verfügung stehen, die im Sinne eines „Case Managements" das Kind und die verordneten Maßnahmen kennt und überblicken kann.

Dow et al. (1999, 26f) zeigen diagnostische Erhebungen, die einen interdisziplinären Charakter haben. Elterliche und klinische Interviews sollen erstellt werden bezüglich

- des Symptoms,
- der sozialen Interaktion,
- der psychiatrischen Befunde,
- der medizinischen Befunde,
- der audiologischen Befunde,
- der schulischen und kognitiven Kompetenzen,
- sowie der vergangenen und aktuellen Sprech- und Sprachleistungen.

Es könnte sein, dass ein solches Kind über Jahre einer therapeutischen und fördernden Begleitung bedarf. Es hat wenig Sinn, immer von neuem anzufangen, ohne über vergangene Maßnahmen informiert zu sein. Besonders wichtig ist die Therapeutin für das Kind, seine Eltern und seine Lehrkräfte, wenn es um weiterführende schulische Entscheidungen geht. Eine Person allein kann bei diesen Kindern nur eine Meinung oder Perspektive vertreten, die eine Verhaltensfacette des Kindes in einem umgrenzten Kontext widerspiegelt. Die Kinder verfügen aber oft über ein breiteres Verhaltensrepertoire, als es sich aus der Perspektive des *einen* Kontextes zeigt. In der Familie, in der Freizeit, in der institutionellen oder therapeutischen Einzelsituation oder in unterschiedlichen Gruppenkonstellationen können sich andere und sogar gegensätzliche Verhaltensmerkmale zeigen. Die anderen Perspektiven bleiben dann oft für die anderen Beteiligten unbekannt, weil sie lediglich in anderen Kontexten auftauchen. Als Beispiel: Manche dieser Kinder zeigen gute bis besondere Begabungen schriftsprachlicher, zeichnerischer oder sportlicher Art. Andere wiederum zeigen Lese-Rechtschreibschwächen, Dyskalkulie oder motorische Auffälligkeiten, die bei einer weiteren Beschulung berücksichtigt werden müssen. (Siehe auch Teil VI, Kapitel 4)

Weitere ausführliche Vorschläge und Vorlagen für die Diagnostik selektiv-mutistischer Kinder und ihrer Angehörigen können in englischer Sprache im „The Selective Mutism Ressource Manual" von Johnson und Wintgens (2004) gefunden werden. Ein standardisierter Anamnesebogen, in den die aktuellen Befunde einfließen sollen, ist bei Kresse zu finden (in Vorbereitung).

3 Erhebung von therapierelevanten Daten

In der Folge werden drei erweiternde, diagnostische Fragestellungen er-
örtert, die helfen,

- das schweigende und sprechende Verhalten zu beschreiben,
- das Symptom, sein Ausmaß und seine kontextuellen Bedingungen zu
  untersuchen,
- eine psychodynamische Organisation und die begleitenden Kognitionen zu verstehen,
- sowie den Sinn seiner systemischen Organisation und das Eingebettet-
  Sein in die Lebenswelt des Kindes zu erörtern.
  Dieses dreigliedrige Diagnosemodell ist verhaltens-, erlebnis- und le-
  bensfeldorientiert.

Die Therapeutin kann zwischen diesen drei diagnostischen Perspektiven
je nach Bedarf hin- und herwechseln. Indem sie diese aufeinander bezieht,
webt sie ein Sinngefüge, das den selektiven Mutismus als Symptom, als
sinnstiftende Verhaltensweise in einem bestimmten Lebenskontext, für
alle Beteiligten besser mitteilbar und veränderbar macht.

Symptomdiagnostik: An dieser Stelle soll die „Topographie des Sprechens und des Schweigens" vorgestellt werden. Erfahrungsgemäß konstruiert sich jedes Kind ein logisches System des Schweigens. Es lernt,
zwischen vertraut und fremd zu unterscheiden und erwirbt erst mit zunehmender Reife die Fähigkeit, Abstufungen von Fremdheit und Vertrautheit vorzunehmen. Die Bindungsforschung besagt, je sicherer und
zuverlässiger ein Kind an seine primäre Bezugsperson gebunden ist, umso leichter fällt es ihm, Fremdes zu erkunden, sich ihm neugierig anzunähern und sich so allmählich damit anzufreunden (Ainsworth 1985).

	Mutismus	
Symptomdiagnostik	**Strukturdiagnostik**	**Systemdiagnostik**
Wie ist das Symptom?	Welchen Lebenssinn hat das Schweigen?	Welchen familiären Sinn hat bzw. organisiert das Schweigen?

Abb. 2: Diagnostik als Prozessgeschehen (Katz-Bernstein/Zaepfel 2004, 373f)

Tab. 2: Topographie des Sprechens und des Schweigens

Das Kind spricht (mit) … (Zutreffendes ankreuzen ☒)	
Zuhause	☐ der Mutter ☐ dem Vater ☐ dem 1. Geschwisterkind ☐ dem 2. Geschwisterkind ☐ dem 3. Geschwisterkind ☐ anderen Personen im Haushalt ☐ den Haustieren
Verwandtschaft	☐ der Großmutter ☐ dem Großvater ☐ dem Onkel ☐ der Tante ☐ dem Paten ☐ der Patin ☐ den Cousins ☐ kleineren Kindern aus der Verwandtschaft
Eigene Kultur, Muttersprache	☐ Bekannten ☐ deren Kindern ☐ dem Religionslehrer ☐ im Religionsunterricht ☐ der Gemeinde ☐ allen aus der Kultur des Herkunftslandes ☐ im Herkunftsland ☐ in der Muttersprache
Nachbarschaft	☐ jüngeren Kindern ☐ gleichaltrigen Kindern ☐ älteren Kindern ☐ Nachbarn aus dem Haus ☐ sympathischen Nachbarn ☐ allen Nachbarn ☐ allen in der Siedlung
Anonyme Umwelt	☐ beim Einkaufen ☐ beim Telefonieren ☐ im Restaurant und kann bestellen ☐ immer, wenn Eltern dabei sind ☐ immer mit Geschwistern ☐ immer, wenn es alleine ist

Das Kind spricht (mit) … (Zutreffendes ankreuzen ☒)	
Schulische Umwelt / **Schulklasse**	☐ 1–2 Freunden ☐ ca. der Hälfte der Kinder (nach Sympathie) ☐ allen Jungen ☐ allen Mädchen ☐ allen Kindern aus der Klasse ☐ nur mit einem Lehrer ☐ mit mehreren Lehrern
Räumliche Umwelt	☐ in der eigenen Wohnung ☐ im eigenen Haus ☐ in der Nachbarschaft ☐ auf dem Spielplatz (zuhause) ☐ auf dem Pausenplatz der Schule ☐ außerhalb der Schule ☐ außerhalb der Klasse ☐ in der Klasse, in Abwesenheit des Lehrers

Dabei ist die Sprache *das* ausgesprochene Medium zur Überwindung von Fremdheit. Daher ist ihre Verweigerung ein unmissverständliches Zeichen eines Ausschlusses aus dem Kreis der geborgenen, vertrauten Umgebung. Die Fremdheitsgrenzen eines solchen Kindes sind meistens starr und bis zu einem gewissen Grad undurchlässig.

Um das Kind und die Logik seiner Störung kennen zu lernen, um einen Zugang zu seiner Angst und Fremdheit zu bekommen und um dann verhaltensmodifikatorische Veränderungen vorzunehmen, ist es wichtig, einen Beobachtungsbogen zur Hand zu haben, um die „Landkarte des Schweigens und des Sprechens" zu ermitteln.

Tabelle 2 beruht auf Erfahrungswerten. Sie verdeutlicht, wo und mit wem das Kind spricht. Die Anordnung der Kontexte in der Tabelle folgt dabei einer gewissen Hierarchie: So soll eine Systematik des Vorgehens vorgegeben und eine steigende Entwicklung sichtbar werden. Beispielsweise können im Laufe der Therapie Kreuze in der Tabelle gemacht werden, um Fortschritte erkennbar zu machen.

Tabelle 3 hat die Mikroprozesse des Kommunizierens und des Sprechens vor Augen. Jedes mutistische Kind hat auch seine kommunikativen „Geräuschgrenzen" und Äußerungsformen. Sie zu erkunden macht es möglich, kommunikative Zugänge zum Kind und für das Kind zu finden. Genauso wie beim Kontext des Sprechens wird es das gemeinsame, genaue Hinschauen und die Analyse des eigenen Verhaltens ermöglichen, sich

Tab. 3: Äußerungsformen

Körpergeräusche	Körpergesten	Hinweisverhalten	Sprechen
☐ Husten	☐ Blickkontakt	☐ Hinweis durch Hinblicken (kein Blickkontakt)	☐ im Stimmchor, mit Geräuschkulisse
☐ Schnäuzen	☐ Kopfabwenden (als Verneinung)	☐ Verweis durch Kopfbewegung (kein Blickkontakt)	☐ abgewandt, mit gesenkten Augen, leise
☐ Räuspern	☐ Nicken und Kopfschütteln	☐ Verweis durch Zeigen (kein Blickkontakt)	☐ mit vorgehaltener Hand
☐ Lachen	☐ Lächeln	☐ Verweis durch Zeigen und Blickkontakt	☐ flüsternd
☐ Pfeifen	☐ abgewandt/ zugewandt	☐ Verweis durch Hinführen	☐ mit entstellter Stimme

kleine Veränderungen vorzunehmen und weitere zu planen. Es wird auch möglich, Fortschritte festzustellen sowie weitere therapeutische Zugänge anzubieten.

Die Feststellung der „Topographie des Sprechens und des Schweigens" zeichnet die Sprech- und Schweigegrenzen des Kindes aus. Ihr entsprechend werden die weiteren, symptombezogenen Interventionen organisiert (für ähnliche und weitere Erhebungen siehe auch Johnson/Wintgens 2004).

Strukturdiagnostik: Bei der Strukturdiagnostik werden die innerseelischen Prozesse und ihre Wechselwirkung mit externen Auslösern, die das schweigende Verhalten steuern, untersucht und näher betrachtet. Dies in zweierlei Hinsicht: Einerseits wird nach einer „Störung", die das Kind zum Mutismus geführt hat, und nach einer Eingrenzung eines intrapsychischen Problemlöseverhaltens gesucht. Andererseits werden die Stärken und Ressourcen gesucht, die eine solche Lösung ermöglicht haben. Ein solches Symptom zu entwickeln und es als ein durchgehendes, logisches System aufzubauen und aufrecht zu erhalten, weist auf erhebliche kognitiv-emotionale Kompetenzen hin. Diese Wechselwirkung von

Kompetenzen und Einschränkungen wird erst sinnvoll und verstehbar, wenn sie eine lebensgeschichtliche Relevanz erfährt.

Diese „Sinnkonstruktion" ist eine Arbeit mit therapeutischen Hypothesen. Sie ist an sich die Grundlage eines psychodynamischen Vorgehens in jeder Psychotherapie. Um nicht in Spekulationen und Gegenübertragungen zu verfallen, ist Vorsicht und Exzentrizität nötig. Diese kann in der Ausbildung und Spezialisierung zu Kinder- und Jugendlichenpsychotherapeuten und durch Supervision gewährleistet werden. Außerdem ist zu bedenken, dass solche Arbeitshypothesen unbewusst immer im Spiel sind, wenn wir therapeutisch intervenieren. Sich derer bewusst zu werden ist die große Chance, um sie immer wieder zu überprüfen, zu hinterfragen, abzustimmen, zu verfeinern und zu optimieren. Dies trägt wesentlich zur Qualität der therapeutischen Arbeit bei und gehört zu den Errungenschaften des psychodynamischen Vorgehens.

Die versuchte Rekonstruktion des auffälligen Schweigens soll beschreiben helfen, wie lebensgeschichtlich gelernte Interaktions- und Beziehungsskripts (Narrative) fixiert, d. h. veränderungsresistent geworden sind.

„Wir erschließen diese inneren ‚Drehbücher' nicht nur von ‚außen', durch Verhaltensbeobachtung, sondern mittels Verfahren des tiefenpsychologischen Sinnverstehens (Interaktionelle Resonanz- und Gegenübertragungsanalyse). Bei Ali ermöglicht diese diagnostische Ebene z. B., dass die zwischenmenschliche (interaktionelle) Funktion und Bedeutung des ‚selektiven Sprechens' herausgearbeitet wird." (Katz-Bernstein/Zaepfel 2004, 374)

Diese „narrative Praxis" hat in den letzten Jahren im Bereich der Psychotherapie einen Aufschwung erlebt. Sie erlaubt eine Dimension der Therapie zu erschließen, die weniger in Kategorien erfassbar und durch Einzelmerkmale bestimmt ist, sondern es ermöglicht, eine kognitiv-emotionale Organisation von Lebensereignissen und ihre Bewertung zu erfahren, die sich zu einem Deutungsmuster und entsprechenden Verhaltensweisen verdichtet haben.

Bei Kindern mit (selektivem) Mutismus wird nach der Systemlogik geforscht, mittels der die unterschiedlichen Personen und Situationen als „ansprechbar, nicht bedrohlich und vertraut" oder aber als „schweigend zu begegnen, da fremd und bedrohlich" eingeordnet werden. Es wird auch versucht, die subjektive, kindliche Logik, die hinter einer solchen Bedrohung steht, zu erschließen.

Selina war zu Beginn der Therapie zwölf Jahre alt. Bis zu ihrem 13. Lebensjahr sprach sie niemals im schulischen Kontext oder mit Personen, die für sie die Schule repräsentierten. Sie kam mit fünf Jahren aus Bayern in die

Schweiz. Laut Aussage der Eltern dachten sie sich nichts dabei, als sie Selina in der neuen deutschsprachigen Kleinstadt in den Kindergarten schickten.

Als sie mit mir bereits frei sprechen konnte, haben wir versucht, ihre Schweigegeschichte zu rekonstruieren. Die Konversation findet in einem fließenden Schweizerdeutsch statt. „Alle haben plötzlich im neuen Kindergarten anders geredet als zu Hause", erzählte sie. „Wie war denn die Kindergärtnerin, magst du dich erinnern?", fragte ich. „Sie war schon nett und hat versucht, mich immer anzusprechen. Aber ich habe nicht geantwortet. Auch später nicht, als ich alles verstanden habe. Ich war damals so erschrocken, weil ich nichts verstanden habe. Ich wusste doch nicht, dass es Kinder gibt, die ganz anders sprechen." Nach einigem Nachdenken meinte sie: „Eigentlich war das dumm von mir. Ich kann das heute nicht verstehen, warum ich so erschrocken war." Ich antwortete ihr: „Ich finde es gar nicht dumm. Für ein unbeschwertes kleines Mädchen, das du ja damals warst, ist es doch ganz natürlich, dass du mächtig erschrickst und mit Schweigen reagierst. Das macht doch einen Sinn! Heute hast du doch ganz andere Möglichkeiten, die Situation zu verstehen." Sie nickte zustimmend. „He, ich möchte am liebsten sehen, was Frau Sonderegger (die Kindergärtnerin von damals) für Augen macht, wenn ich mit ihr rede. Sie war wirklich nett!"

Durch den Fall wird sichtbar, dass ein sinnentleertes, fixiertes Verhalten durch eine gemeinsame Deutung eine Chance hat, kognitiv verarbeitet zu werden und eine neue Deutung zu bekommen.

Nicht jedes Kind mit (selektivem) Mutismus besitzt die verbale Kompetenz, Reife und Reflexionsfähigkeit wie Selina, um solche Überlegungen zu entwickeln und sie verbal auszudrücken. Es gibt auch Kinder, die es vorziehen, sobald sie mit dem Therapeuten oder Lehrer zu sprechen anfangen, „nie mehr" ihr vorangegangenes Schweigen zu erwähnen. Sie möchten (vorläufig) das Kapitel des Mutismus hinter sich lassen und ihr Selbstbild ganz anders, nämlich als normal Sprechender gestalten. Auch das kann eine sehr gesunde Reaktion sein, ganz besonders bei jüngeren Kindern. In dem Fall sollte die Position vertreten werden, dass es eine „Enttabuisierung" und ein „Darüber-Sprechen" nicht als unbedingte Notwendigkeit geben muss, sondern dass diese Maßnahmen „idiographisch" (Motsch 1992), je nach Fall und Indikation, eingesetzt werden.

Dennoch gibt es „Königswege" bei Kindern, um die „Strukturdiagnose" vorzunehmen. Denn lange bevor die Kinder in der Therapie anfangen, über ihre Störung zu sprechen und rückwirkend über sie zu reflektieren, bieten sie Zugänge zu der narrativen Organisation ihres Schweigens.

Wie in Teil I, Kapitel 2.2.4 gezeigt worden ist, organisiert sich das Selbstbild des Kindes um einen narrativen Kern, durch den es jegliche weitere Erfahrungen auf sich beziehen, bewerten und einordnen kann und dadurch entscheidungs- und handlungsfähig wird. So können in

Fragmenten erlebte Wahrnehmungen zu „Erzählungen" und „Weitererzählungen" über sich und seine Umwelt werden. All diese Vorgänge sind unbewusst und werden je nach Erfahrungs- und Bewertungsmuster neurologisch „eingraviert" (Roth 2001). Da es sehr frühe Prozesse sind, die emotional hoch besetzt sind, werden sie, sobald sich die Symbolisierungsfähigkeit entwickelt, in kontinuierlichen Interaktionen und „Bildergeschichten" organisiert und verdichtet. Dadurch können sie kognitiv erfasst, weiterentwickelt und nach neuen äußeren Einflüssen verändert werden (Andresen 2002; Katz-Bernstein 1995).

Das Symbolspiel, das Puppenspiel, das Rollenspiel, gemalte Bilder, mitgeteilte Imaginationen, kleine Geschichtchen oder das Spiel im Sandkasten erzählen in symbolischer Form, meistens verfremdet, überzeichnet und pointiert, die Erfahrungen und Interaktionen, die das Kind am meisten beschäftigen. Die Gestalten haben dabei die Eigenschaften, die die Unterschiedlichkeit der Rollen hervorheben. Konflikte, die aus der Unterschiedlichkeit der Rollen und der Interessen resultieren, können deutlich werden, wodurch das Kind seine erlebten Affekte einordnen und rechtfertigen kann. Die Verfremdung durch die Figuren erlaubt es ihm, negative und unerlaubte Gefühle von realen Personen losgelöst zu erleben. Dadurch muss das Kind keine negativen Konsequenzen tragen.

Um eine solche Strukturdiagnose vornehmen zu können, können folgende Fragen eine Hilfestellung leisten:

- Was für ein Selbstbild stellt sich durch die Gestaltung des Hauptdarstellers dar? (Z.B. eine „Superman-Gestalt", die Gefahren durch gute Verstecke, Listigkeit, Ablenkung, Eliminierung des Feindes, kluge strategische Überlegungen, sich dumm stellen, sich tot stellen, „Clownerien", Hilflosigkeit und Mitleiderregen usw. übersteht; ein Baby wird verwöhnt, gequält, verlassen, vergessen usw.)
- Wie wird die Umwelt wahrgenommen? Welches Problem ist dominant und wie gestaltet sich das Repertoire zur Problemlösung? (Alle sind (oder eine einzelne Figur ist) gegen den Hauptdarsteller; verfolgen ihn; lachen ihn aus; wollen ihn töten; ins Gefängnis stecken; foltern; dominieren und belehren. Er findet Komplizen; bleibt allein; gestaltet eine gute Gruppe gegen eine böse Gruppe usw.)
- Was sind die Folgen der Problemlösungsstrategien? (Der Akteur kommt nie zur Ruhe; er muss sich immer verstecken, da er ständig verfolgt wird; er überfordert sich ständig durch zu hohe Anforderungen; er heckt ständig Rachefeldzüge aus und muss Angst haben, erwischt zu werden; er findet Auswege in grausamen Folterszenen, die er dann zu befürchten hat, falls er unterlegen ist usw.)
- Welche Ressourcen stehen ihm dabei zur Verfügung? (Strategische Klugheit; Kreativität und eine gute narrative Kompetenz; Intelligenz und Wissen; Zusammengehörigkeitsgefühl mit einer Gruppe; Kon-

zentration und Ausdauer; Rollenflexibilität und Phantasie usw.
(Rahm 2004))

- Ist eine Rolle auszumachen, die das Schweigen thematisiert? (Die
Wahl eines sich verkriechenden oder stummen Tieres beim Puppen-
oder Sandspiel, wie Schnecke, Schildkröte, Fisch oder Krokodil, eine
Zeichnung von einem Kind ohne Mund; ein stummer, gepanzerter,
unbesiegbarer Krieger u. a. m.)
- Wie zugänglich ist das Kind für einen äußeren Einfluss durch Eingriff
ins Spiel? (Während des Spiels werden Kommentare durch einen „Zuschauer", einen „Reporter", einen „Kommentator", einen „Fan" des
Akteurs etc. angeboten. Das Kind lässt sie zu; ignoriert sie; genießt sie
sichtlich usw.

  Eine Figur, die sich als Freund und Helfer anbietet, bittet um Einlass. Die Figur wird ignoriert; wird beobachtet und auf Probe gestellt;
wird gerne hinein gelassen und in eine Rolle integriert usw.

  Ein feindlicher Angreifer wird ignoriert; das Spiel wird abgebrochen; der Akteur versteckt sich; der Angreifer wird mit allen Mitteln
bekämpft usw.)
- Welcher Abschluss der Geschichte zeichnet sich wiederholt ab? (Alles
wird zerstört; alle werden eliminiert; der Feind wird eingesperrt; der
Akteur überlebt; der Akteur tritt als Retter auf usw.)

Es ist wichtig zu betonen, dass die Deutung dieses projektiven Materials
eine psychotherapeutische Ausbildung voraussetzt, die das Know-how
und den Umgang mit symbolischem Spiel einbezieht. Für einen Laien
besteht die Gefahr der Überinterpretation, die zu Pathologisierungen
führt, wo keine sind, da eine der ausgeprägten Eigenschaften des Symbolspiels in der Überzeichnung liegt.

Wenn das Kind noch nicht symbolisieren kann, gibt es Techniken, die
diese Kompetenz aufbauen. Oft gelingt es aber auch schon durch die Interpretation seiner Verhaltensmuster, einen Sinn für sein Schweigen zu
ermitteln (Bahrfeck-Wichitill/Subellok 2004).

Das Ziel der Strukturdiagnostik ist herauszufinden, welchen Sinn das
Schweigen dem Kind geben kann und wie es intrapsychisch organisiert
sein kann, wo Vertrautheit und wo Bedrohung und Fremdheit erlebt werden. Es soll „einerseits [sichtbar werden], welche lebensgeschichtlichen
wie aktuellen Konflikte, Störungen, Defizite und Traumata das Problem-
verhalten bedingen. Andererseits versuchen wir so genau wie möglich zu
beschreiben, was das Kind und den Jugendlichen „stark" macht." (Katz-
Bernstein/Zaepfel 2004, 373)

Daraus ergibt sich eine Konstruktion, die uns erlaubt, in Verbindung
mit der Symptomdiagnostik therapeutische Ziele zu definieren.

Bei Ali waren seine fremde Identität und die Fremdsprache im Kindergartenalter der Anlass für das Schweigen. In seinem Ursprungsland war er ein geliebter Sohn einer angesehenen Familie. Beim Umzug in das neue Land erlebte er die Begegnung mit den anderen Kindern als einen beleidigenden sozialen Abstieg. „Alle schweizerischen Kinder meinen, sie seien etwas Besseres als alle anderen," sagte er. Er zog es vor, die neue Sprache in allen formellen und institutionellen Kontexten bis zu seinem 14. Lebensjahr, einem Jahr nach Beginn der Therapie bei mir, zu verweigern. Im Symbolspiel trat er als listiger, überheblicher Kerl auf, der andere Kinder auslacht und entwertet – eine Umkehr der Rolle, die er als Kind erlebte und auf diese Weise interpretierte.

„Ali zeigt z. B. keinerlei weitere sprachliche Auffälligkeiten oder Defizite bis auf einen leichten, aus der Zweisprachigkeit bedingten Dysgrammatismus. Seine Symbolisierungs- und Abstraktionsfähigkeit sind altersentsprechend. Er hat eine ausgeprägte Begabung in Mathematik und im Malen. An ,protektiven Faktoren' sind weiter zu nennen: die Wachheit, Intelligenz und der Ehrgeiz von Ali, seine angenehme äußere Erscheinung sowie der sich intensiv um ihn kümmernde und besorgte Vater.

Diese Ressourcen- und Bewältigungsorientierung bedeutet, dass wir im therapeutischen Prozess nicht nur Einstellungen ändern und emotionales Lernen fördern, sondern, wenn nötig, auch fehlende Fertigkeiten praktisch einüben und trainieren." (Katz-Bernstein/Zaepfel 2004, 373)

Was bei Ali und Selina verbal erschlossen werden konnte, drückte André in seinem Symbolspiel auf eine nicht verbale Art aus.

André (10 Jahre) baut im Sandkasten einen hohen, steilen Berg, den er mit einem kleinen Plateau abschließt. Das Plateau umzäunt er mit einem hohen Zaun mit einem großen, verschlossenen Tor. Innerhalb des Zauns platziert er ein Pferd und einen Baum. Ich lasse ein zweites Pferd auftauchen und platziere es am Fuß des Berges. Mein Pferd wiehert, stapft und galoppiert. Es wünscht sich, das Pferd da oben besuchen zu dürfen.

„Ob es da eine Straße gibt, die nach oben führt?", fragt mein Pferd in einem vermeintlichen Selbstgespräch. Das Pferd von André schaut stumm über den Zaun. Nach langer Suche meines Pferdes nach einem Weg, die André neugierig, jedoch mit gepressten Lippen verfolgt, zeichnet er mit der Sandschaufel einen hauchfeinen, verschlungenen Pfad rings um den Berg, der mit vielen Kurven versehen ist und vor dem großen Tor endet. Ich bin hocherfreut über den „wie durch ein Wunder aufgetauchten Weg". Nach ein paar Schritten steht mein Pferd vor einem hohen Plastikzaun, der den Weg versperrt. Ich äußere meine Überraschung und Empörung, bekunde jedoch meine Entschlossenheit, nicht aufzugeben, auch wenn der Weg schwer ist und es von mir viel Geduld und Ausdauer verlangt, bis nach oben *zu kommen. André verfolgt mein Bemühen mit einer verschlossenen, ernst und kalt wirkenden Miene. Zentimeterweise lässt er mich in den folgenden Stunden hinaufklettern. Den Einlass, den ich mir erhoffe, werde ich im Symbolspiel aber nie bekommen.*

Die Therapie wird sehr mühsam verlaufen, es wird weiterhin bei jeder Intervention ein großer Einsatz und viel Bemühen verlangt. Ich werde immer wieder auf die Probe gestellt, nach jeder gelungenen Kommunikation wird es immer wieder einen Rückzug geben. Auch wird André während der Therapie und darüber hinaus nie mit mir verbal kommunizieren (siehe Teil V, Kapitel 9). Mit allen anderen Personen in seiner Umgebung jedoch wird er zunächst zögerlich, dann immer mehr sprechen, wenn auch wortkarg und eher reaktiv. Er wird ein Einzelgänger bleiben (Katz-Bernstein 1990, 917).

Die Strukturdiagnostik von André zeigt sein großes Misstrauen vor Annäherung. Seine Ressource war die Fähigkeit, bei einem symbolischen Thema zu bleiben, das es ihm ermöglichte, die Dosierung der Annäherung, die er ertragen konnte, aufzuzeigen. Ich konnte mich darauf einstellen und die Behutsamkeit, die er auf diesem Weg von mir wünschte, auch auf die verhaltensmodifikatorischen Schritte übertragen. Offenbar hinreichend erfolgreich, um allmählich zu mir Vertrauen zu fassen und um mit Fremden zu sprechen anzufangen. Es sei hier vermerkt, dass André einige Gewalterfahrungen im Kleinkindalter erleben musste, eine Information, die ich erst nach einem Jahr Therapie von seiner Mutter bekommen habe. Diese Information war die Frucht einer behutsamen, beraterischen Arbeit mit den Eltern von André. Sie konnte mir das Ausmaß an Misstrauen, das André zeigte, verständlich und plausibel machen.

Systemdiagnostik: Die Systemdiagnostik sucht den Einblick in die Lebenswelt des Kindes und geht der Frage nach, welche Interaktionsmuster vom Kontext der Familie und der Kultur geprägt werden. Welche Erwartungen strebt das Kind zu erfüllen an, welche stärken sein Selbstbild und bilden eine Ressource und welche überfordern es? Welche Meinung von der Welt und vom sozialen Umgang bringt das Kind mit, wo sieht es eine Fremdheit, wo Vertrautheit? Weswegen kann es seine Angehörigen nicht als Referenz für die Überwindung der Fremdheit nutzen? Warum gelingt es ihm nicht, die zu Hause gelernten, sprachlichen Interaktionen auf andere Personen zu übertragen? Diese Diagnostik

„beschreibt die lebensweltliche Einbindung, das soziale Netz und die soziokulturellen Stile des Denkens, Fühlens und Handelns bei Ali. Hierbei fragen wir u. a., welche Normen, Werte und kulturspezifischen Beziehungsmuster Ali aus seiner Herkunftskultur mitbringt und zu welchen Konflikten mit der Gegenwartskultur dieses Kulturerbe führt." (Katz-Bernstein/Zaepfel 2004, 374)

In der Folge werden einige typische systemische Konstellationen beschrieben, die das Schweigen des Kindes in einen Sinnzusammenhang bringen können. Sie sind aus eigenen therapeutisch betreuten und supervisorisch begleiteten Fällen sowie aus der Fachliteratur zusammengefasst.

Bei mutistischen Kindern kann eine ambivalente Haltung des Kindes gegenüber der Trennung von der Mutter vorliegen (Teil I, Kapitel 1.3). Die Unsicherheit, ob es der Mutter recht ist, wenn das Kind selbstständiger wird, kann zu Verschlossenheit gegenüber fremden Personen führen. Auch eine unsichere frühe Bindung zu einer Bezugsperson kann als Folge zu einer Klammerung und zu Trennungsängsten führen, die mit einer Verweigerung der Kontaktaufnahme zu weiteren Personen gekennzeichnet sind (Brazelton/Cramer 1989; Dornes 1997).

Es gibt auch eher introvertierte Kinder, die eine extravertierte Mutter voll Initiative und/oder einen solchen Vater haben, die durch ihre Art das Kind verunsichern, aber auch selbst von dem verschlossenen Verhalten des Kindes gegenüber fremden Personen verunsichert werden. Diese Kinder merken, dass die Mutter oder der Vater von ihrer sozialen Verschlossenheit verunsichert und enttäuscht sind. Je mehr sie jedoch das Kind anspornen „nicht so scheu zu sein", umso mehr kann sich das Schweigen fixieren. Die Ohnmacht, den Erwartungen der Eltern nicht gerecht werden zu können, kann zu einem bockigen oder aber ängstlichen Schweigen gegenüber fremden Personen führen. Dadurch gewinnt das Kind eine gewisse Macht und Voraussicht über die Situation.

Manche Eltern von (selektiv) mutistischen Kindern erzählen über sich, dass sie früher im Kindergarten oder in der Schule auch geschwiegen haben, Sprechscheu hatten oder gegenüber fremden Personen sehr verschlossen waren. Ob hier eine genetische Disposition vorliegt oder aber ein exogener Einfluss durch entsprechende Erwartungen gegenüber dem Verhalten des Kindes Fremden gegenüber, bleibt ein Gegenstand weiterer Forschungen.

Eine andere Auffälligkeit liegt bei Familien, deren Stil innerhalb und/oder gegenüber fremden Personen „Schweigen" ist (Hayden, 1980, Hartmann 1997; Chavira et al. 2007). Dort hat es das Kind schwer, sich dem neuen, fremden Umgangsstil, den es im Kindergarten vorfindet, anzupassen.

Die Fremdheit einer neuen Sprache und Kultur, die das Migrantenkind erlebt, kann in einen Konflikt zwischen einem Bewahren einer vertrauten Kultur und der Erwartung der Integration münden. Manche solcher Kinder stehen vor einem Dilemma: Sie sollen sich integrieren, die Sprache erlernen, gute Leistungen in der Schule erbringen, jedoch sollen sie sich nicht zu sehr mit der bestehenden Kultur identifizieren. Denn dadurch wird die eigene, in einer unsicheren, neuen Welt Halt und Sicherheit gebende, identitätsstiftende Kultur infrage gestellt. Durch das Schweigen kann das Kind diesen ambivalenten Erwartungen begegnen; dadurch wird, nach der unbewussten kindlichen Logik, keine Seite verraten.

Eine weitere bekannte systemische Konstellation ist die der „Fassade", die so genannte „Familiengeheimnisse" verdecken soll (Richter 1969). In diesen Familien gibt es eine unausgesprochene Botschaft, gewisse Familienprobleme nicht nach außen zu tragen. Dies können ganz alltägliche, harmlose Konflikte sein. In manchen Fällen genügt bereits die Entdeckung, dass nicht alles, was innerhalb der Familie gesagt oder gemacht wird, für die Öffentlichkeit bestimmt ist, um das Kind zu verunsichern. Es können jedoch auch ernsthaftere Probleme und Konflikte dahinter stecken, wie Arbeitslosigkeit, eheliche Zerrüttung, Verwahrlosung, Verarmung oder auch noch gravierendere Probleme wie vergangene oder gegenwärtige kriminelle Handlung, Sucht, Kriegs- und Fluchterfahrungen, Gewalt oder Missbrauch. Kinder im Vorschulalter haben keine Maßstäbe, um zwischen harmlosen und gravierenden Problemen zu unterscheiden.

Es soll jedoch darauf hingewiesen werden, dass sich nicht hinter jedem (selektiv) mutistischen Kind zwingend eine problematische familiäre Konstellation verbirgt. Manche Familien sind ganz normal, funktional und kooperierend und haben dennoch in ihrer Mitte ein Kind, das ein (selektiv) mutistisches Verhalten entwickelt. Eine solche Strukturdiagnostik soll als subjektive Sicht des Kindes verstanden werden. Sie stellt den Versuch einer Anpassung von Kind und Familie aneinander dar, ein Versuch der Vermittlung zwischen eigenen Anlagen, Tendenzen sowie Bewertungen von Vorerfahrungen beim Kind. Das Kind trifft auf eine bestimmte Familienkonstellation und die Familie ihrerseits auf dieses bestimmte Kind. Für ein anderes Kind mit einer anderen Veranlagung und einem anderen Temperament mag die gleiche Familienkonstellation normale Reaktionen auslösen, ohne dass es Auffälligkeiten oder Störungen entwickelt.

Teil III
Therapeutische Zugänge und Wirkfaktoren

„Die zum Teil nach vielen Jahren noch festgestellten ‚postmutistischen' Symptome (wie Ängstlichkeit, Schüchternheit, Schweigsamkeit, Isoliertheit) unterstützen die (. . .) aufgestellte Forderung nach einer Berücksichtigung der Begleitsymptome in der Therapie; sie weisen darauf hin, dass eine Fokussierung allein auf das Sprechen im Umgang mit elektiv mutistischen Kindern in der Regel nicht angemessen im Hinblick auf eine möglichst vollständige Rehabilitation erscheint." (Bahr 1996, 47)

„It is difficult to identify a single, most efficacious treatment approach for selective mutism." (Spasaro et al. 1999, 11)

1 Therapeutische Haltung

In diesem dritten Teil des Buches werden die Grundlagen des Therapiekonzepts DortMuT (Katz-Bernstein et al. 2011) vorgestellt. Bei den aufgefächerten therapeutischen Bausteinen, die z. T. auch auf pädagogische Kontexte angewandt werden können, handelt es sich nicht um ein formalisiertes, auf jedes Kind übertragbares Konzept. Diese Bausteine stellen vielmehr eine Bilanz an therapeutischen und pädagogischen Interventionen mit (selektiv) mutistischen Kindern und Jugendlichen in unterschiedlichen institutionellen und therapeutischen Kontexten dar. Es ist auch wichtig zu betonen, dass sie vorwiegend aus zwei unterschiedlichen Fachdisziplinen schöpfen, nämlich aus der psychotherapeutischen Arbeit mit Kindern und Jugendlichen und auch aus der sprachtherapeutischen/logopädischen Arbeit. Ergänzt werden sie durch Erfahrungen aus dem schulischen Bereich.

Aus dem therapeutischen Material, den vielen Protokollen und den in der Therapie erstellten Aufzeichnungen, die ich systematisch gesammelt hatte, habe ich diese Therapiebausteine zusammengestellt. Meine Erfahrung bezieht sich auf die über 20-jährige eigene therapeutische Arbeit mit Kindern mit Redestörungen (Stottern, Poltern, Mutismus) in einem interdisziplinären Team beim Schulamt der Stadt Zürich, wo ich neben der Therapie mit Kindern kontinuierlich Elterngruppen leitete, sowie aus der Arbeit in einer privaten Gemeinschaftspraxis. Dazu kommt Erfahrung aus 15 Jahren Leitung und Supervision des Zentrums für Beratung und Therapie der Technischen Universität Dortmund, dort konnte Mutismus als Arbeits- und Forschungsschwerpunkt etabliert werden (Zentrum für Beratung und Therapie, ZBT: www.fk-reha.tu-dortmund.de/zbt/de/spa/mutismus/index.html). Nicht zuletzt beruht meine Expertise auf der eingehenden wissenschaftlichen Auseinandersetzung mit dem Thema.

Die Bausteine, die hier vorgestellt werden, sind an Fachleute aller Disziplinen gerichtet, die sich (selektiv) mutistischer Kinder annehmen. Sie weisen folgende Kriterien auf:

- **Theoriegeleitete Praxisnähe:** Die Ausführungen werden praxisnah, konkret und nachvollziehbar beschrieben und erläutert, sie bleiben jedoch auf den vorhergehenden theoretischen Teil in diesem Buch bezogen.
- **Kontextvielfalt:** Sie berücksichtigen und konkretisieren unterschiedliche therapeutische und pädagogische Kontexte, Ebenen, Zugänge und Perspektiven.
- **Interaktives, dynamisches Vorgehen:** Ihnen liegt das Verständnis einer therapeutischen Intervention als ein kommunikativer, interaktiver Prozess, der sich einer ständigen Entwicklung anzupassen bemüht, zugrunde.

- **Entwicklungsorientiert:** Unterschiedliche Altersstufen und Entwicklungsverläufe werden berücksichtigt und entsprechende, unterschiedliche Interventionsmöglichkeiten und Modifikationen werden angeboten.
- **Integrative Methodenvielfalt:** Es werden, neben formell aufgebautem, behavioralem und systematisch übendem Vorgehen, sowohl die psychodynamischen Dimensionen der Prozesse berücksichtigt als auch die systemischen Konstellationen sowie soziale, pädagogische und kulturelle Kontexte berücksichtigt und nach Möglichkeit einbezogen.
- **Interdisziplinarität:** Die Zusammenarbeit zwischen unterschiedlichen Fachpersonen und die sich daraus ergebenden Möglichkeiten und Probleme werden dargestellt.
- **Konkretisierung:** Jeder Baustein wird durch Praxisbeispiele und Fallvignetten erläutert, so dass die Übertragbarkeit und Modifikation für das eigene Vorgehen ermöglicht wird.

1.1 Druck ausüben oder gewähren lassen?
Die Gestaltung der therapeutischen Beziehung als „Scaffolding"-Prinzip

„Für komplexe Situationen gibt es immer einfache Lösungen, und sie sind gewöhnlich falsch." (nach Carey, 2000, zit. v. Branik 2004, 1)

Einer der wichtigsten Wirkfaktoren einer Therapie ist die therapeutische Beziehung (Grawe et al. 1994; Czogalik 1990; Petzold 1995; Miller et al. 2000). Sie muss tragend werden und bleiben, um Veränderungen zu ermöglichen. Wie gestaltet sich eine solche Beziehung?

Die Theorie und die praktischen Prinzipien und Konsequenzen, die dazu skizziert werden, sollen zu einer gelungenen Beziehungsgestaltung bei (selektiv) mutistischen Kindern beitragen. Sie beruhen einerseits auf entwicklungspsychologischen Erkenntnissen der Säuglings- und Kleinkindforschung, die die Beziehungs- und Kommunikationsgestaltung zwischen Mutter und Kind beschreiben und andererseits auf psychotherapeutischen Erkenntnissen zu Wirkfaktoren der Therapie. In der Fachliteratur über Mutismus lassen sich zwei Positionen erkennen, die zunächst unvereinbar scheinen.

Die *eine* plädiert für eine direkte Verhaltensänderung. Das Schweigen in sozialen Situationen, in denen das Sprechen angezeigt ist, wird als unerwünscht erachtet und als solches deklariert. Indem das Kind Hausaufgaben bekommt und desensibilisiert wird, wird das sprechende Verhalten aufgebaut und das schweigende abgebaut. Dem Kind wird keine Wahl gegeben, da es nicht aus eigener Kraft und ohne jeglichen Druck das Schweigen überwinden kann. Das Kind ist durch sein Symptom „gefangen", und die Aufgabe der Therapie ist es, den Weg hinaus zu zeigen (Weckstein et al. 1999, 238; Hartmann/Lange 2003).

Die *andere* Haltung, die eher der psychodynamischen Richtung entstammt, plädiert dafür, dem Rhythmus des Kindes zu folgen, auf die Beziehung zum Kind zu achten und die Gegenübertragungsphänomene mit einzubeziehen. Den Impulsen des Kindes wird Raum gegeben, damit innerpsychische Prozesse symbolisiert und verarbeitet werden können. Begründet wird dies dadurch, dass das Schweigen des Kindes immer eine Struktur aufzeigt, die intrapsychisch und systemisch einen Sinn macht. Das Schweigen stellt eine Bewältigungsstrategie für oft widrige Anforderungen, Lebensumstände und traumatisch erlebte Erfahrungen dar, die das Kind überwältigten oder zu überwältigen drohten (Bahr 1996; MacGregor et al. 1994; Shreeve 1999; Weininger 1999). Daher soll das Kind das Geschehen sowie Distanz und Nähe regulieren können.

In den letzten Jahren geht die Tendenz dahin, Methodenkombinationen zu finden, die auf diese Weise gezielter und effizienter eingesetzt werden können (Spasaro/Schaefer 1999, IX – X).

Wie aber soll die Beziehung zum Kind aussehen? Abwartend, behutsam, auf Impulse des Kindes wartend und eingehend oder direkt, „packend", auf die Änderung des Verhaltens zielend? Beide Haltungen haben ihre Berechtigung. Interessanterweise zeigen Therapieberichte, dass ein solches Schwanken zwischen behutsamem, empathischem Vorgehen und direktem „Anpacken" zur Natur der Therapie mit diesen Kindern gehört, je nach Phase, Fall, Alter und Verlauf. Die „Gegenübertragungsgefühle", mit denen die Therapeutin zu kämpfen hat, sind oft von Frustration, Wut, Ohnmacht, Depression und Insuffizienzgefühlen (Cline/ Baldwin 2004; Katz-Bernstein et al. 2007; 2011) oder aber von enormer Erleichterung und Euphorie, wenn sich das Schweigen löst, geprägt. Die „zupackende", direkte Therapiemethode von Weckstein et al. (1999, 238f) begründet die Notwendigkeit der Direktheit mit eben diesen Widerständen, mit denen die Therapeutin zu kämpfen hat. Es braucht demnach eine klare Haltung, die dem Kind, den Eltern und der Therapeutin selbst einen Rahmen gibt.

1.2   Beziehungsgestaltung und Motivation

„. . . die Vorstellung, es gebe unmotivierte Klienten, (ist) schlicht und einfach falsch." (Miller et al. 2000, 103)

Ohne Einsicht, Mitarbeit und Motivation ist kein Fortschritt möglich.

Miller et al. (2000) fassen folgende, integrativ gesammelte, übergreifende Wirkfaktoren der Psychotherapieforschung zusammen.

Wirkfaktoren der Therapie:

Respekt vor dem Klienten:	eigene Sicht, Eigenwirksamkeit
Therapeutische Beziehung:	Empathie, Akzeptanz, Containing
Zuversicht des Klienten auf Veränderung:	Ressourcenorientierung
Methoden und Techniken:	als Struktur und Impuls

Prochaska und DiClemente (1992) beschreiben Motivationsschritte in der therapeutischen Arbeit mit (erwachsenen) Menschen, die an Angststörungen leiden. Diese ist mit der Arbeit mit Kindern, je nach Alter des Kindes, nur schwer vergleichbar. Bei Kindern hängen das Störungsbewusstsein und der Grad an „Compliance" (Motivation zur Mitarbeit) von ihrem Alter und ihrer Entwicklung ab (Katz-Bernstein 2008). Die Eltern und erziehenden Fachpersonen spielen unter einer systemischen Perspektive eine bedeutsame Rolle. Auch die Entwicklungsaufgaben, die bei Kindern anstehen, sind mit denen bei Erwachsenen nur schwer vergleichbar. Der Erwerb von kommunikativen und sozialen „skills", der Erwerb und Aufbau von Sinnverstehen und sozialer Handlungsfähigkeit sollen präventiv und entwicklungsorientiert Berücksichtigung finden. Defizite in den angeführten Bereichen begünstigen die Entstehung und Aufrechterhaltung des Mutismus. Eine Therapeutin stellt für das Kind ein soziales Lernmodell für Kommunikations- und Sprachverhalten dar. Daher trägt sie ein Mehr an Verantwortung als in der Therapie mit Erwachsenen. In der Folge wird ein Beobachtungsverfahren vorgestellt, um das therapeutische Handeln mit Kindern und Jugendlichen diesbezüglich definieren, strukturieren und überprüfen zu können (mod. nach Katz-Bernstein 2008).

In einer Therapie mit Kindern und Jugendlichen lassen sich fünf „Beziehungsangebote", Facetten oder Aufgaben unterscheiden und definieren:

1. das empathische, responsive Angebot (ich und du),
2. das handelnde, symbolisierende, mentalisierende Angebot (ich, du und die Welt),
3. das konfrontierende, strukturgebende Angebot (ich, du und die sozialen Anforderungen),
4. das systemisch-kontextuelle Angebot (ich, du und deine Angehörigen),

und quer liegend zu diesen vier Ebenen:

5. die Entwicklungs- und Ressourcenorientierung (ich, du und mein professioneller Auftrag).

Die Aufgabe in einer modernen, methodenintegrierenden Therapie mit Kindern und Jugendlichen besteht darin, sich das Wissen, die Methoden und Fertigkeiten, die sich in den unterschiedlichen therapeutischen Schulen und Richtungen angesammelt haben, zunutze zu machen und sie, verbunden mit dem professionellen Auftrag, entwicklungs- und ressourcenfördernd einzusetzen.

- Die Beziehung beruht zunächst auf einem kommunikativen, responsiv-interaktiven und empathischen Beziehungsrahmen, in dem das Kind sich angenommen fühlt, und Zuversicht und Vertrauen für eine positive Entwicklung und Veränderung zu schöpfen vermag.
- Auf der zweiten Ebene treffen wir auf eine Entwicklungsaufgabe, die des sozialen Sinnverstehens, des Symbolisierens von Handlungen, in der die affektive Einordnung und Bewertung der sozialen Welt stattfinden und so ein Eigenbezug und Orientierung für Handlungszusammenhänge hergestellt werden kann. An die mentalen, kommunikativen und sozialen Skills herangeführt, kann sich das Kind als partizipierender Teil der Gesellschaft erleben, und die Notwendigkeit, weitere solcher Skills zu erwerben, nachvollziehen. Durch Symbol- und Rollenspiel und gemeinsame Projekte wird der Weg zur Partizipation, Kommunikation und Kooperation geebnet. Bei mutistischen Kindern besteht hierzu nachweislich ein Nachholbedarf (Kristensen 2000; Hammer/Oerbeck 2014; Manassis et al. 2007; McInnes et al. 2006). Der Erwerb dieser Kompetenzen ist für Bildungsprozesse und die Mitarbeit in Gruppen wesentlich (Bruner/Laciavelli 1989; Oerter 1999; Fonagy/Target 2001; Tomasello 2009; 2010; Quasthoff et al. 2011).
- Auf der dritten Ebene treffen wir auf die Notwendigkeit, das Kind mit den wachsenden, altersgemäßen, sozialen Anforderungen, die an es gestellt werden, sei es das Handeln, das Sprechen, das Rücksichtnehmen, das Sich-Anpassen an Gruppen und soziale Regeln, zu konfrontieren. Auf dieser Ebene werden ihm Arbeitsrahmen und Struktur gegeben, um seine Störung aktiv, initiativ und immer mehr eigenverantwortlich bearbeiten zu können.
- Auf der vierten Ebene wird angeboten, zwischen der sozialen, familiären, und kulturellen Wirklichkeit des Kindes, ihren Erwartungen und Anforderungen sowie zwischen den individuellen Möglichkeiten und Motivationen des Kindes zu vermitteln. Durch die aktive Vermittlung können Verhandlungsebenen und Kompromisse gefunden werden.
- Die fünfte Ebene ermöglicht es, der Fachperson zu überprüfen, inwieweit sie auf alle erwähnten Ebenen entwicklungsfördernd, ressourcenorientiert, motivierend und „positiv-unterstellend" („Du schafft es!") eingehen konnte.

Im Längsschnitt lassen sich die Fortschritte auf allen vier vorausgehenden Ebenen dadurch erfassen, dass das Kind an Selbstständigkeit und an Motivation zur Mitarbeit gewinnt.

Demnach ist die motivationale Arbeit in der Therapie mit Kindern und Jugendlichen implizit in alle Stufen und Angebote des therapeutischen Handelns einzuschließen. Folgende Beispiele verdeutlichen dies:

- Auf der ersten Ebene: Statt einer anfänglichen Verweigerung kommt das Kind nun hinreichend freiwillig, nimmt von sich aus Augenkontakt auf, begrüßt oder verabschiedet sich, usw.
- Auf der zweiten Ebene: Das Kind, zunächst passiv und abwartend, hat Ideen für Spiele, Projekte, zeigt Initiative, bewegt sich im Raum, plant, kooperiert wenn gehandelt wird, usw.
- Auf der dritten Ebene: Das Kind ist mit dem „Arbeitsvertrag" einverstanden, zeigt trotz Ambivalenz und Rückschritten auch Erfolge und Motivation, das Schweigen zu durchbrechen usw.
- Auf der vierten Ebene: Die Eltern/pädagogischen Fachpersonen können, nach evtl. anfänglichen Vorbehalten und Misstrauen, nun wohlwollend die Therapie verfolgen und sogar kooperieren.
  Diese Beziehungsangebote sind an die Forschungsbefunde der oben erwähnten therapeutischen Wirkfaktoren nach Miller et al. (2000) angelehnt.

Drei Typen von therapeutischen Entwicklungen können laut Prochaska/DiClemente (1992) ausgemacht werden:

- Die **lineare Entwicklung** ist durch einen Verlauf, der Schritt für Schritt eine Progression zeigt, gekennzeichnet.
- Die **mehrfache Durchlauf-Entwicklung** ist durch Rückschläge und Stagnationsphasen geprägt, die die Notwendigkeit für mehrere Durchläufe der Motivationsphasen verlangt.
- Der **therapeutische Sprung** wird als „Über Nacht ein anderer Mensch werden" (Prochaska/DiClemente 1992, zit. n. Miller et al. 2000, 105, modifiziert) bezeichnet.

Für Prochaska/DiClemente ist der zweite Entwicklungstyp der häufigste. (Dies haben Miller et al. empirisch bestätigt.)

Auch bei kleineren Kindern sind daher eine solche Motivationsarbeit und eine Vorbereitung auf eine Hindernisarbeit unerlässlich. Wie das „Scaffolding-Konzept" jedoch zeigt, liegt, je jünger das Kind ist, die motivationale Vorarbeit vermehrt in den Händen des Therapeuten und der Bezugspersonen.

Wenn ein Kind beim Erlernen des Laufens immer wieder umfällt, so sind die elterlichen Arme da, um es aufzufangen. Hat sich das Kind wehgetan, wird ein kleines Ritual veranstaltet („Heile, heile Segen . . .") und

– Hopp! – wird das Kind mit der größten Selbstverständlichkeit wieder auf die Beine gestellt, um das Laufen weiter zu versuchen. Wer zweifelt daran, dass das Kind bald alleine laufen wird?

Nicht alles kann, soll und muss verbalisiert, reflektiert und ausgehandelt werden. Zur „Gerüstarbeit" gehört, je jünger das Kind ist, die Ausstrahlung einer Zuversicht und eine unterstellende Arbeit, wie sie intuitiv auch bei Entwicklungs- und Lernprozessen von Klein- und Vorschulkindern stattfindet (Katz-Bernstein et al. 2002).

Umso mehr braucht das oft unbewusste, non-verbale, kommunikative und psychodynamische Geschehen zwischen dem Therapeuten und dem Kind eine begleitende, supervisorische Arbeit. Ganz besonders dann, wenn die Therapie stagniert und sich unbewusst Ambivalenz, Insuffizienzgefühle, Wut über Eltern und Kind einschleichen. Diese kommunikativen Atmosphären werden vom Kind und von den Eltern meistens sehr genau registriert. Daraus kann eine Weiterentwicklung oder aber Resignation entstehen.

Innerhalb eines Magisterstudiengangs und einer Weiterbildungsveranstaltung an einer ausländischen Universität zum Thema Mutismus stellt die Sprachtherapeutin S. den Fall eines 14-jährigen selektiv mutistischen Mädchens namens O. vor, das hochambivalent mit den erzielten Erfolgen umgeht. Seit Beginn der Therapie sind schon eineinhalb Jahren vergangen. Von den Eltern kommen diffuse Botschaften, die unklar lassen, ob das Mädchen einen sexuellen Übergriff in der Kindheit erfahren hat. Klar ist jedoch, dass die Mutter in ihrer Kindheit einen solchen Übergriff erlebt hat.

Dies verunsichert die Therapeutin. Sie fragt sich, ob sie etwas falsch mache, ob sie das Kind delegieren solle usw. Dabei ist das Mädchen sehr an sie gebunden, seitdem sie sie bei einer Klassenfahrt, an der die Therapeutin als Begleitung teilnahm, „adoptiert" und sich um sie gekümmert hatte.

Ich fordere S. auf, sich gegenüber dem imaginären Mädchen (einem leeren Stuhl) hinzusetzen und zu versuchen, die nonverbalen Botschaften, die das Mädchen aussendet, zu deuten. Dann soll sie die eigenen „Gegenübertragungsintentionen", d. h. die eigenen Gefühle, Gedanken, Impulse und Intentionen, wahrnehmen. Dabei werden Resignations- und Depressionsimpulse, die sich auf beiden Seiten – der des Mädchens und der der Therapeutin – breit machten, spürbar. Es wird klar, dass solche resignativen Gefühlen die Motivation auf beiden Seiten stören und dass der Wirkfaktor „therapeutischer Optimismus" (Miller et al. 2000) außer Kraft getreten ist.

Diese Ohnmachtsgefühle, die das Mädchen und ihre Familie mit in die Therapie bringen, bezeichnen wir metaphorisch als hungrige „Dämonen". Diese Dämonen drohen in der Regel, so meine Information, die aufbauende Arbeit zu zerstören, „so lange sie unbeachtet und hungrig bleiben". Sie müssen wie ein quengelndes Kind kontinuierlich einbezogen, gewürdigt und „besänftigt" werden.

Es folgt ein „Ego-State-Gespräch" (Fritzsche/Hartmann 2010) zwischen der progressiven, kompetenten Therapeutin S. und der resignierten S. (Teil V, Kapitel 5). Beide sitzen sich (imaginär) auf zwei leeren Stühlen gegenüber. Ich lasse S. auf dem Stuhl der „Resignation" sitzen und frage sie, was sie bräuchte, um die Therapie weiter führen zu können. „Dass mich jemand begleitet, dem ich einfach mal etwas erzählen kann und der mir versichert, dass ich nicht inkompetent und völlig ,daneben' bin.", sagt sie. Ich stelle mich hinter sie und sage: „Ich bin jetzt dieser ,jemand'." Sie soll dann überprüfen, ob diese Voraussetzung wirklich ausreicht. Als sie dies bejaht, komme ich hervor und spreche zu ihr: „Du, vorsichtige und unsichere S., bist unheimlich wichtig für die Therapie von O. Du bleibst nah bei ihr, nimmst ihre Gefühle der Resignation und Unsicherheit als Resonanzerfahrungen auf. Diese zu sehen und zu berücksichtigen ist ungemein wichtig, damit man die Balance zwischen fordern und fördern ohne zu überfordern auch immer wieder überprüft!"

Auf dem Stuhl der kompetenten S. frage ich sie, was sie braucht, um die Therapie wieder anpacken, durchhalten und weiter führen zu können. Lächelnd sagt sie: „So, jetzt macht es einen Sinn. Ich konnte bisher zwischen den beiden keine Verbindung schaffen." „Vielleicht ergeht es O. ähnlich?", frage ich. Sie denkt nach und bejaht. Eine solche Ambivalenz liegt in der Natur des Mutismus.

Nach dieser Sitzung werden folgende Fragen in der Gruppe reflektiert:

- Was spricht dafür, das Mädchen zu behalten?
- Was spricht dagegen?
- Traut sich die Sprachtherapeutin den Fall weiterhin zu und verspürt sie eine Motivation für eine Weiterarbeit? Unter welchen Bedingungen?
- Welche Hilfestellungen kann und soll S. für das Mädchen und seine Familie in Anspruch nehmen?
- Was oder wer könnte helfen, um die eigene therapeutische Zuversicht wieder zu gewinnen?

Die Dinge, die die Therapeutin (laut ihrer Aussage) aus dieser Supervisionssitzung mitnehmen kann und die ihr weiterhelfen, werden von ihr wie folgt zusammengefasst:

- Nicht alleine bleiben: Sich mit dem Kinderpsychiatrischen Dienst des Ortes oder mit dem Schulpsychologen vernetzen, speziell für die Arbeit mit den Eltern, für die Frage des sexuellen Missbrauchs sowie für weitere medizinische Fragestellungen.
- Sich um Supervision kümmern, in der sie sich gut aufgehoben fühlt.

Während der Evaluation am Ende der Sitzung teilt die Therapeutin mit, dass sich die therapeutische Zuversicht ganz klar eingestellt habe. Auf jeden Fall will sie mit O. weiter arbeiten.

Diese „Empowerment"-Arbeit sowie die Aufdeckung und Sortierung der „Gegenübertragungsphänomene", die das Durchhalten beeinträchtigen, sind nach meiner Erfahrung die häufigsten supervisorischen Tätigkeiten in Verbindung mit der Therapie von mutistischen Kindern.

1.3 Modelle, Techniken, Trainingsprogramme

„Jeder Therapeut entwickelt letztlich seine eigene Therapiemethode, die sich zusammensetzt aus den Methoden, die er erlernt hat, aus den Erfahrungen, die er gemacht hat und aus seinen individuellen Persönlichkeitsmerkmalen." (R. Fancher 1995, zit. n. Miller et al. 2000, 195)

Der vierte Wirkfaktor ist die Technik. Technik, Modell oder Theorie geben Struktur und Impulse. Die Technik ordnet einen Verlauf in einen übergeordneten Zusammenhang, gibt ihm einen Rahmen, der eine Orientierung und eine Bewertung von Teilschritten erlaubt. Diese Sicht relativiert wiederum das „eine Modell" als das wirksamste und plädiert für ein Modell, das Impulse in eine neue Richtung erlaubt (Miller et al. 2000, 203ff). Nicht die Technik an sich, sondern die Kombination der Wirkfaktoren wirkt. Das Modell ist eingebettet in eine therapeutische Beziehung, in ein Prozessgeschehen zwischen Therapeut und Kind. Das Geschehen hat eine Systematik und einen Sinn und kann vom Therapeuten eingeordnet werden. Das Unerwartete und Destruktive, die Widerstände und Rückschritte werden dabei als Teil eines fortschreitenden Prozesses geachtet und verlieren dadurch ihren Schrecken und ihre Macht über das Geschehen.

Aber nicht nur das Modell oder die Technik an sich sind, laut Miller et al. (2000, 203ff), dabei wichtig, sondern die Möglichkeit „aus dem Modell hinauszugehen", eine ganz andere Alternative zu haben, den Blick für Wendungen und Änderungen haben zu können. Diese sind vielleicht auch unkonventionell, passen jedoch zum Moment, zum Menschen und zur Konstellation und ergeben sich manchmal einfach. Dies bringt die nötige kreative Flexibilität, die eine gute und wirksame Therapie von anderen unterscheidet. Miller et al. bringen dabei das Beispiel des „Purzelbaumes", den eine Patientin von Balint im Therapieraum machen durfte, nachdem sie jahrelange auf der Coach gelegen hatte. Dies brachte laut Balint die Wendung in der Therapie. Neugier und Überraschungsfaktoren also auch hier – wiederum eine elterliche „Scaffolding-Strategie", um die Motivation der Kinder und ihre Aufmerksamkeit aufrecht zu erhalten (Miller et al. 2000, 203ff).

Wenn man demnach wiederum alle vier Wirkfaktoren näher betrachtet, so erinnern sie an die „Intuitive elterliche Didaktik" (Papoušek/Papoušek 1977), die im Teil I, Kapitel 3 ausführlich beschrieben worden ist.

1.4 Integrative Prinzipien für die therapeutische Arbeit

Die therapeutische Haltung, die hier für die Arbeit mit mutistischen Kindern präsentiert werden soll, ist angelehnt an die sozial-konstituierende, entwicklungspsychologische Position (Bruner 1987; Papoušek/Papoušek 1977; Nelson 1993; 1994; 2006; Katz-Bernstein 2008; Quasthoff et al. 2011). Sie beruht auf einer intuitiven elterlich-didaktischen Haltung, die dem Kind die bestehenden kulturell-sozialen Regeln vermittelt. Eltern regulieren dabei die kindlichen Emotionen, symbolisieren, ritualisieren sie altersadäquat und kindgemäß und geben der Handlung Struktur, Verlauf und Sinn. Sie gehen dabei mit einem positiven Optimismus vor, unterstellen dem Kind Absichten und Sprachverständnis, in das das Kind dann auf eine natürliche, selbstverständliche Art „hineinwachsen" kann. Durch elterliches „Scaffolding" (gerüstgebendes Verhalten) und „entwicklungsapproximale" (in die nächste Entwicklungsstufe führende) Förderung sowie die „Unterstellung" von zukünftigen Kompetenzen sorgen die Eltern aktiv für eine optimale Einführung in die soziale Welt. Dadurch versorgen sie das Kind mit den nötigen Strukturen, adaptieren die Anforderungen an seine kognitive Stufe und leisten eine ständige und kontinuierliche Motivationsarbeit, damit die gewünschte soziale Entwicklung optimal eingebettet ist.

Manche mutistischen Kinder entbehren ein solches Interaktionsmodell, das unterstellt, dass sie soziale und verbale Kompetenzen erlernen sollen und auch können. Demnach ist für diese Kinder die Beachtung der therapeutischen Beziehung als eine aufbauende, haltende, „gerüstgebende" Struktur für die Entwicklungsausrichtung unerlässlich. Oft sind die Kinder äußerst sensibel, misstrauisch oder gar traumatisiert. Oft haben sie nicht gelernt, wie man mit fremden Personen Kontakte knüpft, Distanz überwindet und Nähe reguliert. Daher begegnen sie der Therapeutin mit ambivalenten Gefühlen gegenüber Distanz und Nähe, Vertrautheit und Fremdheit. Eine sichtbare Struktur gibt ihnen eine Vorhersagbarkeit und verhindert das Gefühl einer Willkürlichkeit der Maßnahmen. Die gemeinsame Verbindlichkeit sowie die fortschreitenden, sichtbaren Erfolge geben ihm die Möglichkeit der Eigenwirksamkeit, die den Gefühlen der Ohnmacht und Depression entgegenwirkt. Bei einer ungünstigen Beziehungsgestaltung, die als Druck und Überforderung erlebt wird (z. B. wenn bei einem Widerstand oder Rückfall die Therapeutin innerlich resigniert oder die Situation als eigenes Scheitern erlebt) oder aber bei fehlenden Erfolgserlebnissen, die dem Schweigen entgegen wirken (beispielsweise weil die Therapeutin zu lange zögert, besonders bei Kindern im Schulalter, das Thema „Schweigen" anzugehen und dadurch vermeidend agiert), droht, dass sich die Verweigerung zu sprechen festsetzt, ganz besonders bei Therapieabbruch. Über die Pubertät hinaus kann sich bei

Familie und Kind eine Resistenz gegenüber weiteren Maßnahmen entwickeln.

Die Therapieprinzipien, die aus dem empathischen, gerüst- und strukturgebenden Verhalten abgeleitet werden können, sind folgende:

- Förderung der Eigenwirksamkeit
  Die Therapeutin sagt zur Puppe: „Bist du ganz sicher, dass der Peter in der Hütte ist? Ich höre gar nichts! Vielleicht hat er sich unsichtbar gemacht und ist gar nicht mehr da? Vielleicht schwebt er dann an der Decke, hört alles mit und wir wissen es gar nicht? Ha! Der ist recht schlau!"
- Responsivität gegenüber Intentionen
  „Oh! Was der Peter hier macht! Was gibt es wohl? Uahh! Ganz alleine geschafft?"
- Humor, Spiel mit Paradoxien, Verspieltheit und liebevolle Provokation
  „Weißt Du, was mir der Zauberer vorher sagte? Er möchte heute schweigen. Wir sollen heute miteinander sprechen, du und ich, und Spiele vorschlagen! Es sei unfair, dass du immer schweigen darfst und er immer Spiele erfinden muss!"
- Unterstellung seiner positiven Entwicklung
  „Das schaffst du, so wie Jan letzte Woche!"
- Approximales Vorgehen (Anforderung immer „an der Zone des nächsten Entwicklungsstandes" (Wygotsky 1986))
  „Ich glaube, es ist soweit. Sehr bald können wir mit deinem Lehrer besprechen, ob er dich dran nimmt und du mit den Lippen die Antwort sagst!"
- Ausweitung der Frustrationstoleranz
  „Hast du noch Geduld mit meinen Plänen? Ich noch lange!"
- Durch Spannungserzeugung, Überraschung und Verheißung Neugier und Motivation wecken
  „Beim nächsten Mal verrate ich dir etwas / bringe etwas Spezielles mit, aber ich verrate es dir erst in der nächsten Woche. So lange musst du warten!"
- Konsequenz im Einhalten von gemeinsamen, deklarierten Grenzen
  „Nein, mit dem Stock werfen wir hier nicht. Das machen wir hier einfach nicht. Aber diese Pingpong-Bälle . . . mal schauen, ob du mich triffst!"
- Rituale, Struktur und Markierungen von Übergängen, Erfolgen und besonderen Leistungsabschnitten
  „Wir sagen zuerst unseren Zauberspruch, damit es dir in der nächsten Woche auch gelingt. / Wir zählen bis drei, und dann . . ./ Beim zwölften Glockenschlag . . ./ Der Stein, den ich dir mitgebe, soll dir Mut geben (Therapeutin flüstert mit dem Stein.) -- Doch, er ist einverstanden, aber er sagt, du musst ihn dazu in deiner Hosentasche mitnehmen und

ihn dann berühren, damit er auch weiß, wann, einverstanden? / Beim nächsten Mal feiern wir. Wir haben ja einen Grund dazu. Was bringe ich zum Trinken mit? Was bringst du mit?"

■ Gemeinsames Aushandeln von progressiven Entscheidungen und weiteren Grenzen
„Willst du in der kommenden Woche zuerst lieber einen Jungen, ein Mädchen oder einen Erwachsenen ansprechen, um nach dem Weg zu fragen? – Jungen? (Kopfschütteln) – Mädchen? (Kopfschütteln) – Klar, du versuchst es also zuerst mit einem Erwachsenen. Ja, eine sinnvolle Entscheidung!"

■ Trost und Beharrlichkeit bei Resignation, Scheitern und Fehlern
„Noch nicht gegangen? War es vielleicht zu früh?! Vielleicht doch zuerst mit einem Jungen? Wir finden schon einen Weg! Ach ja, mir fällt ein: Bist du ganz sicher, dass wir beim letzten Mal unseren Zauberspruch auch drei Mal ordnungsgemäß aufgesagt haben? Aha, wir haben nicht so darauf geachtet. Heute achten wir besser darauf!"

Die Verhaltenstrainingsprogramme, Hierarchiebildungen und Desensibilisierungen, die hier vorgestellt werden, sollen in einer solch „haltenden" (Holding), „ermöglichenden" (Facilitating), „erfassenden" (Containing), „sorgenden" (Caregiving) und humorvoll-heiteren therapeutischen Beziehung eingebettet werden, die die eigene, kreative Note des Therapeuten trägt! Erst dann sind sie laut Wirksamkeitsforschung auch wirksam (Miller et al. 2000).

Sicher ist die „intuitive therapeutische Didaktik" damit nicht ausgeschöpft, aber gewiss ein wenig skizziert. Sie soll durch den Therapeuten gestaltet und an das Wesen, das Alter und den Entwicklungsstand des Kindes angepasst werden.

2 Therapiegestaltung

2.1 Klärung des Therapieauftrages
Umgang mit ambivalenten Botschaften

Die Klärung des Therapieauftrages macht den ersten Unterschied zwischen einer normalen, zwischenmenschlichen und alltäglichen Beziehung und professionellem therapeutischen Handeln aus. Ein Arbeitsbündnis mit klaren Abmachungen beugt auch Störungen vor. Dabei gibt es einen Unterschied, ob es sich um jüngere Vorschul- und Grundschulkinder oder um ältere Schulkinder handelt. Letztere können bewusst zwischen Möglichkeiten wählen und sich zu eigenen Entscheidungen durchringen.

Wenn es sich jedoch um ein Vorschulkind oder ein junges Kind im Grundschulalter handelt, „würde die Therapeutin in der Haltung eines ‚unterstellten Arbeitsbündnisses' arbeiten, das zuvor u. a. mit den Eltern beschlossen wird." (Katz-Bernstein/Zaepfel 2004)

Dabei wird ein Therapieziel verfolgt, das dem Kind allmählich durch Botschaften in Spielhandlungen und Rollen im Symbolspiel und durch sehr kurze, schlichte und selbstverständlich formulierte Mitteilungen kommuniziert wird.

> *„Weißt du, warum ich da bin?", lasse ich das Schäfchen der scheuen Heddy (5 Jahre) nach der (einseitigen) Begrüßung sagen. „Ich konnte früher mit vielen Menschen nicht sprechen. Hier bei Frau Katz habe ich es gelernt. Siehst du, auch mit dir kann ich das jetzt! Obwohl ich dich noch überhaupt nicht kenne! Du bist die Heddy, stimmt's? Hier wirst du wie ich viel spielen und sicher auch sprechen lernen wie ich. Wir arbeiten ein bisschen, bekommen lustige Hausaufgaben und haben ganz viel Spaß miteinander. Ich weiß selber nicht, wie das genau kam, dass ich plötzlich reden kann! Willst du heute auch mit mir spielen? Ich kenne ganz viele tolle Spiele!"*
>
> *Heddy blickt zunächst vorwiegend mit gesenktem Blick immer wieder verstohlen zum Schäfchen. Im Verlauf lächelt sie ihren Fingern, mit denen sie verlegen spielt, so unmerklich wie möglich zu. Das vorwitzige, dennoch behutsam vorgehende Schäfchen scheint ihr zu gefallen.*
>
> *Ich nehme solche nonverbalen Signale der Bejahung „responsiv" auf, deute sie als Zeichen der Öffnung, die den Kindern möglich sind und verstehe sie als Therapieauftrag. Mit dem Vertrauen, das Kind würde mir die Grenzen meiner therapeutischen Annäherung signalisieren, fahre ich fort.*

Bei älteren Kindern sieht die Lage anders aus.

> *„Mit Ali (14 Jahre) konnte die Vereinbarung getroffen werden, dass er sein selektives Schweigen überwinden möchte. Es wurden die Hürden und Schwierigkeiten angesprochen, die es zu überwinden galt. Dazu bedurfte es Alis Geduld und Ausdauer. Die Therapeutin bot sich an, diesen ‚Hindernislauf' mit ihm gemeinsam durchzustehen, indem an den Schwierigkeiten so lange gearbeitet würde, bis sie überwindbar seien. Sie verkündete, dass sie ihm das alles zutraue und dass sie einige andere Kinder kenne, die es auch geschafft hätten. Dieser verhaltenstherapienahe Ansatz, zu Beginn der Stunde eine Art Bilanz zu ziehen, zu überprüfen, wo man steht und gemeinsam neue Herausforderungen zu planen, blieb während der gesamten Therapiedauer bestehen. Bei dieser Art von Arbeitsbündnis verstärkt die Therapeutin die gesunden, altersgemäß entwickelten Ich-Funktionen des Kindes. Die Erfahrung von Mitbestimmung in der „Arbeit am Symptom" stärkt das Wirksamkeitserleben des Kindes (Katz-Bernstein/Zaepfel 2004).*

Das Problem bei den klaren Abmachungen ist jedoch oft, dass viele Vorgänge dem Kind nicht bewusst oder je nach Alter und Reifegrad unterschiedlich bewusst sind. Die Vorgänge, die dem Kind bewusst sind, machen ihm oft Angst. Beim Klären des Therapieauftrags wirkt das Verhalten des Kindes oft ambivalent, unverbindlich, ausweichend oder man bekommt den Eindruck, das Kind sei unentschlossen.

Eine grundsätzliche Regel in der Arbeit mit ambivalenten Gefühlen ist die Bewusstheit und Akzeptanz des Therapeuten gegenüber solchen Gefühlen. Zunächst muss der Therapeut wissen, was **sein** Ziel ist. Dies wird zunächst sein, das Kind zum Kommunizieren zu bringen. Wenn dies dem Kind und dem Therapeuten gelingt, dann sollte es möglichst zum Sprechen gebracht werden. Es gilt, das Kind für dieses Ziel zu gewinnen, was nur möglich ist, wenn gegenüber der „Bewältigungsstrategie Mutismus" Respekt da ist (Bahr 1996). Gemeint ist dabei ein Verhalten, das das Kind als die beste Lösung für die Anforderungen und Entwicklungsaufgaben, die an es gestellt worden sind (natürlich unbewusst!), gewählt hat. Es ist dabei zu bedenken, dass auch ein passives, unentschiedenes Verhalten eine oft gewählte, gelernte Verhaltensvariante darstellt, die Vorteile verschaffen kann. Beispielsweise können Entscheidungen delegiert werden, auf die man dann unzufrieden oder schmollend reagieren kann. Eine solche Strategie kann sich manifestieren, wenn sie mehrmals gelingt und keine bessere zur Verfügung steht (wiederum unbewusst!). Wenn ich diese Strategien aufzudecken vermag, ihrem Umstand Rechnung trage, kann ich mein Ziel deklarieren und mit dem Kind einen (mündlich oder schriftlich festgehaltenen) „Vertrag" aushandeln. Dieser Vertrag verspricht, gemeinsam das Abenteuer der neuen Sprechalternativen, gleich einer „Erkundungsreise" oder einer Expedition in ein unbekanntes Land, anzutreten.

In einem solchen Fall mache ich dem Kind klar, dass es zu mir kommt, weil Lehrer und Eltern wissen, dass die Kinder bei mir sprechen lernen. Ich hätte vor, ihm hier die Freiheit des Sprechen-Könnens beizubringen, weil ich genau weiß, dass das dauernde Schweigen nicht immer freiwillig ist. Ich sage zum Schulkind sinngemäß:

> „Bis jetzt hast du dir angewöhnt, in manchen Situationen nicht zu sprechen. Das hatte vielleicht auch Vorteile. Dein Lehrer und deine Eltern wünschen sich, dass du ganz normal sprechen kannst und sie denken, dass du es jetzt auch möchtest. Daher haben sie dich zu mir geschickt. Wichtig ist mir aber zu wissen, was du wählen würdest, wenn du eine ganz freie Wahl hättest – würdest du reden oder schweigen? Du wirst jetzt älter und du merkst vielleicht, dass das Schweigen dir nicht immer Vorteile bringt. Ich denke, dass du manchmal Lust hast, wie alle anderen Kinder sprechen zu können. Vielleicht hast du aber keine Idee, wie du jetzt damit anfangen sollst. Das könnten wir lernen. Ich mache dir einen

> Vorschlag: Wir finden einen Weg, dass du überall wieder ganz normal sprechen kannst. Dann kannst du ja immer noch schweigen, wenn es dir danach ist. Bist du damit einverstanden?"

Damit hole ich mir einen gemeinsamen Therapieauftrag und trage zur „Enttabuisierung" des Problems bei. Es mag sein, dass das Kind dabei völlig „einfriert" oder mit seinen Schultern zuckt, als ob es sagen möchte: „Das macht mir Angst", „Ich weiß es nicht", „Ist mir gleich" oder aber „Kann ich dir trauen, dass du mich nicht zwingst/überforderst?"

Die Angst vor dem Sprechen ist zu respektieren und nicht zu unterschätzen. Meistens hat sich die Angstspirale schon dermaßen hochgeschraubt, dass das Kind keine Vorstellung hat, wie es jemals die Sprechangstbarriere überwinden soll. Es erlebt das Schweigen als ein ihn beherrschendes Phänomen. Daher füge ich bei Unentschlossenheit hinzu:

> „Vielleicht bist du unsicher, ob du das auch willst oder ob du es jemals schaffst. Das kenne ich. Viele Kinder, die zu mir kommen, haben zuerst solche Bedenken. Weißt du was? Wir können nächste Woche/nächsten Monat mal probieren, wie es geht. Dann kannst du mir immer noch sagen, ob du weiter machen willst. Ich verspreche dir dabei einiges:
>
> 1. Es werden immer kleine Schritte sein.
> 2. Ich werde dich immer zuerst fragen, ob du dir den Schritt zutraust.
> 3. Wir schauen immer, dass es neben der Anstrengung, die es manchmal kostet, auch Spaß macht.
> 4. Ich verspreche dir, dass ich niemandem verrate, wie weit du mit dem Sprechen bist. Du darfst entscheiden, wem du erzählst, dass du jetzt sprechen kannst und wem nicht!
> 5. Und noch etwas ganz Wichtiges: Auch wenn es nicht sofort klappt – wir geben nicht so schnell auf!"

Es ist auch möglich, das Kind zu fragen, ob wir diese Versprechungen aufschreiben sollen, so dass ich sie unterschreibe. Manchmal ist eine humorvolle Note angesagt:

> „Wie ich das mache, ist mein großes Geheimnis. Ich habe eine geheime Methode, einen Zaubertrick. Den verrate ich nur Kindern, die wie du geschwiegen haben und es jetzt ausprobieren wollen. Du wirst plötzlich selber merken, wie du immer mehr sprechen kannst, an unerwarteten Stellen, und dir immer mehr zutraust! Wetten wir?"

Wichtig ist aber auch, die Eigenaktivität und Eigenverantwortung anzusprechen:

> „Ich habe aber eine Bedingung. Bist du bereit, dir die Bedingung anzuhören? (Eine bejahende Geste wäre hier wichtig.) Ich brauche dazu deine

Mithilfe, ohne dich wird es nicht gehen. Wie beim Zauberlehrling zeige ich dir die ‚Zauberschritte‘, und du wirst sie ausführen. Du wirst schon sehen, wie es geht. Sie werden an sich nicht schwer sein, wenn man sie kennt. Aber du musst mir dabei helfen! Ich trau‘ dir auf jeden Fall zu, dass du es schaffst.“

Um dem Kind Umstellungszeit zu geben und die Ernsthaftigkeit der Situation und der Maßnahme zu unterstreichen, sage ich oft:

„Das ist alles neu für dich. Nimm dir bis zum nächsten Mal Zeit, um darüber nachzudenken. Wenn du willst kannst du mit deinen Eltern darüber reden. Ich frage dich beim nächsten Mal, ob du dazu bereit bist.“

Ein solches Gespräch ist nötig, um
- mit dem Kind eine klare Abmachung zu treffen,
- Ziel und Grund der Therapie offen zu legen, zu „enttabuisieren“ und transparent zu machen (ab dem Schulalter notwendig und sinnvoll),
- einen überschaubaren Zeitrahmen und ein konkretes Zeitgefühl zu geben,
- das Kind zu motivieren,
- der Angst etwas entgegenzusetzen,
- der Ambivalenz des Kindes einen Spielraum und eine gewisse Umstellungszeit zu geben,
- dem Kind die Zuversicht zu geben, dass es dazu fähig ist, eigenständig und situationsadäquat sprechen zu können,
- ihm seine eigene Regulation und Kontrolle der Situationen zuzusichern und zu dokumentieren.

Die Qualität der sorgfältigen Vorbereitung, die fast wie ein Ritual anmutet, soll eine einschneidende Änderung der Einstellung bewirken: „Endlich passiert etwas. Jemand kann meiner Angst etwas entgegensetzen. Hier ist jemand, der keine Angst vor meiner Angst hat. Ich muss was tun, und diese Frau sagt, dass ich das kann. Vielleicht hat sie recht?“

Bei vielen mutistischen Kindern ist „das Anpacken“ der Angststörung besonders wichtig. Oft ist es mir als Therapeutin so vorgekommen, als ob das Geheimnis der Wirksamkeit der Behandlung in der therapeutischen Beharrlichkeit liegt, die der Störung eine größere Entschlossenheit entgegen setzt.

Natürlich müssen therapeutische Durststrecken und Stagnationen ausgehalten werden und oft gestaltet sich der Erfolg anders als geplant. Die innere, beständige Entschlossenheit aber, dass es dennoch weitergeht und dass man dennoch ans Ziel kommt, ist, so meine ich, die tragende Brücke zum Erfolg.

2.2   Trennung von Bezugspersonen
Mama bleibt draußen!

Mit jemanden sprechen heißt, einen eigenständigen, selbstbestimmten Kontakt aufzunehmen. Es bedeutet, den Kontakt mitzugestalten, offen zu sein für unvorhersagbare Reaktionen, Aufforderungen und Vorschläge, auf die wiederum eine Reaktion erwartet wird. Ein Kleinkind und z. T. auch ein Vorschulkind beherrschen auch noch nicht die Etikette und die Rituale, die unterschiedliche Kontakte einleiten, regeln, Übergänge schaffen und ihren Verlauf definieren. Es kommt darauf an, sie zu erlernen. Daher ist das Kind, um Fremdheit oder Vertrautheit einer Person abschätzen zu können und den korrekten Umgang mit ihr zu finden, auf eine „Referenzperson" angewiesen. Die Anwesenheit der Mutter, des Vaters oder manchmal auch eines Geschwisterteils gewährt eine „Genehmigung" für eine Kontaktaufnahme mit fremden Personen. Die Referenzperson übernimmt den Part des fehlenden „Smalltalks" oder die obligaten Höflichkeitsgesten und -floskeln, korrigiert Fauxpas oder ermahnt das Kind an der richtigen Stelle, wenn solche passieren. Auch solche Ermahnungen wie „Gib' der Frau X die Hand.", „Man schaut in die Augen, wenn man mit jemandem spricht.", „Was sagt man, wenn man etwas bekommt?" und sogar die kleine Beschämung, die in einer solcher Ermahnung steckt, werden durch das Kind in Kauf genommen. Sie ist immer noch besser und vertrauter als die Angst, den Kontakt nicht selber zu beherrschen und steuern zu können, die Fremdheit nicht abschätzen und nicht überwinden zu können.

Es ist oft nicht leicht für ein (selektiv) mutistisches Vorschulkind, sich mit einer einzigen, ihm fremden Person in einem Raum zu wissen, die sich noch dazu mit ihm auf eine meist nicht vertraute Art beschäftigt, von ihm etwas will, mit ihm eine Art Beziehung sucht, die viel vertrauter und intimer ist als die zur Erzieherin oder zum Lehrer, und dennoch fremder als die zu den Eltern. Sie weiß, beobachtet und durchschaut so unangenehm Vieles, erwartet von einem peinliche und Angst machende Leistungen, man wird zu ihr gebracht, weil man nicht wie alle anderen Kinder mit Erwachsenen spricht. „Wie soll sie es fertig bringen, dass ich sprechen kann? Mich vielleicht zwingen?" So oder anders wird der innere Dialog des Kindes angesichts einer Therapeutin aussehen.

Dass sich das Kind dabei nicht von seiner Bezugsperson, meistens der Mutter, trennen will, ist gut nachvollziehbar. Damit das Kind jedoch eine eigenständige Beziehung aufbauen kann, ist eine allmähliche, physische Trennung für die Dauer einer Therapiestunde unumgänglich, denn genau diese eigenständige Kommunikation zu einer fremden Person soll es mit der Zeit aufbauen können. Ein Therapieziel kann daher sein, eine solche Trennung zu ermöglichen.

Es ist zu überlegen, über welchen Zeitraum die Anwesenheit der Bezugsperson im Therapieraum sinnvoll ist: Braucht das Kind die Mutter noch als Mittel- und Referenzperson? Oder ist es sinnvoller, dem Kind dazu zu verhelfen, den Schritt aus einem klammernden Verhalten zu machen, den es aus eigenen Kräften nicht tun kann?

> Igor (5;2 Jahre alt) konnte sich in Anwesenheit von fremden Personen mit der Mutter flüsternd beraten, Kommentare über die Situation und Verhandlungen über seine eigene Reaktion auf Aufforderungen geben.
> Als ich ihm sagte: „Komm, Igor, wollen wir das Spiel ‚Ball über die Schnur' gemeinsam spielen?", wendet er sich zu seiner sitzenden Mutter, packt ihr Gesicht mit beiden Händen, richtet es zu sich und sagt zu ihr sehr leise, quasi in einem intimen Vertrauen: „Nein, Mami, ich will nicht, sag', dass ich nur spiele wenn du mitspielst!" In diesem Fall habe ich die Mutter um Hilfe gebeten, um einen Transfer aufzubauen. „Bis Igor es ganz alleine schafft, brauchen wir Sie noch. Nicht mehr lange, da bin ich mir ziemlich sicher. Viele Kinder, die zu mir kommen, machen das so, das hilft ihnen." Die Mutter spielte etwa drei Therapiesitzungen lang die Sprechvermittlerperson, bis Igor in den gemeinsamen Spielen mit mir bereits lachte und mir hin und wieder in die Augen schaute. Gemeinsam haben wir ihm dann zugetraut, in ihrer Anwesenheit meine Aufforderungen mit „Ja" und „Nein" während des Spiels zu beantworten („Ich glaube, das schaffst du heute! Was meinen Sie, Frau H., schafft er das heute?") Zunächst hielt er dabei noch ihre Hand, was ich als Erleichterung vorgeschlagen habe, da es sichtbar umständlich wurde, jedes Mal zu ihr hinzurennen. Später hat er die Hand der Mutter spontan im Spiel „vergessen". Dieser Schritt wurde nicht besprochen und nicht erwähnt. Erst als nächsten Schritt hat die Mutter den Raum während der Stunde verlassen. Dies geschah zwar gegen einen gewissen, sichtbaren Widerstand, aber Igor hat es geschafft, weiterhin „Ja", „Nein", „Stop", „Daneben" und „Wiederholung" zu sagen und die Benennung der Punktezahl des Spiels eigenständig vorzunehmen.

Manchmal ist das Risiko einer verordneten und durchgesetzten Trennung einzugehen.

> In der Supervision erzählt eine Sprachtherapeutin, wie der fünfjährige Timo immer losbrüllt, wenn die Mutter ankündigt, sie werde jetzt gehen und ihn am Ende abholen. Sie selbst bleibt beim Abschied angesichts des „herzzerreißenden" Brüllens von Timo („Mami, Mami!!!"), das später in Wimmern übergeht und fast die ganze Stunde dauert, oft unsicher. Zunächst versuchen wir in der Supervision festzustellen, ob die Therapeutin wirklich meint, dass eine Trennung zu diesem Zeitpunkt auch sinnvoll ist. Sie denkt nach und bejaht schließlich. Sie hat den Eindruck, dass das Verhalten von Timo ein eingespielter Ausweg aus Anforderungen sei, ein Muster, mit dem er die Mutter festhält und welches ihm schon seit längerem keine Entwicklungsmöglichkeiten sozialer und sprachlicher Art mehr lässt.

Als Nächstes wird ein sinnvoller Weg gesucht, der ihm zugetraut werden kann und der ihm ermöglicht, das Muster aufzugeben. Der Therapeutin fällt dabei eine Interventionsmöglichkeit ein, die sie ausprobieren möchte. Wir erarbeiten auch, dass sie das Einverständnis der Mutter einholen will, eine bessere Trennungsmöglichkeit für Timo zu erreichen.

Einen Monat später berichtet die Therapeutin über einen überraschenden Erfolg durch eine Intervention mit einem Übergangsobjekt. Sie hatte einen Bären einbezogen, der angesichts des Brüllens von Timo genauso laut zu brüllen anfing und sagte „Buuuh, ich will mit Timo Ball spielen, mit allen Kindern kann ich spielen, nur mit Timo nicht! Das ist gemein! Buuuh!" Timo schaute überrascht auf. Die Therapeutin nutzte den Moment und sagte: „So, ihr benehmt euch wie Babys. Eigentlich ist das ein Ort für größere Kinder, die hier tolle Spiele machen können. Wisst ihr was? Ich habe eine Idee: Einer ist das Baby und brüllt, und der andere muss versuchen herauszufinden, was ihm fehlt. Timo, willst du zuerst das Baby sein, das schreit?" Als Timo wieder ansetzte zu brüllen, schien sein Brüllen an Volumen und Intensität verloren zu haben. Er war verunsichert. Der Bär fragte ihn: „Ach du armes Baby, hast du Hunger? Holen wir die Flasche? Oh, nein, er hat sich sicher wehgetan." Der Bär war dann damit beschäftigt, eine belanglose, alte, verkrustete Wunde groß zu verbinden. Von da an setzte Timo am Anfang der Stunde sein Brüllen nur zögerlich an, für eine kurze Zeit, um sich schnell durch ein Rollenspiel ablenken zu lassen. Der Bär wurde zu einer wichtigen Spielfigur. Ab der vierten Stunde ignorierte Timo das Weggehen der Mutter, wollte sich allerdings von ihr auch nicht verabschieden. Die Mutter war über die Entwicklung überrascht und freute sich über den Erfolg. Timo beklagte sich auch zu Hause nicht mehr über die Therapie.

Wichtig ist hier zu betonen, dass höchstwahrscheinlich nicht die Strategie alleine dabei entscheidend war, sondern der sichere Entschluss der Therapeutin, das Verhalten des Kindes „anzupacken" und zu verändern, durch den sie die therapeutische Sicherheit und Kreativität wiedergewinnen ließ.

Manchmal sind „Tricks" hilfreich: Zu André (bei der ersten Begegnung 9;6 Jahre alt), der an seine Mutter angeschmiegt in der Ecke des Wartezimmers sitzt, sage ich in der ersten Stunde: „Ich gehe schon hinein, ich wollte mit dir heute mit Autos spielen", laut Angabe der Mutter die Lieblingsbeschäftigung von André. Aber auch meine Lautmalereien von kleinen und großen „Brrrr" locken ihn nicht ins Spielzimmer. Ich baue eine Strasse aus Bauklötzen, die vom Therapiezimmer bis zu André reicht, fahre ein Auto bis zu ihm hin, verschwinde im Zimmer und rufe das Auto zur Reparatur. Es geschieht nichts Äußerliches, ich merke jedoch, dass das Spiel André innerlich gepackt hat. Nach einigen weiteren Versuchen nehme ich einen exklusiven

Jaguar hinaus, kündige an, dass dieses Auto etwas Spezielles kann, binde einen Faden ans Auto, stelle es neben André ins Wartezimmer, um mit dem Ende des Fadens im Therapiezimmer zu verschwinden. Ich lasse das Auto „ferngesteuert" ganz langsam zum Therapiezimmer fahren, begleitet mit entsprechend „eleganten" Lautmalereien. Da kann André offenbar nicht länger zuschauen. Er erscheint mit dem schönen Jaguar an der Tür und fügt sich wortlos in das Spiel ein, als ob er schon von Anfang an mitgespielt hätte. Ich ignoriere den vollbrachten Schritt und tue so, als ob er das Selbstverständlichste der Welt getan hätte.

Es gibt auch Fälle, bei denen eine klassische Verhaltensmodifikation, eingebettet in zusätzlichen Maßnahmen, gelingt.

In der Therapie des selektiv-mutistischen Niklas (6;6 Jahre alt) wird angekündigt, dass Mamis normalerweise im Wartezimmer zu warten haben, worauf er ängstlich zu ihr eilt, ihre Hand hält und das Spielen verweigert. Es wird ihm gesagt, dass die Trennung noch nicht heute zu geschehen hat. Schließlich müssen sich Kinder daran gewöhnen, dass sie schon so groß sind. Noch drei Mal darf die Mutter dabei sein, wie bei allen anderen Kindern auch. Beim dritten Mal wird sie schon draußen sitzen, die Tür kann jedoch noch zwei Mal offen bleiben. So haben alle Kinder und ihre Mütter die Gelegenheit, sich langsam daran zu gewöhnen. Das ist meistens leichter, als man zunächst glaubt.

Die Mutter berichtete, dass Niklas Wutanfälle bekam und nicht mehr zu dieser blöden Frau gehen möchte. Eine solche Reaktion wurde aber als eine Möglichkeit im Voraus erwogen und mit den Eltern besprochen. Es wurde ihnen geraten, kurz Verständnis für die Angst über die bevorstehende Veränderung zu äußern, jedoch anzukündigen, dass ihm dies jetzt alle zutrauen und entschlossen sind, ihm dabei zu helfen. Ansonsten sollte die Fortsetzung der Therapie gar nicht zur Diskussion stehen, sondern von den Eltern als selbstverständlich genommen werden.

Das Schimpfen dauert laut Aussage der Eltern noch ein wenig an, ein Zeichen für die Überwindung eines angstbesetzten Widerstandes und keine dankbare und leichte Zeit für die Eltern. Sie brauchen dabei viel Lob, um durchzuhalten. Niklas macht aber in der Therapiestunde weiterhin ganz selbstverständlich mit und zeigt dabei keinerlei Widerstand. Den Widerstand und die durch Wut ausgedrückte Angst zeigt er vor allem zu Hause, oft ein normaler Vorgang bei diesen Kindern zur Überwindung der Ambivalenz zwischen Stagnation und Progression. Wichtig in dieser Phase ist, ihn in ein spannendes Projekt einzubinden, was der Therapeutin gelingt. Nach einem drei Wochen langen Herbsturlaub kommt er stolz ins Therapiezimmer hinein und schließt die Tür ganz selbstverständlich zu. Die Mutter erzählt, dass Niklas ihr zu Hause sagte, dass er sie jetzt gar nicht mehr brauche, sie könne sogar weggehen, um dann nahtlos und begeistert über die Zaubertricks zu erzählen, die er von der Therapeutin beigebracht bekommen hatte und die er in der Schule später vorführen werde.

2.3 „Safe Place"
Der sichere Ort als Ausgangspunkt

Der „Safe Place" bei jüngeren Kindern – Raum im Raum: Was macht man mit einem Kind, das jegliche Zuwendung zur Therapeutin verweigert, an der Mutter klebt und nicht mitmacht?

So war es bei der selektiv mutistischen Vroni, 4;6 Jahre alt, ein Mädchen, das mich als junge Therapeutin zum Konzept des Safe Place inspirierte. Der Safe Place hat sich in mehreren Fällen bewährt, vor allem aber in der Therapie mit mutistischen Kindern, wenn in der Initialphase der Therapie eine totale Kommunikationsverweigerung vorherrscht, das Kind äußerst gehemmt und verloren wirkt oder wenn das Kind ständig in Bewegung und ziellos hyperaktiv ist, wenn sich innerhalb der Therapie eine Ermüdung, Überforderung und unangenehme Gefühle angesichts einer ständigen Animation und direkten Interventionen der Therapeutin einschleichen. In manchen Fällen baut sich das Kind von selbst einen Safe Place als einen notwendigen Schritt der Abgrenzung. In anderen Fällen rege ich den Bau als Anreiz und Angebot, an dem das Kind mitarbeitet, an (siehe dazu Katz-Bernstein 1996).

Vroni kam aus einer pädaudiologischen Station zu mir, in der die Therapeutin zugab, den Fall abgeben zu müssen. Vroni wurde von ihr als nicht ansprechbar eingestuft. Dies berichtete mir die Mutter im ersten Gespräch. Vroni saß neben ihr und hatte den Kopf im Schoß der Mutter vergraben. Mit einem Arm umklammerte sie einen Bären. Es war nun an mir, Kontakt herzustellen. Ich sagte der Mutter, dass wir ja später Zeit haben zu sprechen, wandte mich an Vroni mit Geräuschinstrumenten, um sie in ein nonverbales Spiel zu verwickeln. Ich merkte sehr bald, wie aussichtslos mein Versuch war. Schließlich half mir eine Eingebung (damals kannte ich die Theorie des Übergangsobjektes von Winnicotts noch nicht): Ich wandte mich dem Bären zu mit dem Vorschlag, für ihn zunächst einmal eine Hütte zu bauen, in der er sich verstecken könne. Ich fing entschlossen damit an, ein Kindertischchen mit farbigen Tüchern zu bedecken und innen mit Kissen, Spielzeug, Essgeschirr usw. auszustatten. Ich beriet mich dabei vor jedem Schritt mit dem Bären. Jeden neugierigen Blick von Vroni, den ich allmählich vermehrt erntete, deutete ich als Zustimmung. Als ich bei der Suche auf einen schmutzigen Lappen stieß, sagte ich: „Bäh, so einen schmutzigen Lappen braucht der Bär von Vroni sicher nicht, oder?", erntete ich sogar das erste Lächeln. Bei dem Kommentar „He, vielleicht mag er sogar so lustige Sachen! Ja, das nächste Mal frage ich ihn nach lustigen Sachen, jetzt müssen wir aber noch das Häuschen einrichten!" gab es ein Lächeln, einen Blickkontakt und einen triangulären Referenzblick zur Mutter. Auf der Suche nach weiteren Gegenständen legte Vroni unvermittelt den Bären in das Häuschen hinein, kniete sich vor den Eingang hin und schaute mich direkt und stolz an. Mein Herz hüpfte zwar, aber ich tat so, als ob ich es gar nicht anders erwartet hätte.

Der „Safe Place" symbolisiert einige Beziehungsmerkmale, die in der Therapie dadurch gefördert werden können, dass Timing und Fall stimmen:

- Das Kind erfährt sich als anders und abgetrennt von der Therapeutin.
- Das Kind wird nicht direkt angesprochen, es ist frei, mich zunächst zu beobachten oder ohne Blickkontakt zu kommunizieren.
- Es kann in Anwesenheit einer fremden Therapieperson zur Ruhe und „zu sich selbst" kommen.
- Es kann sich vor einer Überflutung von Beziehungsangeboten abschirmen.
- Es kann (darf) sich „offiziell" verweigern und damit experimentieren.
- Es kann Beziehungs- und Kommunikationsangebote abwägen und die eigene Reaktion testen.
- Es kann lernen, die Aufnahme der Beziehung zu regulieren und zu steuern.
- Es wird fähig, das „Innen" (die eigenen Gefühle und spontanen Intentionen) und das „Außen" (den aktuellen kommunikativen Kontext) zu verbinden, d. h. zu „triangulieren" (Zaepfel/Metzmacher 2004).
- Es kann seine Grenzen symbolisch gestalten, wodurch sie erfahrbar und „narrativ" werden. Durch diese Symbolisierung kann eine kontinuierliche, spielerische Überprüfung von Beziehungsgestaltungsmöglichkeiten stattfinden und Beziehungskontinuität entstehen.

Immer wieder berichten mir Therapeutinnen über gelungene und überraschende Wendungen in der Therapie von ängstlichen und (sprech-)scheuen Kindern, wenn es dem Kind gelingt, einen abgegrenzten Raum innerhalb des Therapieraums als „sein Zuhause" zu besetzen und für eine eigene Beziehungsgestaltung zur Therapeutin zu nutzen.

Das Konzept des Safe Place basiert auf der entwicklungspsychologischen Annahme, dass die kognitiv-affektive Autonomie und Abgetrenntheit von Bezugspersonen ein nötiger Entwicklungsschritt ist, um über die Grenzen der „Andersheit" kommunizieren zu wollen und zu können. Das bedeutet, dass eine eigenständige sprachliche Kompetenz und Performanz dann erworben wird, wenn sie benötigt wird, um eigene Anliegen zu verwirklichen (Zollinger 1995; Andresen 2002; 2005). Eine passive, sich reaktiv verhaltende Person wird wenig motiviert sein, die Sprache aktiv zu erlernen und sie wird schon gar nicht neugierig und kreativ auf sie eingehen.

Die Erfahrung des „Safe Place", die ursprünglich auf der Theorie des „intermediären Raumes" von Winnicott (2002) aufbaut, zeigt immer wieder, dass ein Kind viel eher auf selbstregulierte Beziehungs- und Handlungsangebote eingehen kann, wenn es sich versteckt und abgeschirmt weiß von einem sich mit ihm im Raum befindenden Fremden. Die Abgetrenntheit weckt den Wunsch, die eigenen, räumlich symbolisierten Grenzen zu verteidigen. Bei ihrer Gestaltung fängt oft ein Symbolisierungsprozess an, der dem Kind in Gegenwart eines Fremden sonst nicht möglich ist. Es kann sich dadurch erlauben, auf den Therapeuten einzugehen. Die konkrete Möglichkeit, ein „Nein" durch „sich verstecken" auszudrücken, scheint die Kinder zu animieren.

Der selektiv mutistische, neunjährige Thomas stammt aus einer warmen und besorgten Familie, in der beide Eltern sozial unsicher wirken. Der Vater stammt aus dem benachbarten Ausland und ist als Mechaniker in einer Werkstatt angestellt, die Mutter ist Hausfrau. Beide wirken scheu, bemüht und wortkarg. Die Mutter erzählt auf Anfrage, dass sie selbst laut Berichten ihrer Eltern als Kleinkind ein mutistisches Verhalten gezeigt hat.

Thomas wird in der zweiten Stunde eine Hilfe beim Bau eines eigenen Verstecks angeboten. Der zunächst passiv beobachtende Thomas wird animiert, bei Entscheidungen zur Gestaltung des Verstecks mitzuwirken und den Bau tatkräftig zu unterstützen. Er taut immer mehr auf und wird dabei immer aktiver. Bei der Dachkonstruktion spannt er eigenmächtig Seile auf, die er an einem Schrank und an einem Fenstergriff befestigt. Darüber hinaus versucht er anschließend, ganz konzentriert Tücher zu spannen, um ein selbst kreiertes Dach zu erstellen. Im weiteren Verlauf des Spiels versteckt er sich in der Hütte. Auf die Aufforderung hin, etwas mitzunehmen, was ihm beim Verstecken wichtig ist, nimmt er sich einen Ritterhelm und ein Schwert aus der Verkleidungskiste. Das Angebot, ich könne die Hütte bewachen, während sich der mutige Ritter ausruhe, quittiert er damit, dass er mir eine grüne Mütze und ein Schwert aushändigt und mich vor der Hütte aufstellt. „Bin ich ein geschickter, zuverlässiger Hüter?", frage ich. Ein Kopfschütteln veranlasst mich, weitere Möglichkeiten zur Ausgestaltung der Rolle anzubieten. „Ein wenig ungeschickt oder total unbrauchbar?"

Kopfschütteln und Handbewegungen zeigen mir den Grad an Ungeschicklichkeit an, den ich darstellen soll. Es entsteht ein Spiel, bei dem der Torhüter immer „gerade noch" fremde Überfälle zu verhüten vermag, wenn auch ein wenig ungeschickt. Thomas genießt meine ungeschickten Aktionen, aber auch den gewährten Schutz. Zwar kontrolliert er dabei seine Mimik, sein waches Interesse und ein bejahender Augenaufschlag verraten jedoch seine Zufriedenheit (Katz-Bernstein 2003b).

Es wird deutlich, dass Thomas in voller Aktion dabei ist und die Therapeutin miteinbezogen werden kann. Die Regeln können vom Kind mitbestimmt werden. Das Schweigen ist dabei kein Thema. Ich achte besonders bei jüngeren Kindern darauf, dass ein Beziehungs- und Aktionsraum vorhanden ist, der zunächst unabhängig vom Sprechen und vom Schweigen ist. Das gibt mir eine Kommunikationsebene, die mir erlaubt, die ein wenig später eingeführten Sprechschritte, an die wir uns annähern, vorerst nicht als eine Bedingung zur Beziehungsgestaltung zwischen uns zu etablieren. Der Schutzraum zur Regulierung der eigenen Schritte, den die Kinder dabei haben, scheint der Wirkfaktor zu sein. Das erleichtert ihnen offenbar allmählich das Loslassen des Schweigens zugunsten des Sprechens. Schließlich war das Schweigen ein Mittel der Kommunikation, an das sie sich gewöhnt haben, mit all seinen Nachteilen.

Die Hütte im Therapieraum war oft der Rückzugsort, von dem aus das Kind seine Fremdheitsgrenze symbolisch repräsentieren konnte. Dies erlaubte ihm, mit diesen nach außen repräsentierten, intrapsychischen Grenzen zu spielen, sich ihrer gewahr zu werden, sie sich zu sichern und sie in Richtung Überwindung der Fremdheit explorativ auszudehnen. Dies ist eine psychodynamische Intervention für Kinder, die für eine direkte verhaltenstherapeutische Übungstherapie (noch) nicht empfänglich sind. Sie kann aber auch eine begleitende Maßnahme oder ein ergänzender Baustein sein. Bei manchen Kindern ist die „Errichtung und Einrichtung eines eigenen Hauses", das Erleben, dass sie sich schützen und abgrenzen können, dass sie die Beziehung zu Fremden mitbestimmen können und dass an den Grenzen des eigenen Hauses Kommunikation entstehen kann, die vielleicht sogar attraktiv und lustvoll ist, oft ein Schlüsselerlebnis, dass zum Sprechen führt.

Dennoch auch hier, wie bei allen anderen Techniken und Zugängen, eine Warnung: Nicht zu jeder Zeit und nicht für alle Kinder ist der „Safe Place" der richtige Zugang.

Der „Safe Place" bei älteren Kindern – Der sichere Ort bei der geführten Imagination:

> „Erst das Auftauchen eines ‚freien Raumes' auf der Großhirnrinde gab unserem Gehirn neuen Spielraum, im wahrsten Sinne des Wortes . . . Gerade deshalb, weil es keinem bestimmten Zweck dient, steht es für alle Zwecke offen . . . (Das) ist der materielle Grund für die unerschöpfliche Vielfalt menschlicher Verhaltensmöglichkeiten." (Ditfurth, zit. n. Röthlein 2002, 140)

Die geführte Imagination des „Safe Place" habe ich als Übung zum ersten Mal bei Violett Oaklander (1981) kennen gelernt. In einem Workshop für Kinder- und Jugendlichen-Psychotherapie, der 1982 an der Universität Zürich stattfand, forderte sie die teilnehmenden Kindertherapeuten auf, sich einen schönen und geschützten Ort vorzustellen. Der Ort, seine Lage, Bedingungen, Lichtverhältnisse, Tageszeit, auftauchende dazu gehörende Bilder, Grenzen, anwesende Gegenstände, Personen oder Tiere sollten registriert und die eigene Körperhaltung und die Unterlage wahrgenommen werden. Nachdem die Teilnehmer aus der Imagination behutsam hinausgeführt worden waren, wurden sie aufgefordert, den Ort zu malen.

Für die therapeutische Arbeit mit älteren Kindern und Jugendlichen und für Erwachsene mit traumatischen Erfahrungen oder mit Angststörungen ist das Konzept des „sicheren Ortes" bekannt (Reddemann 2001; Tinker/Wilson 2000; Greenwald 2001). Diese Therapietechnik ist als geführte Imaginationsübung bekannt, die aus der Hypnotherapie stammt (Erickson et al. 1981; Mrochen 2001). Auch die strikte ressourcen-orientierte Arbeit mit „Ego-States" (siehe Teil V) verlangt immer wieder die Rückführung zum „sicheren Ort" als Arbeitsgrundlage, ganz besonders bei Menschen mit traumatischen Erlebnissen.

In der angloamerikanischen Literatur treffen wir auf Tendenzen, ein ressourcenorientiertes Vorgehen als einen deutlichen, übergreifenden Wirkfaktor der Psychotherapie anzuerkennen (Miller et al. 2000). Die geführte Imagination des „Safe Place" oder des „sicheren Ortes" als Ausgangspunkt für ein Angst auslösendes Erlebnis sowie für ein vermutetes oder bekanntes Trauma, gehört heute zu den Standards der Desensibilisierung und der Verarbeitung solcher Erlebnisse. Diese sollen jedoch von ausgebildeten Fachpersonen, die eine entsprechende Aus- oder Weiterbildung vorweisen können, vorgenommen werden.

Bei älteren mutistischen Kindern und Jugendlichen kann eine solche Technik angeboten werden, um eine Körperdisposition zu ermöglichen, die sie aus der Starrheit hinaus zu führen vermag. Sie eignet sich auch besonders gut als Ausgangslage für desensibilisierende Übungen. Nicht zuletzt dient sie besonders gut für den Transfer der Fortschritte nach außen.

Die Voraussetzung dafür ist eine entspannte, sitzende oder liegende Haltung des Kindes. Es kann sogar (auch bei sehr gespannten, abwehrenden und/oder erstarrten Kindern) folgender Vorschlag gemacht werden:

> „Ich sehe, dass es dir schwer fällt, dich hier zu entspannen. Ich habe eine gute Übung, damit du lernst, dich bei mir und bei anderen besser zu fühlen. Dazu erzähle ich dir etwas, und du versuchst, dich da hineinzufühlen. Ich wende mich dazu jetzt von dir ab, so dass wir einander nicht sehen und wir einander nicht beobachten können."

Die Übung kann dann wie folgt angeleitet werden:

> „Stell dir vor, du steigst ganz alleine in ein Flugzeug. Du könntest zum schönsten Ort fliegen, den du kennst. Jeder kennt einen solchen Ort.

Bei jedem sieht er anders aus. An diesem Ort fühlst du dich gut und ganz sicher. Niemand, den du nicht dabei haben willst, kann dich dort stören.

Schau, ob du vom Flugzeug aus einen solchen Ort finden kannst. Kreise um diesen Ort, schau ihn dir genau an, umkreise ihn noch einmal und setze dann langsam zur Landung an. Die Landschaft wird immer klarer, kommt immer näher. Du kreist einige Male um den Ort, bis du einen Landeplatz findest. Nimm dir Zeit, um zu landen. Die Gegenstände, Bäume, Wege, Bäche oder vielleicht auch Häuser und Menschen werden immer größer, kommen näher, werden klarer. So, jetzt bist du gelandet. Du steigst aus. Schau dich um, wie es da aussieht. Wie sieht die Landschaft aus? Gibt es Bäume, Berge, Blumen, Häuser? Wie ist das Wetter? Scheint die Sonne? Streicht Wind um dein Gesicht oder ist es völlig windstill? Ist es warm oder kühl? Wie riecht es dort? Nach Erde, nach Blumen? Brennt dort ein Feuerchen? Hör mal hin, hörst du den Wind, einen Wasserfall oder das Meer rauschen? Hörst du Vögel, Bienen oder andere Tierstimmen? Oder gar Menschenstimmen? Schau dich noch mal um, vielleicht ist da auch ein Tier in der Nähe, das du besonders magst?

Du setzt dich hin oder legst dich auf den Boden, genießt diesen schönen Ort. Achte darauf, wie es dir dabei geht, wie ruhig dein Atem geht, wie weit und offen dein Brustkorb ist, wie die Wärme oder der leichte Wind dir wohl tun. Du fühlst dich geschützt und ungestört."

Es gibt viele Möglichkeiten, diesen sicheren Ort zu instruieren. Man kann die Flugszene auch weglassen und direkt sagen:

„Stell dir vor, du befändest dich an deinem Lieblingsort. Jeder hat einen solchen Ort. Das ist ein spezieller Ort, an dem man sich besonders wohl fühlt. Diesen Ort magst du, weil dich dort niemand stören kann, den du nicht magst ..." usw.

Diese Version hat den Vorteil, dass sich das Kind auch einen Ort innerhalb eines Hauses, in einer Höhle, in einem Keller, auf dem Dachboden oder aber eben draußen in der Natur vorstellen kann.

Wenn man den Eindruck hat, dass das Kind sich noch nicht richtig entspannen konnte, dann kann man auch noch anders intervenieren:

„Es mag sein, dass der Ort noch nicht so ist, wie du ihn haben möchtest. Vielleicht zu offen, zu windig, zu eng, zu dunkel. Schau dich um und versuche herauszufinden, was den Ort schöner, sicherer, bequemer und kuscheliger machen könnte. Was fehlt dazu? Vielleicht eine weiche Decke, ein farbiges Kissen? Vielleicht aber auch ein Zaun oder ein guter, treuer Wachhund? Ein Wassergraben um den Platz?"

Spätestens hier werden die Neugier und die Wahrnehmung, welche Bedingungen und Sicherheiten sich das Kind vorstellen kann, damit es seinen sicheren Ort findet, oft geweckt.

Auch die Konkretisierung der Bedürfnisse nach Sicherheit ändert die Körperdisposition. An den Grenzen des sicheren Ortes liegt immer die Begegnung mit dem Gegenüber, mit dem Fremden. Dadurch wird die Kommunikation geweckt und aufgebaut. Was brauche ich, damit ich dir begegnen kann?

Die Forderung, sich Zeit zu nehmen, um die Wahrnehmung mit allen Sinnen zu kleiden, ist dabei wichtig. Auch das Tempo des anleitenden Sprechens und die Prosodie sind entscheidend.

Um die Übung zu beenden, sollten das „Aufbrechen" und der Abschied vorher angekündigt werden:

> „So, bald wirst du dich von diesem Ort verabschieden. Schau dich jedoch vorher gut um. Vielleicht findest du eine Kleinigkeit, einen Stein, ein Blatt, eine Muschel, eine Kugel, etwas, was in deiner Handfläche oder deiner Hosentasche Platz hat. Das darfst du jetzt als Andenken mitnehmen. Steck es ein.
>
> Und jetzt, ganz langsam, verabschiedest du dich von dem Ort. Es schlägt Zwölf, langsam kehrst du hier ins Zimmer zurück. Der Ort verblasst und du bist wieder da, wo du vor der Reise warst. Ding-Dong, Ding-Dong . . ."

Im Anschluss kann der Ort oder nur der „mitgenommene" Gegenstand gemalt werden. Dieser Gegenstand kann zu einem „Übergangsobjekt" werden, das an die Körperdisposition erinnert, die das Kind an diesem sicheren Ort erfahren hat. Den Gegenstand kann das Kind konkretisiert oder imaginär „in die Hosentasche stecken", wenn es losgeschickt wird, um die nächste Sprechaufgabe zu erfüllen. Der Gegenstand wird ihm dann Mut und Kraft geben, um die Aufgabe gut zu meistern (vgl. Teil V, Kapitel 9).

2.4 Stärkung des „Alter Ego"
„Beweise mir, dass ich okay bin, so wie ich bin!"

Mutistische Kinder sind oft misstrauische Kinder. Sie stellen Menschen, die sich ihnen nähern möchten, auf die Probe. Sie haben gelernt, fremde Menschen genau zu beobachten und sich ihnen nicht zu schnell anzuvertrauen. Daher ist eine Annäherung oft nicht ganz einfach.

Eine der Möglichkeiten, sich einem Kind anzunähern und eine Beziehung aufzubauen, basiert auf einer banal anmutenden Strategie. Wie in einer primären Interaktion zwischen Bezugsperson und Kleinkind wer-

den Handlungen und Regungen des Kindes verbal gespiegelt und kommentiert.
Eine solche Komponente der therapeutischen Beziehungsgestaltung vermag Selbstsicherheit aufzubauen. Das „Gesehen-Werden" gilt als ein wichtiger Faktor, um die Vergewisserung der Selbstwirksamkeit zu erlangen (Bandura 1977; 1983; Dornes 2000). In der Therapie mit (selektiv) mutistischen Kindern begleitet mein Kommentar die Regungen, Initiativen und Handlungen des Kindes. Er vermag auch Lösungen zu unterstellen, Möglichkeiten zu suggerieren und bereitet dem Kind oft auch, wenn es meine Erwartungen durchkreuzt, Vergnügen. Dies schenkt ihm immer wieder ein Gefühl der Entscheidungsfähigkeit und der Selbstwirksamkeit.

Simona (6 Jahre alt) nimmt sich das Springseil und übt, in sich versunken, das Seilspringen. Sie verheddert sich noch oft, springt jedoch immer weiter. Ich setze mich als „zuschauender Kommentator" daneben, zähle die korrekten Sprünge, bedauere die misslungenen und spreche zugleich einen beschwichtigenden Satz: „Drei! Vorher waren es schon fünf! Naja, es kann nicht immer gleich gut gelingen!" Ganz besonders freut sie sich, wenn sie meine Erwartungen übertrifft. Das Spiegeln und das Kommentieren werden zu einem Ritual, das sie offenbar genießt, da sie immer wieder verstohlen zu mir schaut. Dabei scheint sie sich mehr und mehr für meine Reaktion zu interessieren.

Daniel (10 Jahre alt), der infolge eines Stotterns einen passageren selektiven Mutismus in der Schule hatte, spielt im Sandkasten, seinem Kommentar nach baut er eine „Tropfmaschine". Er hat eine Vorrichtung mit einer hängenden Kerze gebaut, deren Tropfen er in einem Gefäß auffängt. Ich setze mich mit einer Zaubererpuppe neben den Sandkasten, die Puppe kommentiert sein Spiel und bewundert ihn: „Oh, was kann der Daniel heute zaubern, fast wie ich! Ich glaube, die Erfindung ist patentreif, die wäre nicht einmal mir eingefallen!" Daniel schaut abwechselnd zum Zauberer und zu mir, schmunzelt dabei, wirkt sichtlich stolz. Er registriert dabei die Doppelbödigkeit und den Humor, genießt die Bewunderung und Bestätigung und nutzt sie für die Stärkung seines Selbstwertgefühls.

Ich verstehe meine Aufgabe als jemand, der „gute innere Stimmen", „gute innere Introjekte" oder einen „guten inneren Beistand" implantiert. Dadurch wird das kindliche Ich („Alter Ego", Ogden 1995) gesehen, ihm wird Mut zugesprochen, an seine Fähigkeiten und Stärken wird geglaubt, da sie ihm unterstellt und dadurch gestärkt werden. Das ist eine therapeutische Aufgabe, die banal aussieht und beiläufig erscheint. Sie ist jedoch der Erfahrung nach konstituierend für das Vertrauen des Kindes in die Therapie und ihre Wirksamkeit. Ich hatte oft Zweifel an der Effizienz meines Tuns, als ich lange Zeit immer wieder neben Simona saß und ihre

Sprünge zählte. Ich habe mich oft gefragt, was daran therapeutisch ist. Meine spätere theoretische Weiterbildung und Forschung ließ mich immer mehr verstehen, woher die Effizienz dieser Maßnahme kommt. Mütter unterstellen ihren Kindern so lange Sprachverständnis und Sprachkompetenz, bis sie in sie hineingewachsen sind (Bruner 1987; Papoušek 1994; Dornes 1997).

Aber so einfach ist diese Maßnahme nicht. Einfache, ausgesprochene Komplimente können von einem misstrauischen Kind nicht linear und immer treffsicher genutzt werden. Ein misstrauisches, stotterndes Kind sagte einmal nach einem stärkend gemeinten Lob sehr zornig und spöttisch zu mir: „Bei Ihnen ist auch jede Sch. . . gut!" Das war ein Satz, der mich nachdenklich machte, mich lange verfolgte und mir klar werden ließ, wie schwierig der therapeutische Umgang mit negativen, entmutigenden und destruktiven inneren Stimmen ist.

Wichtig dabei ist nicht die Technik, sondern die psychische Arbeit, die dahinter steckt. Es geht darum, das Kind dennoch mögen zu können. Dann findet sich die richtige Dosierung des Lobes, die das Kind ertragen und nutzen kann. Das kann gelingen, wenn ich mich auch angesichts der Fremdheit der destruktiven inneren Stimmen des Kindes hinreichend in es hineinversetzen kann, um seine Vorbehalte und Selbstzweifel nachvollziehen zu können. Manchmal bedeutet es ein „Aushalten" solcher Gefühle, ein „Gesehen-Werden" der destruktiven Kräfte, die die konstruktiven verschlingen.

Wenn ich als Kind erfahre, dass meine negativen Gedanken, die mich zu überwältigen scheinen, die mir Angst machen und die ich nicht im Griff zu haben glaube, ausgehalten werden, wenn ich erlebe, wie sich der Therapeut durch sie nicht überfluten und tyrannisieren lässt, obwohl er sie in ihrer „Schlimmheit" miterlebt, sie nicht beschwichtigt und verleugnet, dann können sie sich relativieren. So allmächtig, wie sie mir vorkommen, scheinen sie doch nicht zu sein. Durch die Erfahrung, dass ich dennoch gemocht werde, mir eine konstante Beziehung dennoch gewährt bleibt, lassen sich den Gefühlen der Ohnmacht, Depression, Sinn- und Bedeutungslosigkeit auch neue Gefühle entgegensetzen. Dadurch „kann das Leben weitergehen", die Stimmung kann sich verändern, sich weiterentwickeln. Man ist diesen Gefühlen nicht mehr ganz ausgeliefert, die Welt geht weiter, nicht unter.

Diese psychodynamische Dimension kann, neben den anderen therapeutischen Bausteinen der Therapie, wesentlich werden. Das notwendige Ausmaß ihrer Berücksichtigung beim jeweiligen Kind wird auch mitbestimmend dafür sein, welche Fachperson sich des mutistischen Kindes annimmt und welche Therapie das Kind braucht.

Oft haben Therapeuten mit Zweifeln an sich selbst und den eigenen Fähigkeiten zu kämpfen, mit Wut über das Kind und/oder seine Angehörigen. Sie ärgern sich, dass es nicht schneller vorwärts geht, sie kommen sich wie ein Einweg-Animator vor, der das Kind unterhält, motiviert, unterstützt, oft ohne Response, ohne „turn-taking" und über lange Strecken, ohne eine Eigeninitiative des Kindes erwarten zu können. Unlustgefühle können sich breit machen, die überraschen oder erschrecken, es entstehen beispielsweise Phantasien, die auf eine mehr oder minder „elegante" Weise verheißen, das Kind loszuwerden. Fragen wie „Warum habe ich mir diesen Fall zugemutet?" gehören fast zur Regel in der Therapie mit solchen Kindern und sollen hier angesprochen und berücksichtigt werden.

Psychodynamisch arbeitende Psychotherapeuten würden solche Phänomene „Gegenübertragungsphänomene" nennen, von „Resonanzerfahrung" sprechen oder das aus der Hirnforschung bekannte Phänomen der Stimmungsangleichung zitieren (Damasio 1999).

Es handelt sich um ein Prinzip der kommunikativen Angleichung von Befindlichkeiten und Gefühlen, das laut evolutionstheoretischen Überlegungen sozialisationsfördernd ist und sich als ein Beitrag für den Zusammenhalt von Menschengruppen entwickelte (Roth 2001). Im Kontext der Therapie von Kindern mit (selektivem) Mutismus können es wichtige Resonanzphänomene sein, die dem Therapeuten Informationen über Befindlichkeitsphänomene des Kindes und/oder seines Familiensystems liefern. Hinter dem (selektiven) Mutismus stehen sehr oft große Verzweiflung, Ratlosigkeit, Angst und/oder Depression des Kindes und/ oder seiner Familie. Das heißt nicht, dass diese Gefühle bewusst ansprechbar sind. Handlungsentscheidungen sind uns mehrheitlich nicht bewusst (Roth 2001; Roth et al. 2010). Das Wissen darüber gibt dem Therapeuten eine Distanz zum Geschehen, die es ihm ermöglicht, die auf ihn einströmenden Emotionen zu erkennen, ihnen Rechnung zu tragen sowie eigene Einstellungen und Interventionen entgegenzusetzen, um seine therapeutische Zuversicht wiederzugewinnen und handlungsfähig zu bleiben.

In der Supervision kann mit solchen Phänomenen gearbeitet werden, wie der folgende Fall zeigt.

Frau M., eine erfahrene Kinder- und Jugendlichen-Psychotherapeutin, berichtet über eine Stagnation in der Therapie mit dem sieben Jahre alten, selektiv mutistischen Mädchen Renate. Sie empfinde immer am Dienstag vor der Stunde Unlustgefühle und Ratlosigkeit. Einer Gestalt-Technik folgend fordere ich sie auf, von ihrem Platz in der Supervisionsgruppe aufzustehen, einen neuen Platz im Raum zu finden, der den Therapieraum abbilden kann und sich das Mädchen imaginär gegenüber auf einem Stuhl vorzustellen. Zunächst soll sie die Atmosphäre, die durch die „Anwesenheit" von Renate ausgelöst wird, nachspüren. Es stellt sich, wie erwartet, die von ihr zuvor beschriebene Atmosphäre ein. Die Gruppe ist diesmal Zeuge der beschriebenen Atmosphäre, die sich ausbreitet. Ich frage sie, ob sie sich in das Mädchen hineinfühlen möchte, indem sie sich auf den Stuhl des Mädchens setzt. Sie bejaht und setzt sich auf den Stuhl von Renate. Nun frage ich sie: „Renate, was hindert dich daran, Frau M. den Gefallen zu tun, einfach zu sprechen anzufangen? Sie bemüht sich so sehr darum!"

Die Therapeutin, auf dem Platz von Renate, schaut mich hellwach und überrascht an. Sie hat eine Einsicht. Zurück auf ihrem Platz berichtet sie, dass sie als Renate einen Erwartungsdruck ausübt, die Therapeutin soll „endlich mal" das Richtige mit ihr tun. Dadurch ist ihr bewusst geworden, was für einen Druck sie selbst durch diese Erwartung auf das Mädchen ausübt. Also blockieren sich beide durch eine gegenseitige, aber entgegengesetzte Erwartung: Renate erwartet, dass sie von ihrem Schweigen durch die Therapeutin „erlöst" wird und die Therapeutin möchte, dass Renate nun endlich zu sprechen beginnt und die Therapie Erfolg hat. Sie berichtet, dass meine Frage, warum sie der Therapeutin keinen Gefallen erweise, bei ihr Gefühl weckte: „Ich soll ihr einen Gefallen machen? Sie soll doch endlich etwas gegen mein Schweigen tun!"

Niemals, so die Einsicht der Therapeutin, wird das Mädchen auf diese Art anfangen zu sprechen, denn sie wird diese Fortschritte nicht als eigene verbuchen können, da sie für sie fremdbestimmt sind!

Ich fordere sie wiederum auf, den Platz des Mädchens einzunehmen. Ich stelle mich als „Hilfs-Ich" hinter den Stuhl der Therapeutin und sage: „Renate, ich werde dein Sprechen für eine Weile loslassen. Du musst mir nichts beweisen. Ich wollte halt mit dir Erfolg haben, stolz sein über mein therapeutisches „Know-how" bei so einer harten Nuss wie dir. Du durchschaust es, das merke ich. Eigentlich muss ich dir wirklich die Entscheidung überlassen, wann und ob du anfängst zu sprechen. Alle lauern darauf – deine Eltern, dein Lehrer – und erwarten, dass ich das Wunder vollbringe. Auch du denkst, ich könne das Wunder vollbringen. Dabei habe ich den Druck an dich weitergegeben, weil ich, wenn ich ganz ehrlich bin, ohnmächtig bin und nicht weiß, wie man dich zum Sprechen bringt!"

Es versteht sich von selbst, dass solche Gespräche nicht real mit dem Kind zu führen sind. Sie dienen dazu, Resonanzerfahrungen, die körpersprachlich kommuniziert werden und die Therapie blockieren, wahrzunehmen und verändern zu können.

Zurück auf ihrem Platz frage ich die Therapeutin, ob sie sich vorstellen kann zu akzeptieren, dass sie mit diesem Mädchen keinen Erfolg verbuchen kann und dennoch die Therapie sinnvoll finden könnte. Sie erwidert, dass sie zum ersten Mal eingehend verstanden hat, was für einen Machtkampf Renate mit „gut meinenden" erwachsenen Personen veranstaltet und was für eine Lust es bereitet, die Erwachsenen so ohnmächtig zu sehen, so wie sie sich selbst meistens fühlt. Durch die Verweigerung des Sprechens kann sie diese Macht spüren und ist der Situation nicht ausgeliefert. Eine solche Strategie gibt man nicht so schnell auf!

Damit wird die Ambivalenz deutlich, die im Falle von Renate dem Schweigen zugrunde liegt: „Spreche ich, so verliere ich die Privilegien, die

Sonderstellung, die ich mir eingerichtet habe: Das Bemühen der Erwachse-
nen um mich, ihre Sorge um mich und manchmal auch die Rücksicht und
Hilfe der anderen Kinder, die mir zuteil werden. Spreche ich, so muss ich
Erwartungen erfüllen, denen ich sprechend nicht gewachsen bin. Ich habe
jedoch immer wieder die Sehnsucht, ganz normal und unauffällig sprechen
zu können. Das Schweigen verlangt von mir auch einen hohen Preis, es
entstehen oft unangenehme Missverständnisse, ich werde oft bei Spielen
oder in der Pause ausgeklammert, ich komme nicht zu Privilegien und Ak-
zeptanz, die sprechende Kinder haben.“

Mit dieser Einsicht ausgerüstet berichtet die Therapeutin beim nächsten
Mal, wie sie ihre therapeutische Zuversicht wieder gewonnen habe, voller
Ideen zur nächsten Stunde kam und jetzt das Gefühl habe, die Therapie
„neu angepackt“ zu haben. Tatsächlich schlägt jetzt ein ausgehandeltes
„Flüsterprogramm“ an, das schon lange mit Renate geplant war. Renate
macht erste Sprecherfolge in der Schule.

2.5 Durchhaltevermögen
Arbeit ohne Response

Ein Therapeut muss sich möglicherweise auf eine längere „Investitions-
und Animationszeit“ einstellen. Dies bedeutet oft eine anfängliche Einseitigkeit in der Beziehungsgestaltung. Das (selektiv) mutistische Kind ist
nicht nur ein Schweiger, sondern meistens passiv-brav, verweigernd-op-
positionell oder starr-reaktiv in der Gestaltung von Beziehungen, speziell
zu fremden Erwachsenen. Es fühlt sich nicht verantwortlich für sie,
nimmt sie weniger als Partner wahr, mit deren Hilfe die eigenen Vorstellungen gestaltet werden können, sondern als Personen, „die etwas von
ihm wollen“. Dabei gibt es für das Kind höchstens „nette“ und weniger
nette Personen – solche, die das Kind fürchtet und bei denen es daher
nicht riskieren will, Sanktionen in Kauf zu nehmen und solche, die es
nicht respektiert, denen es vielleicht auch misstraut und bei denen es sich
daher erlauben kann, sich zu verweigern. Bevor man das Vertrauen des
Kindes gewinnt, wird man als therapeutische oder pädagogische Fachkraft lange auf eine Probe gestellt. Das Kind beobachtet meistens besonders scharf, wo und bei wem etwas riskiert werden kann. Es geht ihm
zunächst und grundsätzlich darum, sich relativ entspannt, wohl und
angenommen zu fühlen, so wie es ist. Aber damit werden noch keine
Verhaltensweisen verändert. Es braucht auch die Zuversicht, dass die
Therapeutin – vorerst – die volle Verantwortung für das Geschehen übernimmt und grundsätzlich weiß, „wohin die Reise geht“. Vor allem ist es
jedoch wichtig, dass die Therapeutin keine Angst vor dem Schweigen
zeigt, sondern trotz Schweigen eine normale Beziehung zwischen einem

verantwortlichen Erwachsenen und einem von ihm abhängigen, jedoch mit verweigernden Kräften ausgestatteten Kind zu etablieren versteht, unbeirrt und sachlich.

Dies verlangt viel von der Therapeutin über lange Zeiträume. Die therapeutische Beziehung, wie auch andere pädagogische Vorgänge, gleicht einer Gratwanderung und einer Balance der Anpassung an immer neue Entwicklungen und Bedürfnisse. Sie verlangt eine Konstanz von respektierender Nähe, ständige kreative Angebote, eine Sicherheit gebende Struktur des Geschehens, aber auch eine wachsame Offenheit, die Raum schafft für Impulse des Kindes. Neben all diesen Qualitätsmerkmalen sollen dabei die therapeutischen Pläne zur Überwindung des Schweigens durchgehalten werden.

Vor allem muss man sich fragen, ob die Bereitschaft und die Beharrlichkeit vorhanden ist, sich auf eine mit Widerständen, Misstrauen, Angst und Scham besetzte therapeutische Beziehung einzulassen, ihre Einseitigkeit zu ertragen und zunächst eine „Animateurrolle" einzunehmen. Dann muss man sich auch fragen, ob die Bereitschaft vorhanden ist, gegebenenfalls mit schwierigen Umständen in der Familie zu tun zu haben, ob man sich das gesamte Projekt auch zutraut und das Engagement auf sich nimmt.

Teil IV
Nonverbal kommunizieren

„Kommunikative Kompetenz könnte . . . als Fähigkeit verstanden werden, verbale Äußerungen nicht nur linguistisch richtig zu verstehen und zu produzieren, sondern diese Äußerungen dem räumlichen, situativen und personellen Kontext, mit dem sie verbunden sind, **angemessen** (Hervorh. vom Autor) zu interpretieren und anzuwenden." (Motsch 1996, 75)

1 Aufbau eines kommunikativen Verhaltens
„Turn-taking"

Ein jegliches Sprechen beginnt mit einer Registrierung und Anerkennung des Kommunikationspartners als solchem, mit einem Blickdialog und einer aufmerksamkeitssuchenden Geste. Diese Geste wird durch den Zuhörer registriert und mit einer – wenn auch minimalen – Geste, einer Bereitschaft zum Zuhören, beantwortet, bevor das erste Wort für eine Konversation, und sei sie völlig belanglos, fällt. Diese „Regulatoren" (Krause 1988) fehlen bei manchen mutistischen Kindern völlig. Andere, jedoch wenige Kinder mit (selektivem) Mutismus, zeigen ein normales, intaktes nonverbales Verhalten oder haben gelernt, das Sprechen durch „Regulatoren" und „Illustratoren" (nicht verbale Körpergesten, die den Inhalt illustrieren, symbolisieren und qualitativ unterstützen) zu ersetzen (Krause 1988; Katz-Bernstein et al. 2002). Viele Kinder mit (selektivem) Mutismus sind in ihrem beziehungsregulierenden, nonverbalen Verhalten gehemmt, wirken erstarrt, senken beharrlich den Blick, sitzen abgewandt mit eiserner, „unbeteiligter" Mimik. Ihr nonverbaler Ausdruck hinterlässt ein Gefühl des eingleisigen Bemühens und der Asymmetrie der Kommunikation (vgl. Teil III, Kapitel 2.5).

Ähnlich wie bei stotternden Kindern lassen sich solche turn-taking-Gesten und -Regeln in die Beziehung ein- und die Kompetenz dazu systematisch aufbauen. Sehr oft ermöglicht die Lockerung der nicht-verbalen Ebene einen ersten Austausch, erste weiterbringende Abmachungen bezüglich Gesten, gegenseitiger Beteiligung, Treffen eigener Entscheidungen und Mitgestaltung der Stunden. Wenn sie prinzipiell in eine vorgeschlagene Symbolhandlung oder in ein Rollenspiel eingebettet sind, auf die Entwicklung des Blickkontaktes, den Austausch von Mimik und Gestik sowie interaktive Bewegungen ausgerichtet sind, dann wirken sie aufgelockert, natürlich und spielerisch. Sie erscheinen weniger als zu leistende Übungen. Die kommunikativen Elemente, die systematisch geübt werden können, sind

- vormachen – nachmachen (anschließend turn-taking),
- Frage – Antwort (anschließend turn-taking),
- führen und geführt werden (anschließend turn-taking),
- abwechselndes und gemeinsames Gestalten (Katz-Bernstein 2003b).

Diese konsequent interaktive Haltung, die ein turn-taking der Interaktion erwartet und dabei konsequent die eigene, adäquate Rollengestaltung einhält, ist bereits eine grundsätzliche, erste Intervention in der Beziehungsgestaltung in Richtung Kommunikation und Sprache (siehe die theoretischen Ausführungen dazu im Teil II, Kapitel 2).

An anderer Stelle wird die wichtige Rolle des therapeutischen Humors und der Provokation aufgegriffen (Titze 1993; Farreley/Brandsma 1986; Katz-Bernstein 2004a).

Neben Thomas, einem neunjährigen, selektiv mutistischen Jungen mit „erstarrter" Mimik und kontrolliertem nicht-verbalen Verhalten, wird ein mexikanischer „Tik-Tak-Vogel" hingelegt. (Ein kleines Resonanzkästchen aus Holz mit einem Vogel obendrauf, der an einer Schnur befestigt ist. Zieht man an der Schnur, so „pickt" der Vogel mit einem knalligen Geräusch.) „Schau mal, da sind zwei Vögel. Der eine hat keine Lust zum Wegfliegen, der andere, meiner, versucht, ihn dazu zu überreden. Mal schauen, wie deiner reagiert, ob es meinem gelingt?" Ich fange an, tickend und mit entsprechender Mimik den Vogel zu „bitten", mit mir zu spielen, jammere ein wenig, dass sein Vogel mich immer wieder alleine lässt und ich alles alleine machen muss. Mein Selbstgesprächskommentar: „Ach ja, ich glaube, ich werde ihn jetzt kitzeln." Ich provoziere den Vogel ein wenig, veranstalte halbdrohende „Pickattacken". Mit einer plötzlichen Bewegung packt Thomas seinen Vogel und pickt mit einer etwas größeren Intensität drohend zurück. „Oh, du hast deinen Freund unterschätzt, was?", sage ich zu meinem Vogel, was Thomas noch mehr dazu animiert mitzumachen. Ab jetzt lassen sich regelmäßig solche symbolisierten Dialoge einbauen. Bald nimmt Thomas auch Blickkontakt auf, seine Mimik taut auf, zwei Gesten für „Ja" und „Nein" können eingeführt werden, Vorläufer für weiteres Vorgehen werden etabliert.

Die Prinzipien dieser Übungen lauten:

- Ich verpacke die Übung in ein Spiel, in eine Rolle und/oder in eine gemeinsame Handlung.
- Ich stehe in einem kommunikativen Wechsel, turn-taking, mit dem Kind. Ich gebe keine „Anweisungen", die das Kind auszuführen hat.
- Die Übungen werden in einer freundlich-provokativen Geste angeboten.
- Sie werden „approximal" unter sorgfältiger Beachtung von Distanz- und Nähebedürfnissen des Kindes angeboten.

Eine Weigerung mitzumachen bedeutet nicht, dass diese Versuche aufgegeben werden müssen. Die symbolische Ebene, in Form von Puppen beispielsweise, kann die innere Haltung durch Modelllernen und Unterstellung einer Entwicklung in Richtung einer Antwort einleiten. In der Burg des schweigenden, verweigernden Verhaltens des Kindes müssen zunächst – durch therapeutische Beharrlichkeit, Geduld, Humor und Furchtlosigkeit gegenüber der gezeigten Haltung – einige „Risse" entstehen. Die Bewältigungsstrategien Verweigerung, Einfrieren und Schweigen müssen „unterwandert" und aufgelockert werden, bevor eine Verhaltensänderung möglich wird.

Bei einem jüngeren Kind könnte das folgendermaßen aussehen: Eine Puppe, die das Kind „anstachelt" mitzumachen, kann von mir gerügt werden: „Ich verstehe, dass XY mit solch frechen Menschen wie dir nichts zu tun haben möchte!" Die Puppe kann mir antworten: „Wart' du nur! Du meinst, dass XY nur brav ist! Ich weiß ganz genau, dass, wenn du ihn ganz schön nervst, er dir noch zeigen wird, was er alles kann!" Ich kann darauf antworten: „Ja? Bist du ganz sicher? Woher weißt du das?" „Kannst du dich nicht mehr erinnern, wie ich war, als ich zu dir gekommen bin? Kein Wort habe ich gesprochen und ich habe nie mitgemacht!", kann die Puppe mir entgegnen. „Ich muss zugeben, dass du ganz schön frech geworden bist! Ich hätte fast vergessen, wie du früher warst!"

Bei einem älteren Kind (ab 10 Jahren) kann ich eine Verweigerung wie folgt kommentieren: „Bei mir macht man oft so komische Sachen, aber ich schaue immer, dass sie auch Spaß machen. Auch Jan, der ein Jahr älter ist als du, und auch Tina, die ein wenig jünger ist, haben sich am Anfang nicht getraut. Das haben sie mir später verraten. Aber mit der Zeit haben beide dann selber lustige Spiele erfunden. Keiner wollte zuerst glauben, dass die beiden es je schaffen! Dabei war Jan ein solcher Spaßvogel! Stell' dir vor, so wenige Menschen haben es gewusst! Heute kann er die halbe Klasse unterhalten!"

Eine zweite Variante wäre folgende: „Du lernst hier auch zu lügen und „verkehrte Welt" zu spielen. Aber jetzt verrate ich dir das Spiel noch nicht."

Für die Übungen in „primärer Kommunikation" gibt es viele Ideen und Übungsvorschläge aus der Therapie mit redeflussgestörten Kindern, die tabellarisch aufgeführt sind und anschließend kommentiert werden (Katz-Bernstein 2003b, 76 ff; Bahrfeck-Wichitill 2012; Subellok/Bahrfeck-Wichitill 2007). Sie sind für den Aufbau von kommunikativen Elementen bei stotternden Kindern erprobt worden und können für den gleichen Zweck bei (selektiv) mutistischen Kindern angewandt werden.

2 Arbeit mit Puppen und Übergangsobjekten
Eine Hütte für den Bären

Die Arbeit mit Puppen und so genannten „Übergangsobjekten" (Winnicott 2002) hat in der Therapie mit Kindern eine lange Tradition. Sie erlaubt eine soziale „Triangulierung", eine Ablenkung von der direkten Kommunikation hin zu einem symbolischen Probehandeln (Petzold

1983; Tarr Krüger 1995). Schon bei dem vorhergehenden Therapiebeispiel von Ellen wurde veranschaulicht, was der Einsatz einer Puppe bewirken kann.

> *Der Fall Vroni zeigte (vgl. Teil III, Kapitel 4), wie durch den Bären, stellvertretend für Vroni, symbolisch die Botschaft vermittelt werden konnte, dass ihre Grenzen durch einen „Safe Place" respektiert werden. So wurde die zunächst totale Kommunikationsverweigerung durchbrochen. Der Bär, entwicklungspsychologisch betrachtet, wurde zu einem intermediären Objekt zwischen Realität und Phantasie, das es Vroni ermöglichte, Sprech-Probehandlungen durchzuführen. Sie imitierte (Teil V, Kapitel 2) meine sprachliche Interaktion mit dem Bären, als sie sich alleine in dem Schutzraum der Hütte wusste. Das Symbolspiel mit dem Bären bot eine Übergangsebene. Der Bär blieb auch der Vermittler, als es galt, die Grenzen des Schweigens mit mir, als einer fremden Person außerhalb der Hütte, zu überwinden. Das Zelt als neuer Sprechort sollte bleiben. Ich mischte mich in ihr Spiel ein, klopfte an die Tür und kündigte in einer „Rollenstimme" an, dass ich jetzt zum Markt einkaufen ginge. Ich fügte sogleich flüsternd und damit stimmlich eine so genannte „Regisseur- und Verhandlungsebene" markierend, hinzu: „Ich bin jetzt die Großmutter, die zum Markt geht, weil ich gesehen habe, dass ihr fast nichts mehr zu essen habt." Wiederum mit der Stimme der Großmutter fragte ich, ob ich für den Bären und für Vroni auch etwas mitbringen solle. Ich würde Stachelbeeren mitbringen (mit einer bewussten Hoffnung, diese seien nicht ihre Lieblingsbeeren), ob Vroni auch welche wolle.*
>
> *Ein entsetztes, Ekel ausdrückendes „Buahh" wurde erwidert. „Aha, also Stachelbeeren eher nicht. Es gibt auf dem Markt auch Erdbeeren und Heidelbeeren." sagte ich. „Eeeben!" kam es aus der Hütte. „Und für dich, Bär, auch Erdbeeren?" „Nein, nein.", kam es mit kleinkindlicher, entstellter Stimme aus der Hütte, „Heiebeen."*

Wie sehr eine direkte Beziehung zum Kind entlastet werden kann und welch vielfältige Beziehungs- und Verhaltensangebote der Einsatz von Puppen in der Therapie mit (selektiv) mutistischen Kindern ermöglicht, habe ich auch von Marcella und Simona, den beiden mutistischen Schwestern aus Italien und von Reto gelernt.

> *Als der Übungsteil jeweils beendet war, forderte ich sie auf, sich etwas zum Spielen auszusuchen. Anfangs malten sie immer etwas, was eine heile Welt widerspiegelte: Es war, wahrscheinlich durch die „Mutter und Enten"-Übung inspiriert („Führen und Folgen" Katz-Bernstein 2003b), ein friedlicher Ententeich mit einer Ente und hinter ihr in Reih und Glied viele kleine Entchen. Mit größerem Vertrauen wählte Simona aus Jux einen Handpuppen-Fuchs und ärgerte ihre Schwester mit einem schnarchenden Geräusch.*

Diese „Auflösung der Vebündungs-Dynamik" gegen den fremden Erwachsenen habe ich dadurch symbolisch weiterentwickelt, dass ich den Handpuppen-Frosch nahm und quakte: „Wer stört hier unsere Ruhe?" Ich wies Marcella durch eine Hinweisgeste an, sich eine Handpuppe zu nehmen. Nach einigem Zögern streifte sie sich eine Räuber-Puppe über und versuchte, zunächst zögerlich und dann forsch, den Fuchs fortzujagen. Ich war der zuschauende, kommentierende Frosch, der mit einem vermeintlich anderen Frosch telefonierte und sagte, dass er jetzt keine Zeit habe. Er habe zwei interessante Spielgefährten gefunden und müsse jetzt dabei sein, da der Fuchs ziemlich frech zu sein schien. Aber der Räuber sei anscheinend waghalsig und ließe sich nicht alles gefallen.

Der siebenjährige selektiv mutistische Reto steht in der dritten Stunde vor dem Sandkasten und schaufelt verträumt herum. Er schaut mich nie an. Auf Fragen nickt er oder schüttelt den Kopf, meistens jedoch reagiert er achselzuckend, als ob er sagt „Ist mir gleich." Er zeigt körpersprachlich ein kühles, feindseliges Verhalten, obwohl ich von der Mutter weiß, dass er gerne kommt. Ich merke durch die Art des Spielens im Sandkasten, dass er mich genau registriert und es so einrichtet, dass ich jede seiner Spielbewegungen sehe. Er ist jedoch absolut unfähig, mit mir in Kontakt und in Interaktion zu treten. Meine üblichen, gut bewährten „Tricks" von nonverbalen Spielen und Übungen zum Aufbau der primären kommunikativen Kompetenz sowie „Lärmspiele", die bei mutistischen Kindern oft erfolgreich sind und zu einem nonverbalen Austausch führen, verneint er oder steht eingefroren, seine Hände betrachtend da, sehr bemüht, mich und mein Angebot zu ignorieren. Sogar das Angebot, eine Hütte für sich zu bauen, in der er sich verstecken kann, würdigt er mit keinem Blick (Katz-Bernstein 1996). Ich nehme die Zauberer-Puppe zur Hand, nähere mich dem Sandkasten und lasse den Zauberer provokativ sagen: „Ich will jetzt hier im Sandkasten mitspielen!" Daraufhin rüge ich den Zauberer, was ihm einfalle, ohne Reto zu fragen einfach davon auszugehen, dass er mitspielen dürfe. Er soll erst einmal fragen, ob Reto damit einverstanden sei. Ich lasse den Zauberer in frechem Ton fragen, und der Zauberer erhält von Reto prompt einen Boxhieb in den Bauch. Der Zauberer reagiert mit: „Aua!", sodass er von Reto erneut angestoßen wird. Der Zauberer schreit jetzt lauter, mir zugewandt: „Aua, der ist ja stark, das hätte ich nie gedacht!", sodass er von Reto den Mund mit Sand voll gestopft bekommt. Ich lasse den Zauberer mit vermeintlich vollem Mund den Sand ausspucken und ein wenig unverständlich jammern. Reto fängt sichtlich an, die Reaktion des Zauberers zu genießen. Ich sage darauf, zum Zauberer gewandt: „Siehst du, man meint nur, Reto sei so ruhig. Ich weiß doch schon lange: Reto weiß, was er will! Du musst Reto nur richtig fragen und nicht so frech sein!"

Reto lässt dabei seinen Blick zwischen Puppe und mir hin und her schweifen und scheint den Respekt, den er gewonnen hat, zu genießen. Als *ich den Zauberer mit höflicher, respektvoller Stimme fragen lasse: „Also gut, darf ich jetzt mit dir spielen?" bekommt er ein bedächtiges, zustimmendes Kopfnicken. Ich lasse den Zauberer Reto etwas ins Ohr flüstern, frage ihn anschließend, was er und Reto da für Geheimnisse haben und lasse die Puppe neckend antworten: „Es geht dich nichts an, nicht wahr, Reto, es geht sie nichts an?" Reto nickt grinsend und schaut mich einige Augenblicke triumphierend an, um beim nächsten Geflüster der Puppe zurückzuflüstern und mich gemeinsam mit der Puppe verschwörerisch anzuschauen.*

Seit dieser Stunde wurde es mir durch das „Hilfs-Ich" Zauberer möglich, mit Reto zu kommunizieren. Es gelang mir gemeinsam mit Reto, für den Zauberer ein Haus zu bauen, in dem nur Reto Einlass erhielt. Reto konnte Gegenstände aussuchen, die sie beide brauchten, versteckte mit dem Zauberer Gegenstände vor mir, die ich erraten und nach denen ich suchen musste. Von nun an ließ sich Reto in Ballspiele einbinden, die er und der Zauberer als eine gemeinsame Mannschaft meistens gegen mich gewannen.

In der vierten Stunde ließ ich den Zauberer ein wenig ärgerlich jammern: „Immer muss ich bei ‚König Kaiser, wie viele Schritte darf ich machen?' die Anzahl der Schritte und „stopp" sagen. Das ist nicht mehr so lustig. Das nächste Mal bist du dran, so wie alle Kinder hier." Es ist der Verdienst des Zauberers, dass beim nächsten Mal, als er sagte: „Jetzt bist du dran, Reto!", Reto tatsächlich, bei dem Part der verdeckten Augen ein wenig zögerlich, aber deutlich „Stopp!" sagte. Und als der Zauberer fragte: „Wie viele Schritte darf ich machen?", antwortete Reto: „Fünf." Wir spielten ganz normal weiter, als ob es nichts besonderes sei, dass Reto mit uns sprach. Von nun an beantwortete er auch alle Fragen, die ihm gestellt wurden. Nicht, dass er sehr gesprächig wurde. Es brauchte auch noch ziemlich viele Spiele und Übungen zum Aufbau der Erzählfähigkeit sowie ein Einbinden in Spiele zur Festigung des Stimmausdrucks.

Diese Therapiesequenz zeigt anschaulich, wie innerhalb einer therapeutischen Beziehung durch die Einführung der Symbolebene als „intermediäre" Ebene zwischen mir und dem Kind, die konkret körpersprachlich eingefrorene Ambivalenz der Beziehung wieder beweglich und kommunikativ zugänglich wird. Das Übergangsobjekt kann die Verbindung zwischen inneren Intentionen und äußerer Beziehung herstellen und sie erfassbar spiegeln (Winnicott 2002; Katz-Bernstein 2004b). In der konkreten therapeutischen Beziehung wäre ein solcher Zugang nicht möglich oder erst, wenn nach längerer Zeit Vertrauen aufgebaut wurde. Die Fähigkeit, symbolisch zu handeln und zu denken wird hier angeregt. Dadurch können äußere und innere Welt miteinander in Kontakt treten.

Die Arbeit mit Puppen kann darüber hinaus mit Hilfe der Rolle, die durch mich verkörpert wird, der Ambivalenz, in der das Kind steckt, Ausdruck verleihen. Der freche Zauberer, der mir widerspricht und sich geschwätzig gebärdet, stellt eine Wunschseite von Reto dar, die er nicht auszuleben wagt. Das sichtliche Genießen des Verhaltens des Zauberers und das Leben, das er dem Verhalten von Reto einflößen kann, bestätigen die Verkörperung eines „Wunsch-Ichs", das mir durch den Einsatz des Zauberers gelingt. Eine Puppe spiegelt die scheue, ängstliche Seite des Kindes, bietet eine Interpretation an oder ist so, wie ein Kind es sich manchmal wünscht. Mein Umgang mit dem Zauberer spiegelt auch den Schutz des schweigenden Verhaltens von Reto vor als Übergriff empfundenen Anforderungen und zeigt mein pädagogisches Modell zum Umgang mit frechem Verhalten: Humor, Akzeptanz, jedoch auch Wahrung und Schutz von Grenzen. Dieses Probehandeln versichert dem Kind eine Reaktion auf ein gewagtes Verhalten, das es vielleicht zeigen könnte, da die Folgen annehmbar erscheinen. Für Reto heißt das: Ich kann mir eventuell leisten, hier meine ganz andere Seite zu zeigen, da die Konsequenzen erträglich und vor allem nicht beschämend sind!

3 Das Märchenheft mit den Sprechblasen
„Jaul, Kabumm, Seufz . . ."

Eine Möglichkeit, mit dem Kind eine kommunikative Zwischenebene zu etablieren, ist die Einrichtung eines „Märchenheftes". Darin können Handlungen, die in der Stunde gemeinsam vorgenommen wurden und dem Kind Vergnügen bereitet haben, aufgeschrieben werden, Abläufe rekonstruiert und organisiert werden, ein sich entwickelndes Symbolspiel festgehalten und/oder eine kontinuierliche Geschichte, in der eine Identifikationsfigur vorkommt, entwickelt werden. Sehr bewährt haben sich dazu Skizzen oder comicartige Zeichnungen als Textbegleitung. Die darin vorkommenden Personen oder Tiergestalten können mit Sprechblasen ausgestattet werden. Daraus haben sich oft Gespräche und eine metakommunikative Ebene ergeben, die ein Hin und Her an verbalen Botschaften ermöglichen. Darin kann das Kind, versteckt hinter einer aktuellen, passenden Figur, mit der es sich identifizieren kann, ganz andere Facetten des Verhaltens und Kommunizierens offenbaren und mit ihnen probeweise handeln.

Ein erwünschter Nebeneffekt ist auch, dass dieses Märchenheft mit einer sich entwickelnden Geschichte die Erstellung von diagnostischen Erhebungen ermöglicht. Zum einen bezüglich der *Sprachkompetenzen* auf der semantisch-lexikalischen und syntaktisch-morphologischen Ebene, zum anderen als projektives Material, das die psychologische *Struktur- und Systemdiagnostik* unterstützen kann (siehe Teil IV, Kapitel 4 und 5).

Eine solches Heft hat aber auch noch weitere therapeutische Effekte: Zunächst hat es eine *desensibilisierende Funktion*, die den Angstpegel vor der direkten Rede zu mindern hilft. Als sprachtherapeutische Intervention wird der *Aufbau einer linguistischen Kompetenz* auf der pragmatischen Ebene unterstützt, das Erlernen einer dialogischen, diskursiven Kompetenz sowie der Erzählfähigkeit. Hier offenbaren sich, oft zum allerersten Mal für den Therapeuten, die verbalen Kompetenzen und Rollen und auch Defizite.

Darüber hinaus haben das Märchenheft und seine sprechenden Gestalten eine aufbauende, *psychodynamische Entwicklungsfunktion*. Es ist oft sehr überraschend, einem Kind zu begegnen, das ganz andere Rollen einnehmen kann als die schweigende, scheue. Zunächst sind es meist überzeichnete Rollen, die besonders expansives, freches oder aggressives Verhalten zeigen und die den Gegensatz zu dem scheuen und zurückgezogenen Verhalten bilden. Das weist auf eine beginnende Rollenumkehr hin: Hatte sich das Kind in der Interaktion bisher als der „Verfolgte" erlebt, so konnte es nur die Perspektive des „Opfers" wahrnehmen, das durch einen mächtigen „Verfolger" unter Druck gesetzt wird. Wenn es aber wagt, die protagonistische „Verfolgerrolle" einzunehmen, kann es den gesamten Interessenkonflikt beider Seiten nachvollziehen und die Ausweglosigkeit der Polarisierung erkennen. Dies ist der Beginn einer Rollenflexibilität, die sich zu Empathie und sozialer Koexistenz weiterentwickeln kann.

Die ersten „expansiven" Rollen, die das Kind einnimmt, wirken zunächst noch grob und undifferenziert. Die Jungen sind meist zuschlagende Protzpakete, die Mädchen Märchenprinzessinen oder listige Hexen. Diese Überzeichung ist der natürliche Weg zur Differenzierung von Beziehungen, zu Verhandlungskompetenz und damit zu sozialer Kompetenz (Andresen 2002; 2005; Oerter 1999).

„Bitte, bitte, nicht beißen!", sagt der kleine Fisch, auf dem Finger der Therapeutin zappelnd, zum „mächtigen" Krokodil, das von der Therapeutin auf die Hand des scheuen Edgar (9 Jahre alt) gesetzt wurde, nachdem dieser schulterzuckend und minimal nickend sein Einverständnis dazu gegeben hatte. Die Provokation des Fisches glückt: Das Krokodil schnappt zuerst zögernd zu. Nach mehreren ängstlichen und piepsenden Reaktionen des Fisches, die sich dem anfänglichen Zögern und den immer intensiver werdenden Intentionen des Krokodils anpassen, fängt das Krokodil an, immer mutiger zuzubeißen und wird überraschenderweise durch Edgar mit einem Fauchgeräusch begleitet!

In der Supervision fragt die Sprachtherapeutin Frau S., wie sie das nun schon drei Therapiestunden andauernde und sich wiederholende Spiel weiterentwickeln könne. Es wird die Idee des Märchenheftes erwogen, in dem das Spiel nacherzählt, die Figuren gezeichnet und mit Sprechblasen versehen werden. Die Therapeutin versucht es in der nächsten Stunde und hat damit einen weiteren überraschenden Erfolg: Sie schreibt die Handlungen auf und rekonstruiert dabei laut. In der Formulierung des Spiels bezieht sie Edgar ein, indem sie ihn zwischen Alternativen wählen lässt. („Hat denn das Krokodil von Anfang an heftig und mutig zugebissen? Oder erst, als der Fisch so ziemlich nervig jammerte?", „Soll ich ‚nervig‘ oder ‚piepsend‘ schreiben?" usw.) Anschließend lässt sie ihn nochmals schweigend satzweise nachlesen. Dann fordert sie Edgar auf: „Weiß'te was? Wir malen die beiden. Willst du anfangen?" Edgar weist mit dem Finger auf die Therapeutin. „Also gut. Ich war der Fisch. Also male ich den Fisch." Sie malt eine Sprechblase über den Fisch und schreibt hinein: „Bitte, bitte, nicht beißen!" Nachdem Edgar das Krokodil gemalt hat, kündigt sie an: „Mal schauen, was das Krokodil dem Fisch sagt!", und malt über das Krokodil eine Sprechblase. Edgar nimmt den Stift und schreibt: „Aber ich habe HUNGER!" „Prima Idee, dann schreiben wir weiter, was der Fisch antwortet!" Unter die erste Sprechblase malt sie eine zweite. Sie schreibt dazu: „Noch warten, ich bin zu klein!" „Was soll ich sonst essen?", schreibt Edgar in eine zweite Sprechblase über den Kopf des Krokodils. „Weißt du was, die Geschichte wird ja immer spannender. Wir überlegen uns für das nächste Mal, wie es weitergehen kann, okay?" Edgar nickt, diesmal entschlossen.

Der Anteil des Therapeuten kann dabei immer wieder die Zeichnung von „Sprechblasen" über die Köpfe der gezeichneten Personen sein, mit dem Vermerk: „Möchtest du hineinschreiben?" Die meisten mutistischen Kinder erleben das nicht als den von ihnen gefürchteten Sprechakt, sondern steigen sehr gerne darauf ein. Es entstehen oft imaginäre Konversationen, die ihre verinnerlichten Interaktionsmuster besser und spontaner repräsentieren als die Geschichten an sich. So werden in diesen Dialogen ganz neue Zugänge zu den „inneren Dialogen" der Kinder möglich.

Bei dem von mir therapeutisch betreuten Thomas ereignete sich Folgendes: Der sehr zurückgezogene und kontrollierte Thomas (9 Jahre alt) nahm den Part einer Schlange ein, die mit einem Eichhörnchen, das ich repräsentierte, Verstecken spielte. Er bewarf das Eichhörnchen mit Nüssen, neckte es, tollte mit ihm herum und sie heckten gemeinsame Streiche gegen einen dummen Bären aus. Den sprechenden Part und die Animation übernahm selbstverständlich zunächst ich, bot ihm jedoch immer wieder Details zur Auswahl an, so dass er den Verlauf mitbestimmen konnte. Wir schrieben die Abenteuer auf, einen Satz ich, den nächsten er. Er malte alleine beide Spielpartner, und ich füllte – mit seiner Genehmigung – die ersten mit Sprechblasen („Weißt'e was, wir könnten eine Comicgeschichte aufschreiben, mit solchen Sprechblasen, wo man auch etwas sagen kann, aber auch ‚Poing!‘, ‚Seufz!‘ oder ‚Tak tak!‘ hineinschreiben kann. Okay? Ich mach's

*mal vor."). Später übernahm er die gesamte Gestaltung und entwickelte
ganze Konversationen, die das Aufschreiben der Geschichte ablösten. So
wurde in jeder Stunde, wie ein Ritual, zunächst gespielt, dann gezeichnet,
und anschließend wurden Dialoge weiterentwickelt. Das Interagieren
wurde zunehmender verspielter und raffinierter, die Sprechblasen mit immer komplexeren Aussagen versehen. So wurden Interaktionen zwischen
uns in einer neuen, gelösten und humorvollen Qualität möglich, die er später auf die reale Beziehung mit mir übertragen konnte. In diesem gelösten
Beziehungsrahmen voller Neckereien gelang es innerhalb eines nahtlos
anschließenden, ausgelassenen Spiels („Ball über die Schnur"), ein Gespräch zu etablieren. Die Abmachung, auf die er einging, war: Während
des Spiels soll jeder, der den anderen mit dem Ball trifft, die aktuelle
Punktezahl ausrufen, damit der Spielstand durch den anderen überprüft
werden kann. („Eins zu null!", „Vier zu fünf!" usw.) Es folgten Ausrufe wie
„Stopp!", „Noch mal!", „Ungültig!", „Nicht fair!" usw. So begann er die Sprache als Mittel zur Beziehungsgestaltung zu gebrauchen, auch außerhalb
des Spiels.*

Auch von der Therapie mit stotternden Kindern ist mir der Effekt des
Märchenheftes, (Wunschvorstellungen als Kompensation der Realität
nutzen zu können) bekannt. So können auf eine kreative Art Kompensa-
tionsphantasien entwickelt und ausgestaltet werden. Angesichts einer
zuhörenden und Sinn suchenden Therapeutin werden die Geschichten
kommunizierbar und die Intention, aus der sie entstand, mitteilbar. Sie
können oft als eine Kraftquelle dienen, die hilft, aus einer schwer zu er-
tragenden Realität dennoch Hoffnung und Zuversicht zu schöpfen und
dadurch zur Bewältigung von Risikofaktoren beitragen.

4   Sprachtherapeutische Maßnahmen
Sprachaufbau ohne Sprechen

Wie in der Einleitung beschrieben, sind diagnostische Erhebungen zum
Stand der Sprachentwicklung nötig, um die Diagnose „selektiver Mutismus" zu stellen. Oft beruft man sich bei der Diagnose auf die Aussagen
der Eltern, die über eine normale Sprache zu Hause berichten. Was jedoch als „normal" von den Eltern erlebt wird, ist relativ zum Verstummen des Kindes außerhalb des Elternhauses. Wie in dem Kapitel über die
Entwicklung der Sprache gezeigt wurde, hängt die Entwicklung der
Sprechverweigerung sehr oft mit einem erlebten eigenen Unvermögen des
Kindes in sprachlicher Hinsicht zusammen. Das Repertoire an Wort-

schatz, Syntax und Morphologie, die Fähigkeit zur Ausgestaltung der Sprache oder die Erzählfähigkeiten des Kindes reichen nicht aus, um sie als Performanzinstrument zur Überwindung der Fremdheit einsetzen zu können. Daher wird es oft sinnvoll sein, einen Therapeuten mit sprach-therapeutischen/logopädischen Möglichkeiten und Zugängen aufzusu-chen oder in die Therapie einzubeziehen.

Es handelt sich vor allem um Wortschatzerweiterung und um einen korrektiven, systematisch gestalteten grammatischen Input sowie um Sprachgestaltungsübungen zur Erzählfähigkeit.

Ellen ist ein 4;5-jähriges Mädchen, das auf seine Mutter fixiert ist, mit Fremden kaum spricht und sie wenig zu beachten scheint, ja fast ignoriert. Nach Angaben der Mutter versteht Ellen „alles um sich herum" und ist kognitiv ganz normal entwickelt. Die Mutter berichtet weiterhin, dass Ellens Sprache aus Ein- bis Zweiwortsätzen bestehe, die sie schreiend be-nutze, wenn sie einen Wunsch habe. Ihr Sprachverhalten entspricht, nach meiner Einschätzung, der eines 2;6-jährigen Mädchens. Weiterhin berich-tet die Mutter über Ellens Verhalten: sie ist meistens vergnügt und kann sich stundenlang mit Legobausteinen beschäftigen, die sie nach Farben und Formen sortiert und ineinander steckt. Sie kämmt lange ihre Puppe. Wenn ihr jedoch ein Wunsch verwehrt wird, bekommt sie Tobsuchtsanfäl-le, was die ganze Familie in Aufruhr bringt, da diese sehr heftig sind. Wenn man sie auf den Arm nimmt und versucht sie zu beruhigen, wird sie ganz steif und windet sich aus der Berührung heraus. Sie hört nicht auf zu schreien und den Kopf auf den Boden zu schlagen, bis die Eltern ihr den Wunsch erfüllen.

In den ersten drei Stunden versuche ich in Anwesenheit der Mutter, mich in ein von Ellen gewähltes, Bauklötzchenspiel einzuklinken. Es ist begleitet durch ein kommentierendes „Selbstgespräch", das die Syste-matik beim Sortierspiel zu entdecken versucht: „Aha, ich glaube, Ellen will zuerst alle blauen Klötze hierher legen. Nein, ganz falsch! Sie ist viel raffi-nierter als ich gedacht habe! Nicht alle blauen, nur die kleinsten legt sie hierher, die großen kommen ganz woanders hin!" Ihre Handlungen, die durch die sprachliche Begleitung ein „Gerüst" („Scaffolding", Bruner 1987) erhalten hatten, ihre von mir gespiegelte Raffinesse beim Legen und meine Entdeckung ihrer Systematik, scheinen ihr Interesse langsam zu fesseln. Dennoch versucht sie, in den ersten vier Therapiesitzungen weiter-hin eine ignorierende Miene aufrechtzuerhalten und den Blick aus-schließlich auf die Bauklötze zu richten. Allmählich verändert sie jedoch – scheinbar nur beiläufig – ihre Legestrategien und hält inne, um auf meinen Kommentar zu lauschen, jedoch ohne mich anzuschauen. Es entsteht das Ritual, dass sie bei jeglicher Handlung meinen Kommentar abwartet. Sie bemüht sich, mich ein wenig zu provozieren und genießt es offenbar, dass ich durch ihre Raffinesse immer wieder hereingelegt werde.

Die Abgestimmtheit der Handlungen auf meinen Kommentar wird immer deutlicher, der Blick ist jedoch immer noch auf ihre Hände und auf das Spiel gerichtet, sie reagiert lediglich auf den auditiven Vorgang meiner Äußerungen. In der dritten Therapiestunde kann die angekündigte Trennung von der Mutter für die Therapiedauer vollzogen werden, ohne dass Ellen eine Miene verzieht. Nach einem ähnlichen Spielritual in der fünften Therapiesitzung versuche ich, durch eine kleine Provokation ins Spiel einzugreifen: Ich nehme die Zwergpuppe und lasse sie „dumm" und tollpatschig die falschen Klötze auf die falschen Häufchen legen: „Oh, das sind schöne farbige Klötze! Ich möchte auch spielen!" Die Puppe legt einen roten Bauklotz auf den blauen Haufen. Ellen schaut den Zwerg verwundert an und richtet blitzschnell den Blick auf mich. Das leise Lächeln bestätigt mir, dass sie die „Provokation" als Spiel hinnehmen und „goutieren" kann und nicht als Störung empfindet, die ihre Abwehr und Angst noch verstärkt. Als der Zwerg zum nächsten Bauklotz greift, nimmt sie ihm den Klotz aus der Hand, sagt laut: „Nein!", versteckt den Klotz hinter ihrem Rücken und schaut uns beide provokant mit einem leicht belustigten Ausdruck an. Zu Ellen gewandt kommentiere ich: „Der Zwerg möchte so gerne in so einem schönen Spiel mitmachen!" und zum Zwerg sage ich: „Ich glaube schon, dass Ellen mit dir spielen wird, aber du kannst nicht einfach Klötze nehmen, ohne zu fragen! Wenn du sie schön fragst, wird sie dir vielleicht erlauben, mitzuspielen." Ellen verfolgt dabei äußerst aufmerksam das Hin und Her zwischen mir und dem Zwerg. Der Zwerg fragt sie: „Also gut, Ellen, wo soll ich diesen Klotz hinlegen?" Sie schaut mich und den Zwerg abwechselnd an und sagt deutlich und in normaler Lautstärke: „Hier hin!" Von da an wird Ellen in der Therapie zunächst via Zwerg, später auch direkt meine Fragen beantworten. Ihre Handlungen werden weiterhin sprachlich begleitet, strukturiert und kommentiert, ihre Intentionen erfragt und erraten, Anregungen und Möglichkeiten für Erweiterung und Ausdifferenzierung ihrer spontanen Spiele werden ihr unterstellend angeboten. Es werden ihr Verse, Kniereiter (siehe Teil V, Kapitel 4) und Fingerspiele angeboten und einstudiert sowie lustvolle Begrüßungs- und Verabschiedungsrituale mit mir und dem Zwerg eingeführt. Ihre eigenen Ideen und Variationen dazu werden wiederum in das Spiel integriert und erweitern es. Sie wird etwa vier Monate nach Beginn der Therapie ihr Defizit in der Kontaktaufnahme mit Fremden sowie in der Sprachentwicklung rasant nachholen. Die therapeutischen Interventionen werden durch Elternberatung unterstützt, die erstens darauf abzielt, Ellens Wutausbrüchen mit konsequenten, rituell-regelhaft definierten Grenzen und einem Verhandlungsspielraum zu begegnen, die ihre Selbststeuerung und ihre Eigenwirksamkeit fördern. Zum Zweiten wird Ellens Mutter in die Therapiestunde eingeladen, um mit Ellens Zustimmung den Versen, Kniereitern und Ritualen beizuwohnen, damit sie zu Hause weiter gespielt und geübt werden können.

Ellens Fähigkeit, ihren Intentionen durch Sprache Ausdruck zu verleihen, war zu Beginn der Therapie noch völlig unentwickelt, ganz zu schweigen von der Fähigkeit, sich auf ein Gegenüber einzustellen. Meine erste Intervention bestand darin, mich in ihr Spiel einzuklinken, sie zu spiegeln und zu kommentieren, damit eine interaktive Handlung mit einem Blickdialog und einer „Passung" (Atunement) entstehen konnte. Die zweite Intervention mit dem Übergangsobjekt „Zwerg" eröffnete eine ganz neue kommunikative Perspektive: Die Provokation wurde, da nicht auf der Beziehungs-, sondern auf der Symbolebene, ausgeführt und relativiert. Ich als Provokateur auf der realen Ebene der therapeutischen Beziehung blieb abgegrenzt und distanziert genug, um keine Angst zu erzeugen. Im Gegenteil: Ich zeigte mich als Beschützer vor Angriffen, und unterstellte Ellen, dass sie den Zwerg ganz gerne in ihr Spiel einbezogen hätte, wenn er einige Regeln beachtet hätte. Damit sind wir bei der dritten Intervention angelangt: Das Lernen am Modell. Ein trianguärer Umgang mit der Sprache wurde eingeführt. Ellen erhielt die Möglichkeit, eine Interaktion zwischen zwei „Personen" (mir und dem Zwerg) von außen zu betrachten (Lempp 1992), die sich über sie als eigenständige Person unterhalten und miteinander verschiedene Verhaltensweisen ihr gegenüber aushandeln. Durch die Puppe wurde „pädagogisch angeleitet", wie man Kontakt aufnimmt, wie man um etwas bittet und wie man etwas aushandelt, ohne dass sich Ellen selbst als diejenige fühlen musste, die falsch handelt. Die symbolischen Repräsentationen und ihre kognitive Entwicklung erlaubten dem Kind, die doppelte Realität zu begreifen (ihr Lächeln beim „Nein"-Sagen bezeugte dies), so dass die Intervention auch fruchten konnte. Darauf konnte das „eigentliche Training" des Verhaltens gegenüber Fremden aufgebaut werden: Soziale Rituale werden eingeübt, die Sprachkompetenz und -performanz aufgebaut.

Wie in der Einleitung beschrieben, wird in der therapeutischen Arbeit mit Ellen zweierlei deutlich: Man sieht zum einen, wie sehr man dabei auf einen körpersprachlichen, nicht-verbalen Zugang bei der Arbeit mit diesen Kindern angewiesen ist (Katz-Bernstein et al. 2002). Zum anderen wird klar, wie wichtig Kenntnisse der Sprachentwicklung sowie sprachtherapeutische Zugänge sein können.

Ein wenig anders ist die therapeutische Arbeit mit Migrantenkindern oder zweisprachigen Kindern gelagert:
  Bei Simona (6 Jahre alt) und Marcella (8;6 Jahre alt), zwei selektiv-mutistischen Schwestern aus Italien, wurde klar, dass die Unkenntnis der neuen Sprache und die scheue und zurückhaltende Art der Familie zum selektivmutistischen Verhalten gegenüber allen Kontexten, Orten und Personen, die schweizerisch waren, beigetragen hatten. Möglicherweise erlebten beide Mädchen auch mit drei bzw. fünf Jahren ein Trauma, das ihr mutisti-

sches Verhalten ausgelöst oder mit verursacht hatte. Kurz bevor der Vater als Gastarbeiter in der Schweiz die Familie nachkommen lassen konnte, hatte die Familie, bestehend aus Großeltern, Mutter und den beiden Töchtern, ein heftiges Erdbeben miterlebt, das ihr Haus zum Teil stark beschädigt hatte und einen Teil des Dorfes zerstörte.

In der Therapie galt es zunächst, mit den beiden Mädchen, die ich gemeinsam zu mir kommen ließ, eine asymmetrische verbale und nichtverbale Kommunikation zu etablieren. Die Vorliebe für das Malen bei beiden Mädchen half dabei sehr. Schon nach der zweiten Stunde erhielt ich von jeder eine Zeichnung von Enten im Teich, die sie zu Hause malten und mir stolz zu Beginn der Stunde als Geschenk überreichten. Der Ententeich war der Kommunikationsübung von „Führen und geführt werden", die ich in der Stunde mit den beiden durchgeführt hatte (Katz-Bernstein 2003b, 82f), entnommen. Dabei war ich die Entenmutter, die ihre beiden Küken zum Teich führt (mit Schlaghölzern im Takt „schnatternd"). Später wurde die Mutterrolle an Marcella, bzw. Simona delegiert.

Auch ein ausgelassenes, provokantes Puppenspiel (siehe Teil IV, Kapitel 2) trug zur Lockerung der nonverbalen Kommunikation bei. Zugleich war es mir sehr bald wichtig, einen sprachtherapeutischen Input zu geben, was auf unterschiedlichen Ebenen geschah. Um Satzstrukturen zu üben und Wortschatzerweiterungen zu ermöglichen, bauten wir einen bunten Reifenweg, bei dem berichtet wird, was man alles gut kann (2003b). Der erste blaue Reifen hieß „Ich oder Du, Marcella, Simona oder Frau Katz" und war einer Person zuzuordnen. Der zweite grüne Reifen hieß „kann", der dritte gelbe hieß „gut" und der vierte Reifen aus Naturholz erhielt keinen Namen. „Dieser Reifen ist ein ganz besonderer Reifen.", sagte ich ein wenig geheimnisvoll. „In diesen Reifen muss jeder von uns etwas hineinlegen, damit der andere raten kann, was wir gut können. Zum Beispiel: Wenn du, Marcella, einen Buntstift und Papier hineinlegst, dann kann ich ‚Du kannst gut malen' raten. In diesem Reifen liegt also das, was man gut kann und das, was wir erraten sollen.", sagte ich, und schritt beim Sprechen durch den Reifenweg. Simona und Marcella legten mit großem Vergnügen Gegenstände in den Reifen aus Naturholz: Ball, Kochtopf, Trommel, Puppe und sogar eine Gitarre. Ich musste raten, riet auch ein wenig falsch. Wenn die Mädchen an der Reihe waren, den Reifenweg zu durchschreiten, so spielte ich den Sprecher, der ihre Schritte rhythmischsprechend begleitete. Später spielten wir „Lügen", und es wurde ein Flugzeug, ein Auto, ein Tiger und ein Krokodil in den Reifen gelegt. Ich riet beispielsweise: „Simona kann gut ein Flugzeug fliegen." oder „Marcella kann gut Tiger füttern." Dabei schmunzelten die beiden Schwestern einander zu. Simona, die jüngere, wachere und kommunikativere von beiden, lachte dabei sogar laut, als sie, ein wenig übermütig geworden, die Spielzeugtoilette aus dem Puppenhaus hineinstellte und ich sagte: „Simona kann gut Toiletten putzen!"

Es wurden zwei schöne Hefte erstellt, in die ich schrieb „Ich kann gut ..." Ich forderte sie auf, die Gegenstände, die wir bereits erraten hatten, der

Reihenfolge nach zu zeigen. Später kündigte ich an, dass ich dabei „lüge"
und sie müssten mich ertappen. Zu dem aufgehobenen Ball von Simona
sagte ich: „Du kannst gut Fahrrad fahren! Stimmt es oder ist es gelogen?"
Bei „Lüge" wurde eine dumpfe Rassel betätigt, bei „Wahrheit" mit einer
hellen Glocke geläutet. Der Satz wurde, nach dem hellen Glockenton ins
Heft geschrieben. Zu Hause wurden neben die Sätze die Gegenstände und
die Handlungen gemalt, was beide, jede in ihrem Heft, äußerst gerne taten.
Später wurden sie aufgefordert, neue Gegenstände und Tätigkeiten, die sie
gut, nicht gut oder „gelogen gut" konnten, zu malen oder zu schreiben. Bei-
de zeigten dabei großen Eifer. Es gelang, durch Spiel, Sprechen, auditiven
Input, Provokation, Humor, Malen und Aufschreiben eine lebendige Sprach-
förderung zu gestalten. In der Schule zeigte sich bei beiden eine markante
sprachliche Entwicklung, die sich zunächst in ihren schriftlichen Arbeiten,
später auch in mündlichen Äußerungen, offenbarte.

Die Arbeit mit den beiden selektiv-mutistischen Schwestern zeigt eine
„einseitige" Sprachförderung, die jedoch nötig war, um die Fremdheit der
neuen Sprache und der neuen Kultur zu überwinden. Auch wenn von den
Eltern ein mutistisches Verhalten als Folge eines Traumas geschildert wird,
wird die Therapie zunächst so aussehen, dass Kommunikationsspiele als
erster Zugang und, wenn nötig, spielerischer Sprachinput geleistet werden.
Auch bei traumatisierten Kindern ist das Etablieren eines intakten sozialen
Netzes, ein geregelter Alltag, der die Integration in eine neue oder auch
herkömmliche soziale Umgebung fördert, unerlässlich (Petzold 2003).

5   Symbolisierung und narrative Verarbeitung
Erzählen ohne Sprache

„Heilende Kräfte im kindlichen Spiel" (Zulliger 1963)

„Wenn der Therapeut nicht spielen kann, ist er für die Arbeit nicht geeig-
net. Wenn der Patient nicht spielen kann, muss etwas unternommen
werden, um ihm diese Fähigkeit zu geben. Erst danach kann die Psychotherapie beginnen." (Winnicott 2002, 66)

5.1   Das Symbolspiel als therapeutische Intervention

Die folgenden theoretischen Ausführungen sollen den Stellenwert und
die Bedeutung des freien, symbolischen Spiels hervorheben und betonen.
Die Ansätze zu solchen Symbolspielen entstehen oft spontan im Thera-

piezimmer, die Kinder bieten sie förmlich an und versuchen, damit Erlebnisse, Sorgen und erregende Erfahrungen durch eine narrative Konstruktion zu verbinden und ihnen damit einen sozialen Sinn zu verleihen. Die Arbeit an und mit dem Symbolspiel soll hier als integraler Teil der psychotherapeutischen Verarbeitung bei einer Störung wie dem (selektiven) Mutismus skizziert, veranschaulicht und konkretisiert werden.

Mit übereiltem Effizienzdenken und dem Zwang nach einem empirischen Nachweis der Wirkfaktoren haben manche psychotherapeutische Schulen der Kinderpsychotherapie dieses vom Kind auf eine natürliche Art und Weise hervorgebrachte Mittel verdrängt, vergessen, verleugnet. Die logischen, für jedermann nachvollziehbaren und einfach wirkenden und messbaren behavioralen Interventionen sind in ihrer Einfachheit zu verführerisch, um zu glauben, dass sie „die ganze Wahrheit" der Wirkfaktoren der Psychotherapie darstellen. Wenn man „nur" noch eine „saubere" Diagnose und noch perfektioniertere, angeleitete, vorausgeplante und fertig ausgedachte Technik kennen würde! Manche Effizienzstudien bei Angststörungen wie Phobien, Panikattacken (Barlow 1988; Barlow/Wolfe 1981) und der verwandten Störung Mutismus, verschweigen eine vorhergehende Selektion des untersuchten Klientels, berücksichtigen keine Abbrecherquoten (Duncan et al. 1992; Prochaska/Di Clemente 1992), oder es wird sogar eine fehlende Unbefangenheit der Forscher beanstandet (Lambert/Bergin 1994; Miller et al. 2000, 15ff). Desensibilisierung, stimulus-fading und strukturierter Aufbau eines erwünschten Sprechverhaltens sind bei Angststörungen und Sozialphobie nicht wegzudenken. Genausowenig die psychodynamische Ebene, deren Königsweg sich beim Kind im Symbolspiel darstellt (Pellegrini 2009, 2010).

Auch kann es keine evolutionär richtige Lösung sein, dass Menschen, und vor allem Kinder, in ihrer Entwicklung mehr und mehr von chemisch-medikamentösen Stoffen abhängig werden und nicht mehr überwiegend durch Lernen, Erfahrungen und Anpassungsprozesse Entwicklungshürden und Störungen überwinden. Es ist nur ansatzweise empirisch erwiesen, dass in der Behandlung von Angst und Depression „pharmakologische Interventionen der Therapie durch das Gespräch überlegen seien" (Lambert/Bergin 1994; Miller et al. 2000, 16; vgl. dazu Manassis/Tannock 2008). Die vielen Erfahrungen mit Kindern, ganz besonders solchen mit Sprachentwicklungsstörung, mit Stottern und Mutismus zeigen eindeutig die Entwicklungseffizienz und die Wirkung des therapeutisch unterstützten Symbolspiels für die allgemeine, sprachliche und kognitive Entwicklung. Die aktuelle Forschung der Neurowissenschaften, der Lern-, Gedächtnis- und Kognitionsforschung vermochten mehr und mehr die beobachtete Effizienz wissenschaftlich zu erklären und zu erschließen (dazu auch Buchholz 2006).

Nimmt man beispielsweise die Errungenschaften der aktuellen Hirnforschung ernst und setzt sie in Pädagogik und Therapie um, so kommt man um eine Integration von Methoden (Grawe et al. 1994; Petzold 1995; Fiedler 2000; Metzmacher/Wetzorke 2004; dazu auch Solms/Turnbull 2004), die diese psychodynamische Arbeit einbezieht, nicht herum. Der Mutismus bildet ein Paradebeispiel für die Notwendigkeit einer solchen Integration.

In diesem Buch bemühe ich mich durchweg, die Effizienz des Symbolspiels als therapeutische Intervention entlang von neueren Theorien und Forschungsergebnissen bezüglich der Kognition, der Sprach- und Spielentwicklung und des Symbolverständnisses zu zeigen. Die hier dokumentierten Fallbeispiele sollen die Arbeit konkretisieren. Sie sollen nicht additiv zu der behavioralen, stark strukturierten Arbeit mit dem Symptom verstanden werden. Erst die Verbindung der Methoden kann einen synergetischen Effekt erzielen, der noch empirisch-quantitativ zu erheben wäre (Spasaro et al. 1999; Katz-Bernstein et al. 2011). Als Fazit lässt sich sagen, dass

- **das Symptom** = behaviorales Training als strukturierendes, automatisierendes Lernen zur Überwindung des Schweigens,
- **die Struktur der Störung** = Verbindungsarbeit eines emotionalen Lernens und Rekonstruktion einer eigenen Identität durch Sinngebung, Symbolisierung und narrative Organisation von neuen Verhaltensweisen und
- die **interdisziplinäre, systemische und soziale Netzarbeit**, die die Einbettung in die Lebenswelt und den Transfer gewährleistet,

in ihrer Kombination und Integration sinnvoll und angesagt sind, sowohl in der Psychotherapie allgemein (Fiedler 2000; Miller et al. 2000; Metzmacher et al. 1995; Metzmacher/Wetzorke 2004) als auch bei der Arbeit mit mutistischen Kindern im Besonderen (Spasaro et al. 1999; Dow et al. 1999; Bahr 2002; Hartmann/Lange 2003; Katz-Bernstein et al. 2012; Katz-Bernstein et al. 2011).

5.2 Die Aktualität des therapeutischen Symbolspiels

In diesem Kapitel sollen die theoretischen Ausführungen aus dem Teil I, Kapitel 2.2.4 eine therapeutische Relevanz erfahren.

Das Symbolspiel gilt seit den Anfängen der Kinderanalyse als der Königsweg zur kindlichen Psyche (Klein 1962). Zulliger, ein schweizer Pädagoge und Kinder- und Jugendlichen-Psychoanalytiker, sieht das Symbolspiel als „heilende Kraft", auch ohne jegliche Deutung und Bewusstmachung (1963). Winnicott (2002) näherte sich modernen Kognitionspsychologien durch die These an, das Symbolspiel sei ein Bereich zwischen „Innen und Außen", das dem Kind zur Loslösung von den Bezugspersonen helfe. Laut kognitiven Theorien, die sich auf Piaget stützen, ist die Fähigkeit, die Realität in reduzierter, minimaler, überzeichneter Form abzubilden, eine kognitive Leistung, die dazu verhilft, sich die Welt und das Verständnis für Handlungen anzueignen, deren Ursachen und Wirkungen, Abläufe und Systematik zu begreifen (Pellegrini 2009, 2010; Oerter 1999). Dabei lernt das Kind, Zusammenhänge zu verstehen, und wird fähig, über sie zu berichten. Durch die Möglichkeit der „Verkleinerung" von Raum und Zeit kann es komplexe, kontinuierliche Handlungen überblicken und über sie nachdenken. Es lernt auch, sich selbst als einen Teil des gesamten Geschehens zu beobachten und erwirbt die Fähigkeit, über sich nachzudenken, sich mit den Augen anderer Personen zu beobachten und zu bewerten (Lempp 1992). Auf diese „Analogie der Welt" und auf die Fähigkeit zur sozialen Empathie durch das Hineinversetzen in eine äußere Perspektive zum Geschehen, kann sich, so die Annahme, die digitale Sprache aufbauen (Zollinger 1995). Das Symbolspiel erlaubt, Ereignisse zu ordnen und zu strukturieren. Es kann unterschiedliche Positionen und Perspektiven akzentuieren und unterscheiden oder sie so verändern, dass sie nachvollziehbar und erzählbar sind. Dem Kind ermöglicht das Symbolspiel, sein Erleben und Verständnis auszudrücken und zu erzählen, bevor es sprachlich formulieren kann. Auf diese Weise lösen sich Denkprozesse von der realen, konkreten Ebene (Wygotsky 1986; Oerter 1999; Andresen 2002; 2005). Dies bereitet den Weg zum Rollenspiel, das vom Kind verlangt, eine symbolische Beteiligung des Geschehens zuzulassen, verhandeln zu lernen, eigene Vorteile mit anderen abzustimmen und sich zu arrangieren (Bürki 2000; Andresen 2002).

Neben der Beziehungsgestaltung bildet die Inszenierung und Symbolisierung von Ereignissen einen Kern der psychodynamischen, tiefenpsychologischen Arbeit mit Kindern. In der neoanalytischen Psychotherapie mit Kindern wird in dieser Arbeit die Quelle der „Mentalisation" gesehen, ein Vorgang, der ein kontinuierliches, einheitliches Identitätserleben ermöglicht (Fonagy/Target 2001). Die Hirn- und Gedächtnisforschung scheint diese Thesen, die das kindliche Spiel als Konnektor für fragmentierte Wahrnehmungserlebnisse zu einem vernetzt-konstruierten Ich-Erleben ansehen, zu bestätigen (Rosenfield 1999; Welzer 2002; Markowitsch/Welzer 2006). Die Erforschung des kindlichen Spiels und seiner Bedeutung für die Entwicklung von kognitiv-emotionalen und sprachlichen Kompetenzen ist heute weit gediehen und belegt (Oerter 1999; Katz-Bernstein 1998b; Andresen 2002; 2005; Pellegrini 2009; 2010).

Piaget zeigte, dass die stetige Symbolisierung von Ereignissen einen Abstand zu konkreten Handlungen verschafft. Dadurch verdichten sich einzelne Ereignisse allmählich zu systematischen und dennoch flexiblen Denkprozessen. Zeit- und Raumhierarchien und -ordnungen entstehen und verhelfen zu einem abstrakten, komplexen Denken (Piaget 1988). Die Loslösung von der Realität ermöglicht ein „Lernen", ein Schließen von vergangenen Ereignissen auf die Zukunft und auf die Fähigkeit, Ereignisse einzuordnen und zu bewerten. Wygotsky beschrieb, wie durch eine symbolisierte Repräsentation eines „inneren Dialoges" ein Mensch lernt, sein eigenes Verhalten zu bewerten und zu steuern. Er zeigte dadurch auch, wie stark Denken und Sprechen miteinander verknüpft sind (Wygotsky 1986). Dadurch bahnte er einen Weg zu den modernen Theorien, basierend auf der Hirnforschung, die zeigen, wie symbolisierte Repräsentationen von Ereignissen, durch Damasio „Karten zweiter Ordnung" genannt (Damasio 1999, 34f), zur Vernetzung des Gehirns verhelfen. Hemmende und fördernde Prozesse, „kleinste Bausteine des Denkens" rasen durch vernetzte Wege oder bahnen sich neue Verbindungen. Sie werden so lange sortiert und neu arrangiert, bis ein brauchbarer Gedanke oder gesprochener Satz erschaffen, konstruiert und kreiert wird. Dabei spielen Erregungszustände, Affekte und Gefühle eine übergeordnete Rolle: Sie sortieren Ereignisse, bewerten und färben sie negativ oder positiv, sodass schnelle, unbewusste und „intuitive" Handlungsentscheidungen gefällt werden können (Roth et al. 2010; Röthlein 2002). Diese Bewertungsprozesse sind nur durch eine sich wiederholende Reorganisation von Erfahrungen und erregenden Ereignissen zugänglich und veränderbar. Erst durch den sinnstiftenden Zusammenhang einer narrativen Organisation jedoch können sie nutzbar gespeichert und integriert werden (Welzer 2002; Spitzer 2002, 35). Sie verdichten sich zu einer abstrakteren, sinnstiftenden Geschichte, die weitergedacht werden kann. Erweitert durch Erfahrungen im institutionellem Kontext der Vorschul- und Schuleinrichtungen, durch strukturierte Sprach- und Rollenspielangebote sowie durch informelle Interaktionen mit Peers kann sich auch der Erwerb der diskursiven und narrativen Kompetenzen vollziehen, die für Bildungsprozesse unerlässlich sind (dazu Katz-Bernstein 2010a; Quasthoff et al. 2011). Die enge Wechselwirkung zwischen Repräsentationen von vergangenen Erfahrungen, Organisation, Bewertung und Vernetzung von Erregungszuständen sowie der Regulation und Steuerung des Verhaltens ist, laut aktuellem Wissenstand, demnach nicht mehr zu leugnen.

5.3   Die therapeutische Rolle beim Symbolspiel

Was in der Psychotherapie von Erwachsenen als „Sinn" bekannt ist (Frankl 1986), als autobiographische, narrative Konstruktion von Lebensereignissen sowie als Heilungsfaktor und was von Miller et al. (2000)

mit dem ersten Wirkfaktor einer Psychotherapie (die Motivation durch Sinngebung der Intervention) in Verbindung gebracht wird, ist in der Psychotherapie von Kindern das kindliche Symbolspiel. Das vorteilhafte und einmalige daran ist, dass dieses Labor des Denkens und Bewertens des Kindes uns auch ohne jegliche gesprochene Sprache therapeutisch zugänglich wird, wenn man einige Regeln dieser besonderen, universellen „psychischen" Sprache zu verstehen lernt.

Bei einer geeigneten, entspannten Körperdisposition und entsprechender Zugewandtheit des Kindes genügt oft eine Figur, ein angebotener Gegenstand oder ein abgegrenzter, gestaltbarer Raum (z. B. ein Sandkasten, ein Blatt Papier oder eine Hütte im Therapieraum) als Bühne für eine dargestellte, inszenierte, psychische Befindlichkeit. Bei älteren Kindern und Erwachsenen kann ein solcher Effekt durch eine geführte Imagination (ein Spaziergang an einem Bach, die Besteigung eines Berges oder ein Liegen auf einer Wiese) evoziert werden (Katz-Bernstein 1990). Ein solches projektives Material wird dann zugänglich für neue, eingepflanzte Erfahrungen.

Wie in diversen vorherigen Kapiteln beschrieben wurde, kann diese Intervention als regulierte Desensibilisierung oder stimulus fading betrachtet oder benutzt werden, um gegenüber den vom Kind als bedrohlich, invasiv und fremd erlebten Kräften, Personen und Ereignissen eigene Bewältigungsstrategien zu entwickeln. Nicht die getreulich berichteten oder nachgestellten Ereignisse sind dabei zu erwarten, sondern eine Verarbeitung derer durch verdichtete, polarisierte Formierung von bedrohlichen Kräften, Zuordnungen von „gut" und „böse". Diese ermöglichen zunächst eine eindeutige Bewertung der Situation und tragen zur Erarbeitung von Lösungs- und Handlungsstrategien, die ihrerseits die Auflösungen der ausweglosen, undurchsichtigen Situation ermöglichen, bei. Auf dieser imaginär-abstrakten Ebene wird Distanz zur Realität geschaffen, die der Überwältigung der realen Geschehnisse ein besonneneres und differenzierteres, effizienteres Vorgehen entgegensetzt. So helfen die Symbolisierungsprozesse eine Metaebene zur Realität, eine übergeordnete Perspektive zum Geschehen zu schaffen, die der Neubewertung der Situation dient (Andresen 2002). Die Arbeit des Therapeuten kann wie folgt aussehen:

▪ Er bietet mögliche „Bühnen" und Medien, stellt Requisiten zur Verfügung, bespricht die dazu nötigen Techniken und Schutzmaßnahmen.
„Da ist eine Kiste mit Verkleidungssachen. Dort ist ein besseres Schwert als dieser Stock hier. Es ist aus Gummi, da kann man wie echt zuschlagen und es kann nichts passieren."
▪ Er setzt den zeitlichen Rahmen und stellt weitere nötige Regeln auf, schützt vor real destruktiven Vorgängen und stoppt sie konsequent.

„Weißt du noch, was du machen musst, bevor du die Kerzen für dein „Gruselkabinett" anzünden kannst? Genau! Sie in die kleinen Backformen legen, denn der Tisch ist ja aus Holz!"

▪ Er bietet sich, verbal oder nonverbal, wie bei dem Psychodrama, als äußerer Zuhörer und Zuschauer an, der durch seine Anwesenheit zugleich den fiktiven Rahmen dokumentiert.

Zum Beispiel, indem er sich dazu setzt oder fragt: *„Darf der Bär mit mir zusammen zuschauen?"*

▪ Er kann durch Spiegelung und kleine Kommentare den narrativen Charakter der Ereignisse unterstützen (im Sinne von „Scaffolding", siehe Teil III, Kapitel 1).

„Oh, der Berg ist ganz schön hoch! Es muss ziemlich anstrengend sein, da rauf zu klettern!"

▪ Er kann den Haupthelden loben, z. B. für seinen Mut, seine Ausdauer, seine Geduld, seinen guten Selbstschutz usw.

„Was müssen in dieser Burg für Schätze sein, dass sie so gut beschützt wird! Das ist wirklich ausgeklügelt, da kann keiner dran."

▪ Er kann Lautmalereien begleitend zur Handlung anbieten und dadurch das Kind zu eigenen animieren.

„Brrr!", „Poing!", „Tuck-Tuck!", „Grusel Grusel!"

▪ Er kann empathisch die Gefühle des Helden oder der weiteren Protagonisten spiegeln und damit das emotionale Geschehen deutlich machen und zur Dramatisierung des Geschehens beitragen.

„Uah, der Wächter muss richtig aufpassen, es könnte jetzt gefährlich werden! Man weiß ja nie, ob jemand das Versteck kennt!"

▪ Er kann als neugieriger Zuschauer, der den möglichen Ausgang der Situation im Voraus errät, dem Spiel durch vermeintliche Selbstgespräche Auswege und Entwicklungsmöglichkeiten „unterstellen".

„Ob er es wohl schafft? Vielleicht ist der Feind doch nicht so gefährlich, wie er scheint? Vielleicht wird der Wächter den Fremden heute hineinlassen? Der Wächter ist ja eh viel besser bewaffnet als dieser hier! Ob er das riskiert? Es könnte interessant werden!"

▪ Er kann auch vorsichtig eine komplementäre Rolle anbieten. Die Inszenierung jedoch bleibt strikt beim Kind.

„Ich wäre ein Ingenieur, der Brücken baut, der sich echt für das Patent der Ziehbrücke interessiert. Ich hätte so ein Patent noch nie gesehen . . ." (Der Therapeut stellt eine Figur am Rande der Szene auf und wartet ab.)

▪ Bei sich wiederholenden, ausweglos erscheinenden Spielsequenzen können Weiterentwicklungen unterstellt werden.

„Immer wieder alle abzuknallen, kann ganz schön anstrengend sein. Sicher wäre es schön, wenn unter den Angreifern ein Freund wäre, der dabei helfen würde, die Burg zu beschützen. Hätte der vielleicht überlebt? Manchmal, wenn man Überlebenden das Leben rettet, werden sie zu Freunden."

- Bei Beendigung des Spiels sollte der Therapeut ein abschließendes Feedback geben.
  „Uah, heute war es schwere Arbeit!", „Heute war es sehr spannend.", „Am Ende der Schlacht war heute ganz was Neues!", „Ich bin neugierig, wie es weitergeht!"
- Eine rituelle Überleitung, die den Überstieg zu der realen Ebene erleichtert, sollte eingeführt werden.
  Gemeinsames Auflösen, Aufräumen, Aufschreiben, Regeln für das weitere Spiel besprechen.

Es darf nicht vergessen werden, dass diese Spiele ein Probehandeln bedeuten. Es muss noch keine Rücksicht auf die Folgen nehmen. Der fiktive Charakter dieser Spiele, über jegliche Grenzen der Realität hinaus die Möglichkeit zu polarem Denken und zu „unverschämten" Übertreibungen zu haben, zunächst ohne Sanktionen und Konsequenzen befürchten zu müssen, ist das wichtigste Privileg und der wichtigste Wirkfaktor des Symbolspiels (Oerter 1999; Pellegrini 2009; 2010). Es stellt eine Denkwerkstatt dar, in der die Realität, so emotional wie sie erlebt wurde, nachgestellt werden kann, es kann über sie nachgedacht und nachgespürt werden.

Ähnlich sehen Verarbeitungsstrategien auch bei Erwachsenen aus: „Ich möchte ihnen am liebsten an die Gurgel springen!" ist nichts anderes als eine rohe Rachephantasie, die durch die Redewendung noch bildlich-symbolisch inszeniert werden kann und das Ausmaß des Zorns anzeigt, jedoch gezähmt und sozialisiert, da keinesfalls Handlungskonsequenzen zu befürchten sind.

Zunächst dürfen die Rollen des „Opfers" und des „Täters" auch getauscht werden. Verfolgte werden zu Verfolgern. Gemeine und grausame Problemlösungen können im Sandkasten zunächst von Herzen ausgelebt und ausprobiert werden. Plastikfiguren erleiden ja keine realen Schmerzen, das weiß das Kind ganz genau.

Mit Rollen- und Perspektivenwechsel wird sich das Spiel weiterentwickeln und immer humanere und sozialere Lösungen in Richtung Co-Existenz finden.

Im nächsten Kapitel wird auf die Arbeit mit Aggressionen im Symbol- und Rollenspiel eingegangen.

Bei (selektiv) mutistischen Kindern ist es oft die Bühne, die ihnen offen steht, um über ihre Befindlichkeit, ihre Ängste und ihr Bedroht-Sein zu erzählen, sie weiterzuentwickeln und Auswege zu suchen.

Selina (12 Jahre alt) erzählt im Märchenheft, das wir Absatz für Absatz gemeinsam gestalten, über einen Tiger, der durch eine böse Hexe verzaubert wird. Er bleibt still und traurig, verkriecht sich in eine Höhle und verliert durch den Zauber all seine Kraft. Auf meine Frage, warum die Hexe das gemacht habe, antwortet Selina, dass die Hexe vor den Kräften des Tigers Angst gehabt hätte, er wäre ihr zu wild geworden. (Mein Anteil der weiteren Geschichte:) Der Tiger flieht dann, ist traurig und allein, bis er (Selinas Beitrag:) zu einem Haus einer gütigen Hexe kommt, die ihn aufnehmen möchte und die sich darum bemüht, den Zauber der anderen Hexe aufzulösen. (Mein Beitrag:) Die gütige Hexe möchte den „echten Tiger" – so wie er wirklich ist – kennen lernen, auch wenn sie weiß, dass er dann nicht immer still sein wird und nicht immer höflich bleiben wird. (Selinas Beitrag:) Beide, Hexe und Tiger, suchen einen Zauberer auf, der eine Pille verschreibt, die dem Zauber entgegen wirkt. Da Selina unter Wutausbrüchen litt, frage ich in meinem nächsten Beitrag, ob die Kraft des Tigers nicht für ihn selbst, die Hexe und für andere Menschen gefährlich sein kann. (Selinas Antwort:) Für den Tiger selbst gar nicht, auch nicht für die alte Hexe, die hat immer vor allem Angst. Für die gute Hexe nicht, da sie den Tiger mag und keine Angst hat. Nur wenn man den Tiger angreift oder aber bei Menschen, die vor allem Angst haben, wird er „sternsverrückt" (sehr zornig in züricher Dialekt) und beißt zu.

In der Folge (je mehr Selina anfängt zu sprechen und die Eltern ihr erzieherisches Verhalten ein wenig verändern können) wird der Tiger neckischer, fröhlicher und frecher. Er kehrt zur alten Hexe zurück, neckt und überlistet sie und siehe da, sie lacht und freut sich, ihn zu sehen, neckt zurück und handelt mit ihm Kompromisse aus, damit er nachts in seinem alten, schönen Käfig schlafen kann. Tagsüber kann er kommen und gehen und sie verspricht, ihn nicht mehr zu verzaubern. Darauf schreibt Selina in die Sprechblase: „Das kannst du gar nie mehr, ich bin zurückverzaubert!" (siehe auch Teil VI, Kapitel 2 über die Arbeit mit der Mutter und Fall Vroni, Teil IV, Kapitel 5)

Das symbolische Spiel als Intervention verdient eine viel ausführlichere und differenziertere Auffächerung. Hier in diesem Buch begnüge ich mich im folgenden Kapitel mit einer groben symbolspieldiagnostischen Überlegung zur Sprach- und Kognitionsentwicklung und mit einem weiteren, ausführlichen Kapitel über die Arbeit mit Aggressionen.

5.4   Exkurs: Entwicklungsdiagnostik des Symbolspiels

Bei der Therapie von mutistischen Kindern kann eine grobe diagnostische Analyse der Differenziertheit und Komplexität des Symbolspiels Aufschluss über die kognitive Entwicklung der Symbolisierungsfähigkeit geben, die ihrerseits die Grundlage von sprachlichen Kompetenzen darstellt. Folgende, diagnostische Fragestellungen können dabei helfen:

Ist das Spiel noch funktional? Ellen (4;6 Jahre alt) spielt längere Zeit mit Sand, Wasser und Eimer. Sie lässt Wasser aus der Gießkanne in eine Wassermühle rieseln und beobachtet das Spiel ganz versunken.

Daniel ist 8 Jahre alt. Er wirkt oft hastig und hat eine ausgeprägte Aufmerksamkeitsstörung. Die Mutter berichtet über ihn, dass er kaum für sich spielen kann und ihre Aufmerksamkeit ständig durch „Spiele mit Grenzen" zu gewinnen versucht. In der 4. Stunde nimmt er sich zunächst viele Soldaten, Indianer, Tiere und Gehege und wirft sie durcheinander in den Sandkasten. Sein einziger Kommentar dazu: „Es gibt eine Schlacht." Anschließend verbringt er im Sandkasten die gesamte verbliebene Zeit damit, den Sand in zwei Teile zu teilen und den sichtbar werdenden Sandkastenboden zu glätten, zu säubern, die zwei Sandberge links und rechts immer wieder zu formen. Er scheint sein Tun zu genießen und kommt dabei zur Ruhe. Die vielen Soldaten liegen in der Ecke und finden keine Beachtung. Es scheint, dass Daniel sein progressives, symbolisches Vorhaben zugunsten eines regressiven Funktionsspiels aufgegeben hat.

Spielt das Kind vereinzelte Nachahmungssequenzen? Marcella (9;6 Jahre alt) nimmt jedes Mal, wie ein Ritual, die Puppe hervor, kämmt ihre Haare, flicht Zöpfe mit bunten Bändern und setzt sie wieder hin.

Sind verbundene Sequenzen zu beobachten? André (10 Jahre alt) baut im Sandkasten einen hohen Berg. Er umzäunt ihn und stellt ein großes und mehrere kleine Pferde hinzu. Die Pferde galoppieren, tollen umher, dann fallen sie erschöpft zu Boden, werden gefüttert und gekämmt. Obwohl er mir gegenüber abgewandt und abweisend ist, begleitet er sein Spiel mit kaum hörbaren, sehr leisen, stimmlosen, labialen und schnalzenden Lautmalereien (siehe Teil II, Kapitel 3).

Sind kontinuierliche, sich entwickelnde Themen zu beobachten? Vroni (5 Jahre alt) spielt durch mehrere Therapiesitzungen hindurch eine Familie, die im Hochhaus wohnt. Die Kinder spielen draußen auf dem Spielplatz immer neue Spiele, jedoch mehr vereinzelt als miteinander. Die Mutter oder der Vater erscheinen, um die Kinder nach Hause zu holen, denn es liege Schnee am Boden, es sei zu kalt draußen, man könne sich erkälten. Mit fortlaufender Selbstständigkeit und sich ausdehnendem Sprechverhalten außerhalb der Therapie lässt Vroni die spielenden Kinder draußen ein frecheres und verweigerndes Verhalten entwickeln und anfangen, miteinander Interessenskonflikte zu zeigen, sowie Streit und Verhandlungen zu führen. Dann verbünden sie sich gegen die mahnenden Eltern. Sie trotzen, finden es draußen gar nicht kalt, nörgeln und verstecken sich vor den Eltern.

Das Thema wird über die gesamte Therapiedauer immer wieder aufgegriffen. Ich meinte, die Ausdehnung der Beziehungen zu den Kindern der Peer-Gruppe und die Ablösung von den Eltern immer wieder im Spiel zu erkennen und für mich als eine sinnvolle, psychodynamische Entwicklung zu deuten. Die anfänglich typisch selektiv mutistische Organisation ihrer sozialen Bezüge als Innenansicht über die Welt kann durch den Erwerb der sprachlichen Performanz altersgemäßen Entwicklungsmöglichkeiten weichen. Das symbolische Spiel ermöglicht das Probehandeln, „übersetzt" Handlungen zu Alltagshandlungen, differenziert die neuen Möglichkeiten und sorgt für eine Reorganisation ihres Verhaltens- und Rollenrepertoirs. Dadurch wird ein neues, „autobiographisches Selbstbild" konstruiert. Vroni kann sich immer mehr als sprechendes und interagierendes Mädchen wahrnehmen.

In der Abschlussstunde der Therapie spielt Vroni, so ihr Wunsch für die letzte Stunde, wiederum im Sandkasten. Sie sagt, die Familie sei jetzt umgezogen, ganz in die Nähe des Spielplatzes. Sie wohne jetzt nicht mehr in einem Wohnhaus mit so vielen Menschen, die sie nicht kenne. Der Schnee sei geschmolzen, es wüchsen Blumen am Spielplatz. Die Kinder dürften jetzt länger miteinander spielen . . .

Ich deute diese neue Konstruktion ihrer sozialen und familiären Bezüge als die neue Fähigkeit, die soziale Welt persönlicher und weniger anonymbedrohlich zu erleben. Die sozialen Bedingungen und „Atmosphären" haben sich intrapsychisch verändert.

Sind Lebensthemen, Rückschau, Resümee oder Zukunftsplanung im Spiel erkennbar?

Leon besucht die 7. Klasse und ist 14 Jahre alt. Er wird vom Lehrer, der sich um seine berufliche Zukunft sorgt, wegen seiner undeutlichen Sprache und einer ausgeprägten Neigung, in der Schule zu schweigen, zur Therapie angemeldet. Eine zu selektivem Mutismus neigende Sprechscheu und eine Polter-Stotter-Symptomatik werden diagnostiziert.

Der Vater von Leon arbeitet als Techniker bei einem Flughafen, die Mutter ist eine häusliche, warmherzige Frau aus Südafrika.

Im Verlauf der Therapie baut er im Sandkasten auf einem bewaldeten Hügel eine Hütte mit Bauernhoftieren sowie Gemüse- und Blumenbeeten. Das sei sein Haus, wenn er mal erwachsen sei, kommentiert er. Dort wohne er mit seiner Frau und mit den zwei Kindern. Daneben, an dem tieferen Teil des Tals, baut er eine kleine Landepiste und ein Gehege für Pferde. Dort stellt er ein kleines Flugzeug auf. Das sei sein Privatflugzeug. Er wolle nämlich später Pilot werden, so dass er vom Flughafen aus nach Hause fliegen könne. Den Hügel hinauf bis zum Haus könne er mit dem Pferd zurücklegen. Das sei praktisch, da er gerne abgelegen wohnen möchte auf einem großen Gelände, mit vielen Tieren und einem großen Garten.

Sind Konflikte als vordergründiges Thema des Symbolspiels erkennbar?

Das Beispiel des 14-jährigen Ali zeigt eine Bearbeitung einer bikulturellen Identität. Bei ihm wechselt sich die symbolische Darstellung mit einer verbalen Verarbeitung ab.

> „Mit Ali spielte die Therapeutin ein ‚pro und contra- Spiel‘, in dem die Vorzüge und Nachteile der ägyptischen und der schweizerischen Heimat auf einem A6-Papier erzählend und gestaltend erarbeitet wurden. Die symbolische Gestaltung und das Aufschreiben gingen mit der Erzählung vieler kleiner Episoden einher, die Ali beschäftigten. Zunächst waren es die negativen, diskriminierenden Erfahrungen und Befürchtungen, die die Erzählung dominierten. Allmählich, durch gezieltes Nachfragen, erkannte Ali die Vorteile, die mit dem Pendeln zwischen zwei Kulturen verbunden sind. Die Therapeutin verriet, dass auch sie eine Wandernde zwischen Kulturen sei und sich je nachdem beiden, oder aber manchmal keiner der beiden Kulturen vollkommen zugehörig fühle. Als sie ihn fragte, was er meine, welche Vorteile dieser Umstand haben könne, lachte er verschmitzt und sagte: ‚Man kann die und die hereinlegen, keiner weiß, was und wie man wirklich denkt.‘
>
> In dieser Äußerung wird deutlich, dass Ali mit den verschiedenen kulturellen ‚Gesichtern‘ manchmal wie mit Masken zu spielen beginnt. Ali wird neugierig auf die Vorzüge seiner bikulturellen Lebensweise." (Katz-Bernstein/Zaepfel 2004).

Auch hier wird deutlich, wie Bewertungsprozesse durch symbolisches Handeln und Wiedererleben sukzessive Veränderungen der emotional-kognitiven Einstellungen zu sich selbst und zur sozialen Welt bewirken.

Mit zunehmender Reife der verbalen Kompetenzen kann sich bei Jugendlichen eine neue Abstraktionskompetenz entwickeln, die die therapeutischen Möglichkeiten und Zugänge verändert. Die gesprächstherapeutischen Zugänge und Möglichkeiten wachsen. Dennoch ermöglicht die Wechselwirkung zwischen verbalen und symbolischen, kreativen Zugängen bei Jugendlichen und jungen Erwachsenen, eine ganz anders gestaltete intrapsychische Tiefenebene zu erreichen. Zu den symbolischen Zugängen zählen beispielsweise Malen, Rollenspiel, Poesietherapie oder Musik. Bei mutistischen, in ihrer verbalen Performanz beeinträchtigten Kindern und Jugendlichen bildet sie eine Plattform der Verständigung, die ich als grundlegende Intervention erachte und als unverzichtbare Ergänzung für den behavioralen Aufbau des Sprechens.

6   Aggressionen zähmen im Symbol- und Rollenspiel

„Sie (die Mutter, Anm. d. Verfasserin) wird feststellen, dass Kinder sich in
ihrer Fähigkeit unterscheiden, fremde Ideen ertragen zu können, und
darauf wohlwollend oder ablehnend reagieren. So wird der Weg für gemeinsames Spiel in einer Beziehung geebnet." (Winnicott 2002, 59)

Bei mutistischen Kindern ist oft das Phänomen vorhanden, dass sie an
einigen Orten gehemmt, scheu und ängstlich sind, an anderen jedoch
Aggressionen in Form von Wutausbrüchen und Tyrannisieren von Eltern,
Geschwistern, Kleinkindern oder Tieren zeigen. Die Nähe des Mutismus
zur Depression und zu Panik- und Angststörungen zeigt auch nach innen
gerichtete, unorganisierte Aggressionen (Hayden 1980; Dow et al. 1999;
Hartmann/Lange 2003; Subellok/Bahrfeck-Wichitill 2007).

Oft wird in der Therapie ein Phänomen erlebt, das von vielen Therapeuten, die nicht psychodynamisch arbeiten, wenig wahrgenommen und
diagnostisch-therapeutisch genutzt wird. Ein aggressives Verhalten kann
zunächst – als Gegenpol zum schüchternen Verhalten außerhalb des
häuslichen Umfeldes – zu Hause auftreten und den Eltern wohl bekannt
sein. In der Therapie kann, je mehr das Kind Vertrauen fasst, beim Übergang von defensivem, zurückgezogenem Verhalten zu einem kontakt-
freudigen Verhalten, ein aggressives und grausames Verhalten vorkommen. Ein solches tritt dann in Erscheinung, wenn das Kind beispielsweise die ersten Kontakte von seinem „Safe Place" aus gestaltet (Teil III,
Kapitel 2.3). Oft sind es Gegenstände, die dem Therapeuten entgegen
geworfen werden, ohne Unterscheidung, ob sie gefährlich und verletzend
sein können oder nicht. Auch die ersten Trommelschläge können aggressiver Art sein, mit verkniffener Wut. Im Symbolspiel kann es zu besonders
grausamen Tötungs- und „Foltermethoden" kommen. Auch kann es bei
Verweigerung von Regeln zu trotzigem, versteckt aggressivem Verhalten
kommen, wie verstecktes Zerstören oder Stehlen von Gegenständen usw.
Ein nonverbales „Spiel mit den Grenzen des Therapeuten" kann sich
konstituieren, wie absichtliches Wehtun beim Ballspiel, gefährliches
Hantieren mit Gegenständen oder deren vermeintlich unabsichtliche Be-
schädigung, Versuche, Regeln immer wieder knapp zu umgehen. Solche
offensichtlichen oder versteckten Aggressionen des Kindes merkt man oft
erst in den subtilen Ärgergefühlen, die als Resonanz bleiben, wenn man
nach der Stunde über die eigene Befindlichkeit reflektiert.

*Kim (9 Jahre alt) war ein stotterndes, scheues und sprechängstliches Kind
aus China, das in der Schule auf Fragen lediglich mit „Ja", „Nein" und Ein-
wortsätzen reagierte. Parallel zu einem grausamen Symbolspiel, dass er
mit mir veranstaltete, begann er aus sich herauszukommen. In einer*

*Sprechübung setzte ich ihn auf einen gemeinsam gestalteten „Thron",
„krönte" ihn als König und stellte mich, eine antagonistische Rolle einneh-
mend, als gehorsamer Diener zur Verfügung. Er wurde aufgefordert, mir
Befehle zu geben, was ich für ihn alles bringen und verrichten solle. Zunächst waren es bescheidene Wünsche, die er scheu und unsicher kom-
mandierte. Er forderte Bilderbücher an, die er sich stumm anschaute und
ein Plastikschwert, das er sich in den Hosengurt steckte. Sehr bald fielen
ihm keine Ideen mehr ein und es war an mir, lustige Vorschläge zu erfinden.
Dies änderte sich schlagartig, als ich mit veränderter Stimme (quasi auf
einer „Verhandlungsebene") ankündigte, ich wäre jetzt ein frecher Diener,
der den König ärgern würde. Damit beabsichtigte ich, ihn aus der Reserve
zu locken. Prompt begann er, zunächst belustigt, dann mit ernster Miene
und mit lauter Stimme, die ich zum ersten Mal hörte, mir grausame Auf-
träge zu geben. Ich sollte ihm verschiedene Speisen geben, die dann
angeblich scheußlich schmeckten und die er mir um die Ohren warf. Ich
musste sie vom Boden „abschlecken" und wurde ins Gefängnis gesteckt.
Dort bedrohten mich (Plastik-)Giftspinnen, ich wurde gefesselt und geprü-
gelt. Dabei achtete Kim sorgfältig auf die Spielregeln des Rollenspiels. Alles
geschah symbolisch, beschreibend und verbal („Du hättest, ich hätte . . ."),
ohne dass ich mich jemals hätte physisch bedroht fühlen müssen. Mit der
Zeit verloren die „Folterszenen" ihre Brisanz, der König und der Diener
näherten sich einander immer freundlicher an und unternahmen „Streif-
züge" gegen Feinde.*
*In der Schule wurde er gesprächiger und begann, aktiv am Unterricht
teilzunehmen.*

Solche Änderungen des Verhaltens infolge neuer Rollenexperimente
konnte ich mehrfach und regelmäßig beobachten (Andresen 2002).

Aggressives Verhalten außerhalb des Spiels muss gestoppt werden, und
es müssen konsequente Grenzen und Regeln gesetzt werden. Das ist die
Grundlage eines jeglichen pädagogischen Handelns. In der Therapie jedoch, in der Entwicklungsprozesse nachgeholt werden sollen (Katz-
Bernstein 2003a), genügen m. E. die restriktiven, grenzensetzenden Maßnahmen nicht.

Auch ein Laissez-faire des Symbolsspiels ist nicht hilfreich, wenn es in
eine Sackgasse mündet, ohne Ausweg für neue Lösungen. Die „Scaffolding"-Metapher kann hier m. E. eine treffende sein. Sie dient als vermittelnde Interventionsebene zwischen beiden Positionen (dazu Katz-Bernstein 2008).

Die kindlichen Aggressionen sollen, laut der Emotionsforschung und
entsprechenden Theorien, von einer Außensteuerung zu einem innerge-
steuerten, sozialisierten Umgang gelangen und zur Affektregulierung
beitragen (Holodynsky 1999). Ein solch organisierender Prozess der aggressiven Intentionen kann dann stattfinden, wenn er innerlich symboli-

siert werden kann. Aggressive Regungen sollen transformiert, weiterentwickelt und kultiviert werden. Das Symbolspiel kann sie auf eine distan-
zierte Ebene transformieren. Symbol-, Rollenspiel und Simulation von
aggressiven Handlungen evozieren die Notwendigkeit, verbale Strategien
und Verhandlungen dort einzusetzen, wo die Konsequenzen der rohen
Aggressionen in soziale Sackgassen führen, die das Kind durch das
Symbolspiel erfährt und nachvollziehen kann. Dies geschieht immer mit
einem zunächst anwesenden Gegenüber, das den kindlichen Allmachts-
phantasien einerseits Grenzen und Schranken setzt, andererseits genügend
Freiraum lässt, um Initiativen des Kindes für Kompromisslösungen, die
eigenwirksam erarbeitet werden, zu ermöglichen.

Schon in älteren Spieltheorien kann man, gestützt auf Erfahrungen bei
behinderten und entwicklungsverzögerten Kindern, Theorien entdecken,
die das Symbolspiel als den Weg des Kindes vom „äußeren zum inneren
Halt" betrachten (Moor 1957). Die neueren Theorien führen in eine ähnliche Richtung (Oerter 1999; Andresen 2002; Katz-Bernstein 2000a).
Oerter sieht das Spiel als „Lebensbewältigung" (Oerter zit. n. Meise 2004,
30; Pellegrini 2009; 2010). Pramling Samuelson (1990) stellt eine Vergleichsstudie zwischen konventionell lernenden Vorschulkindern einerseits und spielenden Vorschulkindern andererseits vor. Sie kommt
zu dem Schluss, dass die spielenden Kinder im Sinne von „Learning to
learn" die besseren Lernstrategien erworben haben und den konventionell
lernenden Kindern überlegen sind. Dieser „Weg zur Kultur" und zur sozialen Welt durch Symbolisierung von Aggressionen soll hier in Kürze
skizziert werden.

Eine rohe Aggression „eliminiert" zunächst jeden Gegner, der sich einer
Bedürfnisbefriedigung in den Weg stellt. Gegenüber einem „Störfaktor"
wird, wenn er bedrohlich ist, entweder die Flucht ergriffen, oder er wird
angegriffen, zerstört oder verdrängt, damit der Weg frei wird. In den
ersten Beziehungen zu den Bezugspersonen stellt dies das Kind vor ein
Dilemma: Ein Zerstören-Wollen der Bezugspersonen hat zur Konsequenz, dass das Kind einen Liebesentzug erfährt. An sich versteht das
Kind, da es von den Bezugspersonen stark abhängig ist, dass ihm dieser
Weg nicht offen steht. Dies verlangt von ihm die Anstrengung, eine Kom-
promisslösung zu finden, entweder in Form von verbalen Äußerungen
und Verhandlungen oder in Form von Lügen, Überlisten und Verstecken.
Dafür fängt es an, sich für die Intentionen der anderen, für Sprache, Ver-
handlungs- und Überlistungsstrategien zu interessieren. Wichtig dabei ist
die konsequente Unterbindung von ungehemmten Wünschen des Kindes
nach blindem Angriff oder nach einer „Eliminierung" des störenden Gegenübers durch die Bezugspersonen. Dadurch lernt das Kind, seine aggressiven Impulse zu hemmen und nach neuen, sozialeren Lösungen zu
suchen. Wenn die Bezugsperson ihrerseits diese mit aggressiven, Angst

machenden Drohungen zu unterbinden versucht, bleibt das aggressive Muster der Gewalt als Lösung für Konflikte bestehen. Gelingt es jedoch, mit Freundlichkeit, respektierender Bestimmtheit und mit Konsequenz und Humor die Aggression und die destruktive Handlung zu stoppen und zu hemmen (beispielsweise suggerierend, die rohe Drohung wäre ein Scherz gewesen oder durch eine Übernahme einer deutlichen Rolle als gespielter „Bedrohter"), so können stattdessen ein spielerisches Beobachten und ein strategisches Denken einsetzen. Das „Du" wird als relevanter, interessanter Verhandlungspartner wahrgenommen – die Geburt eines jeglichen empathischen Verstehens, der Dezentrierung und der Sozialisation (Winnicott 2002; Zollinger 1995; Bürki 2000; Katz-Bernstein 1998a; Andresen 2002).

Im Symbolspiel wird das „Du" entdeckt, es wir ein erster Impuls gegeben, Angriff und Zerstörung zu stoppen und das im Weg stehende Gegenüber zu beobachten, es zu erkunden und mit ihm Kontakt aufzunehmen. Dies ist der Weg zur Kommunikation und zur symbolisierten Art der Kontaktaufnahme – zur Sprache und damit zu einem sozialen Umgang mit aggressiven Impulsen.

Bei Menschen mit Angststörungen, wie bei Kindern mit Mutismus, ist die Beziehung zum Fremden gestört. Ein Gegenüber ist für sie oft ein „entweder – oder", d. h. ein Vertrauter oder ein „Aggressor". Man fürchtet sich vor ihm, erstarrt und stellt sich tot oder man „eliminiert" eigenhändig die erwartete Kommunikation mit einer trotzigen Verweigerung.

Diese Arbeit der symbolischen Organisation von Aggressionen kann durch ein behutsames Einschwingen in das Symbolspiel des Kindes erfolgen. Wenn ich zunächst als Eindringling im „Reich des Kindes", in seinem Territorium und Schutzraum bin, den es braucht, um sich entspannt und sicher zu fühlen, dann muss ich mich als ein brauchbarer Freund, wohlgesonnen und zu seinem Sicherheitsbedürfnis beitragend, erweisen. Im Spiel können dem Kind Hilfestellungen zugespielt werden, um die Fremdheit überwinden zu können.

Der polternd-stotternde Michael (10 Jahre alt) imaginiert sich als Raumschiff, das ausgeklügelte, lasergesteuerte Waffen mitführt, um Feinde aus der Ferne zu erkennen und zerstören zu können. Ich beteilige mich am Spiel als ein kleines Versorgungsraumschiffchen, das sich für dieses klug ausgestattete Raumschiff und seinen Erfinder interessiert. „Was müssen für Schätze in diesem Raumschiff sein, die so gut bewacht werden müssen?", frage ich immer wieder. Meine Interventionsaufgabe dabei ist, alle Angriffe „hinreichend gut" oder „knapp zu überleben", in Deckung zu gehen und mich fast eliminieren zu lassen (Winnicott 2002).

Nach einigen Therapiestunden, als von der vorangegangenen Sprachübung noch Holzreifen auf dem Boden liegen, schlägt Michael folgende Inszenierung vor: Er sei ein Schiffsbrüchiger auf einer Insel, ich sei auch schiffsbrüchig, schwimme aber noch im Meer. Ich flehe und verhandele, um Zugang zu seiner Insel zu erhalten. Seine Bedingung: „Dass du mir dabei hilfst, ein Schiff zu bauen, mit dem man ans Land kommt." Michael lässt mich noch eine Weile im Wasser zappeln und verhandelt mit mir. Anschließend sagt er: „So, jetzt hätte ich dich gerettet." Auf der Insel teilt er mit mir seine Essensvorräte. Er zeigt sich fürsorglich und sagt zum Abschluss: „Das nächste Mal bauen wir dann das Schiff." Damit ist die Stunde beendet. In dieser Stunde, so habe ich das Spiel gedeutet, habe ich einen neuen therapeutischen Auftrag erhalten: Michael möchte zum Land der realen Gegenwart gelangen.

Von dieser Therapiestunde an wollte der motorisch ungeschickte und sozial isolierte, sich für Spiele der Gleichaltrigen wenig interessierende, zurückgezogene Michael Fußball mit mir üben. Ich war über viele Therapiestunden der Torwart, er ein berühmter Fußballspieler, der Tore schießt. Er wurde zunehmend geschickter und fing an, in der Schulpause und in den Turnstunden aktiv mitzuspielen.

Eine weitere bekannte Technik der Symbolisierung und des Rollenspiels liefert uns das Psychodrama für Kinder von Aichinger (1991). Aichinger stellt jegliches aggressive Verhalten in einen „als ob"-Rahmen eines Rollenspiels, mit seinen strikten Regeln (keine realen Verletzungen, Aggressionen oder Beschädigungen). Mit der etablierten „Als ob"-Ebene (mit gespielter Gestik, Mimik und mit Lautmalereien) werden zwei therapeutische Zielebenen verfolgt: die Symbolisierungsebene und die Ebene des Erwerbs von konkreten, sozialen Interaktionsregeln und Kompetenzen (Aichinger 1991, 277). Dabei soll beispielsweise eine Schlägerei wie in einem Actionfilm nachgestellt werden, sodass keiner verletzt wird. Entsprechende Töne sollen erzeugt werden, ein „Toningenieur" ist dafür verantwortlich, die nötigen Klatsch- und Boxgeräusche nachzustellen, ein „Radioreporter" berichtet darüber und kommentiert den Verlauf usw. Dadurch wird eine sozialisierende Distanz zum Geschehen erreicht.

Oft beobachtete ich, dass nach ausführlichen Symbolspielen, bei denen ein Gegner überlebte, sich die spielenden Figuren wandelten: Dinosaurier wurden menschliche Figuren, Märchenfiguren, die zunächst noch eindeutig in „gut" und „böse" unterteilt waren, entwickelten differenzierte, realistische und altersgemäße Interaktionen. Oft mündeten solche Spiele in ritualisierte Handlungen, in denen das Kind wagte, seine Kräfte, seine Geschicklichkeit und sein Können mit mir zu messen und dadurch eine Zuwendung zur Realität zeigte. Meistens waren solche Entwicklungen mit einer wachsenden Frustrationstoleranz und der Fähigkeit, zu verlieren, ohne gleich zu resignieren, verbunden. Zusammenfassend hat die therapeutische Arbeit mit Aggressionen folgende Regeln:

- Aggressionen sollen nur so viel Reglementierung erfahren, dass sie real niemanden physisch oder psychisch verletzen und/oder entwürdigen können und dass ein Einhalten von äußeren, zeitlichen oder räumlichen Regeln gewährleistet ist.
- Diese wenigen, gut begründbaren Regeln müssen freundlich, jedoch ganz konsequent eingehalten werden. Können die Regeln nicht eingehalten werden, muss mit beispielsweise folgendem Vermerk sofort gestoppt werden:
  „Schade, wir müssen jetzt aufhören. Heute ist es dir noch nicht gelungen, die Regeln einzuhalten. Es ist für dich noch ungewohnt. Vielleicht kann ich dich auch noch besser unterstützen, damit du durchhalten kannst. Beim nächsten Mal spielen wir wieder, ich bin fast sicher, dass es dir dann besser gelingt.“
- Offensive, kraftvolle Handlungen sollen durch Rituale, Übergänge und Verhaltensregeln einen deutlichen fiktiven Rahmen oder Spielrahmen erhalten und als solche deklariert und markiert werden (Zaubersprüche, Gong-Klang, Markierung einer Bühne, besonderes Märchenheft usw.).
- Der Rahmen der Handlung soll einem Impuls des Kindes folgen, mit unterstützenden, komplementären Ideen hin zur Symbolisierung und Differenzierung.
- Die rohen Rachephantasien sollen zunächst einen Spielraum erfahren. Das mutistische Kind braucht dabei Zeit für eine Rollenumkehr. Eine „gefolterte“, im Sand vergrabene Plastikfigur erfährt real keine Schmerzen . . .
- Wenn die Spielhandlung ausweglos erscheint, sich ständig wiederholt, ohne dass sie eine Weiterentwicklung erfährt (meistens sind minimale Entwicklungen da, die verstärkt werden können!), so kann der Therapeut eine komplementäre Rolle anbieten, die sich ins Geschehen einbringt. Die Aufgabe dieser Figur ist es, eine Form zu finden, die es dem Kind möglich macht, die Figur in das Spiel aufzunehmen und „minimale Überlebensbedingungen“ auszuhandeln.
- Diese Figur muss oft geduldig alle „Grausamkeiten, Folterungen und Rachezüge“ über sich ergehen lassen, die ja zur eigenen Verteidigung und der Wahrung der eigenen Selbstwirksamkeit inszeniert werden, um einen Preis, nicht ganz eliminiert und getötet zu werden, sondern „überleben“ zu dürfen.
- Dem Kind soll dabei grundsätzlich Wertschätzung und Respekt zugesichert werden, ohne dabei die Handlung zu werten. Es kann jedoch wie im Film eine korrespondierende Rolle eingenommen werden, ein gespielter Schmerz auf „Schläge“ oder eine Angstreaktion auf das „Einschüchtern“ im Spiel gespiegelt werden.
- Schritt für Schritt können neue Anforderungen in Richtung „Koexistenz“ ausgehandelt werden. Das Kind kann einwilligen, wenn es Ver-

trauen fasst, dass seine Eigenwirksamkeit bis zu einem gewissen Maß gewährleistet ist.

▪ Die Kräfte zur eigenen Verteidigung und die Eigenwirksamkeit sollen immer wieder Anerkennung finden: *„Uah, ist der aber stark!"*, *„Kann der sich aber gut schützen!"*

▪ Es ist möglich, die Geschichte, die entsteht, kapitelweise aufzuschreiben. Dadurch wird sie aufgewertet und auf eine weitere symbolische Ebene transformiert, die neue Entwicklungen ermöglicht und wahrscheinlich macht.

Es ist wichtig, nochmals zu betonen, dass es bei der Umwandlung vom Opfer zum Täter im Symbolspiel zunächst „nichts Schönes" zu erwarten gibt. Oft sind eine mächtige Wut und Rachesucht da, die ihren Ausweg suchen und noch völlig unsozialisiert sind. Es ist für das Kind eine psychische Schwerstarbeit, bei der es oft grausam übertreibt. Das Symbolspiel an sich ist eine Zähmung für einen Durchbruch von unberechenbaren Impulse und Reaktionen. Durch die lang erlittene Opferrolle war es dem Kind nicht oder nur partiell möglich, Empathie und Sozialisation altersgemäß zu entwickeln. Gerade der Zugang zu diesen Phantasien und die unterstützende, sorgfältige, „gerüstgebende" Weiterentwicklung hin zu einer „Kultivierung", Steuerung, Empathie und Sozialisation sind die Chance und die Kunst der Therapie.

Dies ist keine leichte Arbeit der Kinderpsychotherapie und gelingt nur bei *eigener Furchtlosigkeit vor diesen symbolisierten Aggressionen und einer gelassenen und eindeutigen Art der Grenzsetzung.* Nur dann kann eine Unterstellung, dass das der Weg ist, der zu Empathie und Sozialisierung führt, glaubwürdig und wirksam werden.

Teil V
Aufbau der verbalen Kommunikation

„Wenn wir sprechen, ist der Gedanke, den wir äußern möchten, der Zweck unseres Sprechens, der auf der höchsten Ebene der Handlungshierarchie thront. Es ist dieser Zweck, der den Sprechvorgang zu einer Einheit werden lässt und die den entsprechenden Zwang auf all die Muskeln ausübt, die in den Vorgang des Sprechens einbezogen sind." (Feinberg 2002, 200)

1 Lärmend kommunizieren

Die ersten Schritte in Richtung Sprechen sind, wie oben gezeigt, durch den Aufbau von Kommunikationsstrukturen im vorsprachlichen, nichtverbalen Austausch gekennzeichnet. Ein nächster Schritt in diese Richtung wird sein, das Kind dazu zu bringen, Lärm zu erzeugen, den Raum mit selbsterzeugten Geräuschen zu füllen.

Durch die Therapie mit (selektiv) mutistischen Kindern bin ich zu einer beachtlichen Sammlung von Geräuschinstrumenten gekommen. Selbsterzeugte Geräusche haben bei mutistischen Kindern immer wieder eine andere Grenze: Manche vermeiden jegliche Erzeugung von Lärm, andere wagen es nicht, rhythmische Geräusche zu erzeugen, oder es werden nur mit dem Mund erzeugte Geräusche gemieden (siehe dazu Teil II, Kapitel 3). Daher ist eine erste Ausdehnung der Grenzen in gemeinsam erzeugten Geräuschen zu sehen. Ob es für das Kind einfacher ist, im Schutz einer Geräusch- oder Musikkulisse eigenen Lärm zu erzeugen oder ob es selbstständig Musik- und Geräuschinstrumenten ausprobieren möchte, wird unterschiedlich sein. In der Regel wird es schwieriger sein, eine strukturierte Inszenierung von musikalischen bzw. rhythmischen Dialogen zu führen. Dennoch ist ein solcher Dialog in vielen Fällen ein gelungener Einstieg in einen Dialog überhaupt. Einige Beispiele für den Einsatz von Musik- und Geräuschinstrumenten:

Hat das Kind mit selektivem Mutismus im jungen Alter seinen Platz im Zimmer gebaut und kann es sich darin verstecken, so „schenke" ich ihm für sein neues Haus aus meiner Musikinstrumentensammlung eine kleine Trommel, einige interessante Rasseln, ein „Heulrohr", einen Regenstab, Reibehölzer, Pfeifen, Flöten und einen Kazoo (eine Sprechflöte, die die Stimme verfremdet). Ich kündige an, dass es das Instrument höchstwahrscheinlich in seinem neuen Haus gut gebrauchen könnte. Im Selbstgespräch erwäge ich die Eigenschaften des einzelnen Instrumentes, bespreche seine Geräuschqualitäten und rätsele, ob ich herausfinden kann, welches ihm am besten gefallen könnte und warum. Ein solches (Selbst-)-Gespräch könnte folgendermaßen aussehen:

„Diese Trommel benutzen die Zulus in Afrika, um Krieger zu versammeln. Die Zulus sind ein starkes Volk, ihre Krieger sind sehr mutig. Das sind zwei echte Trommeln von dort. Wenn zwei Krieger sich über weite Strecken verständigen wollen, ohne dass sie sich sehen können, so können sie das durch diese Trommeln. Ich glaube, die würden dem Martin nicht schlecht gefallen, wir könnten dann ausprobieren, wie das funktioniert. Ja, doch."

Später könnte man sagen: „Schau, Martin, wir wollen jetzt versuchen, uns wie zwei Zulus zuzutrommeln." (Ich kann ihm dann die eine Trommel in die Hütte bzw. vor die Hütte auf den Boden legen oder, wenn das Kind genügend Bereitschaft zeigt, lasse ich es eine auswählen.) „Ein ziemlich kurzer Schlag am Rand der Trommel bedeutet ‚Ja'. Ein dumpfer Schlag mit flacher Hand in der Mitte der Trommel bedeutet ‚Nein'. Viele solcher dumpfen Schläge sind ein Warnruf, der heißt: ‚Gefahr!' Kleine, schnelle Schläge am Rand bedeuten: ‚Komm hierher!'"

Bei kleineren Kindern ist die Faszination der Geräuschinstrumente groß genug, um sie zu kommunikativen Dialogen zu animieren. Mit diesen Instrumenten gibt es zwei Möglichkeiten:

- Response und turn-taking üben, wie bei der primären Kommunikation (Vormachen – Nachmachen, Frage – Antwort) und
- gemeinsame „Lärmumzüge" veranstalten (Führen und Folgen, gemeinsames Gestalten).

Marcella (9 Jahre alt) und Simona (6 Jahre alt) sprachen ganz besonders auf Glocken mit verschiedenen Tonhöhen an und führten „Gespräche in einer Glockenfamilie". Dieses Spiel entstand aus „Vormachen – Nachmachen" und „Führen und Folgen" mit Glocken. Ich hatte vorgeschlagen, dass es ja sein könnte, dass die Glockenkinder gar nicht so brav sind, wie sie scheinen und der Mutter nicht immer folgen. Besonders gefallen hatte ihnen, dass ich die vermeintlich verärgerte Mutter spielte, die sich beklagt, die Glockenkinder würden ihr nicht folgen. Daraufhin verbündeten sich die beiden und wagten es, immer frecher zu werden, die Glockenmutter „ärgerte" sich immer mehr, die Glockenklänge wurden dementsprechend immer lauter, intensiver und kamen sich näher. Ein Blickdialog und ein Hin und Her von expressiver Gestik und Mimik entstand. Das Besondere daran war, dass das kleinste Glockenkind (Simona) sich immer mehr vorgewagt hatte und dass das größere Kind (Marcella) ihr folgte. Die Mädchen wurden dabei expressiver und lebendiger, je mehr ich in die Rolle der verärgerten Mutter ging.

In seinem Zelt bekommt Peter (8 Jahre alt) ein Angebot des Zauberers: Der Zauberer lässt eine kleine Trompete im Zweiklang aufheulen und fragt anschließend in einem ähnlichen Ton: „Uhuuuuu, ist jemand zu Hauuuse?" Er bekommt mit einer Trompete aus dem Zelt eine ähnliche Antwort im Zweiklang. Er fährt fort mit Zweiklang-Variationen: „Soso, soso, soso, so legt man mich hinein. Ich war sicher, dass gar niiieeemand da ist!" Die Trompete antwortet in einem geschwätzigen Geheule. Es kommt einem vor, als ob es eine stolze Erklärung ist, wie man solche Zauberer hineinlegen kann!

Mit Susanne (9 Jahre alt) verscheuche ich gemeinsam „gemeine Räuber", die sich im Raum versteckt haben könnten, um unsere guten Spielideen zu klauen. Sie muss die Verstecke der Räuber zeigen, und wir verscheuchen sie gemeinsam mit Zimbeln, Trommeln und Topfdeckeln, so laut, dass sie flie-hen müssen.

Manchmal funktioniert es auch bei älteren und angepassten Kindern, dass sie es wagen, sich als ein Lärm erzeugendes Wesen zu erfahren.

Der wohlerzogene und höfliche Ali (14 Jahre alt) findet großes Gefallen am folgenden Spiel: Ich biete mich an, für ihn einen Turm aus Bauklötzen zu bauen, den er aus drei Metern Distanz mit kleinen Tennisbällen mit so we-nig Würfen wie möglich zum Einstürzen bringen soll. Beim Bauen gehe ich sorgfältig vor, baue den Turm besonders schön und so hoch wie möglich. Im Selbstgespräch begründe ich meine Sorgfalt und Ausdauer beim Bauen damit, dass Ali es schließlich verdient hätte, einen besonders schönen Turm zum Umstürzen zu bringen. Ein breites Lächeln und ein waches, ge-spanntes Verfolgen meines Tuns begleiten mich. Später spielen wir ge-meinsam um die Wette. Wir bauen abwechselnd schöne, kreativ gestaltete Türme. Es ist für mich schwer zu entscheiden, was für ihn die größere Faszination darstellt: Das Wettspielen, in dem sich seine Überlegenheit mir gegenüber offenbart, das Bauen, das seine Phantasie und Kreativität offenbart oder aber das große Getöse, mit dem jeweils die Türme umfal-len.

Manchmal führt der erzeugte Lärm zu mündlich erzeugten Lauten, zu Stimmäußerungen oder zum Sprechen.

Während eines (von ihm stumm ausgeführten) Rollenspiels nimmt Ivan (7;6 Jahre alt) mich von seinem Zelt aus gefangen und „fesselt" mich mit einem Seil. Ich biete mich als sein Knecht an, was er mit heftigem Kopf-nicken bestätigt und woraufhin er mich losbindet. Auf einen weiteren Vor-schlag eingehend veranstaltet er als Häuptling einen Siegeszug durch das Dorf. Wir lassen „fetzige" Musik seiner Wahl laufen, er schlägt zunächst Samba-Rasseln dazu, dann wechselt er zu anderen Instrumenten. Ich muss ihm folgen und alles nachmachen. Dieser „Siegeszug nach einem Zwei-kampf" wird in den darauf folgenden Stunden mehrmals wiederholt. Ivan wird immer kühner und stolzer, während einer der Umzüge fängt er unbe-kümmert an, zu der Musik zu pfeifen.

Thomas (9 Jahre alt) hat sich entschlossen, Antworten mit „Ja" und „Nein" sprechend (mit entstellter Stimme) zu geben, begleitet von rhythmischen Trommelschlägen. Die Trommel begleitet uns auch später bei seinen ers-ten Sprechversuchen. Sie gibt ihm sichtbar Sicherheit, als Schweigender die eigene Stimme an diesem ihm fremden Ort nicht so „nackt" erleben zu müssen.

Durch das gemeinsame Erlebnis des Lärmens ändert sich erfahrungsgemäß die Qualität der Kommunikation und der Beziehung. Dem Kind wird ermöglicht, sein kommunikatives Muster weiter zu entwickeln und neu zu definieren. Es ist für mich bei mehreren Fällen offensichtlich geworden, dass dieser Schritt eine Auflockerung einer Grenze bedeutet und dem Kind diese Überschreitung auf eine spielerische Art ermöglicht.

2   Erste Worte

2.1   Das erste Wort des Vorschulkindes
Die Kunst der Unterstellung

„... eine Mutter, die ihrem Säugling ein völlig unrealistisches Sprachverständnis unterstellt, erkundet ständig seine Reaktionen, oft ohne genau zu wissen, was erfasst worden ist. Sie erträgt intuitiv über längere Zeit ein Unwissen über den Grad der Rezeption und des Sprachverständnisses des Kindes, gibt trotzdem ihre unterstellenden Bemühungen nicht auf ... Sie beeinflusst durch die Aufrechterhaltung ihrer Erwartung die Lernintentionen des Kindes und gibt ihnen eine Richtung." (Katz-Bernstein et al. 2002, 252)

Manchmal kommt das erste Wort in der Therapie beim Vorschulkind beiläufig, wie von selbst. Es ist ziemlich unberechenbar, wann, wie, und ob es kommt. Meistens fühlt man sich beim ersten Wort des Kindes nach einer langen Zeit des Ringens „im siebten therapeutischen Himmel" (Katz-Bernstein et al. 2002). Einen Fehler darf man dabei auf keinen Fall begehen: Sich die Begeisterung und die Freude dabei anmerken zu lassen.

Ein wichtiger Mechanismus dabei ist, ähnlich wie bei der Entwicklung der Sprache, eine therapeutische Kraft, die möglicherweise in ihrer Wirkweise, speziell in der Therapie von Kindern, noch zu wenig erschlossen und erforscht wurde: *die Kraft der Unterstellung* (Katz-Bernstein et al. 2002). Diese Vorwegnahme einer Entwicklung des Kindes durch die Bezugsperson wurde bereits von Wygotsky bezüglich der Entwicklung der Sprache als „Zone der nächsten Entwicklung" (1986) beschrieben. Bei Kindern und Erwachsenen, mit denen man ohne gesprochene Sprache auskommen muss, ist das oft eine kommunikative und rehabilitative Qualität, die noch zu wenig untersucht ist. Sie wird von der Wissenschaft immer noch entweder als unwissenschaftlich abgetan oder ignoriert (Gehm 1991; Roth et al. 2010). Dabei kann diese kommunikative Kraft bei Kindern und ihrem Erwerb der Sprache tagtäglich beobachtet werden.

Bei Kindern mit selektivem Mutismus scheint diese Beziehungsstrategie ähnlich zu wirken: Das von der Bezugsperson oder dem Kommunikationspartner erwartete Verhalten wird zunächst durch eine unmittelbare kommunikative Abstimmung (Atunement) oder „Korrespondenz" registriert, übernommen und das eigene Verhalten angepasst und adaptiert (Petzold 1991). In einer kontinuierlichen Interaktion wird das kommunizierte Verhalten durch dieses erlebte Kommunikationsmuster als eine Intention und Entwicklungsrichtung internalisiert, und das Selbstbild des Kindes bewegt sich allmählich in die erwartete und unterstellte Richtung. Das Kind traut sich zu, sich in die Richtung zu bewegen und nutzt ganz unbewusst die ihm als günstig erscheinenden Ereignisse und Angebote, um dem Bild, das ihm unterstellt wurde, zu entsprechen. Das erklärt auch die überraschenden und offenbar unberechenbaren Schritte, die immer wieder erlebt werden, oft nach einer Zeit und auf eine Art, die man nicht (mehr) erwartet hätte.

Ich unterstelle als Therapeutin dem Kind, dass es spricht, sprechen kann und auch sehr bald sprechen wird (Bruner/Laciavelli 1989; Dornes 2000)! Diese Unterstellung besteht aus Beziehungsqualitäten, die man als eine Mischung aus Selbstverständlichkeit, Zuversicht, Überzeugung und Gelassenheit gegenüber dem nächsten Entwicklungsschritt, in unserem Fall dem normalen Sprechen mit mir im Therapiezimmer oder in anderen Kontexten, beschreiben könnte. Ein Misstrauen sowie das Sich-anstecken-lassen durch die kindliche oder elterliche Resignation bezüglich des Sprechens sind unbewusste, körpersprachlich kommunizierte Botschaften, die vom Kind und seinen Bezugspersonen registriert werden. Dadurch verstärken sich die resignativen, entwicklungshemmenden Kräfte gegenseitig.

Ich habe immer wieder erlebt, wie sich Erzieherinnen und Lehrerinnen durch meine Zuversicht „anstecken" und dabei Hoffnungen und Erwartungen aufkommen ließen und dadurch quasi „intuitiv" (Gehm 1991) auch die richtige Gelegenheit nutzten, um dem Kind zu diesen Sprecherlebnissen zu verhelfen.

Im Folgenden sollen solche Gesprächselemente, die diese unterstellte Entwicklung unterstützen, konkretisiert dargestellt werden. Ich kann bei unterschiedlichen Gelegenheiten und beiläufig immer wieder erwähnen:

> „Ich denke, bald wirst du auch bei mir sprechen können, so wie alle Kinder, die zu mir kommen." oder „Hast du schon gemerkt, dass es dir ein ganz klein wenig besser gelingt, mit fremden Menschen zu sprechen? Achte Mal für die nächste Woche darauf, wo es dir schon ein ganz klein wenig gelingt oder wo du ein ganz klein wenig Lust spürst, mit ihnen ganz normal zu sprechen. Meistens wird es von Woche zu Woche leichter, wenn dein Kopf sich an diese Idee gewöhnt hat."

Ein anderes wirksames Mittel ist, immer wieder über die Therapieverläufe anderer Kinder zu berichten. Sie dienen als Eröffnung von Möglichkeiten, mit denen sich die Kinder leicht identifizieren können:

„Weißt du, was mit Jan, der gleich nach dir zu mir kommt, in der letzten Woche passiert ist? Er konnte plötzlich ganz alleine zu mir kommen, ohne die Mama dabei zu haben und sogar die Tür schließen! Das konnte er vorher ganz und gar nicht! Ich glaube, auch bei dir könnte es ähnlich werden. Dass du plötzlich hier ganz normal mit mir sprechen kannst oder aber mit einem Freund in der Schule. Vielleicht kannst Du auch im Restaurant alleine bestellen. Ich bin gespannt, was Du zuerst kannst!"

„Ich will dir eine lustige Geschichte über Annina erzählen. Annina kam zu mir, weil sie nicht überall sprechen konnte, genau wie du. Sie hat niemandem etwas erzählt, aber sie hat angefangen, dort, wo man sie nicht kannte, ganz normal zu sprechen. Sie hatte es aber weder mir noch ihren Eltern erzählt! Als sie in der dritten Klasse umgezogen sind und sie in eine neue Klasse kam, ging ihre Mutter zur Schule, um der Lehrerin zu erklären, was mit Annina los ist. Da war sie schon etwa drei Monate bei mir. Die Lehrerin verstand nicht, wovon die Mutter sprach und was sie wollte! Die Mutter hat zum ersten Mal erfahren, dass Annina ganz normal sprechen konnte, der Lehrerin ist nichts aufgefallen! Dabei hatte Annina uns allen nichts verraten! Auch bei mir hatte sie weiter geschwiegen! Ob du es dann mir oder deinen Eltern verrätst? Vielleicht bleibt es auch bei dir dein Geheimnis!"

Ich mache es jedoch nicht zu einem zu langen, gewichtigen therapeutischen Verhandlungs- und Gesprächsthema. Wichtig ist, dass es die kindliche Leichtigkeit, Unbeschwertheit und Normalität behält, mit denen gesunde Kinder an ihre Lebensaufgaben herangehen.

Schon Ehrsam und Heese (1954; 1956) schildern die spontane Aufnahme des Sprechens von einem mutistischen Geschwisterpaar nach einer Trennung und Integration in eine geeignete Kindergruppe. Die Ablenkung vom Schweigen und zugleich die Animation durch das spontane Sprechen der anderen Kinder seien förderlich.

Meine Erfahrung zeigt, dass der Ort und die Zeit der ersten Worte sehr variieren können. Es soll jedoch betont werden, dass es nicht bei allen Kindern zu genügen scheint, „die Kraft der Unterstellung" wirken zu lassen, um sie zum Sprechen zu bringen. Dennoch, so meine ich, ist die Kraft der Identifikation mit dem suggerierten Selbstbild, das bei Kindern in einer bejahenden Beziehung ihre Wirkung zeigt, nicht zu unterschätzen. Folgende Fallbeispiele berichten von ersten Worten bei jüngeren mutistischen Kindern.

Heddy (6;6 Jahre alt) erwarb ihren selektiven Mutismus während einer logopädischen Intervention im Sprachheilkindergarten. Sie wurde wegen einer partiellen Dyslalie (Aussprachestörung), eines leichten Dysgrammatismus sowie eines eingeschränkten aktiven Wortschatzes in einen Sprachheilkindergarten überwiesen. Von der Logopädin, die im Sprachheilkindergarten gearbeitet hatte, wurde sie als sehr scheu und wortkarg geschildert. Als die Logopädin an ihrem Rhotazismus (Fehlbildung des „R"-Lautes) arbeiten und den Laut mit ihr anbilden wollte, senkte sie jedes Mal den Kopf und verweigerte die Sprache. Von nun an verstummte sie, sobald sie im Kindergarten ankam. Auch die wenigen Worte, die sie mit anderen fremden Personen sprach, wurden eingestellt. Daraufhin wurde sie zu mir überwiesen.

Von Anfang an wählt sie das Puppenhaus zum Spielen. Die Puppenfamilie wird von der Puppenmutter bekocht, isst gemeinsam am Tisch, schaut Fernsehen und legt sich schlafen. Dieses Alltagsritual wiederholt sich immer wieder. Ich nutze es, um ihr Tun zu versprachlichen. „Aha, bald wird es Mittagessen geben! Was die Mutter wohl heute Gutes kocht? Aha, heute deckt das Mädchen den Tisch. Ich bin sehr gespannt, ob sie es gerne tut . . ." Mit der Zeit nickt Heddy, schüttelt den Kopf oder lächelt mir zu, zunächst ohne, dann mit Augenkontakt, um auf meine (zunächst rhetorisch gestellten) Fragen zu antworten. Das Kochritual baue ich immer mehr aus. „Was gibt es heute wohl zu essen? Vielleicht Fischstäbchen?" Heddy schüttelt den Kopf. „Oder Schnitzel?" Diesmal nickt sie. „Mit Reis?" Sie verneint. „Ehhhh, mit was könnte es denn sein?" Sie hält gespannt inne und schaut mich verstohlen lächelnd und immer noch scheu an, jedoch ziemlich erfreut über meine Anstrengung, das Richtige zu raten. „Ehhh, Pommes Frites!?" Da das Ritual eingespielt ist, wage ich, es noch zu erweitern und etwas Unmögliches, Provozierendes, was für sie kaum zutreffend sein kann, zu raten. „Aha, sie kocht heute Leber mit Rahmsauce? Oder Kutteln? Oder Bohnensuppe?" In diesem Moment überrascht mich ihre Antwort, die zwar scheu, aber belustigt triumphierend kam: „Spaghetti!" Von da an war die Provokation der unmöglichen Kochgerichte meinerseits und die Auflösung ihrerseits unser erstes Sprachspiel.

Später gingen wir im Rollenspiel – ich als Großmutter, sie als Kind – einkaufen. Wir planten die Mahlzeit gemeinsam und Heddy nannte von da an alle Zutaten, die wir kaufen sollten, Handlungen („Was muss ich jetzt mit den Nudeln machen?" „Rühren, probieren, Wasser abschütten." usw.) und Adjektive („Muss der Fisch kalt oder warm serviert, der Salat noch ein wenig salziger oder süßer werden?"). Allmählich wurde eine Konversation daraus, die, abgesehen von der scheuen Art von Heddy, ziemlich normal war. Lediglich bei Wörtern mit R-Laut zögerte sie jedes Mal, bevor sie sie aussprach.

Bei Vroni sah es ganz anders aus: Nachdem ich dem Bären von Vroni eine Hütte gebaut hatte, mit ihm gesprochen und ihn bei jedem Schritt gefragt hatte, was er sonst in der Hütte gebrauchen könnte, lag der Bär am Ende der Stunde in der Hütte. Vroni legte ihn hin, während ich beschäftigt war, ihm schönes Geschirr zu organisieren, damit er in der Hütte auch essen kann. Dies wurde zu einem Ritual. In der dritten Stunde ging Vroni mit dem Bären in die Hütte und fing an, mit ihm auf eine ähnliche Weise zu sprechen, wie ich es tat. Sogar die Intonation wurde von ihr imitiert („Willst du auch XY? Ja? Gefällt dir das Blaue oder das Rote? Vielleicht doch nicht, sondern lieber YZ?"). Erst dann wurden ihre dysarthrische (schleppende, schwerfällige Aussprache), kleinkindliche Sprechweise und ihre multiple Dyslalie (Aussprachestörung) deutlich. Es war dann nicht mehr sehr schwierig, den Bären als „Sprechmittelperson" zu „engagieren" und so, mit einigen Einfällen und „Sprechbrücken", allmählich das Sprechen zu einem normalen Ausmaß weiterzuentwickeln.

Vor der vierten Stunde, die am Nachmittag des letzten Kindergartentages stattfand, rief die Mutter von Stefan (5;6 Jahre alt) an und fragte mich, ob Stefan zur Stunde Jannik mitbringen könne, seinen besten Freund aus dem Kindergarten, mit dem er zu Hause spreche. Die beiden Kinder hätten abgemacht, am Nachmittag ein „Räuber-Spiel" fortzusetzen und Stefan wolle nicht darauf verzichten. Ich sagte zu mit der Ahnung, dass dies eine Chance sein könnte.

Als die beiden ein wenig ausgelassen hineinstürzten, setzte ich sie in die Besprechungsecke, begrüßte Jannik förmlich und sagte, dass er Glück habe, dass Stefan ihn hier haben möchte und dass ich sie beide zwar fragen werde, was sie tun wollen, aber dass wir alles, was Stefan nicht möchte, auch nicht machen. Ich fragte sie, ob sie gerne „Räuber" spielen möchten, ob sie dazu eine Räuberhöhle bauen möchten und ob ich als Wächter, Hexe oder Räuber mitspielen solle. Ich überließ es ihnen, sich zu beraten. Stefan fing sogleich an, mit Jannik zu flüstern. „Wisst ihr was, ich gehe hinaus, dann könnt ihr ganz normal miteinander sprechen!", schlug ich vor. Stefan flüsterte zu Jannik: „Aber sie soll nicht an der Tür lauschen!" Jannik übermittelte mir die Botschaft, ich versprach es den beiden und sagte, sie sollen mich hineinrufen, wenn sie sich entschieden haben. Ich saß zwar nicht dicht an der Türe, konnte die beiden jedoch deutlich angeregt sprechen hören. Ich dachte mit Freude daran, dass dabei die Hierarchie des Ortes als Schweigeort aufgelockert wurde. Es wurde eine sehr vergnügliche Stunde, in der sie mich, einen blöden, tölpelhaften Räuber, ausgetrickst haben, ins Gefängnis geworfen haben und mich auslachen konnten.

Es gelang zwar in dieser Stunde nicht, Stefan dazu zu bewegen, auch mit mir zu sprechen, aber ich unterstelle, „dass es ja jetzt nicht mehr so schwierig sein kann, wenn Jannik nochmals dazu kommen soll, dann mit allen zu sprechen." Ein leises Schulterzucken deutete ich als: „Es ist mir *recht, wenn wir es versuchen." Beim nächsten Mal, als Jannik wieder dabei war (Stefan schwieg „ganz normal" noch vier Therapiestunden lang), schlug ich vor, mich während der Beratung der beiden in ein Zelt im Zimmer zurückzuziehen. Stefan setzte an, Jannik etwas zuzuflüstern, ließ es sein, bis ich mich ins Zelt zurückgezogen habe. Im Zelt sitzend hörte ich zum ersten Mal Stefans Stimme ganz deutlich. Sie war zunächst ein wenig zögerlich, leise und unterdrückt, je länger aber die Diskussion dauerte, umso mehr vergaß Stefan sein Schweigen. Als ich wieder dazu kam, senkte er seine Augen, schaute Jannik an, als ob er sagen wollte „Sag' du", widersprach ihm jedoch gleich und fing ein wenig abgewandt von mir eine Diskussion um die gespielte Handlung an. So konnte allmählich, wenn auch nicht ohne einen Rückfall, die Hierarchie des Ortes und der Personen aufgelöst werden.*

Bei kleineren Kindern scheinen eine Ablenkung und das Experimentieren mit kleinen Schritten entlang der Schweigegrenzen Erfolg zu versprechen. Bei diesen Kindern ist eine spielerische Ablenkung vielversprechend. Diese ist durch ein spannendes Spiel, eine Handlung, in die sie versinken können oder durch Einbezug von vertrauten Freunden, mit denen sie bereits sprechen, oft zu erreichen. Freunde können mit einer kindlichen Unbefangenheit dazu beitragen, dass das mutistische Kind sein Schweigen vergisst. Diese „Gnade des jungen Alters" ist meistens bis zum neunten, höchstens zehnten Lebensjahr gegeben. Danach ist die soziale Selbstkontrolle so weit gediehen und das Schweigen als Selbstbild schon dermaßen manifestiert, dass es sich lediglich mit bewussten Techniken überwinden lässt.

2.2   Das erste Wort des Schulkindes
Hierarchie des Ortes, der Personen und der Sprechweise

Die Verhaltensmodifikation mit ihren desensibilisierenden, kleinen Schritten ist prädestiniert, um das Symptom direkt anzugehen. Die Planung der kleinen Schritte jedoch gestalte ich nicht nach einem festen Plan, sondern handle sie mit dem Kind individuell aus:

> „Wir werden heute mit unseren Sprechübungen beginnen. Zunächst müssen wir abmachen, wo wir beginnen sollen. Ich habe dazu drei Vorschläge, die wir gut miteinander durchdenken müssen. Hier bei mir, in der Schule, oder auf dem Spielplatz zu Hause."

Meist wird auf solche Vorschläge mit Schulterzucken und Unentschlossenheit reagiert, was natürlich für diese Störung ist. Es liegt jetzt an mir, Entscheidungshilfen anzubieten.

„Der Vorteil bei mir liegt darin, dass du mich schon kennst. Mir persönlich ist es nicht wichtig, mit dir reden zu können, wir verstehen uns auch so. Aber manche Kinder wollen gerade deswegen hier anfangen. Andere Kinder wollen lieber in der Schule anfangen, weil es dort für sie am wichtigsten war. Wir könnten es auch an beiden Orten versuchen und schauen, wo es besser geht, vielleicht bei beiden gleichzeitig!"

Bei manchen Kindern kann man noch weitere Entscheidungshilfen geben, die an Körperempfindungen gebunden sind.

„Schau, es ist manchmal schwer zu entscheiden. Ich lege hier zwei Reifen hin. Der rote ist die Schule, der grüne ist hier bei mir. Du stellst dich zunächst in den Reifen der Schule hinein und spürst nach, wie viel oder wie wenig Lust du hast, dort anzufangen. Danach gehst du in den zweiten Reifen hinein."

Das Kind soll das Angebot zunächst ausführen, sich Zeit nehmen, bis es etwas in einem Reifen spürt, dann erst soll es zum nächsten Reifen wechseln.

„So, hast du einen Unterschied gespürt? Deutlich, oder nur ein ganz klein wenig? Wo hat dein Herz ein ganz kleines bisschen höher geschlagen? Aus Freude? Aus Angst? Konntest du spüren, wo du ein ganz klein wenig lieber anfangen würdest?"

Das Achten auf eigene Gefühle, um Entscheidungen zu treffen, soll die Eigenwirksamkeit und Eigenverantwortung des Kindes aufbauen.

Manche Kinder muss man zum Entscheiden „verführen", um die Angst vor neuen Schritten zu überwinden. Zur Illustration einige bewährte Vorschläge, die die therapeutische Kreativität anspornen sollen.

- Ein Ankreuzsystem von Orten erstellen und mit einer Hierarchie von *sehr leicht, leicht, mittel, schwer, sehr schwer* ausfüllen lassen. Oder ein „Barometer" anfertigen und als Basis für Abmachungen der ersten und nächsten Schritte nehmen.
- Ich schlage Orte vor und rate, sozusagen an dem Gesichtsausdruck des Kindes „ablesend", welcher der leichteste Ort ist.
- Wir erstellen einen doppelten Satz von Karten mit sehr unterschiedlichen, auch „witzigen" Orten wie „auf der Toilette", „auf der Sprossenwand im Turnunterricht", „hinter der aufgeschlagenen Wandtafel" an. Jeder legt sie verdeckt in drei Reihen gemäß den Kategorien *leicht, mittel und schwer*. Ich muss raten, welche Zuordnung das Kind vorgenommen hat, danach vergleichen wir die Resultate.

▪ Eine Variante mit den Karten ist das „Lügen": Das Kind ordnet die Karten allein den drei zu. Dabei macht es eine falsche Angabe, die ich erraten muss.

▪ Das Spiel kann auch mit einem Punktesystem gespielt werden: Das Kind muss raten, wo es beispielsweise für mich am schwierigsten wäre, zu schweigen und erhält bei richtiger Antwort einen Punkt.

▪ Ein guter therapeutischer Trick ist die Identifikation mit einem anderen Kind. („Bei diesem Kind hat geholfen, dass . . .")

▪ Eine Münze werfen.

Wichtig dabei ist,

▪ dass mit den Hierarchien „gespielt" wird,

▪ dass ich als Therapeutin Entschlossenheit zeige, „es anzupacken",

▪ dass ich die Schwierigkeit und das Schweigen ernst nehme, mich jedoch vom Schweigen nicht in meinen Bemühungen beeindrucken lasse („Wir lassen uns von der Stimme, die nicht sprechen will, nicht so schnell erpressen! Die Stimme, die es neu versuchen will, muss doch zuerst eine Chance bekommen! Die andere ist es gewöhnt, immer zu gewinnen! Sie muss sich auch daran gewöhnen, manchmal zu verlieren!"),

▪ dass ich Rückschritte zulasse, mit einbeziehe und auf dem Weg zum Erfolg Platz für sie lasse („Ach ja, diesmal ist es noch nicht gelungen. So schnell geht es auch nicht! Macht nichts, wir haben Zeit. Hast du noch Geduld für unsere Versuche? Ich noch lange."),

▪ dass ich dem Kind immer wieder unterstelle, dass es das schafft (was manchmal, wenn man ehrlich ist, gar nicht so einfach ist),

▪ dass ich das Kind auch dann ermuntere, wenn es nicht geklappt hat („Wir machen aber weiter, geben noch lange nicht auf. Wir probieren es nochmals/in der nächsten Woche/weiter/an einem anderen Ort.").

Wie bereits erwähnt, scheint sich das hartnäckige Schweigen nur von einer größeren Beharrlichkeit beeindrucken zu lassen.

Habe ich mit dem Kind einen Sprechort gewählt, so können und sollen weitere Hierarchien gewählt und ausdifferenziert werden: Vor der Klasse, im Werkraum, während eines Stafettenspiels, im Turnunterricht, in der Pause, auf dem Schulweg usw. Dieses Ausmalen von Wahrscheinlichkeiten und Hierarchien ist an sich ein „desensibilisierender" Prozess, der die Angst vor dem Sprechen abstuft und dabei abbaut.

Manchmal ergibt sich jedoch in der Stunde eine spontane Gelegenheit, eine Hierarchie des Ortes ohne große Einführungen und Vorbereitungen vorzunehmen. Es wird immer wieder Kinder geben, bei denen die Beiläufigkeit des Geschehens eher hilfreich ist. Bei mutistischen Kindern helfen oft Spontaneität, Leichtigkeit, Normalität und Natürlichkeit mehr, als „formal" eingeführte Übungen und Strategien.

Diese Gratwanderung zwischen bewusstem, verhaltensmodifizierendem Schritt und spontaner Beiläufigkeit, die die Interaktion und Beziehungsqualität berücksichtigt und nutzt, war bei der 12 Jahre alten Selina besonders gut zu beobachten:

Selina spielte gerne „Stadt-Land-Fluss" mit mir. (Ein schriftliches Spiel, bei dem ein genannter Buchstabe aus dem Alphabet, das von einem geflüstert, vom anderen gestoppt wird, zum Anfangsbuchstaben von Wörtern für verschiedene Rubriken wird, wie z. B. „Land", „Stadt", „Fluss", „Pflanze", „Tier", „Beruf" usw. Nach einer bestimmten Zeit gilt es, die genannten Namen zu vergleichen und nach einem bestimmten System Punkte zu verteilen.) Dabei übernahm ich jeweils den Sprechpart und die Verhandlungen, die sie nur mit „Ja" und „Nein" zu beantworten hatte. Den Rest kommunizierte sie schriftlich, was den Reiz des Spiels wesentlich verminderte. Als es darum ging, einen Sprechanlass auszuwählen, schlug ich vor, als hierarchisch einfachste Variante, beim „Stadt-Land-Fluss-Spiel" anzufangen und erwähnte sofort weiter: „Dabei hast du die Wahl: Entweder zählst du die Buchstaben ab und nennst den einen, der von mir gestoppt wird, oder ich sage sie leise vor und du stoppst mich. Was würdest du lieber tun?" Der Trick dabei ist, dass ich sie auf diese Weise vom Hauptentscheid, überhaupt das Schweigen zu überwinden, abgelenkt habe und dennoch eine Wahl, d. h. eine eigene Kontrolle der Situation, zugespielt habe. Wie immer bei solchen Entscheidungen – es darf nicht vergessen werden, dass das Kind dabei die Fragen immer mit „Ja" und „Nein" beantworten können muss – fragte ich gleich weiter: „Ist für dich das Benennen der Buchstaben leichter?" Als sie verneinte, rief ich sogleich: „Aha, ich glaube auch, dass das Wort ‚Stopp' besser zum Anfangen ist. Ja, find' ich gut. Also, versuchen wir's beim nächsten Mal? Ich spiele dieses Spiel so gerne mit dir, und habe mir schon lange gewünscht, dass wir es ganz normal spielen können. Nächsten Dienstag versuchen wir es einfach!"

„Stopp" war das erste Wort, das sie in der nächsten Stunde sprechen konnte. Außerdem sagte sie den Buchstaben, als sie an der Reihe war. Am Dienstag darauf schlug ich vor: „Komm, es macht doch viel mehr Spaß, wenn du deine Lösungen selber liest, ich bin es leid, immer für dich zu lesen. Es ist wahrscheinlich kein Problem mehr für dich und uns macht es viel mehr Spaß. Spielen wir's doch von jetzt an richtig. Einverstanden?" Von da an konnte sie mit mir in der Stunde mehr oder minder normal sprechen.

Vielleicht wirken das Gespräch und die vermeintliche Wahl, die ich Selina gab, ein wenig manipuliert. Eine Tatsache ist, dass eine völlig freie Wahl ein Kind die Angststörung kaum überwinden lässt. Es ist darauf angewiesen, einen sanften, stetigen Druck nach vorn zu bekommen, ohne jedoch das Gefühl einer Fremdbestimmung oder eines Kontrollverlusts zu bekommen. Es ist vergleichbar mit dem berühmten, jedoch respektvoll und unterstützend ausgeführten Stoß ins Wasser. Zusammen mit der Unterstellung, der Zuversicht und der Mitbestimmung: Bei allen möglichen Schritten kann das Kind mit der Intention der Progression mitgehen.

Wichtig ist hier noch die folgende Erfahrung: Der Therapeut soll nicht überrascht sein zu entdecken, dass die Fortschritte sich nicht an den abgemachten Orten, sondern ganz woanders einstellen. Die Beschäftigung mit den Schritten und Hierarchien zur Überwindung des Schweigens, die Unterstellung, dass das Kind es schaffen kann, die konsequente Verfolgung des Erfolgs und noch weitere, vielleicht auch zufällige und unbekannte Faktoren, lassen das Kind einen eigenen Weg finden, die rigide Mauer des Schweigens dort abbröckeln zu lassen, wo das Kind es kann und es sich zutraut, ohne alles überdacht und kognitiv erfasst zu haben.

Genauso kann die **Personenhierarchie** und die **Hierarchie der Sprechweise** vorgenommen werden.

Wie bei der Hierarchie des Ortes und bei der Diagnostik gezeigt (Teil II, Kapitel 3), gibt es sowohl eine personelle Abstufung als auch Geräusch- und Sprechweisen, die dem Kind leichter oder schwerer vorkommen. Diese sollen auf eine ähnliche Weise erkundet werden.

Durch die Hierarchisierung der Angst werden die Beziehungen oder der gefürchtete Akt ausdifferenziert, konkretisiert und es werden wie bei einer Treppe Abstufungen sichtbar, die machbar erscheinen. Zwischen Sprechen und Nichtsprechen gibt es dadurch keinen Abgrund mehr. Eine mögliche Hierarchisierung der Personen kann beispielsweise wie folgt vorgenommen werden:

> „Heute machen wir eine Liste der Kinder in deiner Klasse/Nachbarschaft/ Jugendgruppe: In die erste Spalte kommen die Kinder, mit denen du schon sprichst, in die zweite solche, mit denen du schon gesprochen hast, wenn auch selten, in die dritte die Kinder, mit denen du dir vorstellen kannst, einmal zu sprechen und in die letzte solche, mit denen du erst ganz zuletzt reden möchtest."

Die Hierarchisierung der Sprechweise kann durch Experimentieren erstellt werden.

> „Heute stell' dir vor, du würdest jetzt sprechen wollen. Versuche es sehr hoch, tief, mit vorgehaltener Hand, verdeckt durch Musik, flüsternd."

Weitere Übungen für die Hierarchisierung der Sprechweise und zur Desensibilisierung des Sprechakts finden sich in dem Kapitel „Transfer". Tabelle 4 zeigt ein Beispiel einer solchen Abstufung.

Tab. 4: Hierarchisierung der Sprechweise und Desensibilisierung des Sprechakts

Sprechen	Manchmal sprechen	Könnte sprechen	irgendwann	zuletzt
Moritz (bester Freund und Nachbar, wir spielen oft zusammen)	Annina (hat den gleichen Heimweg)	Sven (geht mit mir zum Judo)	Petra (es geht so, weint zu oft)	Boris (nicht nett zu mir, hat zu mir „taubstumm" gesagt, Angeber)
Murat (tauscht mit mir Fußballbilder aus, ist ziemlich cool)	Aron (im gleichen Fußballclub)	Jennifer (Freundin von Annina, hat den gleichen Heimweg)	Siang (ist immer so still)	Aisha (sagt nie etwas)
	Michael (in der Pause, während des Fußballspielens)	Anja (hat mir im Deutschunterricht geholfen)		Simon (stört immer, keiner mag ihn)

Diese Aufstellung erlaubt beispielsweise eine erste Intervention:

„Deine Aufgabe diese Woche liegt in der mittleren Spalte. Schau, bei welchem Kind könntest du dir eine Situation ausdenken, in der du mit ihm oder ihr sprechen könntest? Du musst es zunächst noch gar nicht ausführen! Unser Ziel ist, dass eines dieser Kinder in den nächsten drei Wochen in die zweite Spalte rutscht – welches, das darfst du bestimmen."

Wie bei der Hierarchie des Ortes können manche Kinder daraufhin den Sprechkreis erweitern. Eine solche Erweiterung des Sprechkreises kann wie folgt aussehen:

„Ali berichtete zunehmend von seinen eigenen Beobachtungen in der Klasse. Durch die Verfeinerung der introspektiven Ebene konnte eine gewisse Distanz zum Symptom hergestellt werden. Ali beobachtete, welche Vorteile das Schweigen ihm manchmal einbrachte und auch, dass in manchen Situationen nicht so sehr der Kloß im Hals, sondern die Scham, plötzlich

anders zu erscheinen, sowie die Macht der Gewohnheit daran Schuld wa-
ren, dass er nicht sprach. Es wurde nun abgemacht, den Versuch zu begin-
nen, das Sprechverhalten in der Schule praktisch zu verändern. Bezeich-
nenderweise, Zufall oder nicht, wurde er in den nächsten zwei weiteren
Therapiestunden krank gemeldet. Als er wiederkommt, fragt die Therapeu-
tin, ob er sich immer noch sicher ist, dass er das Schweigen überwinden
möchte. Es brauche dazu viel Mut, nach so langen Jahren des Schweigens
in der Klasse. Sie versichert ihm, dass sein Tempo beachtet würde und dass
jeder Schritt besprochen würde. Dennoch könne er es nur, wenn er eine
gewisse Entschlossenheit mitbringe. ,Ich muss ja, wenn ich in die Sek' will!',
ist zunächst seine Antwort. ,Ja, da steht einiges auf dem Spiel. Aber manch-
mal lässt sich der Körper von solchen Einsichten nicht beeindrucken. Schau,
ob du auch den Körper und den Kloß im Hals dazu gewinnen kannst, dann
gelingt es dir ganz sicher!'

Zunächst wird eine Liste von Kameraden, die er am leichtesten einwei-
hen könnte, erstellt. Als erstes wird Lars, sein bester Kamerad, zur nächsten
Stunde eingeladen. Mit Lars wird besprochen, dass Ali entschlossen ist, das
Schweigen zu brechen. Lars findet es ,echt geil'. Das Gespräch wird auf ei-
gene Stärken und Schwächen gelenkt. Auf die Frage der Therapeutin, wel-
che Schwäche er, Lars, an sich kenne, die er auch am liebsten überwinden
möchte, erwähnt er seine Schwäche in Mathe. Er will später ein Autome-
chaniker werden und im Verkauf von Sportwagen tätig sein. Dazu brauche
er nur ein wenig besser in Mathe zu sein, sage sein Vater. Er hasse jedoch
Mathe und bewundere Ali, weil er in Mathe einer der Besten sei. Die Thera-
peutin fragt die beiden, ob sie bei anderen Mitschülern auch solche Schwä-
chen kennen. ,Jeder hat etwas und versucht so zu tun, als ob nichts ist.',
sagt Lars." (Katz-Bernstein/Zaepfel 2004, 380f)

Wie die Fallgeschichte weiter zeigt, werden später Orte mit Personen
verknüpft:

„Als weiterer Schritt eines Desensibilisierungsprogramms zeichnet Ali eine
Karte mit dem Titel ,Die Geographie des Sprechens'. Darauf werden ver-
schiedene Orte markiert:

- *Orte, an denen er normal spricht, wie das Elternhaus, die Familie in Ägyp-*
  ten, im Restaurant,
- *Orte, an denen er nur mit einigen spricht, wie im Schwimmbad, mit Nach-*
  barn, auf dem Pausenplatz, im Turnunterricht, auf Klassenfahrten usw.
- *Orte, an denen er schweigt, wie im Klassenzimmer, Werkunterricht, an*
  offiziellen Stellen und Behörden.

Die Orte werden mit Personen verknüpft. Mit seinen Lehrern hat er z. B.
noch nie gesprochen, auch nicht außerhalb der Klasse. Auf dem Pausen-

platz spricht er nur ‚mit seinem Freunden'. Einige wenige Jungen sind aus-
geschlossen. Mit den Mädchen spricht er überhaupt nicht, außer mit
Yvonne, die in seiner Nachbarschaft wohnt und mit der er schon als Kind
gespielt hat. Lars hilft, die Landkarte zu erstellen und diskutiert die Details
mit Ali (‚Eh, ich habe dich auch schon gesehen, wie du mit Sara in der Pause
gesprochen hast!' usw.).'' (Katz-Bernstein/Zaepfel 2004, 381)

Die Hierarchien des Schweigens ermöglichen schrittweise einen Abbau
der Sprechgrenze. Der Aufbau der Hierarchien erfolgt selten regelmäßig,
es kann Widerstände und Stagnationen geben, aber auch rasante Sprünge.
Deswegen sind die Erstellung der Listen an sich, die kognitive und emotionale Beschäftigung mit Orten und Menschen, die sprachlich gemieden
werden, sowie die exemplarische, imaginative Vorwegnahme der Überwindung der Sprechgrenzen die eigentliche Verarbeitung der Sprechangst.

Eine weitere mögliche Übung zur Hierarchisierung der Sprechweise,
zur Desensibilisierung und zum späteren Transfer des Sprechakts stammt
ebenfalls aus der Therapie von stotternden Kindern (Katz-Bernstein
2003b). Die Übung wird je nach Alter modifiziert. Bei kleineren Kindern
werden Analogien und Rollen genommen, bei älteren kann mit Körper-
wahrnehmungen in Verbindung mit geführten Imaginationen, jedoch
nicht liegend, sondern schreitend, gearbeitet werden:

„Geh mal ganz normal durch das Zimmer, so wie du ganz zufrieden und
entspannt im Urlaub spazieren gehen würdest." (Ich gehe langsam und
entspannt durch das Zimmer mit und gebe dabei Instruktionen.) „Du bist
frei, hast keine Schule, keine Aufgaben. Schau' ganz genau, wie du jetzt
gehst. Was machen die Beine? Die Hände? Die Schultern? Der Kopf? Es
muss ganz bequem und angenehm sein. Stell' dir vor, jetzt kommt ein
Zauberer (eine Fee) auf dich zu. Wenn der Zauberer einmal mit dem
Gong schlägt, wirst du in einen König/eine Königin verwandelt! Du wirst
plötzlich ganz anders durch das Zimmer gehen!" (Ich bleibe stehen, und
schlage den Gong einmal.) „So! Schau mal, jetzt bist du ein wichtiger,
berühmter König/eine wichtige, berühmte Königin mit einer kostbaren
Krone auf dem Kopf! Du hast viele Untertanen und ein wunderschönes
Schloss mit vielen Schätzen im Keller! Merkst du den Unterschied? Du
gehst jetzt ganz anders als vorher! Jetzt sagst du: Ich bin der König
XY/die Königin XY (Name des Kindes). Spür mal, wie angenehm oder unangenehm dir dabei ist. Es kann sein, dass sich das ganz neu anfühlt, frei
und stark! Es kann aber auch sein, dass dir das nicht ganz angenehm ist!
Nur nachspüren! So! Und jetzt kommt eine Fee. Sie wird zweimal schlagen und verwandelt dich wieder zu XY zurück, zu dem, der du bist, frei
im Urlaub. Achtung, zwei Gongschläge, und du bist zurückverzaubert!"
(Ich schlage zweimal den Gong.) „Ah, jetzt ist es sicher ganz anders!

Gehe ein wenig weiter und dann sagst du: ‚Ich bin XY. Ich bin X Jahre alt und gehe in die XX Schule in die x. Klasse!' Stell jetzt fest, was beim Sprechen anders war, was angenehmer war!"

Auf diese Weise kann man unterschiedliche Sprechstile erkunden: Als berühmter Sportler, Prinzessin, Hexe, Superman, Harry Potter usw. Dieser spielerische Umgang mit dem Sprechen lockert auf. Die Rolle, die dem Kind am angenehmsten war, kann als Sprechdisposition eingeübt werden und als Ausgangslage für den Transfer des Sprechens dienen.

3 Arbeit mit dem Tonband

Ein interessantes Phänomen in der Therapie und Förderung von (selektiv) mutistischen Kindern ist die Arbeit mit dem Tonband (siehe auch Teil VII).

Manchen jüngeren Kinder macht es (scheinbar) nichts aus, wenn Mutter oder Vater der Therapeutin oder der Lehrerin Sprechproben von zu Hause zur Verfügung stellen. Es scheint, dass diese indirekte, konservierte Art des Vorsprechens genügend Distanz verschafft, um es zuzulassen. Für die Therapeutin ist interessant, eine unbeschwerte Seite des Kindes kennen zu lernen, die, wenn man das Kind nur schweigend kennt, ganz neu anmutet, so als ob es sich um ein anderes Kind handeln würde. Auch stellen Stimme, Tonfall und Sprechgenre des Kindes oft eine völlig unbekannte, ja überraschende Seite des Kindes dar. Erst dann realisiert man, wie sehr ein Mensch sich durch sein spontanes Sprechen offenbart und wie viel er durch sein Schweigen verdeckt.

Einen ähnlichen Effekt erlebte ich einige Male, als ich die Eltern anrief, mich mit ihnen unterhielt und im Hintergrund das Kind unbeschwert reden hörte. Ein anderes Mal bekam ich einen heftigen, lauten Streit eines selektiv mutistischen Jungen mit seiner Schwester mit.

Aber auch in der Therapie kann ein Tonband eingesetzt werden. In einem ersten Schritt können unterschiedliche „Lärmerzeugungen" des Kindes aufgenommen werden. Diese Aufnahmen können spielerisch eingesetzt werden. Beispielsweise kann die Therapeutin sich bei der Aufnahme verstecken, die Augen zuhalten oder aus dem Zimmer gehen und später versuchen, die Quelle zu erraten. Ein nächster Schritt kann die Aufnahme verschiedener Melodien sein, die mit dem Mund oder mit dem Kazoo gespielt werden. Sie müssen dann erraten werden. Auch die Aufnahme eines gemeinsamen „Orchesterstücks" kann ein Projekt sein.

Manche Kinder finden es unproblematisch, eine Kunstsprache mit entstellter Stimme (Marsmännchensprache, Robotersprache) aufzunehmen und lassen sich gerne darauf ein. Manche Kinder, wie Marcella oder Selina, sind auch einverstanden, ein Tierpuppenspiel aufzunehmen, in dem sie einen fauchenden Tiger, eine miauende Katze, einen brüllenden Löwen oder einen piepsenden Vogel spielen. Diese Aufnahmen können dann die Brücke zur Sprache bilden.

Simon (9 Jahre alt) konnte neuerdings Flöte spielen. Er weigerte sich aber, die Flöte mitzunehmen, um mir darauf vorzuspielen. Er willigte jedoch sofort ein, als ich ihn bat, von ihm gespielte Flötenstücke zu Hause aufzunehmen. Anscheinend war das Vertrauen bereits groß genug. Ich forderte ihn auf, es noch „professioneller" zu machen, indem er die Stücke ansagt, wie ein Moderator im Fernsehen. Er brachte sie mit, und wir hörten sie gemeinsam an. Er war sichtlich stolz auf die Produktion. Die größere Hürde war jedoch später die direkten Rede.

Thomas (8 Jahre alt) wagte es, gemeinsam mit seinem Freund, „Blödeldialoge" aufzunehmen, als ich anbot, dafür zehn Minuten lang draußen zu warten, damit sie mich überraschen könnten. Beim gemeinsamen Anhören war er zunächst sichtlich aufgeregt und verlegen. Von einer entfernten Ecke des Raums aus lauschte er. Er kicherte leise vor sich hin, verdeckte dabei mit der einen Hand seinen Mund, mit der anderen fuhr er unruhig mit einem Spielzeugauto hin und her. Dennoch war er bereit, weitere solche „lustigen Hörspiele" zu veranstalten, die später mehr aus ohrenbetäubendem Geheul und Lautmalereien bestanden, als aus einer Sprache. Er wurde dabei jedoch von Mal zu Mal mutiger, fing an, Sätze mit entstellter Stimme auszusprechen. Beim Anhören schien er sichtlich entspannter, lauschte offen in der Nähe des Tonbandes, sprang dazu auf und ab, fuchtelte mit den Armen und lachte vergnügt. Als Transfer erlaubte die Lehrerin ihm, der Klasse ein „Geräuscherätsel", das er mit seinem Freund gemeinsam vorbereitete, vorzuspielen.

Manche Kinder sind (im Nachhinein) erleichtert angesichts einer solchen Lösung auf dem Weg zur Sprache. Es lassen sich nach entsprechender Abmachung auch ältere Kinder darauf ein (siehe Teil VII). Bei jüngeren Kindern trägt beim Einsatz des Tonbandes die Kunst der „Verleitung" oder gar der „Verführung" durch die Therapeutin zum Erfolg bei. Mit älteren Kindern lässt sich das Tonband als Transfermittel bewusster einführen. Es können Verträge abgeschlossen werden, die Kinder können das Geschehen regulieren, bewerten, mitgestalten. Manchmal braucht es einen gewissen Druck von außen, damit sie einwilligen können.

Die Lehrerin musste Selina (inzwischen 13 Jahre alt), die bei mir in der Therapie bereits angefangen hatte zu sprechen, eine Note im Lesen geben, damit sie sie in die nächste Klasse versetzen konnte. Die Mutter trug das Anliegen bei mir vor. Ich habe den Vorschlag gemacht, dass Selina einen von der Lehrerin ausgewählten Abschnitt aus dem Lesebuch auf ein Tonband spricht und der Lehrerin zur Verfügung stellt. Selina war einverstanden. Ich habe sie beauftragt, selber die Situation als eine „reife" Schülerin der 6. Klasse in die Hand zu nehmen und der Lehrerin den Vorschlag schriftlich zu unterbreiten, anstatt die Mutter als Verhandlungspartner in die Schule zu schicken. Dies würde dazu beitragen, dass die Lehrerin sie als reif für die Versetzung erachten würde. Selina willigte ein. Wir formulierten gemeinsam den Vorschlag, die Mutter unterschrieb auch. Als ich sie beim nächsten Mal fragte, ob es geklappt hatte, nickte sie beiläufig und tat so, als ob es ein fast selbstverständliches Ereignis wäre. Sie konnte, laut einer späteren Aussage der Mutter, der Lehrerin eine gelungene Aufnahme abliefern und bekam dafür eine gute Note „mit einem kleinen Abzug für das noch nicht direkte Lesen". Selina war daraufhin sehr zufrieden und stolz. Es war ihre erste Note im Lesen.

Als ich mit ihr das Ereignis besprechen wollte, war es jedoch offensichtlich, dass sie daraus kein Aufheben machen wollte. Ich bemerkte dann: „Hmm, ich dachte mir, dass das Problem der Note gelöst werden kann. In Zukunft ist es ja kein Problem mehr." Mit einem zustimmenden „Hmm" versuchte sie das Gespräch darüber zu beenden und wandte sich einem Spiel zu. Ich beließ es dabei.

4 Schattensprechen und Zugzwänge

Das Schattensprechen folgt dem Prinzip, die Stimme des Kindes durch andere Stimmen oder durch Geräusche so zu kaschieren, dass das Kind sie nicht als exponiert erlebt. Der Zugzwang ist eine sehr frühe Strategie des Spracherwerbs, die zur „intuitiven elterlichen Didaktik" (Papoušek/ Papoušek 1977) gezählt wird (Teil I, Kapitel 3). Dabei hält die Person bei bekannten, sich wiederholenden Versen an einer markanten Stelle inne, um das Kind diesen durch Zugzwang vervollständigen zu lassen. Diese Strategien, gezielt eingesetzt, können das Einsteigen in die Sprechphase erheblich erleichtern.

Das Phänomen des Schattensprechens ist bei Erzieherinnen, die mit selektiv mutistischen Kindern zu tun haben, bekannt. Manche dieser Kinder singen mit, wenn ein Stimmgewirr vorhanden ist oder sie sprechen mit anderen Kindern, solange weitere laute Gespräche das eigene Sprechen des Kindes verdecken. Meistens generalisiert sich das Schweigen im Schulalter, und der Kreis des Schweigens dehnt sich auch auf solche Situationen aus. Die Störung kann jedoch als therapeutische oder pädagogische Maßnahme aufgegriffen werden, das Ausdehnen des Schweigens auf weitere Sprechanlässe verhindert oder wieder rückgängig gemacht werden. Es kann auch ein Neuanfang sein für solche Kinder, die es noch nie gewagt haben, öffentlich zu sprechen.

Im vorschulischen und schulischen Kontext sind viele solcher Anlässe gegeben. Schon das Wissen um diese Möglichkeit hat es manchen Lehrkräften erleichtert, dem selektiv mutistischen Kind einen Einstieg zu ermöglichen (siehe Teil VII). Aber auch im therapeutischen Kontext steht eine breite Palette von Ideen, Zugängen und Möglichkeiten für das Schattensprechen offen. An dieser Stelle sollen bewährte Möglichkeiten erwähnt werden.

Als ein beliebtes Mittel erwies sich das Trommeln. Die große afrikanische, dumpf tönende, mit braunem Fell überzogene Trommel aus Sambia, die eine solche Größe hat, dass sie auch als breiter Hocker für erwachsene Personen genutzt werden kann, scheint viele Kinder, auch stotternde Kinder, als beliebte Geräuschkulisse und begehrter Begleiter für verdeckte oder offene Sprechübungen anzusprechen. Die Trommel trägt die Stimme, so dass mit ihr experimentiert werden kann.

Thomas (8 Jahre alt) trommelte sehr gerne. Ich spielte manchmal die Gitarre und sang dazu. In einer Stunde dichtete ich mit einer tiefen Stimme zu seinen Trommelschlägen und der Gitarre Rap-Verse, die über ihn, was er alles kann und wie er so ist, erzählten. Er war dabei sichtlich belustigt und genoss es sehr, dieses positive Bild von sich gespiegelt zu bekommen. Er wollte es noch mal und noch mal hören, konnte dabei einen direkten Blickkontakt über längere Zeit halten und mich anlächeln. Später inszenierte ich einen Dialog zwischen hellen und dunklen Stimmen. Die Rollenverteilung war gegeben: die dunkle Stimme forderte die helle auf, etwas zu tun, die helle verweigerte. Thomas war der Dirigent, ich inszenierte ein sprechendes Theater dazu.

Nach einigen Malen war er bereit, die helle „Nein"-Stimme zu übernehmen. Seine Aufgabe wurde damit deklariert, sich nicht von mir als „Ja" verführen zu lassen. Dies wurde die gewählte Art zur Einführung von „Ja" und „Nein" bei der Beantwortung von Fragen, auch außerhalb der gespielten Rollen. Noch lange Zeit benutzte er bei mir die Trommel, um sein Sprechen zu begleiten.

Thomas fing auf eine ähnliche Art an zu sprechen. Er begann in Anwesenheit seines Freundes Fragen von mir zu beantworten und sogar über Ereignisse in der vergangenen Woche zu erzählen. Dabei verstellte er seine Stimme zu einer ein wenig piepsenden, nuschelnden Sprechweise, aber er sprach vom Inhalt und Ausmaß des Sprechens her fast normal.

Jüngere Kinder können auch durch Musik von der Kassette, aufgenommene Kasperle-Geschichten oder Bewegungs- und Versspiele zum sprechenden Einschwingen animiert werden, besonders da hier Zugzwänge bestehen.

Ellen (4;6 Jahre alt) ließ sich beim schweizerdeutschen Kniereiterspiel zum Protagonisten verführen. Nach drei Durchgängen verzögerte ich das „Ja" und „Nein" dermaßen, bis sie die Rolle ganz übernahm:

„Joggeli, chasch du riite?" („Joggeli, kannst du reiten?") – „Ja, ja, ja."
„Uf alli beidi Siite?" („Auf allen beiden Seiten?") – "Ja, ja, ja."
„Häsch em Rössli z'ässe gäh?" („Hast du dem Pferd zu essen gegeben?") – „Ja, ja, ja."
„Häsch em Rössli z'trinke gäh?" („Hast du dem Pferd zu trinken gegeben?") – „Nein, nein, nein!"
„So macht das Rössli tripp und trapp und keit em Joggeli hinen ab!!" („So macht das Pferdchen tripp und trapp und schmeißt den Joggeli hinten ab!")
(Der Oberkörper des Kindes wird dabei nach unten hinab gelassen.)

Dieser Kniereiter wurde zum Ritual am Ende der Stunde. Nach einigen Malen, mit weiteren Versen und weiteren nonverbalen Interventionen zum Sprachaufbau mit einem Übergangsobjekt, schien ich mit in die „Vertrautheitsgrenze" von Ellen einbezogen worden zu sein.

Das Schattensprechen kann bei Schulkindern ganz bewusst eingesetzt werden. Gemeinsames Vorlesen ist eine geeignete Strategie: Wir setzen uns in eine gemütliche Ecke und wählen ein spannendes Buch. Die erste Aufgabe kann lauten, still und ohne die Lippen zu bewegen einen kleinen Abschnitt mitzulesen. Beim zweiten Durchgang kann bereits mit Lippenformen mitgelesen werden, beim dritten Mal flüsternd und dann halblaut. So wird immer weiter gesteigert. Es ist empfehlenswert, aufzuhören, bevor eine Überforderungsgrenze droht. Man sollte Zufriedenheit über den Fortschritt äußern (aber nicht zu sehr loben, das mögen die meisten dieser Kinder nicht!) und ankündigen, dass beim nächsten Mal auf diese Weise weitergemacht wird. Hier kann wiederum die beiläufige Zuversichtserklärung kommen, dass es, wie erwartet, gut vorangeht. Außerdem kann man folgende Varianten durchführen. Wann ist das Sprechen leichter/schwerer:

- mit Hintergrundmusik oder ohne?
- stehend, sitzend oder gar schreitend?
- abgewandt oder zugewandt?
- ganz oder halb hinter einem Sichtschutz versteckt?

Es kommt bei manchen Kindern, bei denen die Störung manifest und schwer zugänglich zu sein scheint, weniger darauf an, dass sie tatsächlich durch diesen Zugang „linear" und nach einem therapeutischen Plan zum Sprechen gebracht werden. Bei diesen Kindern laufen oft therapeutische Prozesse und Fortschritte über lange Zeit im Verborgenen ab. Auch schon die noch unsichtbare Veränderung der Kognition, das Einpflanzen einer neuen Vision, die innere Veränderung des Selbstbildes, die Erweiterung der „Narrative" oder des „Scripts" von einem schweigenden zu einem vorlesenden Kind ist eine Intervention, die zu einer Auflockerung der Störung beiträgt. Der Erfolg mag zunächst noch unsichtbar bleiben und muss therapeutisch über eine lange Zeit unterstellt werden.

Da das Schweigen von Marcella sehr hartnäckig zu sein schien, sie in der Schule auch weiterhin kaum nonverbal kommunizierte, Simona jedoch Fortschritte machte und in der Klasse auftaute, trennte ich die Therapie beider Mädchen (siehe auch Teil V, Kapitel 4). Es war der Lehrerin und mir völlig unklar, ob Marcella, die die dritte Klasse besuchte, auch lesen konnte. Als Ritual las ich ihr immer in den letzten fünf bis zehn Minuten der Stunde aus dem Buch „Pitschi" vor – ein Buch, in dem ein verlorenes Kätzchen von zu Hause weggeht, erschreckende Erlebnisse hat und bei der Rückkehr krank wird und von der Herrin und anderen Katzen sehr verwöhnt wird. Marcella schien das Buch sehr zu lieben, obwohl wir es zum zweiten Mal lasen. Das erste, was sie tat, wenn sie das Zimmer betrat, wurde ebenfalls zum Ritual: Sie ging zum Bücherregal, nahm „Pitschi" heraus, kontrollierte die Stelle mit dem Lesezeichen, an der wir stehen geblieben waren, und legte das Buch dann in die Leseecke. Das war auch zu dieser Zeit fast die einzige aktive Tat, seitdem ich sie von ihrer Schwester getrennt hatte. Ansonsten reagierte sie sehr verhalten und fast ausschließlich reaktiv und abwartend. Da ich bemerkte, dass sie den Text mit den Augen genau verfolgte, schlug ich in einer der Therapiestunden vor, dass wir gemeinsam lesen, wie ich es auch mit vielen anderen Kindern mache, die schon lesen können. „Nur, weil du noch nicht laut lesen kannst, ist doch noch kein Grund, dich nicht mitlesen zu lassen! Ich lese wie immer ein Stückchen vor und jedes Mal, wo die Namen ‚Pitschi', ‚Mimi', ‚Strolli' oder andere Namen der Katzen fallen, liest du – vorläufig ‚im Herzen' – die Namen vor und so wechseln wir uns ab. Sich so gegenseitig vorzulesen macht mir dann auch Spaß. Also vorläufig stoppe ich vor dem Namen ‚Pitschi' und du liest ihn im Herzen vor. Wir versuchen einfach einmal, wie es geht."

Sie war zunächst ein wenig erschrocken und fror ein wenig ein. Das war das bewusste Risiko, das ich auf mich nahm. Ich wusste bereits, dass ohne einen gezielten, gut dosierten Druck einer solchen Angststörung schwer beizukommen ist. Ich habe also damit gerechnet und versuchte, dabei genauso gelassen und zuversichtlich zu bleiben wie immer. Ich merkte, dass sie meinen Finger im Text genau verfolgte. Beim Namen „Pitschi" hielt ich inne, schaute sie an und nickte ihr fragend zu, als ob ich frage: „So, gelesen?" Sie lächelte zunächst sehr verlegen, kaum wahrnehmbar, ich tat so, als ob die Aktion zu meiner Zufriedenheit gelingt und steuerte auf den nächsten Namen einer Katze zu. Dort hielt ich wiederum inne und wartete ihren Augenkontakt und ihr Nicken ab, um weiter zu lesen. Das Hin und Her des Lesens etablierte sich in dieser Stunde. Später ließ ich sie, mit dem Finger folgend, ganze Sätze „im Herzen" lesen. Ein vorläufiger Versuch „mit den Lippen" zu lesen scheiterte. Wir setzten unsere Versuche (meinerseits) unbeirrt fort.

Ich rief die Lehrerin an und bat sie, zu beobachten, ob ihr während des Vorlesens in der Schule bei Marcella etwas auffiel. Sie stellte zu ihrem Erstaunen fest, dass Marcella „mit den Lippen" und ganz konzentriert mit dem Finger folgend während des gesamten Lesevorgangs mitlas.

Später wird Marcella zu sprechen beginnen. Durch diese Intervention, so sind die Lehrerin und ich überzeugt, wurde sie durch das Schweigen nicht daran gehindert, ihre Lern- und Schulleistungen weiter und altersgemäß zu entwickeln. Sie wurde, als sie in der vierten Klasse zu sprechen begann, zu einer eher schweigsamen, unauffälligen Schülerin, die im schriftlichen Ausdruck und zeichnerischen Gestalten besonders gute Leistungen erzielte.

5   Die Arbeit mit „Ego-States", „inneren Stimmen" oder „Introjekten"

Bei Schulkindern ab etwa 10 Jahren kann nur noch bedingt mit Puppen gearbeitet werden. Die soziale Kontrolle und der offene Wunsch sozialprogressiv, „Peer-Gruppen-konform" und „cool" zu wirken, erlaubt es den Kindern meistens nicht mehr, die Identifikation mit einer Puppe zuzulassen. In diesem Alter gibt es neue, altersgemäße Zugänge, die wiederum eine bewusstere Art zu arbeiten ermöglichen und die im Vorschul- und Grundschulalter noch nicht möglich sind (Rahm 2004). Hier soll die Arbeit mit Ego-States, inneren Stimmen oder mit inneren Instanzen vorgestellt werden.

Die Arbeit mit den inneren Stimmen ist eine Technik aus der Gestalttherapie. Aus der Gestalttherapie ist auch die „Technik des leeren Stuhls" bekannt, die von Fritz Perls (2002), dem Begründer der Gestalttherapie, stammt. Sie hat sich als eine integrative Technik zwischen Psychodynamik, Verhaltensmodifikation und Psychoedukation bewährt. Die „Ego-State-Technik" wurde durch Watkins und Watkins (2003) aus der Hypnotherapie Milton Eriksons (1995) weiterentwickelt und wird speziell in der Behandlung von Menschen mit traumatischen Erfahrungen angewandt (Fritzsche/ Hartman 2010). Beide Techniken ähneln sich sowohl im Hinblick auf den gemeinsamen theoretischen Hintergrund als auch in ihrer erlebnisaktivierenden Intention. Der theoretische Hintergrund zu dieser Therapietechnik besagt, dass bei jeder Handlung und Entscheidung viele Instanzen oder Ich-Zustände (Ego-States) beteiligt sind, die mit inneren Intentionen und in einem inneren Dialog eine Handlung fördern oder hemmen, in einem gemeinsamen Ringen und Verhandeln. Die vollzogene Handlung wird danach auch von den besagten inneren Instanzen bewertet. Eine Stimme kann beispielsweise ein freches Verhalten loben, gemäß der Bewunderung, die Kinder angesichts dieses Verhaltens von anderen Kindern empfinden. Eine andere, sozial erworbene Instanz befürchtet zugleich die Konsequenzen: Liebesentzug, Strafe, als „böse" dazustehen usw.

Wie erwähnt, sind diese Vorgänge zum überwiegenden Teil nicht bewusst, sie ermöglichen jedoch schnelle Entscheidungen in einer komplexen Situation (Gehm 1991; Roth 2001; Roth et al. 2010). Die Instanzen, die sich zu einem Urteil verfestigt haben, sorgen vor allem für schnelle Bewertungen der Situation.

Bei (selektiv) mutistischen Kindern ist die jeweilige Entscheidung zu schweigen von einer nicht bewussten Bewertung der Fremdheit der Situation abhängig. Diese angstvollen, starren Bewertungen beeinflussen die Wahrnehmung zu undifferenziertem, schablonenhaftem Urteil. Sie ermöglichen zwar ein fließendes, ökonomisches Handeln, es werden aber keine neuen Aspekte der Situation wahrgenommen, Unterschiede zu alten Situationen aufgestellt, Urteile revidiert und neue Lösungen und Möglichkeiten erwogen. Die „Arbeit mit inneren Stimmen" oder „Ego-States" kann solche Bewertungsprozesse bewusst machen und sie durch personifizierte Rollen, die miteinander in Interaktion treten, „verflüssigen".

Ab dem Schulalter erwirbt das Kind die Fähigkeit, sich selbst zu betrachten und die eigenen Handlungen zu bewerten (Lempp 1992; 2003). Ab etwa zehn Jahren, mit vollendeter Sprachentwicklung und dem Erwerb von operationalem und abstraktem Denken, sind die eigenen Emotionen und Entscheidungsvorgänge für die bewusste Betrachtung zugänglich. Ab dann kann die Arbeit mit inneren Stimmen oder Ego-States vorgenommen werden.

Ein Kind oder Jugendlicher mit selektivem Mutismus zeigt mehrere Gesichter und Verhaltensweisen, die aber in bestimmten Situationen vorherrschend und fixiert zu sein scheinen. Diese Fixierung erlaubt dem Kind keine Neubewertung von Situationen und schränkt sein Verhaltens-Repertoire ein. Zuhause ist es vielleicht gesprächig, ja in manchen Fällen sogar tyrannisch. In der Schule dagegen scheu und zurückgezogen, bis hin zum „Einfrieren", wenn es angesprochen wird. Diese Verhaltensweisen wirken widersprüchlich und können unverbunden nebeneinander stehen. Es gilt in der Therapie, diese beiden Seiten als „innere Stimmen" oder „Ich-Zustände" im Therapieraum gegenüberzustellen. Das Kind soll sie als zwei Seiten seiner Persönlichkeit kennen lernen und als sinnvolle Varianten seines Verhaltens-Repertoires wahrnehmen. Es kann den „inneren Stimmen" Anweisungen geben und sie in die therapeutische Arbeit „einbinden".

Silvia, ein 13-jähriges, stotterndes Mädchen, übt das Vorlesen vor einer vermeintlichen Klasse im Therapiezimmer. Sie liest zunächst ziemlich flüssig, dann, nach einem schnellen Blick nach vorne, als ob sie nach der Reaktion der vermeintlichen Klasse Ausschau hält, stockt sie und fängt an zu stottern. „Stopp!", sage ich. „Was ist jetzt genau passiert? Hast du die Kinder in der Klasse vor dir gesehen?" „Ja", antwortet sie verlegen, wie ertappt. „Wen denn genau?", frage ich. „Alle." „Schau nochmals hin. Man erkennt meistens einige Gesichter. Wessen Gesicht hast du gesehen?" Silvia antwortet: „Da war vor allem der Sven und die Snezana, und dann die Brigitte." „Okay, und was sagten ihre Augen, als sie dir beim Vorlesen zuhörten? Setzen wir zunächst den Sven auf einen Stuhl. Wo sitzt er genau?"

Nachdem wir alle drei auf leeren Stühlen positioniert haben, lasse ich sie zunächst Sven betrachten. „Stell' dir vor, du stehst jetzt nochmals vor der Klasse und liest vor. Wie schaut dich Sven an?", frage ich. „Er lacht immer alle aus, bei jeder Kleinigkeit." „Was denkt er sich, wenn du vorliest?" Silvia antwortet: „Ja, ja, bald stottert sie." „Okay. Das ist sicher unangenehm. Ich kann mir denken, dass Sven einer ist, der unsicher ist." „Ja, er ist fast in allen Fächer schlecht und wird vom Lehrer oft bestraft.", sagt Silvia. „Das ist ein Grund, um sich ein wenig zu freuen, wenn andere eine kleine Schwäche zeigen."

Nach diesem Gespräch machen wir ab, dass sie weiter vorliest und ich den Sven spiele und versuche, seine Gedanken laut auszusprechen. Ihre Aufgabe kann wie folgt aussehen: Entweder versucht sie, weiter zu lesen und sich von ihm nicht irritieren zu lassen, oder sie versucht, wenn es nicht sehr gut gelingt und sie zu stocken beginnt, genau zu beobachten, was dann bei ihr im Körper passiert, wie in einer Zeitlupe. Ich übernehme dabei Svens Stimme: „Jetzt liest die Silvia vor. Eine tolle Schülerin und kann eigentlich prima lesen. Aber Gott sei Dank hat sie auch eine Schwäche, dann bin ich nicht immer alleine der Dumme. Ja, bald wird sie stottern."

So gelingt es Silvia, die Situation ganz anders zu deuten, die Angst vor Sven wird bedeutend kleiner (wir messen sie immer wieder in einer Skala von 1 bis 6), sie stottert zunehmend weniger. Sie konnte nachvollziehen, wie ihre inneren Stimmen, die von Sven, Snezana und Brigitta, sie dazu bringen, ihre Angst vor dem Stottern zu vergrößern, den Stresspegel zu erhöhen und damit auch die Wahrscheinlichkeit zu stottern. Sie verstand auch, dass sie selbst diese Szenarien inszeniert, durch die Unterstellung und Deutung, die sie der Situationen gibt.

Auf eine ähnliche Weise sieht die Arbeit mit älteren mutistischen Kindern aus, vor allem, wenn der Transfer des Sprechens vom Therapiezimmer in die Öffentlichkeit fällig ist, wenn sie es als hilfreich einschätzen und ausprobieren wollen, Reaktionen von unterschiedlichen Menschen auf die ersten Sprechversuche, auf diese Weise zu überprüfen.

> Bei Ali (14 Jahre alt) war es möglich, eine solche Gestaltarbeit mit so ge-
> nannten „Introjekten" durchzuführen.
>   „In der siebten Stunde fragt die Therapeutin, wie er bis jetzt bestimmte
> Situationen schweigend aushalten konnte und ob es nicht Situationen ge-
> geben habe, in denen er Lust hatte zu sprechen. Er erzählt, dass er dann,
> auch wenn er wollte, nicht sprechen könne, da er, wie zugeschnürt, einen
> ,Kloß' im Hals spüre. Daraufhin lässt sie ihn mit geschlossenen Augen eine
> Situation vergegenwärtigen, in der er vor der Klasse steht und sprechen
> soll. Sie regt ihn an, die Angst und die sie begleitenden Körperempfindun-
> gen und -sensationen wahrzunehmen und den ,Kloß' im Hals, seine Größe,
> Beschaffenheit und seine Konturen zu spüren und zu visualisieren. An-
> schließend an diese ,geführte Imagination' bietet die Therapeutin Ali an,
> diesen Fremdkörper zu malen und sich dafür Zeit zu lassen. Er malt ganz
> versunken. Es entsteht ein bläulicher, ballartiger, kraterartiger ,Kloß', den er
> lange betrachtet. (. . .) Die Therapeutin schlägt Ali vor, mit dem gemalten
> Fremdkörper im Hals in ein spielerisches Gespräch einzutreten. (. . .) Sie
> fragt Ali, ob er sich vorstellen könne, diesem Fremdkörper eine Stimme zu
> geben, so als wäre er ein Bauchredner, nur dass er den ,Kloß' statt den
> Bauch sprechen lasse. ,Stell' dir vor, du seist dieser Fremdkörper in Alis Hals.
> Versuche dir vorzustellen, wie das ist, sich in Alis Hals so breit zu machen.
> Wie fühlt sich das an?' Er schließt die Augen. ,Es ist schön warm da drin,
> weich, aber auch fest. Ja, ziemlich bequem.' ,Ja, mach dir's bequem da drin.
> Lässt dir der Ali auch genug Platz?' Er schweigt einen Moment, spürt nach.
> ,Ali hat Angst vor mir! Er wird ganz steif, wenn ich in seinem Hals bin!'
> Er fügt hinzu: ,Irgendwie macht das Spaß!' ,Ah ja, das macht dir Spaß, den
> Ali zu quälen, ihm Angst zu machen, was? Du bist aber ein Schlitzohr!
> Ali müsste stolz auf dich sein, wie stark und clever du bist!'
>   An dieser Stelle hört Ali auf und schaut die Therapeutin verwundert und
> fragend an. ,Ja, Ali, es ist dein ,Kloß', dein Körper hat ihn produziert, und ich
> meine, der Körper ist ein gescheiter Kerl, er hilft uns immer irgendwie, da-
> mit wir aus unangenehmen Situationen das Beste machen können. Das ist
> dein ,Kloß'!! Eigentlich könntest du auf ihn mächtig stolz sein!' Es dauert
> ein wenig, jedoch nach einigen nachdenklichen Augenblicken sagt er ver-
> schmitzt und belustigt: ,Ja, alle anderen mussten sich Mühe geben beim
> Lesen und beim Aufsagen, ich war fein raus!' ,Ich sehe. Obwohl dich der
> ,Kloß' störte, half er dir manchmal?' ,Ja, manchmal war ich dann der
> Schlauere.' Die Therapeutin bestätigt ihm, dass sie schon längst geahnt
> habe, wie stark und clever er eigentlich ist. Es tut ihm sichtbar gut.
>   Als Ali dann den ,Kloß' erneut malt, hat sich der ,Kloß' verändert; er wurde
> glatter, glänzender und bekam einen rosaroten Schimmer. Er arbeitet
> lange an ihm, malt ihn aus, behandelt ihn wie ein ,Kunstwerk'. Die Thera-

peutin schlägt ihm als Hausaufgabe vor, bei nächster Gelegenheit in der Klasse eine Situation auszuwählen und sich vorzustellen, er würde sprechen wollen. Dabei solle er, sofern der Fremdkörper auftauche, diesen nachspüren und schauen, ob er sich verändert hat.

Sehr bald merkt Ali, dass sein ‚Kloß' viele Schattierungen bekommt und sich ständig verändert. So sagt er nach etwa 4 Monaten: ‚Er ist jetzt wie aus Watte und völlig durchlöchert. (. . .) Er fühlt sich jetzt an wie eine Wolke im Hals.' Er holt die fünf übrigen Zeichnungen des ‚Kloßes' aus dem Schrank, rollt sie auf und vergleicht sie miteinander. Er scheint mit der Entwicklung sehr zufrieden zu sein. Zu dieser Zeit unternimmt er bereits seine ersten Sprechversuche mit den Jungs in seiner Klasse und zwar während des Werkunterrichts in der Schule." (Katz-Bernstein/Zaepfel 2004, 378f)

Es sei hier ausdrücklich vermerkt, dass diese Inerventionen strikt ressourcenorientiert vorgenommen werden sollen, Hand in Hand mit Ichstabilisierenden Begleittechniken.

Es ist selbstverständlich, dass die nötige Ausbildung vorhanden sein muss, damit eine solch anspruchsvolle psychotherapeutische Arbeit vorgenommen werden kann. Eine Gestalttherapie, Psychodrama, Hypnotherapie oder eine ähnliche therapeutische Ausbildung vermittelt die nötigen Methoden und Techniken, um die Arbeit mit „inneren Stimmen" Gestalttechniken, „Ego-States" oder „Introjekten" vorzunehmen.

6   Hausaufgaben

Hausaufgaben verbinden die einzelnen Therapiestunden miteinander und sorgen für Kontinuität. Sie haben jedoch einen anderen Charakter, als man ihn sich bei schulischen Hausaufgaben vorstellt. Sie dienen der Desensibilisierung, sie sollen zu einem „Reframing" verhelfen, Kognitionen und Einstellungen verändern und den Plan der kleinsten Schritte unterstützen. Meistens bestehen sie aus Beobachtungsaufgaben. Entweder soll das Kind andere Kinder, Lehrer, fremde Erwachsene oder aber sich, die eigenen Gefühle, Einstellungen und Kognitionen beobachten.

Ich sage dem Kind, dass es bei mir lernen wird zu forschen wie ein Soziologe, ein Ethnologe oder Psychologe. Wir betrachten Verhalten, Reaktionen, Gedankengänge und Gefühle und machen dabei sicherlich spannende Entdeckungen. Manchmal ist es auch ratsam, ein Aufgabenbüchlein einzuführen, in dem eine „Forschungsdokumentation" erfolgt.

Die Stärken und Schwächen des Schweigens – „Reframing": Eine der ersten Aufgaben kann lauten, in den nächsten Wochen zu raten, welchen Schwachpunkt andere Kinder haben, einen offensichtlichen oder aber einen, den sie versuchen, zu verstecken. Denn jeder Mensch hätte mindestens einen solchen Schwachpunkt, der ihn an sich stört und den er am liebsten verändern möchte. Dazu fertigen wir eine Liste der Schulkameraden an.

Schwächen meiner Schulfreunde:
- Martin: *Vergisst immer alles. Schämt sich dabei.*
- Emil: *Ein Streber, der sich immer meldet.*
- Andrea: *Ist ganz scheu, sagt nie etwas.*
- Stefan: *Ist schlecht im Sport.*
- Veronika: *Weint wegen nichts.*
- Silvia: *Hat krumme Zähne und eine komische Stimme.*
- Boris: *Kann schlecht Deutsch sprechen.*
- *. . .*

Dann kommt die Aufgabe, die guten Eigenschaften oder Stärken der Kinder auszumachen:

Stärken meiner Schulfreunde:
- Martin: *Ist immer lustig. Lacht viel und macht viele Späße.*
- Emil: *Ein guter Schüler, weiß viel.*
- Andrea: *Kann sehr schön zeichnen.*
- Stefan: *Ist gut in Geographie, weil er schon viel gereist ist.*
- Veronika: *Will immer allen helfen.*
- Silvia: *Kann sehr gute Aufsätze schreiben.*
- Boris: *Ist der beste Fußballspieler in der Klasse.*
- *. . .*

Es ist wichtig, dass man bei beiden Sparten, Schwächen und Stärken, fündig wird. Wenn die „Hausaufgaben" nicht gemacht werden konnten, weil das Kind nichts finden konnte, gebe ich ihm Ideen:

> „Kann es sein, dass Emil es nicht ertragen kann, schlechte Noten zu haben? Es mag zwar keiner, aber es gibt Kinder, die kommen besser darüber hinweg und solche, die sich eine schlechte Note nicht verzeihen können und mit sich unzufrieden sind." Oder bei den Stärken: „Kann Veronika nicht etwas Gutes, was die anderen Kinder viel weniger können, zum Beispiel Basteln? Oder ist sie mit wenig zufrieden, oder hilfsbereit, wenn der Lehrer um Hilfe bittet?"

Man kann die Übung weiterentwickeln, indem man fragt:

„Stell' dir vor, da kommt eine Fee und sagt, du könntest mit einem Kind tauschen. Du könntest dein Schweigen diesem Kind abgeben und dafür seine Schwäche haben. Mit welchem Kind würdest du am ehesten tauschen? Mit welchem auf gar keinem Fall?"

Man staunt dabei, wie das eigene Schweigen doch vorgezogen wird. Diese Übung relativiert die eigene Störung, macht sie zu einer Schwäche in einer Reihe neben anderen, alltäglichen Schwächen. Das relativiert die Macht und die Exklusivität des Schweigens und das Gefühl, ihm ausgeliefert zu sein.

Genauso wichtig ist die Übung mit den Stärken. Dabei kann ich das Idealbild und die Wunschvorstellungen des Kindes kennen lernen. Ich kann jedoch darauf pochen, dass die Fee den Umtausch nur dann vollzieht, wenn man auch die Schwäche übernimmt.

Als Folge dieser Übung kann man eine Liste über die Stärken des Kindes erstellen. Dabei kann man Verhaltensweisen einfließen lassen, die den Vorteil und den Gewinn des Schweigens unterstreichen.

Diese Übung hilft, die eigene Störung neu einzuordnen und eigene Ressourcen zu entdecken. Sie erleichtert es aber auch, Einsicht in den eigenen „Krankheitsgewinn" zu erlangen.

	gut	mäßig	schlecht
Ich kann abwarten.			
Ich kann Geheimnisse hüten.			
Ich kann Menschen beobachten.			
Ich kann Menschen einschätzen.			
Ich kann einem guten Freund treu bleiben.			
Ich kann bei einem Streit neutral bleiben.			
Ich kann anderen den Vortritt lassen.			

Tab. 5: Bedingungen für das Sprechen

Beobachte genau und kreuze an: Das Sprechen würde mir am leichtesten fallen ...			
Wann	**Wo**	**In der Schule**	**Sprechsituation**
☐ wenn mein Freund dabei ist.	☐ auf dem Pausenplatz zwischen Schulkameraden.	☐ wenn mich der Lehrer auffordert, in meiner Sitzreihe.	☐ wenn ich flüstere oder ganz leise spreche.
☐ wenn meine Mutter (Vater, Bruder, ...) dabei ist.	☐ im Restaurant mit meinen Eltern, im Laden neben meinem Haus.	☐ wenn ich es mit dem Lehrer vorher abmache.	☐ wenn alle durcheinander reden.
☐ wenn ich ganz alleine bin.	☐ wenn mich niemand kennt.	☐ wenn niemand zuhört, von mir aus.	☐ wenn niemand dabei speziell reagiert, sondern alle es ganz normal finden.
☐ wenn ich zwischen Leuten bin, die meine Muttersprache sprechen.	☐ wenn wir in unserem Ursprungsland sind.	☐ wenn ich mich mit meinem Banknachbarn austausche.	☐ wenn ich eine Rolle in einem Theaterstück aufführen kann.

Hausaufgaben, die desensibilisieren: Eine andere Art von Aufgaben erlaubt dem Kind, die Situationen, in denen es Angst vor dem Sprechen entwickelt hat, neu und differenzierter wahrzunehmen.

Sie wurden bereits im Teil V, Kapitel 2.2 besprochen. Hier sollen nochmals Vorübungen für die Sprechsituationen beschrieben werden. Folgende Hausaufgaben können gegeben werden, und es kann auch Tabelle 5 mitgegeben werden.

▪ In welcher Stunde hast du während dieser Woche am meisten Lust verspürt, normal zu sprechen?

- In welcher am wenigsten?
- In welcher Situation außerhalb der Schule ist dir die Idee gekommen, sprechen zu wollen?
- Überprüfe, wo genau es für dich am leichtesten wäre und wo am schwierigsten.
- Bei welchen Personen?
- Welche Personen verhindern, dass du zu sprechen beginnst?
- Bei welchen Personen könntest du es riskieren?

Es ist immer wieder erstaunlich, wie präzise manche Kinder bereit sind, auszusagen, wie und unter welchen Bedingungen sie sprechen könnten. Die Öffnung in der Therapie riskieren sie meistens jedoch nur, wenn sie merken, dass das verratene Wissen nicht als Druck gegen sie verwendet wird, sondern der Rhythmus belassen und Änderungen der vorgegebenen Bedingungen respektiert werden.

Die Erfahrung zeigt, dass diese Hausaufgaben nicht immer, sondern eher selten die Hierarchie verraten, wie das Sprechen schlussendlich generalisiert wird. Sie scheinen vielmehr dazu beizutragen, den Kindern Ideen zu geben, wie sie sich die Schritte erleichtern können. Vielleicht stellen sie auch eine Art Gewöhnung an die Idee dar, dass sie bald sprechen könnten. Sie geben ihnen Gelegenheit, Situationen differenzierter einzuschätzen und Ängste abzubauen.

Was passiert genau beim Schweigen? Eine andere Art, mit Hausaufgaben umzugehen, ist der Auftrag, das, was bei dem Akt des Schweigens geschieht, genau zu beobachten und (wenn machbar) aufzuschreiben (siehe dazu auch Fallbeispiel Ali). Die Anweisung kann wie folgt gegeben werden: „In diese Woche versuchst du den Moment, in dem du eigentlich reden solltest oder wolltest, ganz genau zu beobachten, wie in einem Film mit Zeitlupe. Folgende Fragen kannst du dabei versuchen zu beantworten:

- Was passiert **im Körper** (mit den Händen, Schultern, Füßen, Bauch, Herz, Puls, Hals, Augen, Mund)?
- Was für **Gedanken** kommen dir? (Z. B.: Alle schauen mich blöd an./ Der Lehrer gibt mich jetzt ganz auf./Ich bin irgendwie stolz auf mich/ finde mich blöd./Am liebsten möchte ich fliehen./Das habe ich bald überstanden.)
- Was für **Sätze** hättest du am liebsten dabei gesagt? (Z. B.: Glotzt mich doch nicht so an!/Ich finde euch alle blöd!/Komm', Peter (der gute Freund), sag's ihnen!/Wartet nur ab, euch überrasche ich noch!)

Diese inneren Sätze und Kognitionen, die erkundet und aufgeschrieben worden sind, können als Ausgangspunkt weiterer, gezielter Interventionen zur Verarbeitung und Veränderung von Einstellungen gegenüber dem Sprechen dienen.

Bei jüngeren oder aber älteren Kindern, die es sich zutrauen, kann man solche Situationen auch als Hausaufgaben malen lassen und mit Sprechblasen versehen.

7 Transfer: Die Generalisierung des Sprechen-Könnens

Das Sprechen im Therapiezimmer kann ein erster Schritt auf dem Weg zur Überwindung des Schweigens an anderen Orten sein.

Bei manchen Kindern verlaufen die weiteren Schritte linear und logisch. Schritt für Schritt können sie in weiteren Situationen sprechen: zunächst mit dem Lehrer in Einzelsituationen, vereinzelt mit Schulkameraden, vom intimen zum öffentlichen Kontext, von informellen Gesprächen in der Pause zu formell schulischen. Sie beginnen sich zu melden oder vorzulesen. Bei den meisten Kindern gibt es jedoch überraschende Wendungen, unregelmäßige und unerwartete Entwicklungen. Oft hakt die eine oder andere Situation. Es gibt Hindernisse, Misserfolge, ja auch Rückschläge.

Wichtig dabei sind, wie im Verlauf schon mehrmals beschrieben, das Durchhalten und die Begleitung der Entwicklung. Das Nicht-Verzagen der Therapeutin, die Unterstellung, dass Krisen und Rückschläge in der Natur der Entwicklung liegen, machen m. E. oft den Erfolg aus.

Erfreulicherweise gibt es auch andere Überraschungen. Man erfährt, dass das Kind angefangen hat, im Restaurant die Bestellung eigenmächtig aufzugeben, beim Arzt Fragen zu beantworten, mit weiteren Nachbarn zu sprechen, einen Freund zu sich nach Hause einzuladen usw. Oft werden solche neuen Entwicklungen von den Angehörigen als belanglos angesehen, da das Kind „in der Schule immer noch schweigt". Oft erfährt man davon erst, wenn man nachfragt, ob sich irgendetwas im allgemeinen Verhalten des Kindes verändert hätte.

Für die aktive Planung und Durchführung des Transfers vom Therapieraum ins Klassenzimmer ist die Zusammenarbeit mit Erzieherinnen und Erziehern sowie Lehrkräften unerlässlich. Es sollte zu Dritt geklärt werden, ob das Kind außerhalb oder innerhalb des Unterrichts mit dem Lehrer flüstert, leise oder ganz normal spricht, in welcher Unterrichtsstunde, ob in der Kleingruppenarbeit oder vor der Klasse. Manchmal kann das Kind dem Lehrer solche Abmachungen schriftlich mitteilen. Es kommt auch vor, dass das Kind die Therapie vor den anderen Kindern verschweigt und nicht will, dass wir als „Hintergrundakteure" in Erscheinung treten. All diese Bedingungen müssen mit dem Kind und mit dem Lehrer geklärt und ausgehandelt werden.

Manchmal wirkt das Therapiezimmer als Übergangsraum, zu dem probeweise Freunde oder Lehrpersonen eingeladen werden, um in diesem geschützten Rahmen den ersten verbalen Austausch auszuprobieren.

> *„Ich glaube, mit dem neuen Lehrer könnte ich versuchen zu sprechen, er ist so nett!", schwärmte Selina (13 Jahre alt), nachdem wir den Schritt schon längst in Gedanken und in den geführten Imaginationen ins Klassenzimmer verlagert hatten. „Möchtest du mit dem neuen Lehrer in der Schule oder lieber hier zu sprechen anfangen?", fragte ich Selina. „Wird er hierher kommen?", fragte sie ein wenig verwundert. „Wir könnten ihn fragen. Du oder ich?" „Sie." Der junge Lehrer, frisch vom Lehrerseminar, war sofort dazu bereit. Er war neugierig, interessiert und pädagogisch sehr begabt. Selina wünschte sich vorweg, „Stadt-Land-Fluß" zu spielen, da sie das schon kannte.*
>
> *„Ja, ich glaube das ist eine gute Idee, du bist es ja gewohnt, dich zu beteiligen.", sagte ich dazu. Sie rief dabei „Stopp!", sagte das Alphabet auf als sie dran war, las die Resultate vor und kündigte die Punktezahl an. Der Lehrer staunte nicht schlecht, war begeistert, verstand jedoch sofort, dass er sich am besten nichts anmerken lassen sollte.*
>
> *Das Überraschende stand noch bevor. Als ich in der zweiten Runde des Spiels am wenigsten Punkte gewann, schrie sie begeistert und schadenfreudig: „He, Sie haben verloren, Sie haben verloren! Der Herr Weiss und ich haben gewonnen!" und schaute den Lehrer schwärmerisch an. Als ich fragte: „Wie macht ihr das, habt ihr einen Zaubertrick?", sagte sie, fast frech und ein wenig schrill: „He, haben Sie auch schon gemerkt? Den verraten wir nicht!", um den Lehrer abermals verschwörerisch anzuschauen. Diese Seite von Selina mir gegenüber war völlig neu. Die freche, bockige Selina, an der die Mutter fast verzweifelte, war bei mir angekommen.*
>
> *Es war kein Problem mehr für diesen motivierten Lehrer, das Sprechen in der Schule Schritt für Schritt einzuführen.*

Meist ist ein Lehrerwechsel erst bei einem Klassenwechsel möglich.

> *„Es wird entschieden, dass Ali im Werkunterricht, wo nur die Jungen anwesend sind und die Atmosphäre locker ist, zu sprechen versucht. Zuvor sollen alle ‚Freunde' in der Klasse mal hierher kommen und eingeweiht werden. Ali verspricht sich Folgendes davon: ‚Damit, wenn ich normal spreche, sie nicht Augen machen und Sprüche geben – ‚Wie toll!' und so, das stört mich total!'*
>
> *Eine fröhliche Runde von 6 Jungen besucht Alis nächste Therapiesitzung. Einer fehlt, zwei andere gehören nicht zu ‚den Freunden'. Nach einer Runde*

‚Ball über die Schnur', bei Saft und Plätzchen, werden sie von Lars und Ali eingeweiht. Ali will im Werkunterricht ganz normal zu sprechen anfangen. Sie sind begeistert und fangen an zu johlen ‚Bravo! Geil!' Ali ist sichtbar verlegen. Die Therapeutin unterbricht und meint: ‚So einfach ist es nicht, sonst wäre es für Ali ja keine große Sache schon früher ganz normal zu sprechen! Genau das ist ihm unangenehm. Eine echte Hilfe wäre es, wenn ihr eben ganz normal reagieren würdet, als ob er immer schon gesprochen hätte. Meint ihr, das ist machbar?' Sie werden ernst. Einer erzählt eine Episode, bei der es ihm ‚die Sprache verschlagen' hat, ein anderer eine Begebenheit, bei der er unangenehm ertappt worden ist und sich furchtbar schämen musste usw. Es ist sichtbar, dass sie sich mit Ali solidarisieren. Es wird diskutiert, was mit den anderen Jungen ist und ob diese eingeweiht werden sollen. Einzelne Jungs erklären sich bereit, die restlichen Jungs zu informieren.

Die Therapeutin verlässt in diesem Prozessabschnitt den therapeutischen Raum als ‚Übergangsraum' und bietet sich als Begleiterin für ein praktisches Experiment in der Alltagsrealität an. Das dyadische Einzelsetting wird aufgebrochen und die schulische Realität kommt in die Therapiestunde." (Katz-Bernstein/Zaepfel 2004, 381f)

Diese Entwicklungen brachten Ali dennoch nicht den erhofften Endeffekt – dass er öffentlich in der Schule sprechen konnte. Er konnte bereits mit allen Jungen im Werkunterricht und beim Sport, in eher informellen Momenten sprechen. Mit den Mädchen oder vor der Klasse schaffte er es bis zuletzt nicht.

„Nur dort, wo mich niemand kennt, kann ich das", sagt Ali. Da der Übergang in die Oberstufe bevorsteht, wird daraufhin gearbeitet. Es scheint, dass der Übergang von der schweigenden zur sprechenden Rolle den Kindern besonders schwer fällt, je älter sie werden. Ali (14 Jahre) und Selina (13 Jahre) beschäftigen sich lange mit den Reaktionen der Mitschüler.

„He, logo!", sagte der in der Therapie von Ali anwesende, gute Freund Lars verständnisvoll, „Stell' dir vor, du redest, alle glotzen!"

„Ich will nicht, dass sie mich so blöd anschauen, sie sollen ganz normal tun. Das hilft mir am meisten", sagt Selina auf die Frage, was ihr an den Reaktionen der Kinder helfen würde. „Aber sie werden mich doch blöd anschauen und Ivan wird einen blöden Spruch machen." Der Lehrer konnte es geschickt angehen, sodass Selina bei reihum vorgelesenen, kurzen Resultaten von Rechenaufgaben, ganz normal anfing, Schulaufgaben vorzulesen.

Therapeutisch gesehen muss man sich oft mit den möglichen Reaktionen der Mitschüler beschäftigen. Nicht, dass man gleich das Kind überzeugen kann, es solle sich bei den Reaktionen nichts daraus machen. Es ist für sie oft ein ernst zu nehmendes Problem.

8 Krise und Widerstand

Nach meiner Erfahrung gibt es kaum eine gelungene, erfolgreiche Therapie von (selektiv) mutistischen Kindern, die nicht durch einen Widerstand und/oder eine Krise gekennzeichnet ist. Kein Kind wird ein für es bewährtes, vertrautes Verhaltensmuster ohne Zögern und Zaudern aufgeben können. Es muss zunächst überprüfen (selbstverständlich unbewusst), ob die Personen, die von ihm ein neues Verhalten erwarten, auch zuverlässig genug sind, ob das neue Verhalten ihm auch bessere Bewältigungsmöglichkeiten bietet als das alte und ob es sich diese Veränderung auch selbst zutrauen kann. Vor diesem „Sprung ins Wasser" verharrt es meistens im alten Verhalten, als ob es sagt: „Noch bin ich Herr des Geschehens, stoße mich nicht, lass' mich springen, wenn ich bereit dazu bin." Ein solcher Widerstand war beispielsweise in der Therapie von Ali typisch:

„Schritt für Schritt wird die ‚Landkarte des Schweigens' immer kleiner. Der Fortschritt ist zwiespältig. Ständige Befürchtungen, Fehl- und Rückschläge, Entlastungsversuche mit ‚Schulschwänzen' etc. nerven und kosten Kraft. Eines Tags kommt die Therapeutin zu einer Stunde fünf Minuten zu spät. Das war kurz nachdem abgemacht worden war, dass er im Klassenunterricht mit zwei Jungen während der Gruppenarbeit leise spricht. Dies bereitete ihm Schwierigkeiten, da er befürchtete, die Mädchen könnten mitlauschen. Als die Therapeutin kommt, ist Ali bereits gegangen.

In der Stunde danach fragt die Therapeutin, ob er verärgert gewesen wäre, dass sie ausgerechnet nach einer solch schweren Aufgabe zu spät gekommen sei. Er antwortet nicht, sondern sagt ziemlich hastig: ‚Ich hätte es fast vergessen: Der Herr Metzger (der Klassenlehrer) fragt, wie lange ich noch kommen muss.' Die Therapeutin fragt ihn, was er selbst dazu meint. ‚Wissen Sie, er muss die Stunden bei der Schulpflege beantragen. Er sagte mir, ob ich nicht auch meine, jetzt alleine vorwärts zu kommen, ich sei jetzt alt genug dazu.'

Ali nimmt selbst keine Stellung und wirkt dabei gereizt und missmutig. Die Therapeutin spürt selbst eine Mischung aus Enttäuschung und Ärger. Sie verwendet diese Resonanz, um Ali gegenüber folgende Vermutung zu äußern: ‚Ich könnte mir vorstellen, dass eine Seite in dir bei allen Fortschritten ungeduldig wird und auch die Ungeduld der Lehrer merkt. Vielleicht möchte diese Seite in dir aufgeben und mit dem zufrieden sein, was erreicht ist. Ich schlage dir vor, dass ich mit dem Klassenlehrer rede und dass wir einen weiteren Anlauf machen.'

Ali antwortet nicht, sondern greift zum Ball und fängt an, mit ihm zu spielen. In seinem Spiel spiegelt sich verhaltene Wut und Unruhe. Die Therapeutin schlägt vor, dass sie ‚Ball über die Schnur' spielen könnten. In die-

sem Spiel steht man sich gegenüber, ein Seil ist dazwischen gespannt, man täuscht und provoziert einander mit dem Ball. Der Ball wird in das Feld des anderen so geworfen, dass es dem anderen unmöglich wird, ihn zu fangen. Je listiger, umso besser. Er stimmt sofort zu. Ein verhaltenes, reglementiertes Ringen miteinander entsteht. Außer Atem und belustigt (er gewinnt 36:29) setzen sie sich.

Nach dem Spiel setzt er sich in die Kuschelecke, nimmt sich ein Kinderbuch und liest versunken. Die Therapeutin setzt sich unweit auf ein Stühlchen und genießt die Ruhe. ‚Allein sein in Gegenwart des Andern.' Nach dem Abschied öffnet er nochmals die Tür und ruft hinein: ‚Also Sie sprechen mit Herrn Metzger' und geht." (Katz-Bernstein/Zaepfel 2004, 382f)

Wie man eine solche Krise überwindet, ist wesentlich für die Fortführung der Therapie. Es scheint immer wieder, dass hier ein emotionaler und kognitiver Wendepunkt liegt, eine Probe der therapeutischen Beziehung. Als ob das Kind in einem inneren Dialog zu einem spricht: „Bin ich Dir wichtig oder ist dir die Heilung meines Symptoms wichtig? Zeig mir, dass du mich tatsächlich, wie du vorgibst, auch mit meinem Mutismus akzeptierst, beweise mir, dass ich das wirklich schaffe."

Dies spiegelt auch das ambivalente Verhalten gegenüber dem eigenen Symptom. Für die Therapeutin ist dies eine Bewährungsprobe. Oft spürt sie als Resonanz auf die Stunden Ärger auf das Kind und/oder seine Bezugspersonen. Oder sie fühlt eine Ohnmacht, ein Gefühl des therapeutischen Versagens macht sich breit, „es nicht fertig gebracht zu haben". Es könnten durchaus Resonanzgefühle sein, die vom Kind ausgehen, die durch die Therapeutin gespürt werden, aber nicht als die ureigenen Gefühle des Kindes oder die seiner Familie identifiziert werden. Auch bei Ali war das der Fall:

„Ali droht ‚die Luft und die Lust an der Therapie' auszugehen. Er ist bisweilen ein ‚verwöhnter' Junge, weil er rasch Ergebnisse sehen möchte, weil ihm vieles zufliegt, weil er es wenig kennt, ‚Durststrecken' durchzustehen. Hinzu kommen, wie nahezu immer bei der Arbeit mit Kindern, instabile ‚Wetterlagen' mit dem schulischen und familiären Umfeld. Therapeutisch induzierte Veränderungen werden nicht nur begrüßt. Sie kränken auch. Wer gibt in Erziehungsfragen schon gerne zu, dass er es nicht so gut kann? Keine Fertigkeit wird für so selbstverständlich gehalten wie die erzieherische Kompetenz.

In dieser Krisensituation arbeitet die Therapeutin vor allem mit ihren Gegenübertragungsimpulsen. Sie ermöglichen ihr, Hypothesen über die Verfassung des Jungen und die systemischen Anteile der Krise zu formulieren. Mit dem Kind versucht sie, eine spielerische Ebene herzustellen, um ‚am Widerstand entlang' zu arbeiten, d. h. die der Krise zugrunde liegenden Gefühle des Kindes erhalten eine Bühne, wo sie sich, maskiert, im Spiel mit-

teilen können. Zugleich signalisiert sie ihm, dass sie sich von seiner Ent-
mutigung nicht anstecken lässt, in der Hoffnung, der ‚veränderungswillige
Anteil' in Ali bekommt wieder Aufwind. Zugleich spürt sie, dass hier auch
ein erster Abgrenzungsversuch des Kindes ihr gegenüber stattfindet und
unterstellt nicht nur, er wolle zwischen ihr und dem Lehrer ‚spalten'.

Mit dem Lehrer hingegen versucht sie ein vertieftes Arbeitsbündnis her-
zustellen, indem sie ihn stärker in die Arbeit mit einbindet und ihn damit
kollegial anerkennt." (Katz-Bernstein/Zaepfel 2004, 383)

Es hat wenig Sinn, die Krise „brechen" zu wollen. Auf diese Weise würde
man einem Widerstand einen anderen Widerstand entgegensetzen und
den des Kindes verhärten. Hier ist es wichtig, den Widerstand als solchen
zu erkennen und anzuerkennen und zu unterstellen, dass er passager ist.
Das „Warten auf Aufwind" ist eine gute Metapher, um zu zeigen, wie man
„entlang eines Widerstandes" arbeitet:

„Nach dieser Stunde ‚bekommt' Ali wieder etwas ‚Oberwasser'. Er erzählt,
dass er es nicht gewagt hatte, im Klassenzimmer in Gegenwart der Mäd-
chen zu sprechen. Die Therapeutin fragt ihn, was es ihm ermöglichen
könnte in Gegenwart der Mädchen zu sprechen. ‚Ich glaube, ich kann das
erst, wenn ich weiß, dass die Mädchen gar nichts wissen von mir.'

Da er in zwei Monaten die 6. Klasse beendet und der Übergang in die
Sekundarstufe angekündigt ist, beschlossen wir, seinem Wunsch entspre-
chend, dass er erst in der Sekundarschule ganz normal reden wird, ‚da mich
ja niemand kennt'. Angesichts der sichtbaren Fortschritte – er konnte vom
Lehrer während des Werkunterrichts im Fach Lesen geprüft werden – und
nach einem Gespräch mit Vater und Lehrer, ist der Lehrer bereit, ihn zur
Versetzung zu empfehlen." (Katz-Bernstein/Zaepfel 2004, 384)

Es gibt jedoch Kinder, die es gewöhnt sind als alltägliches Verhaltensmuster mit Widerstand und negativem Verhalten zu korrespondieren. Eine
solche Therapie ist schwieriger und anspruchsvoller, bedarf viel Erfahrung und/oder eine intensive supervisorische Begleitung.

„Bei Kindern, bei denen Krisen eher die Regel in ihrer Alltagsbewältigung
sind, sind auch die therapeutischen Prozesse von ständigen ‚Beziehungs-
tests' begleitet. Diese ‚Tests' sind unbewusste Versuche der Beziehungs-
und Konfliktklärung. Sehr vereinfacht kann man sagen, dass je ‚schwerer'
und belasteter ein Kinderschicksal und seine daraus resultierenden Behin-
derungen sind, desto ausgeprägter sind die Nähe-Distanzkonflikte, die das
Kind mit der Therapeutin inszeniert. Das ‚Komm her-geh weg-Spiel' ist
Ausdruck einer innerseelischen Zerrissenheit, die zum Teil nur im Rahmen
einer therapeutischen Bindungserfahrung gemildert werden kann. Hier
kommt das tiefenpsychologisch orientierte Bindungsangebot als thera-

peutischer Wirkfaktor ins Spiel, das auf eine korrigierende emotionale Er-
fahrung abzielt." (Katz-Bernstein/Zaepfel 2004, 384)

Es ist an dieser Stelle bezüglich eines Widerstandes des Kindes wiederum wichtig, eine therapeutische „Introspektion" vorzunehmen. Wie bei den vorausgehenden Kapiteln mehrmals erwähnt, ist der Druck der „Unterstellung", die Beharrlichkeit des „Anpackens" (beispielsweise bei einer Aufgabenvergabe) oder eine desensibilisierende Maßnahme meistens notwendig für das Kind, um den Schritt zu wagen. Diese Bemühungen werden jedoch meistens unwirksam, wenn das Kind die Schritte aus Angst vor Sanktionen oder unter (auch versteckten) Drohungen zu vollziehen hat. Vielmehr verhilft die Haltung dann zur Einsicht in die Notwendigkeit des Schrittes und zur eigenen Übernahme der Verantwortung, wenn sie dem Prinzip der natürlichen Konsequenzen folgt und der Ambivalenz Verständnis entgegen gebracht wird. Also weniger:

> „Es kann sein, dass du nicht versetzt wirst, wenn du bis dann nicht sprichst.", sondern etwa: „Du möchtest sicher in die nächste Klasse versetzt werden. Es gäbe keinen sonstigen Grund dagegen. Nur, was machen wir mit dem Lesen? Hast du einen Vorschlag? Ich habe einen! Aber dazu braucht es ein wenig Mut von dir. Bist du dazu bereit? Ich glaube, das schaffst du. Du wirst dich dann erleichtert fühlen. Denk darüber nach und sag' mir beim nächsten Mal Bescheid!"

Wirkt das Kind unentschlossen oder kann es keine Entscheidung treffen, kann man sagen:

> „Vielleicht brauchst du dazu noch einige weitere Wochen, wenn es jetzt noch nicht geht. Wir werden es jedoch immer wieder versuchen, ich frage dich in zwei Wochen wieder!" Oder ganz schlicht: „Komm'! Du hast schon so viel erreicht! Das schaffen wir jetzt auch noch!"

Bei Marcella und Simona, den beiden Schwestern aus dem Erdbebengebiet in Italien, zeigte sich ein massiver Widerstand, das Schweigen in irgendeinem Kontext aufzugeben. Keine Vorschläge, Abmachungen oder Unterstellungen fruchteten. Sobald eine Annäherung an das Thema „Sprechen" erfolgte, senkte Marcella, die ältere der beiden, den Blick und erstarrte. Simona nahm dann mit einigen Sekunden Verzögerung die gleiche Stellung ein. Sie imitierte anscheinend das Verhalten der älteren Schwester gegenüber Fremden.

Nach einiger Zeit kündigte ich an, dass wir nun sehr bald zu sprechen anfangen werden. Dazu müsste ich mit ihr drei Dinge besprechen: „Wann", „Wo" und „Wie". Ich hing drei Karten mit den drei Kategorien an die Tafel. Bei „Wann" sagte ich, dass es drei Möglichkeiten gäbe: entweder beim nächsten Mal, in zwei Wochen oder vor Ostern (in drei Wochen). „Sollen wir beim nächsten Mal anfangen?" Auf ihr gefrorenes Schweigen hin kommentierte ich: „Ja, es wäre auch ein wenig früh. Also in zwei Wochen?" Auf das weitere Schweigen hin sagte ich: „Gut, einverstanden, ein guter Entscheid, also vor Ostern!" und schrieb an die Tafel neben das Wann-Kärtchen: „Vor Ostern". Genauso habe ich mit „Wo" und „Wie" verfahren.

Natürlich kann ein solches Vorgehen riskant sein und das gefrorene Schweigen verstärken. Es gibt keine festen Regeln, wann ein solches Vorgehen auch fruchtet. Ich weiß bis heute nicht genau, warum Simona mit dem Tiger in der Hand gegen den schlauen Wolf, den ich darstellte, zu fauchen anfing und wie abgemacht später „Achtung, ich beiße!" sagen konnte usw. Waren es die Unterstellung, meine Beharrlichkeit, die „haltende" Beziehung, das richtige Timing oder aber die übrigen, vorbereitenden Interventionen? Bei Marcella hingegen brauchte es eine Trennung von der Schwester und noch weitere Interventionen, Geduld und Zeit, bis sie sprechen konnte.

Auch bei großen Ängsten und einer Ambivalenz kann in manchen Fällen eine gewisse eigene Regulation des Geschehens, verbunden mit einer „haltenden" Entschlossenheit seitens des Therapeuten, eine Hilfestellung bieten. Bei anderen Fällen ist eine gewisse Behutsamkeit angesagt. Manche Kinder scheinen die Botschaft zu brauchen, dass man ihnen das Schweigen nicht „wegnehmen" möchte. Als ob sie uns auf die Probe stellen. In einem solchen Fall scheint das Verharren in der Störung als Lösung doch noch eine Anerkennung zu brauchen, um aufgelöst zu werden, als eine Möglichkeit, die ohne Sanktionen am „sicheren Ort" der Therapie offen steht. Es ist nicht *mein* Anliegen, damit *meine* Therapie erfolgreich wird oder weil von mir ein Erfolg von Eltern oder Lehrkräften erwartet wird. Kinder sind sehr sensibel, sie spüren, ob es uns *um sie* oder um *unsere* Interessen geht. Das Kind kann in manchen Fällen ganz anders an seine Störung herangehen, wenn es Vertrauen entwickeln kann, dass der Druck *seine* Interessen begleitet. Manche (selektiv) mutistischen Kinder konnten oft dann Fortschritte machen, wenn ich sie vor dem Erwartungsdruck von Außen geschützt habe, etwa so:

„Deine Eltern und der Lehrer erwarten vielleicht von mir und dir, dass ich dir das Sprechen in der Schule beibringe. Sie meinen es sicher gut mit dir, nur weiß ich, dass es so einfach manchmal gar nicht geht. Alleine kann ich es schon gar nicht. Ich habe viele Tricks und Ideen, die anderen Kindern geholfen haben. Aber sie mussten selber ausprobieren, was für sie gut war und wie schnell sie vorgehen konnten."

Manche Kinder scheinen ihr Schweigen in der Hand zu haben, bei anderen Kindern scheint es umgekehrt zu sein: Das Schweigen hat sie in seiner Hand. Dies sollte bedacht, erwogen und respektiert werden.

9 Ende der Therapie: Evaluation und Abschied

Welche Kriterien signalisieren das Ende der Therapie?

- **Symptomverhalten:** Das Kind spricht (fast) in jedem Kontext, kann fremde und unvertraute Situationen bewältigen, traut sich altersgemäße Aufgaben (einkaufen, telefonieren, um Hilfe bitten usw.) zu.
- **Allgemeines, soziales Verhalten:** Das Kind geht (mehr oder weniger) unbeschwert zum Kindergarten bzw. zur Schule, schafft Übergänge zu neuen Lehrern bzw. zu einer neuen Klasse, besucht eine Jugendgruppe, einen Turnverein, geht auf den Spielplatz, pflegt ein Hobby.
- **Psychodynamisch:** Das Kind scheint altersgemäß von den Bezugspersonen abgelöst, hat einige oder mehrere Freunde, wird weder von Albträumen noch von Bettnässen u. ä. geplagt, zeigt keine ausgesprochene Rückzugstendenzen oder ähnliches Verhalten.
- **Familiär:** Die familiären Verhältnisse sind „hinreichend" geklärt und stabil, das Kind scheint eine gewisse „Resistenz" gegenüber Dysfunktionen in der Familie gewonnen zu haben.

Es ist damit zu rechnen, dass eine gewisse Scheu und eine Tendenz zum reaktiven Sprechverhalten sowie (anlagebedingte, normale) Schweigsamkeit bleiben. Auch mit Rückfällen und Krisen bei intensiven Lebensereignissen und/oder Entwicklungsübergängen ist zu rechnen.

Der Rektor des lokalen Gymnasiums besuchte mich. Es ging um ein ehemaliges selektiv mutistisches Mädchen, das bei mir zwei Jahre lang in Therapie war und eineinhalb Jahre zuvor als geheilt entlassen wurde. In den mündlichen Aufnahmeprüfungen für das Gymnasium erstarrte sie und brachte kein Wort hervor, berichtete der pädagogisch geschickte Rektor. Er fragte mich, ob es in Anbetracht der Störung sinnvoll sei, ihr stattdessen eine schriftliche Prüfung zu ermöglichen. Meine Antwort war, dass es eine sinnvolle Lösung für diese Extremsituation sein kann, vorausgesetzt, dass diese Möglichkeit als eine Alternative zur Wiederholung der mündlichen Prüfung angeboten wird und dem Mädchen die Entscheidung zwischen beiden Alternativen überlassen wird.

Zu dieser Zeit praktizierte ich nicht mehr. Anderenfalls wäre an eine kurze Wiederaufnahme der Therapie zu denken gewesen, um dieses besondere Ereignis zu begleiten und abzufangen. Wäre ich von den Eltern oder dem Mädchen gefragt worden, hätte ich eine temporäre Aufnahme einer therapeutischen Begleitung empfohlen.

Übergangsobjekte: Die Gestaltung des Abschiedes kann auf verschiedene Arten erfolgen.

Meistens gab es zwischen dem Kind und mir in der Therapie von stotternden und/oder von mutistischen Kindern einen „go between", ein Übergangsobjekt in Form eines Tieres oder einer anderen Puppengestalt (bei kleineren Kindern), in Form eines Steines oder einer Muschel (bei älteren Kindern), das das Kind mit nach Hause nehmen konnte und zur Therapie wieder mitbrachte. Das Übergangsobjekt wurde mit „Zauberkraft aufgeladen". Es sollte die Internalisierung einer Kraft unterstützen, Ausdauer, Durchhaltevermögen und eine unterstellende innere Stimme geben. Das Objekt wurde dementsprechend mit „Zaubersprüchen", Trostritualen und aufbauenden Sätzen ausgerüstet, um dem Kind bei Versagen, Traurigkeit und Mutlosigkeit beizustehen. Auch ist das Objekt Zeuge, wie das Schweigen überwunden wird. Was für die anderen „ganz normal" und banal erscheint, war für das Kind manchmal mit großen Anstrengungen verbunden. Das soll auch ein Geheimnis des Kindes bleiben dürfen.

Das Objekt kann auch eine Hilfe sein, um eine gewisse „Resistenz" angesichts erdrückender und belastender Familien- und/oder schulischer Verhältnisse zu erhöhen. Dieses Objekt, wie bei manchen Therapiebeispielen ersichtlich, wurde oft schon in einem frühen Stadium der Therapie eingesetzt. Dadurch wurde auch eine personelle Abhängigkeit von der Person der Therapeutin abgemildert und ein Transfer zur Internalisierung der Therapiefortschritte geleistet. Übergangsobjekte können beim Abschied rituell gepflegt und aufgewertet werden:

- Zaubersprüche, die weiterhelfen, werden dem Übergangsobjekt „beigebracht" und eingeprägt.
- Diese werden in einem kleinen Heftchen aufgeschrieben und mit Collagen und gemalten Comic-Bildern verziert.
- Eine besondere Schachtel für das Übergangsobjekt als „schönes, bequemes Haus zum Wohnen" wird gemeinsam gebastelt, damit der Gegenstand auch gerne mitgeht und beim Kind bleibt.
- Es wird gemeinsam beraten, wo im Haus des Kindes der beste Aufenthaltsort sein kann, damit es auch präsent oder aber dennoch versteckt für weitere Personen bleiben kann usw.

Diese Übergangsrituale erleichtern den Abschied und sorgen dafür, dass das Therapieende weniger als Bruch erlebt wird.

Evaluation: Mit älteren Schulkindern kann man eine Evaluation der Therapie vornehmen. Folgende Fragen können zusammen beantwortet werden:

Was hat sich seit Beginn der Therapie verändert?
1. Mit welchen Jungen in der Schule konntest du am Anfang sprechen? Mit welchen heute?
2. Mit welchen Mädchen in der Schule konntest du am Anfang sprechen? Mit welchen heute?
3. In welchen Situationen konntest du damals sprechen? In welchen nicht? In welchen heute?
4. Mit welchem Lehrer konntest du damals sprechen? In welchen Situationen (alleine, vor der Klasse usw.)? Mit welchen heute, in welchen Situationen?
5. Wie hast du damals gesprochen (Stimmart, Lautstärke, Gesten, Blickkontakt)? Wie heute?
6. In welchen Situationen außerhalb der Schule hast du gesprochen, in welchen nicht? Was hat sich verändert?
7. Mit welchen Personen außerhalb der Schule hast du gesprochen, mit welchen nicht? Was hat sich verändert?
8. Was hat sich außer dem Sprechen sonst verändert (in deinem Verhalten, in deinem Leben überhaupt)?
9. Hier hast Du eine Skala von 1 bis 10. Zeichne deine Zufriedenheit von dir damals und heute ein:

   Damals   1   2   3   4   5   6   7   8   9   10
   Heute   1   2   3   4   5   6   7   8   9   10
10. Was möchtest du heute noch weiterentwickeln? Was verändern?

Ein anderes Abschiedsritual kann „The best and the worst" sein. Dabei wird beispielsweise folgenden Fragen nachgegangen:

- Was hat dir während dieser Zeit am besten gefallen?
- Was gar nicht?
- Welcher Schritt fiel dir leicht?
- Welchen fandest du am schwierigsten?
- Worüber bist du besonders stolz?
- Waren Momente da, in denen du mich gemein oder ungerecht fandest?

Es ist oft erstaunlich, welche Selbstwahrnehmung der therapeutischen Schritte die Kinder haben.

Selina (13 Jahre): „Ich war nur Zuhause frech, da bei dir war ich wie ein Lamm. Jetzt bin ich auch zu dir frech, wenn mir etwas nicht passt."

Simon (10 Jahre): „Ich habe jetzt viel mehr Freunde."

Ali (14 Jahre) lacht verschmitzt: „Ich habe fast vergessen, dass ich mal nicht gesprochen habe."

André (10 Jahre) hatte mit mir die nicht verbal ausgehandelte Abmachung getroffen, mit mir, als letzte Person, nicht sprechen zu müssen. Das hat er bis zur letzten Stunde durchgehalten. Ich fragte ihn, ob er bei mir das Schweigen zur Sicherheit deponieren möchte. Er nickte mit ernstem Gesicht. Ich versprach ihm, das Schweigen gut zu hüten, nahm eine kleine Schachtel aus dem Schrank und legte einen vermeintlichen kleinen Schweigestein vorsichtig hinein, verschloss den Deckel und legte es sorgfältig und bedächtig in ein oberes Regal. „Hier ist es sicher", sagte ich. Er streckte mir stumm die Hand entgegen, warf einen Blick auf die Schachtel und verschwand.

Sechs Jahre später, als ich ihn zufällig auf der Strasse des kleinen Städtchens traf, begrüßte er mich ganz normal mit „Guten Tag, Frau Katz", antwortete knapp und ein wenig verlegen auf meine freudigen Smalltalk-Fragen, jedoch schien er positiv und zufrieden zu sein. Ich habe mir lange überlegt, ob ich dabei die Schachtel hätte erwähnen sollen, seine Verlegenheit hielt mich jedoch zurück. Ich dachte mir, dass er vielleicht im Moment das Schweigen, die Therapie, die Abmachung, den ganze „Kindheitskram" vergessen möchte. Er sollte es dürfen.

Bei Ellen war das Abschiedsspiel aufschlussreich: sie (inzwischen 5 Jahre alt) antwortet in der letzten Stunde nicht auf die Frage, was anders geworden ist, seitdem sie zu mir kommt. Sie zieht mich in die Spielecke. Ich soll ein Kind gebären, fest drücken. Sie zieht eine Puppe, die sie vorher zwischen meine Hosenbeine geklemmt hatte, heraus, umarmt und wiegt sie liebevoll. „Wie heißt denn das neue Kind?", frage ich. „Na, Ellen!", sagte sie so, als ob es sehr dumm von mir gewesen sei, es nicht gewusst zu haben.

Solche Abschiede sind nicht nur für die Kinder feierlich. Hat man solche Kinder durch ihre Krisen begleitet und das Erwachen der Sprechlust, Sprechkompetenz und die Überwindung des Schweigens miterlebt, so kann der Abschied nicht eine reine professionelle Routine bleiben. Die Kinder bleiben meist unvergessen, nicht nur, da sie einer Therapeutin eine besondere Erfahrung vermitteln und bei einem guten Ausgang einen besonderen Zuwachs der professionellen Sicherheit bescheren, sondern auch, weil sie ein Stück ins Herz wachsen.

Teil VI
Zusammenarbeit mit Angehörigen und Fachleuten

1   Familie und Schweigen

Es gibt einige Untersuchungen über den Zusammenhang zwischen familiären Konstellationen und (selektivem) Mutismus. Es soll hier zum „Freispruch der Familie" von Schuldgefühlen (Dörner et al. 1987) betont werden, dass keine Konstellation, kein Zustand oder Erziehungsstil in der Familie gegen dieses Phänomen gefeit ist. Die Forschung sucht Zusammenhänge, Korrelationen und Erklärungen. In Verbindung mit dem Mutismus sticht zunächst jedoch die individuelle Konstellation der einzelnen Fälle heraus. Es sind Fälle von mutistischen Kindern bekannt, deren Familien keine besondere Konstellation aufzuweisen haben. Dennoch sollen die gefundenen Zusammenhänge hier aufgezeigt werden. Zum einen, um Risikofaktoren, die zum Schweigen des Kindes führen können, zu erkennen und im Sinne einer Prävention solchen Kindern und deren Familien eine besondere Begleitung zukommen zu lassen. Zum anderen, um den Zugang zu den Kindern und ihren Angehörigen zu erleichtern und das Phänomen verstehbar zu machen.

Halpern et al. (1971) sowie Bozigar/Hansen 1999 fanden folgende, den (selektiven) Mutismus begünstigende Faktoren:

1. Niedrige Selbstachtung und mangelnde soziale Kompetenz,
2. ein traumatisches Ereignis während entscheidender Entwicklungsphasen,
3. unsichere und wenig Sicherheit vermittelnde familiäre Verhältnisse,
4. emotionale Störungen, die nicht einer anderen mentalen Störung zugeordnet werden können,
5. neurotisches Verhalten infolge von familiären Dysfunktionen.

Die engen Zusammenhänge zwischen belasteten und belastenden familiären Verhältnissen und die Reaktion der Kinder auf solche verunsichernden Faktoren mit Schweigen sind deutlich.

Lesser-Katz (1986) fand ebenfalls heraus, dass sozioökonomisch belastende Verhältnisse einen Risikofaktor für den (selektiven) Mutismus darstellen. Folgende Erklärungen werden dazu gegeben:

„Ärmliche Wohnverhältnisse und Mangel an Unterstützung durch Verwandte und Freunde tragen zu depressiven Erscheinungen der Mütter bei. Diese Faktoren führen zu einer emotionalen Überversorgung oder zu einer symbiotischen Beziehung zum Kind." (Lesser-Katz, 1986, 447; Hartmann 1997, 84; Übersetzung v. d. Autorin)

Es gibt noch weitere Studien, die den Zusammenhang zwischen der Häufung des kindlichen (selektiven) Mutismus und einer unterdurchschnittlichen sozioökonomischen Situation untersuchen und belegt finden (Funke et al. 1978; Knud 1979; Kurth/Schweigert 1972; Sluckin et al. 1991; Wilkins 1985; MacGregor et al. 1994; u. a.).

Abarca (2002) aus Äquador berichtet über ähnliche Befunde. Sie hatte an einem UNICEF-Projekt zur Erfassung und Förderung von Kindern, die aus von Armut betroffenen Familien stammen, teilgenommen. Dabei wollte sie anhand eines Entwicklungsprofils (Zollinger 1995) die vorsprachlichen und sprachlichen Kompetenzen dieser Kinder überprüfen. Von 54 Kindern waren 10 Kinder nicht testbar. Sie haben sich an ihre Bezugspersonen geklammert, waren „eingefroren" und absolut stumm gegenüber fremden Personen, obwohl die Eltern versicherten, dass die Kinder im familiären Umfeld sprechen können. Weitere Erkundungen ergaben, dass diese Störung bei dieser entsprechenden Population bekannt und verbreitet war, so weit, dass es an diesem Ort einen besonderen Namen bekam. Die Kinder, die betroffen waren, wurden „Montubio"-Kinder genannt. Es ist zu vermuten, dass es sich hier um ein Phänomen der unsicheren Bindung handelt, verbunden mit den Defiziten in der sprachlichen Entwicklung sowie den fehlenden oder nicht gepflegten Modellen der Sprachperformanz gegenüber Fremden, das zur Verbreitung des selektiven Mutismus bei den Kindern dieser unter ärmsten Verhältnissen lebenden Familien geführt hatte.

Meyers (1999, 197ff; Übersetzung v. d. Autorin), die einen familientherapeutischen Ansatz für die Therapie von mutistischen Kindern entwickelte, fasst Charakteristiken von Familien dieser Kinder, die sie in der Literatur von 1960 bis 1983 fand, wie folgt zusammen:

1. *Symbiose* (Goll 1979; Hayden 1980; Mora et al. 1962; Pustrom/Speers 1964): Eine Tendenz von (selektiv) mutistischen Kindern zu einem starken Bindungsverhalten, vorwiegend zur Mutter.
2. *Misstrauen gegenüber der äußeren Umwelt* (Goll 1979; Parker et al. 1960): Ein gelerntes Verhalten gegenüber der Umwelt. Diese wird durch die Familie als unsicher und gefährlich eingestuft. Oft bei Migrantenfamilien zu finden.
3. *Angst vor Fremden* (Goll 1979; Parker et al. 1960): Außenstehenden Personen wird durch die Familie mit Schweigen und Verschlossenheit begegnet. Das Kind betrachtet es als Loyalität seiner Familie gegenüber, das gleiche Verhalten gegenüber fremden Personen zu zeigen.
4. *Sprachschwierigkeiten* (Bradley/Sloman 1975): Solche sind oft in Migrantenfamilien zu finden. Der Zugang zur neuen Sprache und dadurch zur sozialen Integration ist erschwert.
5. *Eheliche Disharmonie* (Goll 1979; Pustrom/Speers 1964): Koalitionsbildungen in einer unbefriedigenden Partnerschaft und Mangel an

Kommunikationskompetenz zwischen den Partnern kann das Kind in Loyalitätskonflikte bringen, die es durch ein mutistisches Verhalten zu lösen sucht.

6. *Mutismus-Modell* (Goll 1979): Ein Elternteil reagiert auf Stress mit einem mutistischen Verhalten. Das Schweigen dient dazu, Konflikten auszuweichen oder wird als Waffe gegenüber dem Partner eingesetzt. Das Kind übernimmt dieses Verhalten als Modell.

7. *Familiäre Spannungen* (Elson et al. 1965; Hayden 1980): Eheliche Unzufriedenheit, Mangel an Aussprachemöglichkeiten oder kulturelle Assimilationsprobleme, vor allem jedoch eine Verleugnung von bestehenden Problemen, erzeugt starke Spannungen, die ein solches Verhalten beim Kind begünstigen.

8. *Extreme Scheu* (Meijer 1979): Sprachliche Schwierigkeiten, kulturelle Kluft und Toleranz gegenüber einem schweigenden Verhalten begünstigen die Angst, sich verbal festzulegen oder Gefühle auszudrücken.

Weitere Merkmale von mutistischen Kindern werden der Herkunft zugeschrieben: Vermehrt scheinen sie aus kinderreichen Familien zu stammen (Brown/Lloyd 1975; Kurth/Schweigert 1972) sowie aus dem Kleinstadtmilieu oder aus einer ländlichen Gegend (Jaeger/Metzker 1968; Funke et al. 1978; Rösler 1981). Hartmann erklärt dazu:

> „Familiäre Schwierigkeiten, von den Normvorstellungen der Dorfgemeinschaft abweichendes Verhalten einzelner Familienmitglieder oder eine anders geartete Lebensführung der gesamten Familie können in der ländlichen Gemeinschaft leicht zu Spott und Ablehnung führen, so dass bei den Betroffenen schließlich ein Rückzugsverhalten entsteht sowie die Angst, Familiäres könnte nach außen gelangen" (Hartmann 1997, 85; Hartmann 2004).

Weitere Merkmale der Eltern (selektiv) mutistischer Kinder, die in der Literatur zu finden sind: Eher zurückgezogene und stille oder aber strenge und anspruchsvolle Väter, demgegenüber ängstliche, unsichere, depressive oder aber überbehütende und/oder dominante Mütter. Diese widersprüchlichen Befunde weisen möglicherweise darauf hin, dass jegliches unbalanciertes Erziehungsverhalten in der Familie ein Risikofaktor für den (selektiven) Mutismus bilden kann. Auch ist eine Wechselwirkung zwischen dem mutistischen Verhalten des Kindes und dem elterlichen Erziehungsverhalten in Betracht zu ziehen. Eine solche soziale Entwicklungsstörung beim Kind kann Eltern im großen Maße verärgern, verunsichern, bei ihnen Schuldgefühle erzeugen und/oder ihre Besorgnis erregen. Auch kann ein solches Kind Zerwürfnisse evozieren und Differenzen im Erziehungsstil polarisieren. Das kann auf der einen Seite zu einem strengen Verhalten führen, mit dem ein Elternteil das hartnäckige Verhalten zu durchbrechen sucht, oder aber auf der anderen Seite zu Überbehütung und schuldbewusst-ängstlichem und unsicherem Verhalten.

Es soll auch nicht vergessen werden, dass der Mutismus in seltenen Fällen auch als traumatische Reaktion nach Gewalt- und Missbrauchserfahrungen sowie bei Kriegstraumata (Spasaro/Schaefer 1999; MacGregor et al. 1994) bekannt ist. Manche Migrantenfamilien bringen solche Hintergrunderfahrungen z. B. aus Kriegsgebieten mit. Aber auch ein als gewaltsam erlebter Abbruch von einem kulturellen und sozialen Netz und dessen Kontinuität (oft bei Migrantenfamilien) kann die Konstellation der eigenen Identität und das alltägliche Selbstverständnis der Familie oder das eines Ehepartners traumatisch beeinträchtigen (Kracht/Schümann 1994). Die eigene therapeutische Erfahrung mit mutistischen Kindern zeigte zwei Familien, die von außen verursachte Traumata aufwiesen sowie einen Fall mit einer intern erlebten Gewalterfahrung durch einen Elternteil (MacGregor et al. 1994). Den wenig sichtbaren, kulturellen Schock konnte ich bei den Familien oder bei einem Elternteil dieser Kinder feststellen.

Aktuelle Studien bestätigen einen Zusammenhang zwischen dem Vorkommen von Angststörungen in der Familie und dem Auftreten von selektivem Mutismus bei Kindern. Noch nicht differenziert werden kann dabei zwischen genetisch-erblichen und Umweltfaktoren (Cunningham et al. 2004; Kristensen/Torgersen 2001; Chavira et al. 2007). Es mag sein, dass manche Punkte, die in der Literatur bezüglich der Merkmale von Familien mit mutistischen Kindern aufgeführt werden, redundant erscheinen, sich überschneiden oder aber pathologisierend wirken. Sie sollen hier als zusammengefasste Erfahrungswerte verstanden werden, die den Zugang zu den Familien von mutistischen Kindern ebnen und erleichtern. Ein „Soziales Sinnverstehen" (Metzmacher et al. 1996) kann einer Therapeutin die nötigen diagnostischen Instrumente und Informationen geben, die einem Verhaltensmuster von Eltern und Kind einen Sinn geben. Studien und Erfahrungswerte bestätigen aus der Elternperspektive eine hohe Belastungssituation für Familien mit selektiv-mutistischen Kindern (Kristkeitz 2011). Nicht nur „belasten" Eltern ihre Kinder, auch kann ein selektiv-mutistisches Kind die Eltern und deren Partnerschaft hart auf die Probe stellen. Dies muss berücksichtigt werden, wenn es darum geht, die Familie einzubeziehen und der Belastung Rechnung zu tragen. Dadurch werden an- und ausgesprochene sowie unausgesprochene Arbeitsbündnisse mit der Familie und entsprechend angemessene Interventionen möglich.

2 Die Zusammenarbeit mit Eltern und Angehörigen

2.1 Grundsätze für die Arbeit mit Eltern

In den letzten Jahren werden mehr und mehr Bemühungen sichtbar, Eltern und Fachleute mit dem Störungsbild des selektiven Mutismus bekannt zu machen. Eltern und Fachleute haben Zugang zu aktuellen Beratungs- und Informationsmedien (bspw. Bahr 2002, Hartmann/Lange 2010, Sage/Sluckin 2004).

An dieser Stelle sollen konkrete Grundsätze in der Zusammenarbeit mit Eltern, die zwar banal erscheinen, jedoch für die Wirkung und Effizienz dieser Zusammenarbeit entscheidend sind (Miller et al. 2000), zusammengefasst in Erinnerung gerufen werden.

Im Umgang mit dem System Familie eines (selektiv) mutistischen Kindes treffen wir sehr oft auf viel Misstrauen, Angst vor Fremden und Angst vor Einblick und Bewertung. Auch haben wir es mit Versagensängsten und Schuldgefühlen der Eltern oder vermeidendem Verhalten zu tun. Umso mehr ist die „Investition" wichtig, das hinreichende, ambivalente oder auch das immer wieder auf die Probe gestellte Vertrauen der Eltern zu gewinnen. Ein gewonnenes Vertrauen der Eltern in die Therapie des Kindes ist äußerst wichtig für die Qualität der Therapie mit dem Kind. Dies bedeutet für das Kind „grünes Licht", um der Therapie zu vertrauen und sich auf die Therapeutin einzulassen, da die Eltern als Referenzpersonen diese bejahen und unterstützen.

Bereits der Aufbau von Vertrauen gegenüber Fremden und „Eindringlingen", kann ein Durchbruch und Modell für die Familie sein und kann daher bereits als eine systemische Intervention betrachtet werden (Katz-Bernstein 2000b). Hilfreich sind dabei Modelle der Zusammenarbeit mit Eltern, die auf „Resilienz" aufbauen, auf die Fähigkeit von Eltern, Krisen zu bewältigen, um die elterliche Präsenz zu stärken (Omer/v. Schlippe 2003; Subellok/Katz-Bernstein 2006).

Dies ist dabei gar nicht einfach: Die Therapeutin, die das Kind behandelt, kann sich nicht damit begnügen, die Position des Kindes zu verstehen und sie zu vertreten, obwohl die Versuchung, angesichts des Leidens des Kindes und der Unperfektion des elterlichen Verhaltens, sehr groß ist. Es genügt auch nicht, beispielsweise bei länger andauerndem, feindseligem und/oder hartnäckigem Verhalten des Kindes eine „pädagogische Allianz" mit den Eltern zu bilden. Ebenso die Neigung mancher Familien, „Feindbilder" in Gestalt eines unverständigen Lehrers, Arztes oder ehemaligen Therapeuten aufzubauen, stellt die Therapeutin auf eine schwierige Probe. Gefragt ist eine Haltung dazwischen, die die unterschiedlichen Positionen zwar empathisch zur Kenntnis nimmt, es aber dennoch vermeidet, wertend Koalitionen zu bilden, die solche Neigungen der Familie nur noch verstärken würden. Zum professionellen Alltag von Familientherapeutinnen gehören die Identifizierung solcher „therapeutischer Fallen" und der Umgang mit ihnen. Denn der Umgang mit dieser „unfunktionellen" Seite des „Systems Familie" in der alltäglichen Therapiegestaltung bedeutet bereits eine meistens nicht einfache, in ihrer Wirkung oft unterschätzte familientherapeutische Intervention (Minuchin/Fischman 1985; Satir 1988; Luthman/Kirschenbaum 1977; Duss-von Werdt/Welter-Enderlin 1980). Gefragt ist daher ein schwieriger „Eiertanz" des nonverbalen und verbalen Umgangs, der einiger Regeln bedarf, die in der Folge formuliert werden. In der Haltung zu den Eltern soll Folgendes zum Ausdruck kommen:

- Ich versuche, mich in Ihre Situation einzufühlen und Ihre Sicht der Dinge zu verstehen.
- Ich versuche, Ihre Art zu akzeptieren, ohne Sie zu bewerten, als Basis für unsere Zusammenarbeit.
- Ich erkenne Sie als Eltern/Mutter/Vater des Kindes an und respektiere Sie.
- Ich gebe Ihnen gerne mir zur Verfügung stehende, fachliche Informationen und möchte von Ihnen gerne Informationen, die für die Therapie des Kindes nützlich sind.
- Was veränderbar ist und was für das Kind und für Sie zu verändern sinnvoll erscheint, werden wir versuchen zu verändern. Oft bedarf es dazu viel Geduld.
- Bei nicht veränderbaren Problemen werden wir versuchen, einen komfortableren Umgang mit ihnen zu finden.
- Unterschiedliche Positionen können zu Interessenskonflikten führen. Bei solchen Konflikten werden wir versuchen, Kompromisslösungen zu finden.
- Ich will Sie nicht belehren, sondern mein Wissen und meine Erfahrung zur Verfügung stellen.
- Das Wohl des Kindes verbindet uns.
- Ich bin auf diese Zusammenarbeit angewiesen und brauche Ihre Unterstützung für meine Arbeit.
- Ich bin für Sie da, nicht (nur) als Anwalt des Kindes, sondern um Sie, als Person mit elterlichen Aufgaben, zu unterstützen.
- Sie können mir den *therapeutischen* Umgang mit dem Mutismus überlassen.
- Ich bin bereit und entschlossen, „Vertrauensproben" durchzustehen, beim Kind und bei Ihnen.
- Es gibt gewisse Regeln – sie haben meistens mit gegenseitigem Respekt und Verbindlichkeit zu tun – auf die ich bestehen werde. Sie gelten als Regeln, ohne deren Einhaltung ich meine Arbeit nicht verantwortbar

durchführen kann. Ich versichere Ihnen jedoch, dass ich mich sofort melde, wenn eine Klärung diesbezüglich nötig ist.

▪ Ich bin grundsätzlich zuversichtlich, dass wir Lösungen finden werden.

▪ Ich bin jemand, der angesichts von Problemen in der Familie bereit ist, diese anzupacken, nicht schnell erschrickt, nicht schnell aufgibt und sich professionelle Hilfe zu holen weiß.
(mod. nach Hardmeier/Katz-Bernstein 1984)

Immer wieder zeigt sich, wie wichtig das Zurückkommen auf diese Regeln bei der Zusammenarbeit mit den Eltern sein kann und welche Bemühungen und welche Arbeit es kostet, sie einzuhalten. Es braucht dazu jedoch eine supervisorische Begleitung, um angesichts der auftauchenden Probleme gelassen zu bleiben und eigenen Intentionen und Impulsen Stand zu halten, um das Vertrauen der Eltern nicht zu verlieren, gleichzeitig seinen therapeutischen Zielen treu zu bleiben und eine klare Kommunikation aufrecht zu erhalten.

2.2 Besonderheiten in der Zusammenarbeit

In der Folge werden einige, sich erfahrungsgemäß wiederholende Schwerpunkte in der Zusammenarbeit mit den Eltern thematisiert. Durch Beratungsbeispiele werden Möglichkeiten zu deren Lösung aufgezeigt, wobei nicht alle oben aufgelisteten Themen aufgegriffen werden können. Wichtig sind dabei folgende, allgemeine Prinzipien (Cornelißen-Weghake 1999):

▪ Die Gespräche haben einen abgemachten *Ort*, eine abgemachte *Zeit* und gelten als verbindlich.

▪ Wenn die Gespräche als *Ersatz für die Stunde des Kindes* stehen, so muss dies für alle klar, abgesprochen und angekündigt sein.

▪ Die *Bezahlung* muss geregelt sein (keine gute Lösung sind gratis zur Verfügung stehende Überstunden der Therapeutin).

▪ Es muss erwogen und abgemacht werden, ob die *Anwesenheit des Kindes* ratsam, hilfreich und/oder förderlich ist. Je nach Ziel kann dies sehr wichtig oder aber wenig ratsam sein. Bei Klärungen, Einführung von Regeln und neuen Abmachungen in der Familie ist die Anwesenheit des Kindes wichtig. Bei Fällen jedoch, bei denen der Schutz des Kindes vor überfordernden Situationen und Informationen gewährleistet werden soll oder bei einem anstehenden, vertrauten Gespräch, beispielsweise wenn eine Reflexion über die eigene (überfordernde) elterliche Rolle ermöglicht werden soll, ist es weniger gut, das Kind dabei zu haben.

■ *Gespräche zwischen Tür und Angel*, bei denen für eine der beteiligten Personen eine Verlegenheit auftauchen könnte, wie beispielsweise Klagen über das Verhalten des Kindes, über die eigene Not, über Eheprobleme, Kritik und Zweifel an der Therapie usw., sollten möglichst mit einem Vermerk unterbunden werden:

> „Das ist ein wichtiges Thema, dafür möchte ich mir aber richtig Zeit nehmen." Oder: „Ich sehe, dass Sie das Thema sehr beschäftigt. Sind Sie damit einverstanden, dass wir es nicht jetzt besprechen, sondern . . . ?"

■ Bei *Dringlichkeiten* besteht die Möglichkeit, das Kind zu fragen, ob es einverstanden ist, zehn Minuten von seiner Zeit der Mutter zu geben, damit man sie alleine sprechen kann, es dürfe dann im Warteraum spielen etc. Wenn man dem Kind die Wahl lasst, ob es ihm am Anfang oder Ende der Stunde angenehmer ist, so willigt das Kind meistens ein. Kinder sind in der Regel froh und entlastet, wenn den Eltern bei Not oder Zweifel geholfen wird.

■ Wenn *Kritik oder Unzufriedenheit* der Eltern über den Verlauf oder die Dauer der Therapie besteht, oder auch Misstrauen und/oder Ambivalenz, so sollte dies möglichst aufgefangen und geklärt werden und nicht schwellen dürfen. So kann das Kind entlastet werden und damit unbeschwert bleiben, und es gerät nicht in einen Loyalitätskonflikt.

■ Themen, die über die fachliche Zuständigkeit, den zeitlichen Rahmen oder die Komplexität hinaus reichen oder solche, bei denen die Doppelrolle als Therapeutin für Kind **und** Eltern nicht ratsam ist, sollten klar und unmissverständlich delegiert werden, z. B.:

> „Das Thema sollte einen würdigen Platz erhalten. Es ist wichtig und gut, dass Sie jetzt wünschen, es anzupacken. Das ist sehr förderlich für den weiteren Verlauf der Therapie Ihres Kindes. Leider sprengt es meinen Zeitrahmen / Zuständigkeitsrahmen / meine Möglichkeiten." Oder: „Es wäre therapeutisch nicht ratsam, dass ich Sie auch noch betreue. Ich könnte Sie weiter verweisen an . . . / mich erkundigen, damit Sie einen Ort finden, wo sie gut aufgehoben sind . . ."

Es muss jedoch damit gerechnet werden, dass manche Eltern, die über die Therapie des Kindes eine Schwelle an Misstrauen gegenüber Therapeuten überwinden konnten, einer Delegation zu einer weiteren Therapeutin nicht standhalten werden. Diese Hürde erscheint ihnen unüberwindbar oder sie sehen wenig Sinn darin, so dass sie den Schritt nicht vollziehen. Bei einem solchen Fall müssten Möglichkeiten und Grenzen der Zusammenarbeit evtl. durch Supervision individuell abgewogen und geregelt werden, damit sie auch klar kommuniziert werden können.

2.3 Themen, die Eltern oft beschäftigen

Es gibt einige Themen, die sich bei der Zusammenarbeit mit Familien von (selektiv) mutistischen Kindern als besonders relevant erweisen. Solche Themen sollen hier aufgezeigt und durch exemplarische Darstellung ein mögliches Vorgehen veranschaulicht werden. Es handelt sich weniger um familientherapeutische Interventionen nach besonderen Konzepten, die in der entsprechenden Fachliteratur zur Genüge zu finden sind (Meyers 1999), sondern vermehrt um „Therapiebegleitende Elternarbeit" (Katz-Bernstein 1991; Subellok/Katz-Bernstein 2006) als Begleitmaßnahme für die Therapie des Kindes mit ihren Besonderheiten, die aus dem Störungsbild resultieren. Der Bedarf solcher Eltern kann folgendermaßen zusammengefasst werden:

- Informationsbedarf über das Phänomen „Mutismus",
- Beratung bei Fragen und Problemen der Beschulung des Kindes,
- Beratung bezüglich vorgeschlagener begleitender Medikation durch den Arzt,
- Beratung über adäquates Erziehungsverhalten bezüglich des Schweigens (Behütung, Schonung und Schutz auf der einen Seite und Anforderungen, Struktur und Grenzsetzung auf der anderen),
- Beratung bei unsicherem Bindungsverhalten und der Trennungsangst des Kindes (meistens von der Mutter),
- Beratung im Umgang mit Wutausbrüchen des Kindes,
- Beratung im Umgang mit einem aggressiven Verhalten des Kindes den Eltern und/oder den Geschwistern gegenüber,
- Beratung im Umgang mit sozialer Angst und/oder Feindseligkeit des Kindes gegenüber Fremden,
- Beratung im Umgang mit vermeidendem Verhalten des Kindes,
- Beratung bei Schulverweigerung,
- Beratung im Umgang mit „gut gemeinten" Ratschlägen und Meinungen von Verwandten, Bekannten und Nachbarn,
- Beratung im Umgang mit zwei unterschiedlichen Kulturen.

Dazu kommen alle möglichen, oft alltäglichen Probleme, die von anderen beraterischen Tätigkeiten mit Eltern bekannt sind. Seltener kommen folgende Themen zur Sprache, obwohl hier eine dringende Notwendigkeit besteht:

- Gewalt- oder Missbraucherfahrung innerhalb der Familie (aktuelle oder vergangene),
- erlebtes Trauma in Form von äußerer Gewalt, Kriegs- oder Verlusterfahrung.

Nicht jedes Thema wird hier spezifisch behandelt. Einige exemplarische Ausführungen sollen Möglichkeiten einer solchen Zusammenarbeit veranschaulichen.

2.3.1 Umgang mit Wutausbrüchen und aggressivem Verhalten des Kindes

Die Mutter der 12-jährigen, selektiv mutistischen Selina kommt mit ihrer Tochter zur sechsten Stunde und wünscht, mich alleine zu sprechen. Ich frage Selina, ob sie einverstanden ist, fünf Minuten ihrer Stunde der Mutter zu schenken und so lange draußen zu warten. Selina nickt. Die Mutter beklagt sich, den Tränen nahe, über das unausstehliche und freche Verhalten von Selina zu Hause. Das „Unschuldslämmchen" bei mir und in der Schule sei zu Hause bockig, tyrannisch, sehr redegewandt und frech zu ihr und zur älteren Schwester und es würde in der letzten Zeit – seit Beginn der Therapie – nur schlimmer. Nur vor dem Vater habe sie ein wenig mehr Respekt. Sie habe den Eindruck, dass Selina den ganzen Frust des Schweigens in der Schule zu Hause auf sie und die Schwester ablädt. Den Tränen nahe sagt sie, sie könne nicht mehr. Ich mache für beide Eltern eine Beratungsstunde aus, hole mir ihr Einverständnis, meinerseits Selina über den Inhalt des Gesprächs zu berichten, soweit es sie betrifft, verabschiede mich von ihr und bitte Selina hinein. Ich sage zu Selina:

„Deine Mutter will sich beraten lassen, was sie ihrerseits tun kann, damit ihr nicht so oft aneinander geraten müsst. Ich kann mir vorstellen, dass es für dich schwierig sein muss, in der Schule nicht sprechen zu können, vor allem wenn du dich ärgerst. Vielleicht kommst du auch deswegen genervt nach Hause. Dort kommt es dann heftiger heraus, als du es manchmal möchtest. Die Leute, die einen manchmal zwar nerven, aber mit denen man auch gut auskommen will, werden verärgert. Auch für deine Eltern scheint es schwer zu sein. Sie wollen dich auch besser verstehen können. Ich habe mit deiner Mutter abgemacht, dass wir Erwachsenen mal unter uns darüber reden wollen, wie sie sich und dir dabei am besten helfen können, wenn es zum Krach kommt. Danach werden wir dich dazu holen und berichten, welche Abmachungen getroffen wurden. Okay?" Sie zuckt dabei mit den Schultern, als ob sie sagt: „Ist mir gleich."

Wie sollen Eltern mit der lauten, frechen, sehr gesprächigen und zuweilen zu Wutausbrüchen und Streit neigenden Seite ihres Kindes umgehen? Einerseits meinen sie oft, dass es dem Kind gut tut, sich irgendwo auslassen zu können. Sie sind dann nachsichtiger und bereit, viel mehr zu erdulden, als sie es sonst würden, aus Rücksicht auf das scheue, schweigende Verhalten in der Schule. Andererseits ist ihnen jedoch nicht wohl dabei. Sie spüren ganz genau die Grenzüberschreitungen des Kindes und die destruktive Wirkung, die es für sie und für das Kind hat. Oft warten sie zu lange damit dem Kind die „haltenden" Grenzen aufzuzeigen, um sich und das Kind zu schützen. Sie werden gereizt und neigen ihrerseits zu ärgerlichen, aggressiven Reaktionen, oder gar zu gewaltsamen Lösungen, die ihre elterliche Ohnmacht verstärken und ihr Selbstbild als Eltern noch weiter schwächen und zerrütten. Die zwei wesentlichen Ziele der Beratung von Eltern (selektiv) mutistischer Kinder können wie folgt zusammengefasst werden:

- Die Stärkung der elterlichen Kompetenz, um dem Kind Anforderungen und Grenzen zu setzten, und/oder
- die Vermittlung zwischen kindlicher und elterlicher Sicht.

Es ist aus der familientherapeutischen Literatur bekannt, dass es für die Kinder leichter ist, den Durchbruch zu schaffen, wenn die „Elternachse" gestärkt wird. Meine Erfahrung mit Eltern (selektiv) mutistischer Kindern kann dies bestätigen. Wenn einerseits dem bockigen und frechen Verhalten konsequente Grenzen gesetzt werden, andererseits so gelassen wie möglich Verständnis für schlechte Laune und Frust ausgesprochen wird, wissend und unterstellend, dass sie vergänglich sind, dann schwindet das Gefühl in der Familie, dem Kind und seinen Ängsten außerhalb und seinem tyrannischen Verhalten innerhalb der Familie ausgeliefert zu sein. Es ist dabei wichtig, dass man dem Kind klar macht, dass man als Eltern nicht gewillt ist, durch Launen andere zu verletzten, zu beleidigen oder Pläne zu zerstören. Die beratende Therapeutin kann dabei die Eltern beim Durchhalten unterstützen und sie bei Zwischenfällen, die durchaus vorkommen, ermuntern.

Genauso wichtig ist es für die Eltern zu wissen, dass sich das Kind nicht aus freien Stücken, sondern aus Not so verhält und alleine aus dem Teufelskreis nicht hinaus findet. Vielen Eltern mutistischer Kinder ist es von ihrer eigenen Kindheit her bekannt, wie man sich fühlt, wenn man ausweglosen Verhaltensweisen ausgeliefert ist.

Auch wenn es nur hinreichend gelingt, einige solcher Regeln durchzusetzen, verliert das „Nebenschlachtfeld" an Brisanz und Faszination. Die Grenzen, die der destruktiven Kraft des Kindes entgegen gesetzt werden, die es nach seinem Erleben nicht im Griff hat, beruhigen das Kind und geben ihm Sicherheit, auch wenn es äußerlich darauf zunächst unwirsch reagiert. Dennoch kann das Kind dabei grundsätzlich Respekt, Zuneigung und Solidarität erfahren, ohne dass der elterliche Widerstand auf beschämende und entwertende Sanktionen zurückgreifen muss, die die Ohnmacht und eigene Entwertung gegenseitig verstärken. Mit einer solchen Sicherheit im Rücken kann es dem Kind gelingen, erlebte Frustrationen in der Schule in die Bemühungen münden zu lassen, das Schweigen zu überwinden.

Dazu brauchen, wie gesagt, viele Eltern jedoch eine unterstützende Begleitung, um durchzuhalten, um Krisen und Rückschritten zu widerstehen, um sich von den eigenen Idealvorstellungen von „guter Elternschaft" allmählich zu distanzieren. Stattdessen gelingt es den Eltern manchmal durch eine geduldige Begleitung, sich mit den eigenen Leistungen als hinreichend gute Eltern, die sie sind, anzufreunden. Einige Eltern schaffen dies nicht. Sie bleiben in ihren eigenen destruktiven, zirkelartigen Mustern gefangen. Auch Therapeuten müssen sich manchmal von Idealvorstellungen der eigenen professionellen Machbarkeiten und Unmachbarkeiten trennen.

Bei Selinas Eltern war die Beratungsarbeit erfolgreich: Die unbewusste Angst vor Sanktionen und Ausschluss, die Selina zu Hause erlebt hatte, als sie sich frech und aufmüpfig der Mutter gegenüber verhielt, konnte sie sich leisten. Selina beherrschte die Situation: die Mutter ließ sich immer bei der nächsten Gelegenheit erweichen, war dankbar für ein gutes, braves Verhalten und hatte Angst vor dem nächsten Anfall von Selina, den sie durch Beschwichtigung, Harmonisierungsversuche, Ermahnungen und Warnungen oder aber durch eigenes Ausrasten und massiv repressives Verhalten zu vermeiden versuchte. In einer fremden Umgebung jedoch war das scheue Verhalten die Möglichkeit für Beachtung, Rücksichtnahme und Zuwendung, was wiederum eine gewisse Kontrolle der Situation ermöglichte.

Die Eltern waren dankbar, ja erleichtert, als wir uns als Beratungsziel „den weitestgehenden Wiedergewinn der guten elterlichen Führung und des Schutzes" einigen konnten.

Aufbauend auf ihre Kompetenzen, die sie als Eltern in positiven Situationen und in ihrem Verhalten zu der unproblematischen älteren Schwester zeigten, konnten jeweilige Lösungen für konkrete Situationen überlegt und diskutiert werden. Eine gewisse Einigkeit zwischen den Eheleuten in der Vermeidung von Eskalationen konnte gefunden werden. Eine Solidarität, den Ehepartner nicht in eine Ohnmacht schlittern zu lassen, sondern hilfreich einzuschreiten, konnte erzielt werden. Auch wenn es oft mühsam war und es Rückfälle gab, so war doch sichtbar, dass sie eine gewisse elterliche Zuversicht und Sicherheit gewonnen hatten. Sicherlich trugen diese Beratung und die Mitarbeit der Eltern wesentlich zur Gesundung von Selina bei.

Manchmal müssen die Eltern jedoch mit sich änderndem Verhalten konfrontiert werden. Ein an sich braves, pflegeleichtes Kind wird manchmal im Zuge der Therapie unbequem. Vorbereitende Gespräche, die die Veränderungen abfangen, können hilfreich sein.

Nach der dritten Stunde von den Schwestern Marcella und Simona findet ein Elterngespräch statt, in dem die Eltern ihre Einwilligung für eine einjäh-

rige Therapiedauer geben. Die eher scheue Mutter, die kaum die deutsche Sprache spricht, lässt den Vater übersetzen, wie gerne die Mädchen zu mir kämen. Auf meine Frage, ob ihnen irgendeine Veränderung aufgefallen war, antworten sie, dass Simona sich vermehrt mit Marcella streite, sich von ihr nicht mehr immer vereinnahmen lässt und sie nicht mehr fragt, wie sie sich verhalten soll. Nach meinem Bedauern, dass nun die Mädchen nicht mehr so sehr „pflegeleicht" seien, bewerte ich diese Entwicklung positiv durch den Hinweis auf die größere Selbständigkeit von beiden, was auch altersgemäß sei. Ich frage beide Eltern, inwieweit sie „noch frechere, aber vielleicht auch mit der Zeit sprechende Mädchen" verkraften können. Das bringt sie zum Schmunzeln. Ich warne sie weiter, dass es nicht immer leicht sein wird, dass sie sich jedoch jederzeit Rat holen dürfen und dass es nicht bedeutet, dass den Mädchen keine Grenzen gesetzt werden sollen, im Gegenteil. Die Mädchen sind auf faire, konsequente Grenzen sehr angewiesen.

Sie sprechen darüber, dass es bestimmte Eltern in der Schweiz gibt, die ihren Kindern gar keine Grenzen mehr setzen und dass ihre Tradition Anstand gegenüber den Eltern voraussetzt. Ich betone, dass es in alten Traditionen viele lebensnahe, weise Wurzeln gibt. Wenn man sie mit Fairness an die Kinder vermittelt, hat man auch die Chance, dass die Kinder später einen Sinn in ihnen finden. Das ist aber keine leichte Arbeit. Die Eltern scheinen dieses Gespräch geschätzt zu haben und sind motiviert und zuversichtlich nach Hause gegangen.

Ich bewundere den Mut vieler Eltern, dass sie, trotz der Probleme, die die Kinder haben, immer wieder bereit sind, neue Wege zu gehen. Eine solche Arbeit ist nicht leicht, braucht Schulung, Aus- oder Weiterbildung sowie Geduld und Erfahrung. Eine eigene Lehrtherapie ermöglicht es auch, die Versöhnung mit den eigenen Eltern zu erlangen, durch die die Möglichkeit, sich in die elterliche Sichtweise versetzen zu können, erreicht werden kann. Für die therapiebegleitende Arbeit mit Eltern mutistischer Kinder darf diese vermittelnde Fähigkeit zwischen kindlicher und elterlicher Sichtweise nicht unterschätzt werden (Katz-Bernstein 1991; 2000b). Manche Therapien werden abgebrochen oder scheitern, weil diese Vermittlung nicht gelingt oder angesichts der Ängste und Probleme der Eltern auch schwer gelingen kann. Eine eigene Therapie oder Lehranalyse kann auch dafür sorgen, sich von elterlichen Idealvorstellungen zu verabschieden oder den eigenen Verfall in ihnen zu erkennen. Dadurch wird verhindert, dass man in die beraterische Falle tappt und in der Solidarität mit dem Kind bleibt. In einem solchen Fall wird dann oft lediglich aus der Warte des Kindes argumentiert, die Eltern werden dann lediglich als Eltern in die Pflicht genommen, ohne sie als Menschen in Not sehen zu können. Eltern mutistischer Kinder sind jedoch oft in Not (vgl. Kristkeits 2011). Von ihnen wird eine Gratwanderung verlangt, die äußerst schwierig ist. Empathie und Empathiefähigkeit ist eine kostbar erworbene Kompetenz, die bei Krisen, Hektik, Bedrohung und Angst abhanden kommt.

Auch die eigenen Machbarkeitsgrenzen der beraterischen Veränderungsmacht angesichts jahrelang eingespielter und komplexer Probleme, die manche Familien von (selektiv) mutistischen Kindern mitbringen, soll bedacht und immer wieder in Erwägung gezogen werden.

Eine sorgfältige, begleitende Vermittlung ist sowohl für die Eltern als auch als für das Kind nötig. Es ist m. E. weniger die Technik, äußere systemische Formen der Familienberatung einzuhalten, wie Familienkonferenz, Austragung von Konflikten vor den Kindern usw., die wirksam ist. Vielmehr helfen die innere, vermittelnde Rolle und die klare, nicht wertende Haltung durch den Therapeuten, die aufrecht erhalten wird (Miller et al. 2000).

Wenn für den Therapeuten beide Sichtweisen präsent und zugänglich sind, der Konflikt zwischen ihnen verständlich wird, die Unvereinbarkeit der Gefühlslagen beider Seiten nachvollzogen und zunächst ausgehalten werden kann, wenn ihnen Raum gegeben wird, ohne den Konflikt vorschnell auflösen zu wollen, dann kann die Familie oft ihre eigenen Kräfte mobilisieren, um ihn zu lösen. So kann sich der beraterische Verlauf gut dosiert, mit einer „selektiven Offenheit" für beide Seiten (Petzold 1980), vollziehen.

Meine supervisorische Erfahrung zeigt, dass Therapeuten mit einer eigenen Therapieerfahrung für diesen anspruchsvollen und oft schwierigen „Generationen-Perspektivenwechsel" besser ausgerüstet sind. Sie haben eher den Blick dafür, solche „Triangulierungskonflikte" (Eltern-Kind-Therapeuten) zu erkennen, Unvereinbarkeiten zwischen dem Elternverhalten und dem kindlichen Verhalten zunächst auszuhalten, ohne einen schnellen Rat geben zu wollen, der zwar idealerweise funktionieren könnte, dem Vermögen und/oder der temporären Verfassung der Eltern jedoch nicht angemessen ist (Miller et al. 2000, 78f).

Ein aktuelles Problem soll hier noch angesprochen werden. Vor einigen Jahren traf ich zufällig die Mutter eines ehemaligen selektiv mutistischen Jungen, der bei mir in Therapie war. Er hatte früher unter Jähzornanfällen gelitten, die von der alleinerziehenden Mutter nur schlecht unterbunden werden konnten. Die Mutter erzählte mir zwar freudig, dass der Junge (mittlerweile ein junger Erwachsener) seine Berufsausbildung erfolgreich absolviert und eine gute Arbeitsstelle gefunden habe. Er wohne jedoch im gleichen Wohnblock wie die Familie, sei ein wenig sozial isoliert und tyrannisiere sie und das jüngere Geschwister. Es wird ihr geraten, sich Beratung zu holen, die ihr und den beiden Kindern zugute kommt.

Ein Verlust der elterlichen Kompetenz und Führungsrolle bei Wutausbrüchen kann sich bei Kindern, wenn sie an physischer und psychischer

Kraft gewinnen, zu gewaltvollem und tyrannischem Verhalten weiterentwickeln. Dem ist auf jeden Fall durch Beratung, Prävention und Schaffung eines sozialen Netzes zur Stärkung der elterlichen Kompetenzen konsequent und entschieden Vorschub zu leisten. Wenn nötig, kann eine Einschaltung von behördlichen und öffentlichen Instanzen einbezogen werden, um einer „elterlichen Präsenz" Nachdruck zu verleihen. Ein solch geduldetes und/oder verheimlichtes Verhalten ist nicht nur für die Eltern schädlich, sondern auch äußerst bedenklich für die soziale Entwicklung der betroffenen Kinder und Jugendlichen. Es gibt aktuelle, neuere Konzepte für eine Arbeit mit Kindern, die gegenüber ihren Eltern Gewalt anwenden (Schärli 2004; Omer/v. Schlippe 2003).

2.3.2   Beratung bezüglich einer begleitenden Medikation

Medikation ist ein umstrittenes Thema. Vermehrt kommen Berichte aus den USA und auch aus europäischen Ländern über erfolgreiche, therapiebegleitende Medikation bei Kindern mit Angststörungen, Phobien, depressiven Verstimmungen und Mutismus (Goldwyn/Weinstock 1990; Black/Uhde 1994; Wright et al. 1999; Bahr 1996, 79f; Hartmann/Lange 2003, 48f; Hartmann 2004). Es gibt jedoch ebenso viele erfolgreiche Therapieberichte, die ohne Medikation auskommen. Eine Vergleichsstudie von zwei Gruppen von sechs und neun mutistischen Kindern, die über zehn Wochen mit Fluoxetin bzw. Placebo behandelt wurden, führte nicht zu klaren Ergebnissen (Black/Uhde 1994). Dieser Doppelblindversuch zeigte in der Einschätzung von Lehrern und Eltern bei beiden Gruppen signifikante Veränderungen, jedoch graduelle Unterschiede bezüglich der Verbesserungen zugunsten der Gruppe mit Fluoxetin. Die Interpretation dieser Studie ist nicht eindeutig, die Konsequenzen für die Medikation von Kindern mit (selektivem) Mutismus sind umstritten (Bahr 1996, 81). Die Empfehlungen der „Deutschen Gesellschaft für Kinder und Jugendpsychiatrie und Psychotherapie" bezüglich begleitender Medikation bei mutistischen Kindern fällt erfreulicher Weise äußerst vorsichtig aus:

> „Sofern Pharmakotherapie indiziert ist, wurden günstige Wirkungen von Fluoxetin in Tagesdosen von 20–60 mg berichtet (derzeit nur als ‚Heilversuch' möglich) . . . Erfahrungen mit anderen Antidepressiva sind begrenzt, also nicht zu verallgemeinern." (Castell/Schmidt 1999; 2000, 7)

Es kann durchaus sein, dass eine Therapie ohne Medikation eine längere und/oder intensivere Betreuung braucht. Auch sind Ausprägung, Art, Begleitsymptome, Schweregrad und Komplexität der Störung maßgebend für die Entscheidung für oder gegen eine Medikation. Wenn ein Kind mit (selektivem) Mutismus unter depressiven Verstimmungen oder

Panik- und Angstattacken leidet oder suizidal gefährdet ist, werden die Prioritäten in dieser Frage anders aussehen, als bei einem unbeschwerteren mutistischen Kind. Es gibt Kinderärzte, die eine Medikation befürworten, aber auch solche, die davor warnen. Je nach Schule, Ausbildung und Position wird eine andere Einstellung vertreten. Dies stellt die Eltern vor Verantwortlichkeiten, die sie früher an die Gesellschaft, die Tradition und die Konvention, ja sogar an die Modeströmung in der Versorgung und Erziehung der Kinder haben delegieren können. Die Lebensentwürfe, Erziehungsstile, Traditionen und die Entscheidung, welchen medizinischen Rat man befolgen soll, bleiben heute Privatsache. Bei einer solchen Entscheidung brauchen Eltern oft eine Begleitung und Beratung. Die Möglichkeiten müssen mit den Eltern offen gelegt und besprochen werden.

In folgenden Fällen ist die Anwendung einer medikamentösen Begleitung zu erwägen:

- In ausweglos erscheinenden Situationen, wenn über mehrere Jahre keine therapeutischen Erfolge erzielt werden konnten, das Kind von Klasse zu Klasse ohne nennenswerte Entwicklung „mitgeschleppt" wird und darunter sichtbar leidet.
- Bei großem Leidensdruck und bedrohenden Begleitsymptomen des Kindes wie Depression, soziale Phobie (die sich nicht auflöst), selbstverletzendes Verhalten und/oder bei Verdacht auf Suizidgefahr.
- Wichtig ist auch, dass die Medikation die Therapie nur temporär begleitet, durch einen verantwortungsvollen Mediziner verabreicht wird und bei Erfolg kontrolliert abgesetzt wird. Daneben sollen alle anderen therapeutischen Maßnahmen auch weiterhin regelmäßig bestehen bleiben.

Es darf nicht vergessen werden, dass eine Medikation an sich kaum eine permanente Entwicklung evoziert.

In vielen Fällen wird von Linderung durch eine homöopathische Behandlung berichtet (Hartmann/Lange 2003), und daher ist auch eine solche zu erwägen. Diese Behandlung sollte den chemischen Substanzen der Schulmedizin vorgezogen werden. Chemische Substanzen greifen in gehirnphysiologische Vorgänge, die noch in der Entwicklung sind, ein und verhindern andere Erfahrungen und Entwicklungsprozesse.

Oft kann nicht ermessen werden, wie sehr ein Kind (und mit ihm seine Familie) unter seinen Ängsten leidet. Wer schon mal Panikattacken und nächtliche Angstzustände bei Kindern erlebt hat oder ein gereiztes, tyrannisches, plagendes oder selbstverletzendes Verhalten eines Kindes erfahren hat, wer ein Kind mit Zwängen, denen es ausgeliefert zu sein scheint oder aber die Verzweiflung eines Kindes, das suizidale Gedanken äußert, gesehen hat, der kann volles Verständnis aufbringen, dass in manchen Fällen die Medikation als ein Ausweg erwogen wird und auch gerechtfertigt erscheint. Gegebenenfalls kann die Medikation als vorübergehende Maßnahme, in Kombination mit einer neuen Therapie, für einen Neubeginn und eine Wende sorgen.

Nachteile einer medikamentösen, psychopharmazeutischen Begleitung:

■ Es gibt keinerlei Garantie für die Auflösung des Mutismus (eine zuverlässige, generalisierbare Vergleichstudie fehlt).
■ Es gibt umstrittene Meinungen bezüglich Langzeitwirkungen bei Medikation von Psychopharmaka im kindlichen Alter (siehe dazu Ausführungen über Medikation bei ADHS, Branik 2004, 8; sowie bei präpsychotischen Zuständen in der Adoleszenz, Branik/Meng 2003).

Es ist heute noch nicht bekannt, ob einzelne Substanzen hirnorganische, bleibende Veränderungen verursachen. Von der Hirnforschung weiß man, dass die Lebenserfahrungen das Gehirn vernetzen und kognitives Lernen immer mit ausbalancierten Erregungen zwischen dem limbischen System und der Großhirnrinde verbunden sind, die zu Denk- und Reaktionsmustern werden (Roth 2001; Feinberg 2002; Spitzer 2002). Jede Erfahrung bedingt eine feine Balance zwischen elektrischen und chemischen Vorgängen. Wenn Erfahrungen verarbeitet und verinnerlicht werden, schafft das Gehirn Vernetzungen und sorgt für bleibende, synaptische Verbindungen zwischen unterschiedlichen Bahnen und Bereichen des Gehirns, so genannten „Karten zweiter Ordnung" (Damasio 1999, 217). Ob ein medikamentöser Eingriff im Kindes- und Jugendalter, ähnlich wie bei Drogen, bleibende Veränderungen im emotionalen oder kognitiven Verhalten bewirkt und auf welche Art, kann heute (noch) nicht mit Sicherheit gesagt werden (Roth 2001; Branik 2004; Branik/Meng 2003).

Eltern haben das Recht, offen beraten zu werden. Bei solch umstrittenen Ansichten ist das Dilemma als solches anzusprechen. Pro und Contra-Argumente sollen offen gelegt werden. Die Entscheidung sollte bei den Eltern liegen. In manchen, schweren Fällen ist die Entscheidung nicht leicht.

„Was würden Sie tun, wenn es Ihr Sohn wäre?", fragte mich der Vater vom depressiven, sich zurückziehenden Paul, 13 Jahre alt, in einem Elterngespräch ein wenig provokativ, aber mit echter Besorgtheit, nachdem er berichtet hatte, dass der Kinderarzt der Meinung ist, man soll da einen „kurzen Prozess machen" und die Therapie mit Antidepressiva begleiten. Ich antwortete ihm: „Es ist tatsächlich ein Dilemma. Ich kann meinerseits nichts versprechen. Weder kann ich versprechen, dass ich den Mutismus auch ohne Medikamente wegkriegen kann, noch bin ich der Überzeugung, dass eine solche Medikation im Kindes- und Jugendalter völlig unbedenklich ist. Sie als Eltern haben eine große Verantwortung aufgebürdet be-

*kommen. Wissen Sie was? Ich hätte mir es, wie Sie, nicht leicht gemacht.
Ich hätte das Leiden des Kindes erwogen, das Leiden der Familie, die Lebensqualität, die man vermisst und die vielleicht gewonnen wird und alle anderen Möglichkeiten überprüft. Ich hätte mit guten Freunden und Verwandten darüber gesprochen, mit meinem Sohn, mit meinen anderen Kindern. Ich hätte einen Homöopathen aufgesucht, mich informiert, eine zweite ärztliche Meinung eingeholt. Wir hätten uns, mein Mann und ich, ein wenig Zeit gelassen und auch geschaut, ob wir andere Möglichkeiten schon ausgeschöpft haben. Wir hätten sicher auch erwogen, ob wir, durch eine Familientherapie oder intensive Familienberatung noch einiges verändern können. Wenn aber dann eine eindeutige Entscheidung getroffen worden ist, hätte ich ihr eine volle Chance gegeben und sie durchgezogen.*

Ich habe gelernt, dass man als Eltern oft Entscheidungen treffen muss, ohne dass man die Folgen kennt. Das ist nicht leicht. Wenn Sie es jedoch mit Bedacht und Verantwortungsbewusstsein machen, dann werden Sie der Verantwortung als Eltern gerecht. Eltern sind nicht vor Fehlentscheidungen gefeit und können unmöglich allwissend sein. Sie handeln meistens nach bestem Wissen und Gewissen! Die Tatsache, dass Sie zögern, dass sie nachfragen und nachbohren, zeigt, dass Sie sich bemühen, eine verantwortungsvolle Entscheidung zu treffen. Ich wünsche Ihnen, dass Sie sie in zehn Jahren nicht bereuen und wenn doch, dass Sie dazu stehen können. Sie machen Ihr Bestes und ich begleite Sie dabei."

Später haben die Eltern mir berichtet, dass das Gespräch ihnen geholfen und sie entlastet hätte. Sie hatten sich dafür entschieden, meiner neu angefangenen Therapie eine Chance zu geben und sich daneben für eine zusätzliche familientherapeutische Sitzung bei einem familientherapeutischen Institut anzumelden. Zum großen Glück konnte Paul daraufhin erfreuliche Schritte machen, die die Medikation erübrigten. Es wurde kein extravertierter Mensch aus ihm, aber in der Schule war er unauffällig und hatte vereinzelt Freunde gewonnen. Eine Garantie für diese erfreuliche Entwicklung gibt es dennoch nicht.

2.3.3   Wenn Gewalt oder Missbrauch vermutet wird

In seltenen Fällen besteht ein Verdacht auf Misshandlung oder Missbrauch des Kindes (MacGregor et al. 1994). Die aktuelle Forschungslage lässt keine eindeutigen Schlüsse zu.

Die erste Regel bei einem **aktuellen Verdacht** ist, die *eigene Vernetzung* dabei zu beachten, *bevor gehandelt wird*. Am besten ist es, eine kundige Stelle aufzusuchen, die die Therapeutin bei ihrem Vorgehen berät, begleitet und/oder eigene Schritte vornehmen kann. Einige lokale, einschlägige Beratungsstellen, Kinder- und Jugendpsychiatrische Dienste oder das Jugendamt können dabei behilflich sein.

Es ist oft verführerisch und gefährlich bei einem solchen Verdacht, durch Solidarität mit dem Kind, vorschnelle, verurteilende und rigorose Schritte unternehmen zu wollen, speziell bei Therapeuten mit wenig Erfahrung im Umgang mit solchen Familien oder Vorfällen.

Das Prinzip soll nicht „Die Rettung des Kindes vor einem bösen Täter" sein, sondern das bedachte, längerfristige *Wohl des Kindes*. Ein unbedachtes, rigoroses Eingreifen kann zu Eskalationen und dadurch zu neuen Traumatisierungen bei allen Beteiligten führen. Daher sollen hier in Kürze vier Orientierungsprinzipien aufgezeigt werden, die nur durch ein Team von unterschiedlichen Fachleuten zu erwägen und durchzuführen sind.

Auch aus behördlicher Sicht werden die Maßnahmen sorgfältig erwogen und vielleicht ist es für die Zusammenarbeit mit behördlichen Instanzen hilfreich, die Regeln des Vorgehens zu kennen.

Vier Prinzipien des Kindesschutzes (Kaenel 1995)

- **Wirksamkeitsprinzip:** Die Gefährdung abwenden, auch losgelöst von einem Verschulden der Eltern.
- **Subsidiaritätsprinzip:** Nur eingreifen, wenn Eltern von sich aus nicht für Abhilfe sorgen oder außerstande sind, ein Angebot einer freiwilligen Hilfe in Anspruch zu nehmen.
- **Komplementärprinzip:** Die vorhandenen elterlichen Kompetenzen sollen ergänzt, nicht verdrängt werden.
- **Verhältnismäßigkeitsprinzip:** Der Eingriff soll dem Grad der Gefährdung entsprechen, die elterliche Sorge so wenig wie möglich und so viel wie nötig einschränken.

Anders sieht die therapeutische Aufgabe bei einer vermuteten oder anvertrauten **früheren, vergangenen Gewalt- und/oder Missbrauchserfahrung** aus.

Es würde den Rahmen sprengen, hier Arbeit mit Traumata von Kindern vorzustellen. In den letzten Jahren wurden gute und effiziente Methoden einer solchen Arbeit mit Kindern entwickelt (Tinker/Wilson 2000; Greenwald 2001 u. a.). Wichtig sind dabei folgende Prinzipien:

- eingebunden sein in ein professionelles Netz,
- mehr oder minder stabile, abgeklärte familiäre Verhältnisse,
- eine verantwortungsvolle Erwägung der *eigenen professionellen Zuständigkeit*, der Erfahrung und der therapeutischen Zielsetzungen,
- eine gute, eigene *supervisorische Begleitung*,
- eine immer auf Struktur, Sicherheit, *Ich-Stärkung und Ressourcen* aufbauende Arbeit (sie kann nie falsch sein und ist immer angesagt!),

▪ *Nicht in jedem Fall ist ein „Durcharbeiten der traumatischen Ereignis-se"* angesagt. Dazu braucht das Kind eine bestimmte Verfassung, au-ßerdem sind vorbereitende Maßnahmen und ein einigermaßen stabiles und tragendes System oder ein erzieherischer Rahmen und auf jeden Fall eine entsprechende Ausbildung der zuständigen Therapeutin nö-tig. In mehreren Fällen ist eine solche Annäherung an die traumatisie-renden Ereignisse vordergründig nicht angesagt.

Bei solchen Kindern wird die eigene stabilisierende, heilende Wirkung einer aufbauenden, regelmäßigen, auf alltäglichen Kompetenzen gerichte-ten Therapie und Pädagogik von Fachleuten oft unterschätzt. Ein trau-matisiertes Kind, das ein Modell einer guten, erwachsenen Elterlichkeit erfährt und sich der erwachsenen Person anzuvertrauen lernt, kann da-durch oft frühere negative Erfahrungen relativieren und kompensieren, auch wenn es die anderen Erfahrungen niemals löschen kann. Daher ist ein „Lauern" auf ein „Outing" oft gar nicht der Kern der Arbeit bei sol-chen Kindern, schon gar nicht bei Fachleuten, die wenig Erfahrung mit ihnen haben.

3   Mutismus und Schule

Der Lehrer wird tagtäglich mit dem Schweigen des Kindes konfrontiert. Solch ein Kind löst Unruhe, Unsicherheit und Ärger aus, der Lehrer fragt sich, wie viel Beachtung, Einzelförderung, Rücksichtsnahme oder Druck und Zwang richtig, pädagogisch förderlich und in Anbetracht der Rah-menbedingungen der Schule leistbar ist? Angesichts eines längerfristigen Schweigens kommt ein solcher Lehrer oft an seine Grenzen (Cline/Bald-win 1995, 51ff; Kearney 2010). Cline und Baldwin (1995, 55) nennen drei Gründe für die Überforderung:

▪ Die Störung ist selten. Selten findet sich im Kollegium jemand, der genügend Erfahrung im Umgang mit (selektiv) mutistischen Kindern hat.
▪ Die Störung betrifft die zentrale Lernkompetenz, für die der Lehrer zuständig ist – die sprachliche Kompetenz. Daher ist es natürlich, dass der Lehrer sich leicht als Versager empfinden kann.
▪ Die Besorgtheit der anderen Kinder bringt es mit sich, dass sie den Lehrer und sein Verhalten genau beobachten und von ihm erwarten, dass er dem Kind hilft, das Schweigen zu überwinden (1995, 55).

Wichtig dabei ist, dass der Lehrer es weder als seine eigene „Schuld" ansieht, noch den unkonstruktiven Ehrgeiz entwickelt, ganz allein „das Kind auf jeden Fall zum Sprechen zu bringen".

Es ist zunächst wichtig zu wissen, dass der selektive Mutismus eine ernst zu nehmende Störung darstellt, der mit üblichen pädagogischen Maßnahmen nicht beizukommen ist. Es braucht oft ein Netz mit einer ärztlich-psychiatrischen Diagnose und gezielte therapeutische Interventionen, um in einer Zusammenarbeit den Transfer in die Klasse zu erwirken. Der Lehrer benötigt dabei eine Begleitung und Beratung, damit es gelingen kann, in kleinen, strukturierten Schritten das Kind in der Schule an das Sprechen zu gewöhnen. Es bedarf kleiner Abmachungen und einer engen Begleitung, um solche Fortschritte zu erreichen. Krisen sind oft vorprogrammiert, können jedoch mit Geduld, Beharrlichkeit und in gemeinsamer Arbeit mit der Therapeutin zum Erfolg führen (Katz-Bernstein/Zaepfel 2003; Teil VII).

Die erste Frage, die den Lehrer beschäftigen sollte, ist, welche Faktoren dem Kind helfen, seinen Platz in der Schule als positiven, sozialen und (Lern-)Ort zu etablieren. Hier ist zunächst der Raum für alternative Kommunikationsangebote und Hilfestellungen.

Angstreduzierende Maßnahmen

- Das Kind zunächst nicht zum Sprechen zwingen,
- das Kind als Teil der Klasse an allen Aktivitäten partizipieren lassen,
- vermehrt nonverbale Aktivitäten in der Klasse einsetzen,
- Kontakte mit anderen Kindern initiieren und fördern,
- fachliche Kontakte zu Psychotherapeuten und Sprachtherapeuten (bei spezialisierten Therapiestellen) suchen, psychiatrische Begleitung und Maßnahmen gemeinsam koordinieren,
- evtl. eine Desensibilisierung durch Entspannungsübungen und Imaginationstechniken durchführen (falls eine entsprechende Weiterbildung vorhanden ist).

Verstärkung der nonverbalen Kommunikation

- Einsatz von Symbolzeichen, Gesten und Karten, um die Partizipation im Unterricht und in der Projektarbeit zu sichern,
- Kleingruppensituationen fördern,
- Kontakte zwischen den Kindern in der Unterrichtsgestaltung einplanen.

Soziale Interaktion verstärken

- Passende Freunde zusammenbringen, gemeinsame Aufgaben geben,
- Spezialaufgaben geben, die zunächst keine verbale Äußerungen benötigen,
- Aufgaben geben, die die soziale Interaktion fördern.

Sprachfördernde Maßnahmen

- Strukturierter Plan zum Aufbau des Sprechverhaltens, abgestuft durch Hierarchien,
- nach Bedarf Sprach- und Sprechtherapie als Begleitmaßnahme für den Sprachaufbau und die Förderung der linguistischen Kompetenzen,
- bei Fortschritten in der Therapie, eine koordinierte Unterstützung von Sprechversuchen (mod. nach Dow et al., 1999, 37).

In einer nächsten Phase sollte sich der Lehrer die Frage stellen, welche Maßnahmen es dem Kind ermöglichen, das Schweigen aufrechtzuerhalten. Viele Strategien, die dem Kind zunächst eine große Hilfestellung gegeben haben (z. B. die Kommunikation mit Symbolen oder Schrift, die Mitschüler als „Hilfskommunikatoren" einsetzen), helfen später das Muster der Sprechverweigerung zu fixieren, was kontraproduktiv ist. Daher soll dem Kind, in Abstimmung mit weiteren Fachleuten, auch gesagt werden, dass es die besonderen Hilfestellungen nur solange braucht, wie es sich noch nicht traut zu sprechen. Sobald es aber Fortschritte macht, sind diese Sondermaßnahmen überflüssig. Eine beratende Begleitung, um diesem Dilemma zu begegnen, das eine Gratwanderung zwischen Rücksichtsnahme und sukzessiver „Entwöhnung" durch „unterstellende" und ermutigende Erwartungen darstellt, ist dringend zu empfehlen. Weitere, ausführliche Tipps und Ratschläge in der deutschsprachigen Literatur sind in Bahr (2002), Dobslaff (2005) und in Hartmann/Lange (2010) zu finden. Eine weitere aktuelle Quelle aus der angloamerikanischen Literatur (Kearney 2010) stellt umfassende Strategien für Diagnostik und pädagogisch-therapeutische Maßnahmen im Schulbereich vor, die die Komplexität der Störung und die Notwendigkeit interdisziplinärer Zusammenarbeit berücksichtigen.

4 Zusammenarbeit mit weiteren Fachleuten

„In our opinion, any child referred for selektive mutism deserves a comprehensive assessment that addresses neurological, psychiatric, audiological, social, academic, and speech and language concerns."
(Dow et al. 1999, 39)

Wie im Teil II, Kapitel 2 und an anderen Stellen mehrfach erwähnt, ist (selektiver) Mutismus auf eine interdisziplinäre Zusammenarbeit angewiesen. Schon bei den diagnostischen Erhebungen zeigt sich diese Notwendigkeit. Dow et al. (1999, 26f) nennen folgende Untersuchungen (siehe

220 Zusammenarbeit mit Angehörigen und Fachleuten

auch Teil I, Kapitel 2), denen ich die zuständigen Personen sowie Berufs-
gruppen, deren Mitarbeit bei den Erhebungen unerlässlich ist, zugeordnet
habe. Außerdem habe ich drei weitere Untersuchungen ergänzt.

▦ Untersuchung des Symptoms (zusammen mit Eltern, Erzieherinnen/
  Lehrern, weiteren Bezugspersonen)
▦ Untersuchung der sozialen Interaktion (zusammen mit Eltern, Erzie-
  herinnen/Lehrern, weiteren Bezugspersonen)
▦ Untersuchung der psychiatrischen Befunde (zusammen mit Psychia-
  tern für Kinder und Jugendliche, diagnostizierenden Psychologen)
▦ Untersuchung der medizinischen Befunde (zusammen mit Kinderärz-
  ten, Hausärzten, Schulärzten, HNO-Ärzten u. a.)
▦ Untersuchung der audiologischen Befunde (zusammen mit Pädaudio-
  logen, HNO-Ärzten, Logopädinnen/Sprachtherapeutinnen)
▦ Untersuchung der schulischen und kognitiven Kompetenzen (zusammen mit Lehrern, Schulpsychologen, Schulbehörden, evtl. Heim- oder
  Klinikleitungen)
▦ Untersuchung der Sprech- und Sprachleistungen (zusammen mit Lo-
  gopädinnen/Sprachtherapeutinnen)
▦ Untersuchung der Bewegungsentwicklung, der Fein- und Grobmoto-
  rik (zusammen mit Bewegungserzieherinnen, Psychomotorik-Thera-
  peutinnen)
▦ Untersuchung der familiären Verhältnisse, Umgang und Dynamik
  (zusammen mit Sozialarbeitern, Familientherapeuten, Vormundschaft,
  Jugendamt)
▦ ggf. Untersuchung der rechtlichen Verhältnisse (zusammen mit Rechts-
  behörden, Kinderschutzexperten u. a.)

Die Funktionen und die Zusammenarbeit mit einigen Fachleuten soll in
der Folge näher beschrieben werden:

Medizinische Fachleute: *Der Kinderarzt oder der Hausarzt* sind oft
die ersten, die konsultiert werden. Oft suchen sie die Therapeuten, die
eine Therapie übernehmen können und verschreiben eine Therapie.
Wichtig ist es, dass vom Arzt die differentialdiagnostischen Ergebnisse
vorliegen, bevor die Therapie begonnen wird, dass Gehörschäden ausge-
schlossen werden sowie weitere co-morbide Auffälligkeiten diagnostiziert werden oder aber eine Weiterleitung an spezialisierte Fachärzte erfolgt ist.
  Der *Hals-Nasen-Ohrenarzt* und/oder der *Facharzt für Phoniatrie* sind
diejenigen, die Gehör- und Stimmschäden diagnostizieren und sie als Ursache für das Schweigen ausschließen.
  Der *Kinder- und Jugendlichenpsychiater* ist einzubeziehen, sobald Verdacht auf Trauma, Gewalt oder sonstige massivere Auffälligkeiten in der

Familie oder beim Kind festgestellt werden. Aber auch bei komplexer Co-Morbidität und bei Störungsbildern, bei denen die Diagnose „selektiver Mutismus" nicht umfassend genug erscheint, bei schwierigen psychosozialen Verhältnissen, die ein Betreuernetz brauchen oder aber bei Fragen der Medikation, ist die Zusammenarbeit mit der Kinder- und Jugendpsychiatrie unerlässlich.

Pädagogische Fachleute und Schulbehörde: Ohne die Zusammenarbeit mit der *Erzieherin oder dem Lehrer* kann es meistens keinen Transfer des sprechenden Verhaltens in die Schule geben. Abmachungen und Schritte müssen Hand in Hand mit dem Pädagogen abgestimmt werden, um in den alltäglichen Rahmen integriert zu werden (Wright 1968; Friedman/ Karagan 1973).

Manchmal ist es sinnvoll, den Eltern eine Sonderschule als Förderort zu empfehlen. Dort ist, wenn nötig, ein gewisses Schonklima, eine kleinere Klasse sowie die Professionalität des *Sonderschullehrers* gewährleistet. Eine Sprachheilschule ist ganz besonders dann zu erwägen, wenn sprachliche Defizite, Verzögerungen und/oder Störungen festgestellt werden. Es ist jedoch zu gewährleisten, dass auch im Rahmen einer Sonderschule eine *regelmäßige Therapie von einer kundigen Therapeutin*, intern oder extern, vorgenommen wird.

Der *Schulpsychologe* oder der *schulpsychologische Dienst* sind diejenigen, die dafür zuständig sind, den IQ des Kindes, die Schulreife und den kognitiv-emotionalen Entwicklungsstand (auch mit nonverbalen Tests) festzustellen. Sie können auch die Koordination und das Case Management übernehmen, da sie das Kind längere Jahre betreuen können, Übersicht über die Maßnahmen und die nötigen Kompetenzen und Verbindungen haben, um eine Vernetzung der Fachleute zu ermöglichen. Besonders wichtig sind diese Personen für die Eltern, die ihrerseits dazu neigen, Therapien abzubrechen, mit Lehrkräften nicht zurechtkommen usw. In solchen Fällen (die nicht sehr selten sind) ist eine vermittelnde, behördliche Instanz und/oder Person nötig.

Therapeutische Fachleute: Mutistische Kinder werden üblicherweise entweder zu einem *Kinder- und Jugendlichenpsychotherapeuten* oder zu einer Sprachtherapeutin verwiesen. Beide können die richtigen Fachleute für das Kind sein. Wie gezeigt wurde, können sich hinter dem (selektiven) Mutismus sowohl Sprachdefizite, -störungen oder -auffälligkeiten und/oder leichte bis schwere psychische Belastungen, Gefährdungen und Störungen verbergen. Daher ist die behandelnde Therapeutin oft auf die Diagnostik und Einschätzung von anderen Fachleuten angewiesen (siehe Einleitung).

Oft werden die Kinder zur *Sprachtherapie* gebracht. Diese Zuweisung kann, so in der neueren, internationalen Fachliteratur, sinnvoll sein

(Hartmann 2004; Spasaro/Schaefer 1999), da neuere Definitionen der Berufszuständigkeit *die Sprache und die Kommunikationsfähigkeit* einbeziehen (Motsch 1996; Hartmann 2002). Es sind jedoch einige Bedingungen und/oder Qualitätsmerkmale zu beachten (siehe auch Teil II, Kapitel 2). Meistens hat sich die Sprachtherapeutin in der Betreuung solcher Kinder spezialisiert, hat Weiterbildungen absolviert, arbeitet in einem Team und/oder unter Supervision.

Bei motorischen, koordinatorischen oder praktisch-gnostischen Störungen ist es auch sinnvoll, eine *Ergotherapeutin* und/oder eine *Mototherapeutin* einzubeziehen. Als günstig und hilfreich hat sich auch das *heilpädagogische Reiten und Voltigieren* erwiesen (Gäng 2009).

Die *Sozialpädagogin* ist zuständig, wenn ein stationärer Aufenthalt oder ein Heimaufenthalt vorliegt und/oder beantragt wird. Es ist zu bedenken, dass der Sozialpädagoge im Heim mit den alltäglichen Folgen des Schweigens konfrontiert wird und daher eine unerlässliche Ressource sein kann, um therapeutische Schritte zu erwägen und durchzuführen. Das kann die Chance eines stationären Aufenthalts werden, da ja oft in solchen Fällen die Zusammenarbeit mit der Familie nicht möglich ist.

Erziehungs- und sozialer Beistand: *Die Sozialarbeiterin oder der soziale Beistand* sind dann wichtig, wenn in der Familie die erzieherischen Möglichkeiten beeinträchtigt sind. Wie in den vorherigen Kapiteln gezeigt wurde, kann der Mutismus auf Unzulänglichkeiten und/oder Überforderungen in der Familie hinweisen. Diese erzieherische Stütze kann beispielsweise dafür sorgen, dass die Kontinuität der Therapie gewährleistet wird.

Schon Bettelheim (1974) zeigte, dass schwere kindliche Störungen durch Zerrissenheit und Unvereinbarkeit unterschiedlicher Personen und Welten des Kindes verursacht werden. Es soll hier ausdrücklich darauf verwiesen werden, dass es eine der wichtigsten Aufgaben bei einer kurzfristigen, aber ganz besonders bei längerfristiger Betreuung eines (selektiv) mutistischen Kindes ist, die Zusammenarbeit der Fachleute über die gesamte Dauer der Betreuung abzustimmen. Meinungsverschiedenheiten sollen „good enough" (Winnicott 2002) geklärt und zu einem Konsens für alle Beteiligten gebracht werden. Manche destruktiven Lebensverhältnisse der uns anvertrauten Kinder potenzieren Uneinigkeiten und Unstimmigkeiten auch zwischen Fachleuten und lassen keine Eintracht zu, weil oft keine eindeutigen Entscheidungen möglich sind. Ein Wissen darum kann ein Aushalten einer uneindeutigen Situation ermöglichen, ohne gegenseitige Entwertungen und Ausspielen. Anderenfalls kann eine unabgestimmte Situation über längere Zeit schädlich und destruktiv werden, besonders dann, wenn Versetzungen, Abbrüche und sonstige Entscheidungen getroffen werden müssen. Die Leidtragenden sind dann die betroffenen Kinder.

Es ist mir völlig bewusst, dass es, angesichts misstrauischer Eltern, mancher sich aufspielender Ärzte und Behörden, genervter Lehrkräfte, idealistisch-schöngeistig oder aber technokratisch denkender Psychologen und Psychotherapeuten und naiver Logopädinnen (um den häufig vorgebrachten Klischee-Bildern und Vorurteilen, die manchmal ein Kernchen Wahrheit haben können, zu entsprechen) sehr schwer fällt, zusammen zu arbeiten. Das ist eine der Schwierigkeiten in der Arbeit mit diesen Kindern, der man sich bewusst sein muss, wenn man sich therapeutisch auf ein solches Kind einlässt. Daher soll hier nochmals auf ein Case Management und/oder supervisorische Begleitung verwiesen werden.

Teil VII

Fallbericht

Lui, die Klasse und ich
Der gemeinsame Weg aus dem Schweigen

Von Ruth Marosi

Behalte deine eigene Identität!
Nütze deine eigene, in dir wohnende Kraft!
Lass dich durch deine große Liebe zu den Kindern beflügeln!

Gerade hatte ich mich erfolgreich mit den vielen Neuerungs- und Umstellungsmaßnahmen im Schulsystem der Schweiz auseinandergesetzt, die meine Freude am Unterrichten wieder einmal zu dämpfen gedroht hatten. So gestärkt machte ich mich auf den Weg zu einem Elternabend. Es war ein Abend zur Einschulung der Erstklässler. Beim Beobachten der vielen neuen Gesichter fiel mein Blick auf eine besorgt wirkende Mutter, die sich mit der Schulärztin unterhielt. Im Vorbeigehen hörte ich diese Worte:

„Wie wird das in der ersten Klasse wohl funktionieren? Mein Sohn spricht nur im aller engsten Familienkreis. Im Kindergarten hat er während der zwei Jahre kein einziges Wort gesprochen. Kann er ganz normal eingeschult werden?"

Ohne lange zu überlegen trat ich hinzu, entschuldigte mich für die Einmischung und sagte: „Dieses Kind interessiert mich. Ich hätte große Freude, wenn es meiner zukünftigen ersten Klasse zugeteilt würde."
    Dies war die erste, indirekte Begegnung mit meinem neuen Erstklässler Lui, der mein Leben in den folgenden drei Jahren durch seine Art und durch die gemeinsamen Erlebnisse sehr bereicherte.

Die erste Schulwoche

Bunter hätte die mir anvertraute Kinderschar nicht sein können. Lui saß ganz still und ernst an seinem Platz. Er zeigte keine Regung. Trotzdem gehörte er ganz eindeutig dazu. Er hatte eine unheimlich rasche Auffassungsgabe und orientierte sich ganz selbstständig im Klassenzimmer. Die ersten Tage „passierte" nicht viel. Ich merkte aber ziemlich schnell, dass es viel schwieriger sein würde, Lui zum Sprechen zu bringen, als ich mir anfänglich vorgestellt hatte.
    Mein erstes Ziel war es, das Vertrauen aller Kinder zu gewinnen und

ihnen zu zeigen, dass ich gerne mit ihnen arbeite. Wie immer am Anfang, habe ich viel Zeit aufgewendet, um ein gutes, offenes und humorvolles Klima in der Klasse aufzubauen. Das Klassenzimmer erklärte ich zum absolut geschützten Raum, ohne Lärm, ohne Streit, ohne Herumrennen usw. So dachte ich, hat auch Lui die besten Voraussetzungen, sich immer mehr zuzutrauen.

Es dauerte nicht lange, da stellten die Kinder die Frage: „Warum spricht Lui nicht? Wir haben ihn etwas gefragt, und er gab uns keine Antwort." Das war für mich der Auslöser, Luis Problem konsequent in Angriff zu nehmen. Ich erklärte der Klasse, dass es Kinder gibt, die nicht gut sehen oder hören, die nicht schnell rennen können, die falsch singen – oder eben, die nicht überall sprechen.

„Wollt ihr mir dabei helfen, dass Lui eines Tages in der Schule sprechen kann?" Die Klasse war begeistert von unserer gemeinsamen Aufgabe. Die Kinder schützten Lui auf dem Pausenplatz vor unangemessenen Bemerkungen, und sie waren auch sofort zur Stelle, wenn jemand Lui etwas fragen wollte. Sehr zuverlässig dienten sie als Sprachrohr. Für mich begann nun eine schwierige Zeit. Ich hatte noch keine konkrete Vorstellung davon, wie ich Lui aus seiner hartnäckigen Blockade befreien konnte. Das Ganze war für mich wie eine Rechnung mit lauter Unbekannten.

Da geschah etwas Wunderbares

Eines Tages kam ich nach der Pause ins Klassenzimmer. Es war ganz still. Die Klasse saß andächtig im Halbkreis, Lui stand bewegungslos auf meinem Pult. Er hatte die über meinem Pult befestigte Leinwand heruntergelassen.

„Pssst, nicht stören, Lui zeigt uns einen Film!" So wurde ich von meiner Klasse im Zimmer empfangen. Ich setzte mich zu ihnen in den Halbkreis und schaute mir den „Film" von Lui an.

Der Film war wirklich sehr „speziell". Es geschah nämlich gar nichts! Die leere Leinwand hing von der Decke herunter, und Lui stand still daneben. Das Faszinierende an dieser Situation war, dass Lui zum ersten Mal durch eigene „Initiative" mit der Klasse zu kommunizieren versuchte. Nach einer Weile klatschte ich und bedankte mich für die ungewöhnliche Vorführung. Ich war tief gerührt. Plötzlich spürte ich, dass sich mir soeben ein wunderbarer Weg offenbart hatte. Lange dachte ich über dieses Schlüsselerlebnis nach. Was konnte ich daraus lernen? Was war der Sinn seiner Handlung? Mir wurde plötzlich klar: Sprechen lernen ist eines, ein Kind mit selektivem Mutismus auf irgendeine Art und Weise aus seiner Isolation herauszuführen, ist das andere. Ich sah eine reiche Palette von Möglichkeiten vor mir.

Neue Möglichkeiten

Wie kann Lui aktiv werden, ohne zu sprechen? Ich begann intensiv über die Beantwortung dieser Frage nachzudenken. Aufgrund eines Schulversuchs suchte ich einen Weg, wie man die musikalische Grundausbildung ohne zusätzlichen Zeitaufwand im ganz normalen Schulunterricht integrieren kann. Daher spielte die Musik in meinem Unterricht schon seit langer Zeit eine große Rolle. Dieser Umstand kam der Arbeit mit Lui sehr entgegen.

Es kam der Tag, an dem jedes Kind ein kleines Glockenspiel mit acht Tönen bekam. Ich ermunterte jedes Kind, eine kleine Melodie zu improvisieren, ganz nach Lust und Laune. Lui weigerte sich hartnäckig, mit seinem Schlägel auch nur die kleinste Bewegung auszuführen. Ich war entsetzt. Dass seine Blockade so tief ging, konnte ich mir nur sehr schwer vorstellen. „Wir versuchen es nach dem Unterricht noch einmal", sagte ich zu ihm. Ich spürte, dass eine ganz wichtige Entscheidung bevorstand! Sollte ich Lui ganz fein, aber hartnäckig zwingen, einen Ton zu erzeugen oder sollte ich den Weg des geduldigen Wartens einschlagen? Ich wählte den ersten Weg.

Lieb, aber sehr bestimmt und überzeugend erklärte ich Lui:

„Sprechen musst du noch nicht, ich habe Geduld. Einen Ton anschlagen, das kannst du aber, da ich bin ganz sicher. Ich weiß auch, dass du gerne spielen möchtest. Also denke bitte nicht lange nach, sondern spiele jetzt einen einzigen Ton."

Nachdem ich mich schließlich umdrehte und auf meinem Glockenspiel ein paar Töne spielte, hörte ich von Lui einen Ton. Wir waren beide sehr glücklich, und ich lobte ihn sehr dafür. Dieser Ton war der Ausgangspunkt weiterer Aktivitäten in der folgenden Zeit. Mit viel Freude begann Lui, ganze Melodien zu spielen. Nach sehr hartnäckigem Zögern spielte er verschiedene Rhythmen auf einer Trommel. Sogar im Turnunterricht machte er Fortschritte. Kraftvoll und zielgerichtet warf er den Ball am Ende des Schuljahres einem anderen Kind zu. Ich merkte, dass Lui an dieser Taktik des Fortschritts große Freude hatte. Klar und in ganz kleinen Schritten, bestimmt, aber nie befehlend, wollte er weitergeführt werden. Dies alles war natürlich nur möglich, weil die Klasse wirklich vorbildlich am Geschehen teilnahm. Bei keiner Aktivität wurde Lui ausgelassen. Er war immer integriert. Brachten die Kinder z. B. ein Bild mit in die Schule, um darüber zu erzählen, zeigte Lui sein Bild einfach in der Klasse herum. In einem Theater, welches die Kinder mehr oder weniger selber organisierten, war Lui der Schlosswächter. Mit einem riesigen Schlüsselbund ging er vor dem Schloss auf und ab und öffnete oder schloss hier und da eine Tür. Er hatte Spaß daran. Weitere Fortschritte waren:

- Lui schrieb kurze Antworten an die Tafel.
- Die Mathematikergebnisse schrieb er mit den Fingern in die Luft.
- Nicken und Kopfschütteln wurden zu einem wichtigen Teil der Kommunikation.
- Auf dem Pausenplatz verließ Lui seine bisherige Zuschauerrolle durch Mitspielen.
- Es wurde zu seinem Lieblingsspiel, sich bei mir anzuschleichen und mir etwas aus meiner Jackentasche zu „klauen".
- Bei der Begrüßung schaute er mir richtig offen in die Augen.

Luis Atem

Langsam ging die erste Klasse zu Ende. Noch nie hatten wir die Stimme von Lui gehört. Aufgeregt kam eines Tages ein Schüler ins Zimmer. „Jetzt weiß ich, wie sich Luis Stimme anhört, er musste husten."

Ein ganz großes Ereignis stand uns noch bevor: Großen Widerstand galt es zu überwinden, bis Lui auf seiner Sopranflöte einen Ton spielte. „Das ist ja schon fast wie sprechen", bemerkte ein Mädchen. „Jetzt ist Luis Luft bei uns im Zimmer." Um Luis Atem auch physisch zu spüren, durften die Kinder ihre Hand unten an seine Flöte halten. Lui wurde ein sehr guter Flötenspieler. Er liebte es sehr, mit der Klasse zu musizieren.

Der Kontakt zu Luis Eltern

Der Kontakt zu Luis Eltern war von Anfang an sehr offen und ehrlich. Meine wichtigsten Vorhaben teilte ich den Eltern immer mit. Sehr interessiert erlebten sie die kleinen Fortschritte von Lui mit. Sein Verhalten zu Hause war unterschiedlich. Er verhielt sich sehr ausfällig gegenüber seinen beiden kleineren Geschwistern. Verbal holte er zu Hause alles nach, was er im Schulalltag nicht umsetzen konnte. Oft spielte er auch „Schüler und Lehrer" mit seinen Geschwistern. Er war der Lehrer.

Die Mutter berichtete mir, dass Lui regelmäßig mit einer Therapeutin arbeitete. Etwa nach dem ersten Halbjahr der ersten Klasse nahm ich Kontakt zu ihr auf. Ich erzählte ihr, wie ich mit Lui arbeitete und welche Fortschritte er bereits machte. Ich sagte ihr, dass ich mir ein weiteres Vorgehen ohne jeglichen Druck nicht vorstellen kann. Sie hatte volles Vertrauen in mich und unterstützte ein gezieltes Vorgehen. Dass keine weiteren Gespräche mit dieser Therapeutin stattfanden, lag daran, dass sie sehr oft im Ausland war und nur tageweise in der Schweiz arbeitete.

Zweite Klasse

Fünf Wochen Ferien! Ich befürchtete ein wenig, Lui könnte sich in dieser Zeit wieder in sein Schneckenhaus verkriechen. Darum schickte ich ihm aus meinen Ferien eine Karte. Ich lobte seine Fortschritte in der ersten Klasse und schrieb ihm, dass ich mich sehr freue, mit ihm zusammen in der zweiten Klasse unserem Ziel noch näher zu kommen.

Nach den Sommerferien überraschte mich Lui mit einer unglaublichen Aktivität. Auf seine Art fing er an, die anderen Kinder zu necken. Ganz deutlich zeigte er, dass er mehr Kontakt wollte. Nach und nach wurde er von anderen Kindern eingeladen. Ganze Nachmittage waren sie mit ihm zusammen, ohne ein Wort zu sprechen.

Ganz plötzlich aber legte er ein völlig anderes Benehmen an den Tag. Er schrieb sehr unsorgfältig, warf Kleider herum, schlich sich während des Unterrichts zu meinem Pult, schnappte sich etwas und versteckte es. Ohne Hemmungen öffnete er meine Pultschubladen und wurde dort aktiv. Dabei schaute er mich immer sehr herausfordernd an. „Was soll das bedeuten?", fragte ich mich. Plötzlich hatte ich eine Idee. „Lui, möchtest du etwa, dass ich mit dir schimpfe, wie manchmal mit den anderen Kindern?" Glückstrahlend nickte er mit dem Kopf. Ich war begeistert, wie geschickt er um etwas kämpfte, was ich offensichtlich falsch eingeschätzt hatte. Mit großer Befriedigung hörte er zu, wenn ich mit strenger Stimme verkündete, dass mich sein Getue nervt. Mit der Zeit fand diese Phase ein Ende. Jetzt war Lui für eine größere Aktion bereit. Ich empfand es so.

Luis Stimme findet den Weg in unser Klassenzimmer

„Lui, wir sind alle so neugierig, wie sich deine Stimme anhört. Bitte sprich doch zu Hause etwas auf Band und bringe uns dann so deine Stimme mit ins Klassenzimmer." Sehr zögernd war er mit diesem Wunsch der Klassenkameraden einverstanden. Schon nach ein paar Tagen überreichte er mir scheu, aber stolz eine Kassette.

Jetzt kam ein großer, goldener Moment. Andächtig saß die ganz Klasse vor dem Tonband. Es war totenstill. Leise, aber ganz klar, hörten wir zum ersten Mal die Stimme von Lui. Einen einzigen kurzen Satz hat er auf Band gesprochen. Wir klatschten und lobten ihn für seinen Mut. Damit war ein wichtiger Punkt erreicht. Er hörte seine eigene Stimme in unserem Klassenzimmer. Sofort vereinbarten wir eine neue Aktion. Eine ganze, kleine Geschichte auf Band zu sprechen, war das nächste Ziel.

Trotz dieser wunderschönen Fortschritte war mir bewusst, dass noch ein langer Weg bevorstand. Lui blieb im Unterricht hartnäckig stumm, noch immer presste er seine Lippen fest zusammen.

Es war mir nicht durchgängig möglich, in dieser Intensität mit Lui zu arbeiten. Viele andere Kinder in meiner Klasse hatten auch Probleme, mit denen ich mich beschäftigen musste. Hier und da spürte ich bei einigen wenigen Kindern einen Hauch von Eifersucht. Sehr wachsam begegnete ich diesen Zeichen. Zum Glück merkten die Kinder, dass in meinem Herzen genug Platz für alle war.

Wir bleiben am Ball

Langsam musste sich Lui daran gewöhnen, seine Stimme „live" im Klassenzimmer zu hören. Im Abstand von ca. drei Wochen machte Luis Mutter in der leeren Klasse Tonbandaufnahmen. Die Klasse durfte natürlich während der Aufnahmen nicht im Zimmer sein. Ich besprach mit Lui ganz genau, wo die Klasse jeweils stehen durfte.

 Erste Aufnahme im Klassenzimmer: Die Klasse stand vor dem geschlossenen Klassenzimmerfenster auf dem Pausenplatz. Nach beendeter Aufnahme winkte uns Lui hinein. Wir durften das aufgenommene Gedicht hören.
 Zweite Aufnahme im Klassenzimmer: Wieder stand die Klasse vor dem Klassenzimmerfenster auf dem Pausenplatz. Diesmal aber war das Fenster ein wenig geöffnet. Ganz fein hörten wir ein leises „Gebrumme" aus dem Zimmer.
 Dritte Aufnahme im Klassenzimmer: Die Klasse durfte nun vor der geschlossenen Klassenzimmertür stehen. Dieses Mal sprach Lui einen kleinen Text für den „Elternbesuchstag" auf Band. Zum ersten Mal hörten dann auch die anderen Eltern Luis Stimme.

Luis Stimme bekommt eine „Tarnkleidung"

Getarnt durch 22 andere Kinderstimmen sang Lui nach und nach ganz leise bei unseren Liedern mit. Auf diese Weise konnte seine Stimme tönen, ohne dass wir sie hörten. Parallel dazu wurde er allgemein viel offener. Er schrieb jetzt sehr schöne Geschichten, malte sehr farbenfroh und musizierte schon ganz frei vor der Klasse. Sprechen aber wollte Lui noch nicht, auch nicht in einem „Tarnkleid". Wie ging es weiter? Meine Experimentierfreude stand in voller Blüte. Wir kreierten zusammen ein Spiel. Reihum stand ein anderes Kind vor der Klasse, formulierte mit den Lippen ein Wort, immer wieder aus einer anderen Begriffsgruppe, z. B. eine Frucht, ein See, eine Stadt, eine Automarke. Die anderen Kinder versuchten, das Wort von den Lippen abzulesen. Sehr zaghaft ließ sich Lui auf dieses Spiel ein. Wir spielten es eine Weile täglich ein paar Minuten.

Er hatte damit eine neue Möglichkeit gefunden, sich beim mündlichen Unterricht zu integrieren. Mit immer deutlicheren Mundbewegungen las er stumm seine Sätze und formte die Mathematikergebnisse. Er hatte es aber gar nicht gern, wenn ihn die anderen dabei anstarrten.

Dies brachte mich auf eine weitere Idee: Alle Kinder durften sich irgendwo im Klassenzimmer verstecken. Luis Platz war unter meinem Pult. Niemand sah ihn. Die Abmachung war:

Getarnt durch das allgemeine Stimmengewirr sagt jedes Kind rhythmisch und lustig folgenden Satz: „Schubs, dubi, schrumm schrumm, Achtung, Achtung, so ein Quatsch!" Durch Kopfnicken bestätigte Lui, dass er wirklich laut mitgesprochen hatte.

Dritte Klasse

Zum ersten Mal schrieb Lui aus den Ferien eine Karte. Das freute mich sehr. Ich antwortete ihm, dass ich für ihn während der Ferien ein lustiges Sprechprogramm ausarbeiten werde. Nach den Ferien erfuhr ich von Luis Vater, dass er jetzt wirklich sprechen möchte, dass es aber einfach nicht geht. Die vielen intensiven Gespräche, welche die Eltern mit Lui führten, waren für mein Vorhaben sehr hilfreich. Lui war nun in einem Stadium, wo seine Bereitschaft für den letzten Schritt so richtig zu kochen begann.

„L-Plus"

Mit Unterstützung von „L-Plus" gelang es, Lui zum Sprechen zu bringen. „L-Plus" war ein drolliges Kerlchen mit einem übergroßen runden Körper, vier dünnen, wackeligen Beinchen und einem verschmitzten Gesicht. Ich bastelte diesen neuen Freund, damit Lui nicht zu uns sprechen musste, sondern zu einer neuen Figur, der er bisher nicht schweigend gegenübergetreten war. Den Namen „L-Plus" kreierten meine Kinder. Er bedeutet: Von jetzt an wird Lui immer mehr und mehr sprechen.

Jeden Morgen vor Unterrichtsbeginn versammelte sich die ganze Klasse um eine runde Decke. In der Mitte stand „L-Plus". Meine Idee war: Durch das rasche Sprechen desselben Wortes, immer durch ein anderes Kind, aber möglichst in der gleichen Lautstärke bzw. Stimmfärbung, sollte ein kreisförmig, strudelartiges Phänomen erzeugt werden, das Luis Stimme förmlich in seinen Ablauf einsaugt.

Dabei hatten wir alle die Augen geschlossen. Lui saß zwische den sprechenden Kindern im Kreis. Als erste sprach ich zu „L-Plus": „Hoi!" Ein Kind nach dem anderen sprach „Hoi". Etwa die Hälfte der Kinder hatte den „L-Plus" schon begrüßt, als Lui an der Reihe war. Sein „Hoi!" unterschied sich überhaupt nicht von den anderen. Das war ein unglaublicher Moment. Mir kamen fast die Tränen. Wir alle freuten uns riesig. Das erste Wort war gesprochen!

Mit großer Ungeduld warteten die Kinder fortan jeden Morgen auf diese Nummer. Jeden Tag sprachen wir etwas anderes zu „L-Plus". Meine wohlüberlegte Devise war: Weniger ist mehr. Im Folgenden liste ich auf, was wir nach und nach sagten bzw. welche Art von Geräuschen wir machten:

- sich räuspern
- „Guggu!"
- kichern
- „Hallo!"
- schmatzen
- „Hallöleli!"
- „Oh!"
- „Hallo, hallo!"
- „Hoi zäme!"
- bis zehn zählen
- leise Rechnung – lautes Ergebnis („Zehn minus eins gleich neun.")
- „8 × 8 git 64, ich hau' der eini links und rächts." (Dies macht nur Sinn, wenn es im Dialekt gesprochen wird.)

Nach diesem „L-Plus"-Training war Lui so weit, dass er alle Rechnungen mit leiser Stimme sagte und auch kurze Texte aus dem Lesebuch vorlas. Er begann zu Hause regelmäßig von seinen Erlebnissen in der Schule zu erzählen. Nach und nach sprach Lui alles, was er „musste". Ganz scheu und zögernd formulierte er manchmal auch eigene, kurze Antworten.

Der absolute Höhepunkt

„Lui, jetzt muss noch etwas Großes passieren. Wir sind nur noch ein Vierteljahr zusammen. Könntest du dir vorstellen, einen Vortrag laut vor der Klasse zu halten?" Lui überlegte sich diese gewaltige Herausforderung. Kurz vor Ende der dritten Klasse überraschte er uns mit einem wirklich guten Beitrag über „Tiger". Laut und deutlich hielt er ihn vor der ganzen Klasse.

Nachtrag 1

Wie könnte man sich Luis selektiven Mutismus erklären? Welche außerschulischen Tatsachen sind wichtig? Durch die Eltern erfuhr ich, dass beide Eltern als Kinder scheu waren. Sie hatten gewisse Hemmungen, sich zu äußern und standen nicht gerne im Mittelpunkt.

Bei der Geburt hatte Lui die Nabelschnur um den Hals, wodurch er an Sauerstoffmangel litt. Lange Zeit schlief Lui schlecht, hatte Angstträume und schlafwandelte. Als Lui neun Monate alt war, zog die Familie für ca. dreieinhalb Jahre nach England. Mit drei Jahren besuchte er einen Kindergarten. Er sprach in dieser Zeit schweizerdeutsch. Ringsum wurde Englisch gesprochen. Wenn Lui stürzte, getraute er sich nicht zu weinen, er schluchzte alles in sich hinein. Er war immer sehr empfindsam und ängstlich. In seiner Freizeit ging er nie spontan nach draußen.

Nachtrag 2

Ich lud den neu gebackenen Viertklässler Lui zu einem Interview ein.

„Was fandest du am schwierigsten während der drei Schuljahre?"
„Das erste Wort sprechen." (Hoi.)

„Was hast du während der ersten drei Jahren nicht gerne gemacht?"
„Ich habe alles gerne gemacht."

„Was hast du am liebsten getan?"
„Am liebsten habe ich den Vortrag gehalten."

„Was würdest du anders machen, wenn du ein Lehrer wärest?"
„Ich würde nichts anders machen. Ich fand alles gut."

„Hattest du einmal Angst?"
„Nein".

„Mit welchem Kind hättest du am liebsten gesprochen?"
„Mit Leon." (Das war ein Mitschüler.)

„Was kannst du jetzt noch nicht gut? Wo musst du noch arbeiten an dir?"
„Spontan mit anderen Kindern sprechen, mit ihnen Meinungen austauschen."

Nachtrag 3

Welches waren die wichtigsten Wirkfaktoren? Diese Frage zu beantworten finde ich ganz schwierig. Während einer Arbeitssequenz fand ich jede kleinste Nuance von großer Wichtigkeit. Ein wesentlicher Faktor war, dass die ganze Klasse die Verantwortung mit der Lehrkraft geteilt hat. So war es leichter, sich zu motivieren und Erfolg zu haben. Das Vorwärtsgehen in kleinsten Schritten, nie befehlend, aber sehr bestimmt und klar, hat sich auch sehr positiv ausgewirkt. Unerlässlich ist in meinen Augen auch, dass das mutistische Kind die vorgeschlagenen Schritte wirklich ausführen wollte. Diese wurden mit dem Kind im Vorfeld genau besprochen, und das verdiente Lob fehlte nicht. Von großer Bedeutung, aber nicht einfach, war auch, den eigenen Ehrgeiz völlig auszuschalten. Außerdem haben Phantasie, Einfühlungsvermögen, Geduld, Humor und Eigenständigkeit als wertvolle Antriebskräfte zum Gelingen dieses „Projektes" beigetragen.

Zusammenfassung der Fallbeispiele

Alle Namen der Kinder sowie identifizierende Angaben wurden geändert. Nur die Kinder, die als selektiv mutistisch diagnostiziert worden sind, werden in diesem Glossar berücksichtigt. Kinder mit anderen Sprachstörungen, wie Stottern oder Poltern ohne Sprechangst oder Mutismus, die im Buch beschrieben werden, werden nicht vorgestellt. Kinder aus Supervisionssitzungen, bei denen die Therapeutin im Vordergrund steht, werden ebenfalls nicht aufgeführt.

Ali stammt aus Ägypten. Im Kindergartenalter zog die angesehene Familie aus Ägypten in die Schweiz. Dort erlitt er, so erzählte er mir später, einen „Sprachschock". Niemand warnte ihn, dass er kein Wort verstehen würde und auch nicht verstanden wird.

Seitdem sprach er in jeglichen institutionalisierten Situationen kein Wort mehr, obwohl er sowohl das Schweizerdeutsche als auch Hochdeutsch perfekt und akzentfrei beherrschte und schriftlich sehr gute Leistungen erzielte. Bereits mit neun Jahren wurde er für eine Therapie angemeldet, die Eltern entschieden sich jedoch dagegen, was ich akzeptierte. Mit 13 Jahren kamen er und die Eltern erneut zu mir. Der Leidensdruck und die Bedrohung der Versetzung in die Oberstufe brachte die Familie zu diesem Entschluss. Von nun an besuchte er die Therapie regelmäßig. Nach ca. einem Jahr begann er, in der Schule zu sprechen.

Ali war charmant, sehr sprachgewandt, in Einzelsituationen ein angenehmer, kluger und verbindlicher Gesprächspartner, sozial beliebt, hatte hohe Ansprüche an sich und andere, kritische Urteile gegenüber Leistungen, gute schulische und technisch-künstlerische Begabungen. Diese ausgesprochenen Ressourcen halfen eindeutig bei der Überwindung seines langjährigen, hartnäckig andauernden und mit einer gewissen „Verbissenheit" verteidigten Mutismus in schulischen Situationen.

In der Therapie integrierte ich, neben einem konsequenten Plan zur Ausdehnung des sprechenden Verhaltens auf schulische Kontexte, gestalt- und körpertherapeutische Interventionen zur Auseinandersetzung mit den mutistischen Zuständen (die er als „Kloß im Hals" beschrieb und zeichnete), kreative Medien zur Verarbeitung seiner sozialen Ängste als Ausländer und damit fremdsprachiger Junge sowie den Aufbau des Transfers in Form des Einbezugs von Freunden, Schulkameraden und Lehrkräften.

Heute ist er in der Reisebranche tätig.

André wurde mit acht Jahren angemeldet und war zweieinhalb Jahre in Therapie. Er war der erste von drei Geschwistern, mit einem eher schweigsamen Vater und einer behütenden Mutter, einer ehemaligen Kinderpflegerin. Er war ein zurückgezogenes, hartnäckig-trotziges, feindselig dreinschauendes, schweigendes Kind. Von der Mutter wurde sein Verhalten zuhause als trotzig, gesprächig und dominant beschrieben.

Am Anfang der Therapie fiel ihm die Trennung von der Mutter schwer, es gelang mir jedoch, ihn durch ein Spiel mit einer Autostraße und einer attraktiven

Rolle als Fahrer eines imposanten Bulldozers (der einen Dieb jagt, der aus der Baustelle eine teure Baumaschine gestohlen hat) ins Therapiezimmer zu locken, während die Mutter draußen warten musste. Er schaffte es, mit mir das Autospiel fortzuführen und von mir initiierte Geräuschdialoge zu veranstalten, wenn auch mit sichtbaren Anstrengungen und wenig Blickkontakt. Sehr gerne und ausführlich entwickelte er im Sandkasten ein Symbolspiel. Es ging um ein einsames Pferd, das in einem umzäunten Gehege auf einem hohen, unwegsamen Berg war. Ich musste mir mit einem zweiten Pferd mühsam einen Weg suchen, was mir Zentimeter um Zentimeter gelang, nach Überwindung von vielen, von ihm mir in den Weg gelegten Hindernissen. Ich vermutete, dass er sicher plötzlich anfangen würde, irgendwo zu sprechen, dass er es jedoch niemandem sagen würde. Parallel zum Spiel und zu den „Unterstellungen" begann er in der anonymen Welt allmählich zu sprechen (nicht nach vorgegebenem Therapieplan), zuletzt in der Schule nach einem Klassenwechsel. Er sprach vor allem reaktiv – gab Antworten auf gestellte Fragen, initiierte seinerseits aber wenige Gespräche mit Fremden. Dabei blieb es. Bis zum Abschluss der Therapie sprach er mit mir als einzig Verbliebene kein Wort, was auch zwischen uns abgesprochen war.

Später konnte er eine Schreinerlehre absolvieren und sich beruflich gut eingliedern. Zurückgezogenheit und enge Verbundenheit mit der Familie blieb bestehen.

Daniel war acht Jahre alt und wurde wegen seiner fahrigen Art in der Schule und einer diagnostizierten Aufmerksamkeitsstörung zur Therapie angemeldet. Er wurde sehr verschlossen und wortkarg, zeigte kaum Sprechinitiative und Mimik, selten kommunikative Gesten sowie Blickkontakt beim Sprechen. In der Freizeit suchte er durch Gameboy-Spiele und Fernsehen Ablenkung, konnte sich kaum alleine beschäftigen, war zappelig und unruhig. Wenn mehrere Kinder anwesend waren, versuchte er stets durch „Spiele mit Grenzen" die Aufmerksamkeit von anwesenden erwachsenen Personen auf sich zu lenken.

In der Therapie entdeckte er den Sand als zunächst funktionales Spielmaterial, das ihm ermöglichte, zur Ruhe zu kommen und sich auf ein kontinuierliches Spiel einzulassen. Die neue Verfassung während des Spiels erlaubte es mir, durch ein Spiegeln und begleitendes Kommentieren seines bedächtigen Spiels eine kommunikative Beachtung bei ihm zu erzielen. Allmählich wirkte sich diese gewonnene Ruhe und kommunikative Einbindung, neben weiteren Interventionen (Bau eines „Safe Place", Kochen auf dem Puppenherd sowie Beratung der allein erziehenden Mutter), auf sein Gesamtverhalten aus. Er fing an, Wünsche und Gestaltungsmöglichkeiten zu äußern. Später erzählten wir „Märchen", die zunächst äußerst aggressiv waren, und schrieben sie in einem Märchenheft auf. Als er jedoch anfing, sich für andere Kinder, die zu mir kamen, zu interessieren und in den Märchen einen Freund „erfand", wechselte ich vom Einzelsetting zu einer Gruppentherapie.

Seine Aufmerksamkeit, sein soziales und sprachliches Verhalten innerhalb der Therapie und im schulischen Kontext sowie die schulischen Leistungen verbesserten sich bedeutend. Die Therapie dauerte eineinhalb Jahre.

Edgar war ein neunjähriger Junge, der durch das Schulamt bei einer jungen Kinder- und Jugendlichenpsychotherapeutin zur Therapie überwiesen wurde. Er war das einzige Kind eines älteren, eher schweigsamen Ehepaares. Der Vater war Computer-Fachmann, Flüchtling aus Osteuropa, die Mutter gelernte Kinderkrankenschwester. Die Therapeutin wollte den Jungen aus mangelnder eigener Erfahrung mit mutistischen Kindern zunächst zu mir überweisen. Ich schlug ihr vor, dass sie Edgar selbst in Therapie nehmen sollte und bot ihr bei Bedarf supervisorische Begleitung an. Die Zusammenarbeit erwies sich als sehr gelungen. Der kreativen, einfühlsamen und begabten Therapeutin gelang es, ihm durch Puppen-, Symbol- und Rollenspiele zunächst Lautmalereien zu entlocken. Durch die Übernahme von weiteren Rollen (Räuber, Polizisten, Zauberer) begann er zu sprechen, zunächst in der entsprechenden Rolle und mit verstellter Stimme, später im dyadischen Gespräch durch Aushandeln von Spielregeln und -abfolgen. Es wurde ihm ganz selbstverständlich unterstellt, dass das Sprechen in der nahen Zukunft in Alltagssituationen nun kein Problem sein würde und dass das Schweigen so gut wie überwunden sei. Edgar begann in der anonymen Umwelt mehr und mehr unauffälliges Sprechverhalten zu zeigen.

Eine kleine Krise zeigte sich während des Versuchs, das Schweigen in der Schule aufzubrechen. Ein Erziehungsurlaub der Lehrerin erwies sich als die Gelegenheit, die neue Lehrerin „hereinzulegen", indem sie gar nicht merken würde, dass mit Edgar „früher etwas Spezielles war". Offenbar war das Timing richtig und die Ersatzlehrerin geschickt genug und orientiert, um mitzuspielen und das frühere mutistische Verhalten vermeintlich ungeschehen werden zu lassen.

Ellen war bei der Anmeldung viereinhalb Jahre alt. Sie schien, laut elterlichen Berichten, eine starke Sprachentwicklungsverzögerung zu haben und verweigerte jegliche Sprache mit fremden Personen.

Ich habe mit ihr viele symbolische Spiele gespielt, bei denen ich den sprechenden Part der Puppen übernahm und viel Sprachinput gab. Laut Berichten der Mutter übernahm sie diese Inputs zu Hause, spielte die Szenen nach und übernahm die sprechenden Parts. Besonders effektiv schienen bei ihr die Spiel-, Bewegungs- und Fingerreime zu sein, bei denen sie mich sehr genau beobachtete. Die sorgsame Mutter spielte diese zu Hause nach. Als sie von einem Mal auf das andere anfing zu sprechen (laut Bericht der Mutter „wie ein Wasserfall"), als ob es nie anders gewesen war, zeigte sie viel symbolische Phantasie, Ausdauer, Scriptaufbau und kontinuierliche Spielthemen. Die lexikalischen Kompetenzen waren altersgemäß, die grammatischen wurden im Verlauf der Therapie weitgehend aufgeholt. Ihre multiple Dyslalie (Aussprachestörung), die sich dann zeigte, ging ich nicht direkt an, da mir das Verschwinden des Mutismus und die neu entdeckte Sprechfreude vordergründig erschienen. Am Schluss der Therapie blieben nur noch ein interdentaler Sigmatismus und eine Substitution des R-Lautes durch einen hinteren Ch-Laut übrig. Das Sprachverständnis war dadurch nicht beeinträchtigt. Die Therapiedauer betrug eineinhalb Jahre.

Heddy war bei der Anmeldung sechs Jahre alt. Sie hatte eine Sprachentwicklungsverzögerung, besuchte den Sprachheilkindergarten und wurde zunächst durch eine Logopädin betreut, die an ihrem Rhotazismus (fehlgebildeter R-Laut) und Sigmatismus (fehlgebildeter Zischlaut) arbeitete. Die Logopädin beschrieb die Arbeit als frustrierend, da keine Fortschritte zu vermerken waren, was sie als Hinweis auf eine kognitive Beeinträchtigung deutete, die die Kindergärtnerin bestätigte. Nach zwei Monaten im Kindergarten entwickelte Heddy eine Verweigerung gegenüber dem Besuch des Kindergartens, speziell gegenüber den logopädischen Einzelsitzungen. Daraufhin wurde sie bei mir angemeldet.

Bis zur Aufnahme der Therapie (drei Monate später) generalisierte sich die Verweigerung zu einem selektiven Mutismus gegen alle fremden, nicht zur engen Familie gehörenden Personen. Im Kindergarten wurde sie völlig stumm und zurückgezogen.

Zuerst wurde mittels einer Schäfchen-Handpuppe Bekanntschaft gemacht, rituell begrüßt und verabschiedet. Therapieziele und Bausteine wurden zuverlässig angekündigt. Nach einem geduldigen, ausführlich und rituell gestalteten Spiel im Puppenhaus ging es immer mehr um das Essen: kochen, schöpfen, Essen verteilen an Puppen im Puppenhaus, abräumen usw. Dabei fing sie zögernd, aber konstant an, auf Fragen, die das Essen betreffen, zu antworten. Das Gespräch über das Essen wurde von mir mehr und mehr ausgebaut, bis zu Absprachen über Menüs, Einkaufslisten, Kochvorgänge usw. Später wechselten wir vom Symbolspiel zum In-Vivo-Training, bei dem sie mit mir einkaufen ging, eine Freundin aus der (inzwischen besuchten) Schule zum Essen einlud usw. Sie blieb scheu, besuchte eine Schule für Lernbehinderte, konnte sich jedoch normal äußern. Mit den Eltern konnte nur wenig gearbeitet werden. Die Therapie dauerte zweieinhalb Jahre.

Eine Nachfrage nach mehr als zehn Jahren ergab, dass sie eine Lehre als Kellnerin in einem Warenhaus-Restaurant mit Erfolg absolviert hatte.

Igor, fünf Jahre alt, zeigte eine große Anhänglichkeit an seine Mutter, als er zur Therapie kam. Die Mutter war aus Osteuropa geflohen und mit einem Landsmann verheiratet. Durch schwierige Lebensumstände bekam sie erst spät ein Einzelkind, das sie gerne umsorgte. Die Eltern schienen sich sehr um Igor zu kümmern und waren stolz auf das eher brave, umgängliche und anmutige Kind.

Igor benutzte die Mutter als Referenzperson, um mit mir zu kommunizieren. Daher schien es mir zunächst noch sinnvoll zu sein, keine Trennungsmaßnahmen einzuführen, sondern das gemeinsame Spiel zu Dritt zu nutzen, um Igor eine Brücke zu mir zu bauen. Es gelang auch, durch einen sorgfältigen Aufbau des Blickdialogs, durch Geräuschdialoge und Puppenspiel, Igor allmählich dazu zu bringen, mich als „angesprochene Person" mit einzubeziehen. Eine Erweiterung der angesprochenen Personen konnte durch die Einladung von Spielkameraden erreicht werden. Einen wichtigen Anstoß gab die Erzieherin, mit der ich eng zusammenarbeiten konnte. Sie konnte Igor zum Vorsprechen bewegen, indem sie ihm an einem Elternfest in einem Singspiel eine „wichtige Rolle" erteilte. Nach dem Fest schien das mutistische Verhalten sich mehr und mehr aufzulösen. Zu sehr wurde es für ihn lohnend und interessant, als sprechendes Wesen Erfahrungen zu sammeln, nachdem der Weg dazu geebnet war. Erschwerend dabei war für alle Beteiligten, dass es allen nur schwer gelang, den Eltern Vertrauen in die Selbständigkeit von Igor zu vermitteln. Das behütende und ängstliche Verhalten der Eltern, aus ihrer Lebensgeschichte logisch und verständlich, war und blieb ein behindernder Faktor für die Weiterentwicklung von Igor. Er blieb ein ängstliches Kind, das sich vor Fremden zunächst zurückzog. Dennoch gelang es, ihn aus seinem mutistischen Verhalten zu befreien.

Kim, im Alter von zwei Jahren mit seinen Eltern aus China in die Schweiz ausgewandert, war siebeneinhalb Jahre alt, als er wegen großer Sprechscheu und tonischem Stottern, das ihn oft zum Verstummen brachte, zur Therapie angemeldet wurde. Er sprach besonders leise. Er war zweisprachig aufgewachsen, sehr höflich, angepasst, neigte zu Antriebsarmut und zeigte wenig Initiative.

Durch die therapeutischen Übungen zum Aufbau der nonverbalen Kommunikation, der Stimme und der Einführung einer Nonsense-Sprache im Rollenspiel (König – Diener, Katz-Bernstein 2003b) wurde er immer offener, sicherer und lebendiger. Durch eine Zwergpuppe provoziert, wagte er es allmählich, Wett- und „Raufkämpfe" (ausgestattet mit entsprechend eingeführten, schützenden Regeln) mit mir zu veranstalten. In einem von ihm initiierten Symbolspiel erfand er zunächst grausame (Folter-)Phantasiegeschichten, die er mir (rekonstruiert durch uns beide) diktierte und die ich in ein Märchenheft schrieb. Er konnte dann das jeweilige Heft mitnehmen und illustrierte das Geschriebene mit Comic-Bildern, die durch mich dann mit Sprechblasen versehen wurden. Er lernte, laut und deutlich Wünsche zu äußern, auch in der Schule. Sein Redefluss war stark verbessert, sein Verstummen verschwand. Er blieb zwei Jahre in therapeutischer Behandlung.

Leon, 14 Jahre alt, besuchte die siebte Klasse, als er vom Lehrer wegen seiner undeutlichen Sprache und einer ausgeprägten Neigung in der Schule zu schweigen, zur Therapie angemeldet wurde. Eine zu selektivem Mutismus neigende Sprechscheu und eine Polter-Stotter-Symptomatik wurden diagnostiziert. Der Vater von Leon arbeitete als Techniker am Flughafen, die Mutter war eine häusliche, warmherzige Frau aus Nordafrika.

Bei Leon wurden verschiedene Interventionen eingesetzt. Neben rhythmisch ausgeführten Sprechtechniken und Reihensatzübungen wurden Rollenspiele inszeniert, bei der der Pilot Leon W. seiner Crew Anweisungen und den Flugpassagieren per Lautsprecher Informationen über das Flugzeug, die Route und die Wetterverhältnisse gab.

Ein weiteres Projekt war der Plan eines Hauses und eines Hofes, für die zunächst viele Messungen gemacht wurden und später Informationen über Materialien wie Isolationsstoffe, Keramikböden und Parkett sowie sanitäre Einrichtungen einzuholen waren. Zum sozialen Transfer wurde Peter, sein Freund, zur Therapie eingeladen. Mit ihm wurden Projekte zur vermehrten Beteiligung im Unterricht und im Sport durchgeführt. Außerdem übernahmen sie zusammen die Organisation einer Klassenfahrt.

Marcella (zu Beginn der Therapie achteinhalb Jahre alt) und **Simona** (zu Beginn der Therapie sechs Jahre alt) sind zwei Schwestern, die mit fünf bzw. dreieinhalb Jahren mit ihrer Mutter aus einem Erdbebengebiet in Italien dem Vater in die Schweiz nachfolgten. Sie erlebten die Teilzerstörung des Dorfes mit und zeigten Anzeichen einer Traumatisierung (Erstarren, Zuhalten der Ohren bei lauten Geräuschen, scheues Rückzugsverhalten bei fremden Personen, selektiver Mutismus). Beim Übergang zur neuen Kultur zeigte sich ein völliges Verstummen in Anwesenheit von Erwachsenen dieses Kulturkreises. Im Kindergarten war Marcella von Anfang an völlig stumm, spielte meistens für sich, fügte sich bei Aktivitäten jedoch wortlos in die Kindergruppe ein, ohne einen Laut von sich zu geben, auch kein Husten, Niesen oder Schnäuzen. Simona schien lebhafter zu sein und kommunizierte nonverbal im Kindergarten. Sie sprach außerdem mit einzelnen Kindern außerhalb des Kindergartens, sobald ihre Schwester nicht in der Nähe war.

In der Therapie arbeitete ich zunächst mit beiden zusammen, da deutlich war, dass sie sich nur mit großem Aufwand trennen lassen würden. Natürlich war klar, dass das mutistische Verhalten gegenüber Fremden dadurch verstärkt wurde. Ich unternahm einen Aufbau von nonverbalen Gesten und stummen dialogischen „Gesprächen" durch eine Reihe von Übungen, spielte mit ihnen Verstecken, malte und las ihnen in einer Kuschelecke „bemutternde" Tiergeschichten („Pitschi") vor, die sie immer wieder hören wollten. Dann entschied ich, die beiden getrennt in Therapie zu nehmen, wodurch Simona sehr gute Fortschritte machte. Marcella hingegen fiel es schwerer, ihr Schweigen aufzugeben.

Während sich Simona zu einem offenen, plappernden Kind entwickelte, blieb Marcella eher scheu und schweigsam, konnte jedoch „bei Bedarf" sprechen.

Robin (neun Jahre alt) war ein äußerst scheues Kind als er zum ersten Mal zur Therapie kam. Er saß fast regungslos und „eingefroren" neben seinem Vater, einem Bauarbeiter, der selber einsilbig und distanziert meine Fragen beantwortete. Robin wurde schon früher von der Lehrerin der ersten Klasse zur Therapie angemeldet. Die Eltern fanden jedoch lange Zeit, dass die Maßnahme nicht notwendig sei. Die Mutter, eine asiatische, scheue Frau, beherrschte kaum die deutsche Sprache. Die Familie galt als zurückgezogen und wohnte mit zwei weiteren Kleinkindern in einem Arbeitervorort. Auch beim zweiten Mal, als der Vater ihn brachte und er alleine mit mir im Therapiezimmer blieb, brauchte es viel Geduld, um Augenkontakt und Geräuschdialoge zu evozieren. Bei ihm schien die Errichtung eines „Safe Place" die Wende gebracht zu haben. Nach einer Provokation durch eine Zauberer-Puppe, die in den Safe Place hineinstürmen wollte, ließ er sich in eine „Ballschlacht" mit Tischtennisbällen hineinziehen und zeigte von nun an über längere Zeit Eifer und Initiative durch das Hin-und-Herwerfen von Bällen und Kissen. Später spielte er „Ball über die Schnur" mit mir.

Sein Schweigen schien hartnäckig zu sein, es brauchte viel Geduld und die ausdauernde positive Unterstellung, um dann festzustellen, dass er vermehrt mit Freunden in der Pause sprach. Bei mir konnte er, durch ein Spiel mit einer Räuber-Puppe, eine piepsende, entstellte Stimme entwickeln, mit der er mit mir sprach. Dabei blieb es. Die Therapie dauerte ca. neun Monate. Da ich zu dieser Zeit wegzog und ein Wechsel der Therapeutin unumgänglich wurde, wurde die Therapie durch die Eltern, an die ich nicht herankam, abgebrochen.

Selina kam im Kindergartenalter aus Bayern in die Schweiz und erlebte im Kindergarten einen Sprachschock. Aus unterschiedlichen Gründen, vor allem, weil sie ein nonverbales Kommunikationssystem entwickelte und in der Schule auch ohne Sprache gut mitkam, kam sie erst mit zwölf Jahren zur Therapie. Es gelang ziemlich schnell, mit ihr einen schriftlichen Austausch in Form eines Märchenheftes zu entwickeln. Dort konnte sie ihrem Unvermögen zu Sprechen sowie weiteren Wünschen und Nöten Ausdruck verleihen.

Eingebunden in ein Geographiespiel fand ich die Gelegenheit, den „sanften Druck" der Unterstellung vorzunehmen, wodurch sie zu sprechen begann. Ein weiterer Transferschritt war die Arbeit mit dem Tonband in der Schule. Den Durchbruch in der Schule brachte jedoch ein Lehrerwechsel mit sich. Dank der aktiven Mitarbeit des neuen Lehrers fasste sie Vertrauen und fing an, mit ihm zu sprechen und zwar im Therapiezimmer bei einem Spiel zu Dritt! Ein weiteres, bemerkenswertes und typisches Phänomen für mutistische Kinder waren die polaren Rollen, die sie zuhause und gegenüber Fremden zeigte. Als sich die freche Seite von Selina auch mir gegenüber zeigte, wurden Gespräche und Reflexionen darüber möglich. Sie gewann dadurch viel Einsicht und Distanz zum eigenen Verhalten. Durch eine eingehende Beratung und das Engagement der Eltern gelang es, das tyrannische und freche Verhalten von Selina zu Hause zu verändern. Durch diese vielfältigen Maßnahmen, gepaart mit dem an sich offenen Wesen und den Begabungen von Selina, konnte innerhalb von eineinhalb Jahren ein völlig unauffälliges Verhalten erreicht werden.

Laut eines späteren Berichts der Mutter ereignete sich ein kleiner Rückfall bei einer mündlichen Prüfung, die sie beim Übergang zum Gymnasium ablegen musste. Diese konnte jedoch durch eine schriftliche Prüfung ersetzt werden.

Simon war zunächst ein scheues Kind, das sich jedoch sofort im Therapiezimmer zu beschäftigen wusste. Er mied jeglichen Blickkontakt, stieg aber auf alle Angebote (Flugzeuge basteln, malen, einen „Safe Place" bauen, kochen usw.) gut ein. Durch die gemeinsamen Tätigkeiten ergaben sich viele Situationen der Verständigungsnotwendigkeit. Sehr bald konnte er sich durch Nicken und Kopfschütteln verständigen. Ein zu Hause aufgenommenes Flötenspiel war Anlass, um einen weiteren Sprachanteil zu erreichen. Ein Widerstand zeigte sich in der direkten Ansprache im Therapiezimmer. Hier lag eine Barriere, die zunächst schwer zu überwinden schien.

Simon verlor seinen Vater bei einem Autounfall, als er viereinhalb Jahre alt war. Das war, laut Aussage der besorgten Mutter, der Anlass für Simon, sich ängstlich an die Mutter zu klammern und jegliche Sprache gegenüber Fremden einzustellen. Er sprach nur mit seiner älteren Schwester und der Mutter. Auch gegenüber der Großmutter und anderen Verwandten zeigte er ein mutistisches Verhalten und weigerte sich, von der Seite der Mutter zu weichen. Zwar legte sich dieses Verhalten gegenüber Verwandten und Nachbarn, übrig blieb jedoch der Kindergarten- und Schulmutismus. Zum Glück schaffte es Simon, gestützt durch die Bemühungen der Mutter, der Erzieherin und der Grundschullehrerin, sich für die Schule, für das Lesen, das Rechnen und die Aktivitäten zu öffnen und Neugier und Interesse an dem Schulstoff zu finden.

Simon war eines der Kinder, die lange Zeit außerhalb des Therapiezimmers Fortschritte machten und bei mir eine längere Zeit das Schweigen „deponierten". Erstaunlicherweise brachte ausgerechnet eine Therapieunterbrechung von drei Monaten die Wende. Als ich ihn zum Telefon bat, um ihm persönlich die Wiederaufnahme der Therapie anzukündigen, sagte ich beiläufig, dass es ja möglich sei, dass es nun keine große Sache mehr sei mit mir zu sprechen, er sei jetzt schließlich in der dritten Klasse und vielleicht hätte er auch anderes zu tun, als zu mir zu kommen. Er antwortete, für mich völlig überraschend mit „Stimmt!" und erwiderte mein „Adieu", mit dem wir das Gespräch schlossen. Es war nicht mehr schwer, ihn dann in ein normales Gespräch zu verwickeln. Die Therapie dauerte insgesamt zweieinhalb Jahre.

Thomas war acht Jahre alt, als er zu mir kam. Sein Vater war ein schweigsamer Automechaniker, seine Mutter Hausfrau. Er erstarrte fast völlig, wenn er von einer unbekannten Person angesprochen wurde. Durch bestimmte Spielhandlungen wurden ihm während der Therapie „beiläufig" Aufgaben erteilt, und die Erstarrung löste sich langsam. Mit Hilfe eines Nachbarkindes gelang schließlich das Sprechen.

Der Transfer in die Schule war schwierig. Die Lehrerin traute sich nicht, das Schweigen zu thematisieren. Da die Eltern es vorzogen, vorläufig nichts weiter zu unternehmen, wurde er mit partiellem Erfolg nach zwei Jahren aus der Therapie entlassen.

Vroni war viereinhalb Jahre alt, als sie wegen eines hartnäckigen Schweigens gegenüber fremden Personen angemeldet wurde. Ein Therapieversuch in einer pädaudiologischen Abteilung eines Kinderspitals scheiterte (Ende der 70er Jahre), im Nachhinein gesehen wegen mangelnder Ausbildung und Kenntnis der Störung bei den zuständigen Therapeuten. Der Vater sprach mit seinen beiden Mädchen oft in seiner Muttersprache, so dass sie zweisprachig aufwuchsen.

In der Therapie zeigte Vroni zunächst eine erstarrte, an die Mutter angeschmiegte und den Kopf versteckende Haltung, die eine jegliche Kontaktaufnahme zunächst unmöglich machte. Ich konnte erstmalig einen Zugang durch ein konsequentes und geduldiges Kommunizieren mit ihrem mitgebrachten Bären zu ihr bekommen. Später wurden von ihr in der für den Bären gebauten Hütte („Safe Place") Pflege- und Familienrituale sowie Situationen inszeniert, die ich zunächst sprachlich begleitete. In der Hütte begann sie in der Rolle einer sorgsamen, pflegenden Person, mit dem Bären zu sprechen und das Geschehen zu kommentieren. Dabei ahmte sie meinen Tonfall nach. Später stellte ich mich außerhalb der Hütte als versorgende Person zur Verfügung und erlangte dadurch Einlass ins Spiel. Sie ließ sich auf Aushandeln, Kommentare und Vorschläge ein. Es zeigten sich dabei eine multiple Dyslalie (Aussprachestörung), die das Sprachverständnis mit fremden Personen stark beeinträchtigte und eine Dyspraxie, die sich in Form einer verlangsamten, schwerfälligen Aussprache äußerte, Auffälligkeiten die Vroni, im Vergleich zur redegewandten, um zwei Jahre älteren Schwester sehr wohl wahrnahm.

Auf einer weiteren Interventionsebene wurden mit ihr durch eine neue, weitere Logopädin spielerische Übungen in Form von Reit-, Bewegungs- und Fingerspielen gemacht, die dazu dienten, ihrer Dyslalie entgegenzuwirken und die Sprechmotorik zu verbessern.

Literatur

Abarca, A. (2002): Überprüfung der vorsprachlichen und sprachlichen Kompetenzen bei Kindern im Vorschulalter aus sozial schwachem Milieu in ländlichen Gegenden in Ecuador, anhand eines Entwicklungprofils (Zollinger 1995). Diplomarbeit, Universität Dortmund

Adler, A. (1974): Menschenkenntnis. Fischer, Frankfurt a. M. (1. Aufl. 1947)

Aichinger, A. (1991): Psychodrama-Gruppentherapie mit Kindern. In: Petzold, H. G; Ramin, G. (Hrsg.): Schulen der Kinderpsychotherapie. 2. Aufl. Junfermann, Paderborn, 271–293

Ainsworth, M. D. S. (1985): Patterns of Infant-Mother Attachments: Antecedents and Effects On Development. Bulletin of the New York Academy of Medicine, 61 (9), 771–791

American Psychiatric Association (2013): Diagnostic and statistical manual of mental disorders. Fifth edition. American Psychiatric Publication Inc., Arlington

Andresen, H. (2002): Interaktion, Sprache und Spiel. Zur Funktion des Rollenspiels für die Sprachentwicklung im Vorschulalter. Gunter Narr, Tübingen

Andresen, H. (2005): Vom Sprechen zum Schreiben. Sprachentwicklung zwischen dem vierten und siebten Lebensjahr. Klett-Cotta, Stuttgart

Antonowsky, A. (1997): Salutogenese. Zur Entmystifizierung der Gesundheit. dtv, Tübingen

Bahr, R. (1996): Schweigende Kinder verstehen. Kommunikation und Bewältigung beim selektiven Mutismus. Schindele, Heidelberg

Bahr, R. (1998): (S)Elektiver Mutismus: Eine systemische Perspektive für Therapie und Beratung. In: Die Sprachheilarbeit 43, 28–36

Bahr, R. (2002): Wenn Kinder schweigen. Redehemmungen verstehen und behandeln. Ein Praxisbuch. Walter, Düsseldorf, Zürich

Bahrfeck-Wichitill, K.; Subellok, K. (2004): Hören, was Kinder (nicht) sagen. Einbezug lebensrelevanter Thematiken von Kindern in die Sprachtherapie. Die Sprachheilarbeit 49, 52–59

Bahrfeck-Wichitill, K. (2012a): Ein Ende ohne Abschied – Phillip inmitten systemischer Verstrickungen. In: Katz-Bernstein, N.; Meili-Schneebeli, E.; Wyler-Sidler, J. (Hrsg.): Mut zum Sprechen finden. Therapeutische Wege mit selektiv mutistischen Kindern. 2., aktual. Aufl. Ernst Reinhardt, München/Basel, 195–212

Bahrfeck-Wichitill, K. (2012b): Juliens Haus, mein Haus und der Raum dazwischen. In: Katz-Bernstein, N.; Meili-Schneebeli, E.; Wyler-Sidler, J. (Hrsg.): Mut zum Sprechen finden. Therapeutische Wege mit selektiv mutistischen Kindern. 2., aktual. Aufl. Ernst Reinhardt, München/Basel, 126–144

Bahrfeck-Wichitill, K.; Kresse, A.; Subellok, K. (2011): Gemeinsam Schweigsam: Selektiver Mutismus bei Zwillingen. Teil II: Therapie nach DortMuT. Die Sprachheilarbeit 56, 1, 2–9

Bandura, A. (1977): Self-efficacy. Towards a unifying theory of behavioural change. Psychological Review 84, 191–215

Bandura, A. (1983): Self-efficacy Determinants of Anticipated Fear and Calamities. Journal of Personality and Social Psychology 45, 464–469

Barlow, D. (1988): Anxiety and its Disorders. Guilford, New York

Barlow, D.; Wolfe, B. (1981): Behavioral Approaches to Anxiety Disorders. Journal of Consulting and Clinical Psychology 49, 448–454

Bar-Haim, Y.; Henkin, Y.; Ari-Even-Roth, D.; Tetin-Scneider, S.; Hildesheimer, M.; Muchnik, C. (2004): Reduced Auditory Efferent Activity in Childhood Selective Mutism. Biological Psychiatry 55, 1061–1068

Bennett, K.; Manassis, K.; Walter, S. D.; Cheung, A.; Wilansky-Traynor, P.; Diaz-Granados, N. et al. (2013): Cognitive behavioral therapy age effects in child and adolescent anxiety. An individual patient data metaanalysis. Depression and Anxiety 30, 9, 829–841

Bergmann, R. L.; Gonzalez, A.; Piacentini, J; Keller, M. L. (2013): Integrated behavior Therapy for Selective Mutism. A randomized controlled pilot study. Behaviour Research and Therapy 51, 9, 680–689

Bettelheim, B. (1974): Der Weg aus dem Labyrinth. dva, Stuttgart

Biesalski, P. (1973): Elektiver Mutismus. In: Biesalski, P.; Frank, F. (Hrsg.): Phoniatrie und Pädaudiologie. Thieme, Stuttgart, 319–320

Black, B.; Uhde, T. W. (1994): Treatment of Selective Mutism With Fluoxetine: a Double-Blind, Placebo Controlled Study. Journal of the American Academy of Child and Adolescent Psychiatry 33, 7, 1000–1006

Bozigar, J. A.; Hansen, R. A. (1984): Group Treatment for Electively Mute Children. Social Work 29, 478–480

Bozigar, J. A.; Hansen, R. A. (1999): Group Treatment for Elective Mute Children. In: Spasaro, S. A.; Schaefer, Ch. E. (Hrsg.): Refusal to Speak. Treatment of Selective Mutism in Children. Jason Aronson, Northvale, New Jersey, London, 209–218

Bradley, S.; Sloman, L. (1975): Elective Mutism in Immigrant Families. Journal of the American Academy of Child Psychiatry 14, 510–514

Brand, H. (2009): Mutismus – schweigende Kinder und Jugendliche im Gespräch. Erfahrungen mit Gruppe. Pabst, Lengerich

Branik, E. (2004): Zur Klinik, Therapie und psychosozialen Dimension der Aufmerksamkeitsdefizit- und Hyperaktivitätsstörung (ADHS). SAL-Bulletin 3, 1–16

Branik, E.; Meng, H. (2003): Zum Dilemma der medikamentösen Frühintervention bei präpsychotischen Zuständen in der Adoleszenz. Praxis der Kinderpsychologie und Kinderpsychiatrie 52, 751–765

Brazelton, T. B.; Cramer, B. C. (1989): The Earliest Relationship – Parents, Infants, and the Drama of Early Attachment. Addison-Wesley Publ., Reading

Bronfenbrenner, U. (1980): Die Ökologie der menschlichen Entwicklung. Klett, Stuttgart

Brown, B. J.; Lloyd, M. (1975): A Controlled Study of Children Not Speaking at School. Journal of the Association of Workers for Maladjusted Children 3, 49–63

Bruner, J. S. (1987): Wie das Kind sprechen lernt. Huber, Bern/Göttingen/Toronto

Bruner, J. S.; Laciavelli, J. (1989): Monologue as narrative recreation of the world. In: Nelson, K. (Hrsg.): Narrative from the crib. Harvard University Press, Cambridge, 73–97

Buchholz, M. B. (2006): Konversation, Erzählung, Metapher. Der Beitrag qualitativer Forschung zu einer relationalen Psychoanalyse. In: Altmeyer, M.; Thomä, H. (Hrsg.): Die Vernetzte Seele. Die intersubjektive Wende in der Psychoanalyse. Klett-Cotta, Stuttgart, 282–313

Bürki, D. (2000): Vom Symbol zur Rollenspiel. In: Zollinger, B. (Hrsg.): Kinder im Vorschulalter. Erkenntnisse, Beobachtungen und Ideen zur Welt der Drei- bis Siebenjährigen. 2. Aufl. Haupt, Bern, 11–48

Carbone, D.; Schmidt, L. A.; Cunnigham, C. C.; McHolm, A. E.; Edison, S.; St.Pierre J.; Boyle, M. H. (2010): Behavioral and Socio-emotional Functioning in Children with Selective Mutism: A Comparison with Anxious and Typically Developing Children Across Multiple Informants. Journal of Abnorm Child Psychology 38, 1057–1067
Castell, R.; Schmidt, M. H. (2003): Leitlinien der Deutschen Gesellschaft für Kinder- und Jugendpsychiatrie und Psychotherapie. Elektiver Mutismus (F94.0). In: http://www.uni-duesseldorf.de/WWW/AWMF/ll/028-023.htm, 28.6.2005
Chavira, D. A.; Shipon-Blum, E.; Hitchcock, C.; Cohan, S.; Stein M. B. (2007): Selective Mutism and Social Anxiety Disorder: All in the Family? American Academy of Child & Adolescent Psychiatry 46, 11, 1464–1472
Ciompi, L. (1994): Affektlogik. Über die Struktur der Psyche und ihre Entwicklung. Ein Beitrag zur Schizophrenieforschung. Klett-Cotta, Stuttgart
Cline, T.; Baldwin, S. (2004): Selective Mutism in Children. 2. Aufl. Whurr Publishers, London/Philadelphia
Cline, T.; Kysel, F. (1987): Children Who Refuse to Speak. Ethnic Background of Children With Special Educational Needs Described As Elective Mute. Children & Society 4, 327–334
Cohan, S. L.; Price, G. M.; Stein M. B (2006): Suffering in Silence: Why a Developmental Psychopathology Perspective on Selective Mutism is Needed. Journal of Developmental and Behavioral Pediatrics, 27, 341–355
Cornelißen-Weghake, C. (1999): Eltern-Kind-zentrierte und interaktive Beratung – ein Beratungskonzept für Eltern stotternder Kinder. Die Sprachheilarbeit 44, 263–273
Cunnigham, C. E.; McHolm, A.; Boyle, M. H.; Patel, S. (2004): Behavioral and Emotional Adjustment, Family Functioning, Academic Performance, and Social Relationship in Children with Selective Mutism. Journal of Child & Adolescent Psychiatry 8, 1363–1372
Cunningham, C. E.; McHolm, A. E.; Boyle, M. H. (2006): Social phobia, anxiety, oppositional behavior, social skills and self-concept in children with specific selective mutism, generalized mutism, and community controls. European Child & Adolescent Psychiatry 15, 245–255
Czogalik, D. (1990): Wirkfaktoren in der Einzelpsychotherapie. In: Tschuschke, V.; Czogalik, D. (Hrsg.): Was wirkt in der Psychotherapie? Zur Kontroverse um die Wirkfaktoren. Springer, Berlin, 7–20

Dahoun, Z. K. (1995): Les couleurs du silence. Le mutisme des enfants de migrants. Calmann-Levy, Paris
Damasio, R. D. (1999): Ich fühle, also bin ich. Die Entschlüsselung des Bewusstseins. List, München
Dobslaff, O. (2005): Mutismus in der Schule. Wissenschaftsverlag Spiess, Berlin
Dörner, K.; Egetmeyer, A.; Koenning, K. (1987): Freispruch der Familie. Wie Angehörige psychiatrischer Patienten sich in Gruppen von Not und Einsamkeit, von Schuld und Last freisprechen. Psychiatrie Verlag, Bonn

Dornes, M. (1993): Der kompetente Säugling. Fischer, Frankfurt a. M.

Dornes, M. (1997): Die frühe Kindheit. Entwicklungspsychologie der ersten Lebensjahre. Fischer, Frankfurt a. M.

Dornes, M. (2000): Das Gefühlleben des Kindes. Fischer, Frankfurt a. M.

Dow, S. P.; Sonies, B. C.; Scheib, D.; Moss, Sh. M.; Leonard, H. L. (1999): Practical Guidelines for the Assessment and Treatment of Selective Mutism. In: Spasaro, S. A.; Schaefer, Ch. E. (Hrsg), 19–44

Duncan, B. L.; Solovey, A. D.; Rust, G. S. (1992): Changing the Rules: A Client-Directed Approach to Therapy. Guilford, New York

Duss-von Werdt, J.; Welter-Enderlin, R. (1980): Der Familienmensch. Systemisches Denken und Handeln in der Therapie. Klett-Cotta, Stuttgart

Ehrsam, E.; Heese, G. (1954): Pädagogische Betrachtungen zum elektiven Mutismus (Teil 1). Zeitschrift für Kinderpsychiatrie 21, 12–18

Elizur, Y.; Perednik, R. (2003): Prevalence and Description of Selective Mutism in Immigrant and Native Families: a Controlled Study. Journal of the American Academy of Child and Adolescent Psychiatry 42 (12), 1451–1459

Elson, A.; Pearson, C.; Jones, C. D.; Schumacher, E. (1965): Follow-Up Study of Childhood Elective Mutism. Archive of General Psychiatry 13, 182–187

Erickson, M.; Rossi, H.; Ernest, L. (1981): Hypnotherapie. Aufbau – Beispiele – Forschungen. Pfeiffer, München

Erikson, E. H. (1976): Identität und Lebenszyklus. Suhrkamp, Frankfurt a. M.

Erikson, M. H. (1995): Tiefe Hypnose und ihre Induktion. In: E. L. Rossi (Hrsg.): Gesammelte Schriften von Milton H. Erickson. Bd. 1: Vom Wesen der Hypnose. Carl-Auer Systeme, Heidelberg, 204–244

Farreley, F.; Brandsma, J. N. (1986): Provokative Therapie. Springer, Berlin

Feinberg, T. E. (2002): Gehirn und Persönlichkeit. Wie das Erleben eines stabilen Selbst hervorgebracht wird. (VAK Verlag) Kirchzarten bei Freiburg

Fiedler, P. (2000): Integrative Psychotherapie bei Persönlichkeitsstörungen. Hogrefe, Göttingen

Fiedler, P. (2001): Persönlichkeitsstörungen. Beltz, Weinheim

Fonagy, P.; Target, M. (2001): Mit der Realität spielen. Zur Doppelgesichtigkeit psychischer Realität von Borderline Patienten. Psyche 55, 961–995

Franke, A. (2010): Modelle von Gesundheit und Krankheit. Huber, Hogrefe AG, Bern

Franke, U. (1996): Alexander der große Schweiger. Theraplay bei Mutismus. L.O.G.O.S. interdisziplinär 4, 1, 20–29

Frankl, V. (1986): Im Anfang war der Sinn. Piper, München

Fremmer-Bombig, E. (1995): Innere Arbeitsmodelle von Bindung. In: Spangler, G.; Zimmermann, P. (Hrsg.): Die Bindungstheorie. Grundlagen, Forschung und Anwendung. Klett-Cotta, Stuttgart, 109–120

Friedman, R.; Karagan, N. (1973): Characteristic and Management of Selective Mutism in Children. Psychology in the Schools 10, 249–252

Fritzsche, K.; Hartman, W. (2010): Einführung in die Ego-State-Therapie. Carl-Auer, Heidelberg

Fujiki, M.; Brinten, B.; Robinson, L. A.; Watson, V. J. (1997): The Ability of Children with Specific Language Impairment to Participate in a Group Decision Task. Journal of Children Communication Development 18, 2, 1–10

Fundudis, T.; Kolvin,I.; Garside, R. (1979): Speech Retarded and Deaf Children. Their Psychological Development. Academic Press, London

Funke, P.; Schlange, H.; Ulrich, I. (1978): Klinische Untersuchungen und Therapie bei Kindern mit selektivem Mutismus. Acta Paedopsychiatrica 43,47–55

Gäng, M. (2009) (Hrsg.): Reittherapie. 2. überarb. Aufl. Ernst Reinhardt, München/Basel

Garbani Ballnik, O. (2009): Schweigende Kinder. Formen des Mutismus in der pädagogischen und therapeutischen Praxis. Vandenhoeck & Rupprecht, Göttingen

Gehm, T. (1991): Emotionale Verhaltensregulation. Ein Versuch über eine einfache Form der Informationsverarbeitung in einer komplexen Umwelt. Psychologie Verlag Union, Weinheim

Goldwyn, D. H.; Weinstock, R. C. (1990): Phenelzine Treatment of Elective Mutism. Journal of Clinical Psychiatry 51, 384–385

Goll, K. (1979): Role Structure and Subculture in Families of Elective Mutists. Family Process 18, 55–68

Grawe, K.; Donati, R.; Bernauer, P. (1994): Psychotherapie im Wandel. Von der Konfession zur Profession. Hogrefe, Göttingen

Grayson, N.; Holmbeck, G. N.; Lavigne, J. V. (1999): Combining Self-Modelling and Stimulus Fading in the Treatment of an Alectively Mute Child. In: Spasaro, S. A.; Schaefer, Ch. E. (Hrsg.), 91–108

Greenwald, R. (2001): EMDR in der Psychotherapie mit Kindern und Jugendlichen. Junfermann, Paderborn

Grohnfeldt, M. (1996): Die Bedeutung der Lebenslaufforschung in der Sprachheilpädagogik. Grohnfeldt, M. (Hrsg.): Lebenslaufstudien und Sprachheilpädagogik. Modernes Lernen, Dortmund, 11–34

Grossmann, K. E. (2014): Theoretische und historische Perspektiven der Bindungsforschung. In: Ahnert, L. (Hrsg.): Frühe Bindung. Entstehung und Entwicklung. Ernst Reinhardt, München, 21–41

Haak, J.; Downer, J; Reeve, R. (2012): Home literacy exposure and early language and literacy skills in children who struggle with behavior and attention problems. Early Education & Development 25, 5, 728–747

Halpern, W. I.; Hammond, J.; Cohen, R. (1971): A Therapeutic Approach to Speech Phobia. Elective Mutism Re-Examined. Journal of the American Academy of Child Psychiatry 10, 94–107

Hammer, J.; Oerbeck, B. (2014): Selective mutism in Norge. Mutismus.de 6, 18–20

Hardmeier, S.; Katz-Bernstein, N. (1984): Elternarbeit mit Eltern stotternder Kinder – Modell einer Müttergesprächsgruppe. Vierteljahrsschrift für Heilpädagogik und ihre Nachbargebiete 53, 289–309

Hartmann, B. (1992): Zur Pathologie und Therapie des Mutismus. In: Grohnfeldt, M. (Hrsg.): Handbuch der Sprachtherapie, Bd. 5. Ed. Marhold, Berlin, 491–507

Hartmann, B. (1997): Mutismus – Zur Theorie und Kasuistik des totalen und elektivem Mutismus. 4. Aufl. Ed. Marhold, Berlin

Hartmann, B. (2002): Mutismus – Diagnostik und Evaluation im Spannungsfeld nosographischer Modifikationen. Die Sprachheilarbeit 5, 212–218

Hartmann, B. (2004): Mutismus in der Schule – ein unlösbares Problem? Vierteljahrsschrift für Heilpädagogik und ihre Nachbargebiete 73,1, 29–52

Hartmann, B. (Hrsg.) (2010): Gesichter des Schweigens. Die Systemische Mutismus-Therapie/SYMUT als Therapiealternative. Schulz-Kirchner, Idstein

Hartmann, B.; Lange, M. (2010): Mutismus im Kindes-, Jugend- und Erwachsenenalter. Für Angehörige, Betroffene sowie therapeutische und pädagogische Berufe. 5. Aufl. Schulz-Kirchner, Idstein

Hausendorf, H., Quasthoff, U. M. (1996): Sprachentwicklung und Interaktion. Eine linguistische Studie zum Erwerb der Diskursfähigkeit. Westdeutscher Verlag, Opladen

Hayden, T. L. (1980): Classification of Elective Mutism. Journal of the American Academy of Child and Adolescent Psychiatry 19, 118–133

Holodynski, M. (1999): Handlungsregulation und Emotionsdifferenzierung. In: Friedlmeier, W.; Holodynski, M. (Hrsg.): Emotionale Entwicklung – Funktion, Regulation und soziokultureller Kontext von Emotionen. Spektrum, Heidelberg/Berlin, 30–51

Jaeger, W.; Metzker, H. (1968): Mutismus bei eineiigen Zwillingen. Paedopsychiatrica 35, 59–70

Johnson, M.; Wintgens, A. (2006): The Selective Mutism Resource Manual. Speechmark Publishing, Oxon UK

Kaenel, P. (1995): Vom Umgang mit Gefährdungsmeldungen aus Sicht des kantonalen Jugendamtes. Zit. aus Vortrag, gehalten in Bern am 8.11.1995

Katz-Bernstein, N. (1989): Therapienotizen. Logopädisches Zentrum des Schulpsychologischen Dienstes Bülach. Unveröffentlichtes Manuskript

Katz-Bernstein, N. (1990): Phantasie, Symbolisierung und Imagination – „komplexes katatymes Erleben" als Methode in der Integrativen Therapie mit Vorschulkindern. In: Petzold, H.; Orth, I.(Hrsg.): Die neuen Kreativitätstherapien. Handbuch der Kunsttherapie, Bd. II. Junfermann, Paderborn, 883–931

Katz-Bernstein, N. (1991): Therapiebegleitende Elternarbeit in der Behandlung von stotternden Kindern: Einzelgespräche, Müttergruppen, Elternberatung. In: Grohnfeldt, M. (Hrsg.): Handbuch der Sprachtherapie, Bd. 5: Störungen der Redefähigkeit. Marhold, Spiess, Berlin, 378–398

Katz-Bernstein, N. (1995): Das Konzept des „Safe Place" – ein Beitrag zur Praxeologie Integrativer Kinderpsychotherapie. In: Metzmacher, B.; Petzold, H.; Zaepfel, H. (Hrsg.): Praxis der Integrativen Kindertherapie. Integrative Kindertherapie zwischen Theorie und Praxis. Bd. II. Junfermann, Paderborn, 111–141

Katz-Bernstein, N. (1998a): Die Bedeutung von Kommunikation und Sprache für die Sozialisationsprozesse im Vorschulalter. In: Zollinger, B. (Hrsg.): Kinder im Vorschulalter. Erkenntnisse, Beobachtungen und Ideen zur Welt der Drei- bis Siebenjährigen. Haupt, Bern, Stuttgart/Wien, 195–226

Katz-Bernstein, N. (1998b): Die Sprachentwicklung des Kindes eine Interaktion von Kognition und Emotion. In: Rapp, F. (Hrsg.): Globalisierung und kulturelle Identität. Schriftenreihe der Uni Dortmund Bd. 42. Projekt-Verlag, Dortmund, 1–24

Katz-Bernstein, N. (2000): Kinderzentrierte Psychotherapie und systemische Therapie – Paradox, Ergänzung oder Substitution? Beratung Aktuell, Zeitschrift für Theorie und Praxis der Beratung 2, 77–91

Katz-Bernstein, N. (2002): Gruppentherapie versus Einzeltherapie bei stotternden Kindern. In: Katz-Bernstein, N.; Subellok, K. (Hrsg.): Gruppenthera-

pie mit stotternden Kindern und Jugendlichen. Konzepte für die sprachtherapeutische Praxis. Ernst Reinhardt, München

Katz-Bernstein, N. (2003a): Therapie aus pädagogisch-psychologischer Sicht. In:
Grohnfeldt, M. (Hrsg.): Handbuch der Sprachtherapie/Logopädie. Bd. 4: Beratung, Therapie, Rehabilitation. Kohlhammer, Stuttgart, 66–90

Katz-Bernstein, N. (2003b): Aufbau der Sprach- und Kommunikationsfähigkeit
bei redeflussgestörten Kindern. Ein sprachtherapeutisches Übungskonzept. 8.
Aufl. Edition SZH, Luzern

Katz-Bernstein, N. (2004a): „Was hat Humor mit Sprachentwicklung zu tun?" Entwicklungspsychologische Betrachtungen der Doppeldeutigkeit im Hinblick auf
die sprachtherapeutische Praxis. In: Kunz, S.; Voglsinger, J. (Hrsg.): Humor, Phantasie und Raum in Pädagogik und Therapie. Modernes Leben, Dortmund, 207–228

Katz-Bernstein, N. (2004b): Innen-Außen und der Raum dazwischen. Kinderthe-
rapeutische Methoden zur Verbindung von innerer und äußerer Realität. In:
Metzmacher; Wetzorke (Hrsg.), 46–79

Katz-Bernstein, N. (2008): Beziehungsgestaltung in der Psychotherapie von Kindern und Jugendlichen. In: Hermer, M.; Röhrle, B. (Hrsg.): Handbuch der
therapeutischen Beziehung (Bd. 2), DGVT, Tübingen, 1551–1591

Katz-Bernstein, N. (2010a): Voraussetzungen für die Nutzung digitaler Medien
– entwicklungspsychologische und didaktische Überlegungen für Kinder mit
Förderbedarf im Bereich Sprache und Lernen. In: Eickelmann, B. (Hrsg.): Bildung und Schule auf dem Weg in die Wissensgesellschaft. Waxmann, Münster/
New York/München/Berlin, 99–114

Katz-Bernstein, N. (2010b): Psychotherapie im Spannungsfeld mit Schule und
Elternhaus – Vernetzte Kinder- und Jugendlichen-Psychotherapie. Was wird
gebraucht? Psychotherapie Forum 18, 67–73

Katz-Bernstein, N.; Meili-Schneebeli, E.; Wyler-Sidler, J. (Hrsg.) (2012): Mut
zum Sprechen finden. Therapeutische Wege mit selektiv mutistischen Kindern. 2. aktual. Aufl. Ernst Reinhardt, München/Basel

Katz-Bernstein, N.; Subellok, K. (Hrsg.) (2002): Gruppentherapie mit stotternden
Kindern und Jugendlichen. Konzepte für die sprachtherapeutische Praxis.
Ernst Reinhardt, München/Basel

Katz-Bernstein, N.; Subellok, K. (2009): Selektiver Mutismus bei Kindern: Ein Thema für die Sprachtherapie? Vierteljahresschrift für Heilpädagogik 78, 308–320

Katz-Bernstein, N.; Subellok, K.; Bahrfeck, K.; Plenzke, U.; Weid-Goldschmidt,
B. (2002): Die Dimension der doppelten Kommunikation in der Sprachtherapie. Die Sprachheilarbeit 6, 247–256

Katz-Bernstein, N.; Subellok, K.; Bahrfeck-Wichitill, K.; Kresse, A. (2011): DortMuT:
Dortmunder Mutismus-Therapie. Interaktion – Sprachhandlung – Vernetzung.

Katz-Bernstein, N.; Subellok, K.; Wagner, C. (2009): Leonardo – Schweigen zwischen Kulturen. Einzelfallorientierte Förderung eines selektiv mutistischen
Schülers. Mit Sprache 3, 5–23

Katz-Bernstein, N.; Zaepfel, H. (2004): Ali und sein Schweigen – aus der Gestalt-
Integrativen Arbeit in der Kinder- und Jugendlichenpsychotherapie. In: Hoch-
gerner, M.; Hoffmann-Widhalm, H.; Nausner, L.; Wildberger, E. (Hrsg.): Gestalttherapie. Lehrbuch der Gestaltpsychotherapie. Facultas, Wien, 369–390

Kearney, C. A. (2010): Helping Children with Selective Mutism and their Parents.
A Guide for School Based Professionals. University Press, Oxford

Klann-Delius, G. (2014): Die sprachliche Formatierung von Beziehungserfahrungen. In: Ahnert, L. (Hrsg.): Frühe Bindung. Entstehung und Entwicklung. Ernst Reinhardt, München, 162–174

Klein, M. (1962): Das Seelenleben des Kleinkindes. Klett, Stuttgart

Knud, G. (1979): Role Structures and Subcultures in Families or Elective Mutes. Familiy Process 18, 55–68

Kolvin, I.; Fundudis, T. (1981): Electively Mute Children. Psychological Development and Background Factors. Journal of Child Psychology and Psychiatry 22, 219–232

Kos-Robes, M. (1976): Psychotherapie mutistischer Kinder. In: Biermann, G. (Hrsg.): Handbuch der Kinderpsychotherapie. Bd. 3, Ernst Reinhardt, München/Basel, 437–441

Kracht, A.; Schümann, H. (1994): Kommunikationsprobleme zweisprachiger Kinder unter der Bedingungen der Immigration – ein Fall von „selektivem Mutismus"? Die Sprachheilarbeit 39, 280–287

Kramer, J. (2006): Vergleich des selektiven Mutismus mit dem frühkindlichen Autismus. L.O.G.O.S. interdisziplinär 14, 280–281

Krause, R. (1988): Eine Taxonomie der Affekte und ihre Anwendung auf das Verständnis von „frühen" Störungen. Psychotherapie und medizinische Psychologie, 38, 77–86

Kriebel, R. (1984): Sprechangst: Analyse und Behandlung einer verbalen Kommunikationsstörung. Kohlhammer, Mainz

Kriebel, R. (2001): Sprechangst. In: Grohnfeldt, M. (Hrsg.) Lehrbuch der Sprachheilpädagogik und Logopädie – Erscheinungsformen und Störungsbilder. Band 2. Kohlhammer, Stuttgart

Kristensen, H. (2000): Selective Mutism and Comorbidity With Developmental Disorder/Delay, Anxiety Disorder, and Elimination Disorder. Journal of the American Academy of Child & Adolescent Psychiatry 39, 249–256

Kristensen, H. ; Oerbeck, B. (2006): Is Selective Mutism Associated with Deficits in Memory Span or Visual Memory? An Exploratory Case-Control Study. Depression Anxiety 23, 71–76

Kristensen, H.; Oerbeck, B. (2013): Behandling av selektiv mutisme – en modell for tjenesteytelser. In: Kvale, G. (Ed.): Hvordan sikre angstpasienter kunnskapsbasert behandling? Universitetsforlaget, Oslo, 163–170

Kristensen, H.; Torgersen, S. (2001): MCMI-II Personality Traits and Symptoms Traits in Parents of Children with Selctive Mutism. A Case-Control Study. Journal of Abnormal Psychology, 110, 648–652

Kristkeitz, B. (2011): Die familiäre Belastung im Alltag mit mutistischen Kindern. Mutismus.de 5, 3–9

Kunze, S.; Konrad, V. (2002): Mutismus. Ein Beitrag zur Häufigkeit und Erscheinungsformen des Störungsbildes im Schulalter. Eine Befragung in zwei Städten in NRW. Hausarbeit im Rahmen der I. Staatsprüfung für das Lehramt für Sonderpädagogik. Universität Dortmund

Kurth, E.; Schweigert, K. (1972): Ursachen und Entwicklungsverlauf des Mutismus bei Kindern. Psychiatrie, Neurologie und medizinische Psychologie 24, 741–749

Lambert, M. J.; Bergin, A. E. (1994): The Effectiveness of Psychotherapy. In: Bergin, A. E.; Garfield, S. L. (Hrsg.): Handbook of Psychotherapy and Behavior Change. Wiley, New York.

Lange, Michael: www.mutismus.de
Lebrun, Y. (1990): Mutism. Whurr Publishers, London
Lempp, R. (1992): Vom Verlust der Fähigkeit, sich selbst zu betrachten. Eine entwicklungspsychologische Erklärung der Schizophrenie und des Autismus. Huber, Bern/Göttingen/Toronto
Lempp, R. (2003): Das Kind im Menschen. Klett-Cotta, Stuttgart
Lesser-Katz, M. (1986): Stranger Reaction and Elective Mutism in Young Children. American Journal of Orthopsychiatry 56, 3, 458–469
Lesser-Katz, M. (1988): The Treatment of Elective Mutism as a Stranger Reaction. Psychotherapy 25, 305–313
Leuner, H. (1986): Die Grundprinzipien des Katatymen Bilderleben (KB) und seine therapeutische Effizienz. In: Singer, J. L.; Pope, K. S. (Ed.): Imaginative Verfahren in der Psychotherapie. Junfermann, Paderborn, 149–194
Lowenstein, L. F. (1979): The Result of Twenty-one Elective Mute Cases. Acta Paedopsychiatrica 45, 17–23
Luchsinger, L.; Arnold, G. E. (1970): Handbuch der Stimm- und Sprachheilkunde. Bd. 2: Die Sprache und ihre Störungen. Springer, Wien, New York
Luthmann, S. G.; Kirschenbaum, M. (1977): Familiensysteme – Wachstum und Störungen. Einführung in die Familientherapie. Pfeiffer, München

MacCracken, M. (1987): Charlie, Eric und das ABC des Herzens. Scherz, Bern/München/Wien
MacGregor, R.; Pullar, A.; Cundall, D. (1994): Silent at School: Elective Mutism and Abuse. Archive of Diseases of Childhood 70, 540–541
Manassis, K.; Tannock, R.; Garland, E. J.; Minde, K.; McInnes, A.; Clark, S. (2007): The Sound of Silence: Language, Cognition, and Anxiety in Selective Mutism. American Academy of Child and Adolescent Psychiatry 46, 1187–1195
Manassis, K.; Tannock, R. (2008): Comparing Intervention for Selective Mutism. A Pilot Study. La Revue Canadienne de Psychiatrie 10, 700–703
Markowitsch, H. J.; Welzer, H. (2006): Das autobiographische Gedächtnis. Hirnorganische Grundlagen und biosoziale Entwicklung. Klett, Stuttgart
Maslin-Cole, C.; Spieker, S. J. (1990): Attachment as a Basis for Independent Motivation. In: Greenberg, M. T.; Cicchetti, D.; Cummings, E. M. (Hrsg.): Attachment in the Preschool years: Theory, Research and Intervention. University of Chicago Press, Chicago, 51–86
McInnes, A.; Fung, D.; Manassis, K.; Fiksenbaum, L.; Tannock, R. (2004): Narrative Skills in Children with Selective Mutism: An Exploratory Study. American Journal of Speech-Language Pathology 13, 304–315
Meijer, A. (1979): Elective Mutism in Children. Israel Annals of Psychiatry and Related Disciplines 17, 93–100
Meise, S. (2004): Spielend lernen. Psychologie heute, 5, 28–31
Mérö, L. (2002): Die Grenzen der Vernunft. Kognition, Intuition und komplexes Denken. Rowohlt, Reinbek
Metzmacher, B.; Petzold, H.; Zaepfel, H. (Hrsg.) (1995): Therapeutische Zugänge zu den Erfahrungswelten des Kindes. Integrative Kindertherapie in Theorie und Praxis. Bd. I. Junfermann, Paderborn
Metzmacher, B.; Petzold, H.; Zaepfel, (Hrsg.) (1996): Praxis der Integrativen Kindertherapie. Integrative Kindertherapie in Theorie und Praxis. Bd. II. Junfermann, Paderborn

Metzmacher, B.; Wetzorke, F. (Hrsg.) (2004): Entwicklungsprozesse und die Beteiligten. Perspektiven einer schulenübergreifenden Kinder- und Jugendlichen-Psychotherapie. Vandenhoeck & Ruprecht, Göttingen

Meyers, S. V. (1984): Elective Mutism in Children: a Family System Approach. The American Journal of Family Therapy 22, 4, 39–45

Meyers, S. V. (1999): Elective Mutism in Children. A Family System Approach. In: Spasaro, S. A.; Schaefer, Ch. E. (Hrsg.): Refusal to Speak. Treatment of Selective Mutism in Children. Jason Aronson, Northvale/New Jersey/London, 195–207

Miller, S. D.; Duncan, B. L.; Hubble, M. A. (2000): Jenseits von Babel. Wege zu einer gemeinsamen Sprache in der Psychotherapie. Klett-Cotta, Stuttgart

Minuchin, S.; Fishman, H. C. (1985): Praxis der strukturellen Familientherapie. Lambertus, Freiburg

Moor, P. (1957): Die Bedeutung des kindlichen Spiels in der Erziehung

Mora, G.; De Vaults, S.; Schopler, E. (1962): Dynamics and Psychotherapy of Identical Twins With Elective Mutism. Journal of Psychology and Psychiatry 3, 41–52

Motsch, H. J. (1996): Sprach- oder Kommunikationstherapie? In: Grohnfeldt, M. (Hrsg.): Handbuch der Sprachtherapie. Bd. 1: Grundlagen der Sprachtherapie Marhold, Berlin, 73–95

Motsch, H. J. (1992): Idiographische Betrachtungsweise des Stotterns. In: Grohnfeldt, M. (Hrsg.): Handbuch der Sprachtherapie, Bd. 5: Störungen der Redefähigkeit. Marhold, Berlin, 21–60

Motsch, H. J. (2010): Kontextoptimierung. Evidenzbasierte Intervention bei grammatischen Störungen in Therapie und Unterricht. 3. Aufl. Ernst Reinhardt, München/Basel

Mrochen, S. (2001): Die Arbeit mit dem Kind im Kreise seiner Familie – Überlegungen zu einer hypno-systemisch begründeten Kinderpsychotherapie. In: Rotthaus, R. (Hrsg.): Systemische Kinder- und Jugendlichenpsychotherapie. Carl Auer Systeme, Heidelberg, 91–105

Nelson, K. (1993): Ereignisse, Narrationen, Gedächtnis. Was entwickelt sich? In: Petzold, H. (Hrsg.): Frühe Schäden – späte Folgen? Psychotherapie und Säuglingsforschung. Bd. 1. Junfermann Paderborn, 195–234

Nelson, K. (2006): Über Erinnerung reden: Ein soziokultureller Zugang zur Entwicklung des autobiographischen Gedächtnisses. In: Welzer, H.; Markowitsch, H. J. (Hrsg.): Warum Menschen sich erinnern können. Fortschritte in der interdisziplinären Gedächtnisforschung, Klett Cotta, Stuttgart, 78–94

Oaklander, V. (1981): Gestalttherapie mit Kindern und Jugendlichen. Klett, Stuttgart

Oerbeck, B.; Johansen, J.; Lundahl, K.; Kristensen, K. (2012): Selective mutism: a home and kindergarten-based intervention for children 3–5 years. A pilot study. Clinical Child Psychology and Psychiatry 17, 3, 370–383

Oerbeck, B.; Stein, M. B.; Wentzel-Larsen, T.; Langsrud, Ø.; Kristensen, H. (2014): A randomized controlled trial of a home and school-based intervention for selective mutism – defocused communication and behavioural techniques. Child and Adolescent Mental Health 19/3, 192–198

Oerter, R. (1999): Psychologie des Spiels. Ein handlungstheoretischer Ansatz. Beltz, Weinheim

Oerter, R. (2001): Zur Entwicklung von Willenshandlungen. In: Petzold, H. G. (Hrsg.): Wille und Wollen. Psychologische Konzepte und Modelle, Vandenhoeck & Ruprecht, Göttingen, 98–117

Ogden, T. H. (1995): Frühe Formen des Erlebens. Springer, Wien/New York

Omer, H.; Schlippe, A. v. (2003): Autorität ohne Gewalt. Coaching von Eltern von Kindern mit Verhaltensproblemen. „Elterliche Präsenz" als systemisches Konzept. 2. Aufl. Vandenhoeck & Ruprecht, Göttingen

Omer, H.; Lebowitz, E. (2012): Ängstliche Kinder unterstützen. Die elterliche Ankerfunktion. Vandenhoeck & Ruprecht, Göttingen

Papoušek, M. (1994): Vom ersten Schrei zum ersten Wort. Anfänge der Sprachentwicklung in der vorsprachlichen Kommunikation. Huber, Bern

Papoušek, H.; Papoušek, M. (1977): Mothering and the Cognitive Head-Start: Psychological Considerations. In: Schaffer, H. R. (Hrsg.): Studies in Mother-Infant-Interaction. Academic Press, New York, 63–85

Parker, E. B.; Olsen, T. F.; Throckmorton, M. C. (1960): Social Casework with Elementary School Children who Do Not Talk in School. Social Work 5, 64–70

Pellegrini, A. D. (2009): The Role of Play in Human Development. University Press, Oxford

Pellegrini, A. D. (Hrsg.) (2010): The Oxford Handbook of the Development of Play in Human Development. Oxford Library of Psychology, University Press, Oxford

Perednik, R. (2011): The Seelctive Mutism Treatment Guide. Manuals for Parents, Teachers and Therapists. Oakland, Jerusalem

Perls, F. S. (2002): Gestalt-Therapie in Aktion. Klett, Stuttgart

Petermann, F. (1996): Einzelfalldiagnostik in der klinischen Praxis. 3. Aufl. Psychologie Verlag Union, Weinheim

Petermann, U.; Petermann, F. (1996): Training mit sozial unsicheren Kindern. Einzeltraining, Kindergruppen, Elternberatung. 6. Aufl. Psychologie Verlag Union, Weinheim

Petzold, H. G. (1980): Die Rolle des Therapeuten und die therapeutische Beziehung. In: Petzold, H. G.; Brown, G. (Hrsg.): Gestaltpädagogik. Junfermann, Paderborn, 101 – 123

Petzold, H. G. (Hrsg.) (1983): Puppen und Puppenspiel in der Psychotherapie. Pfeiffer, München

Petzold, H. G. (1991): Das Ko-respondenzmodell als Grundlage der Integrativen Therapie und Agogik. In: Petzold, H. G. (Hrsg.): Integrative Therapie. Ausgewählte Werke, Bd. 2. Junfermann, Paderborn, 19–90

Petzold, H. G. (1995): Mehrperspektivität – ein Metakonzept für die Modellpluralität, konnektivierende Theoriebildung und für sozialinterventives Handeln in der Integrativen Supervision. Gestalt und Integration 1, 225–297

Petzold, H. G. (2003): Traumatisierte Kinder brauchen eine „Zone optimaler Nähe". Psychologie Heute, 5, 50

Petzold, H. G.; Ramin G. (1995): Schulen der Kinderpsychotherapie. Junfermann, Paderborn

Piaget, J. (1947): Einführung in die genetische Erkenntnistheorie. Suhrkamp, Frankfurt a. M.

Pramling Samuelson, I. (1990): Learning to Learn. A Study of Swedish Preschool Children. Springer, New York

Prochaska, J. O.; Di Clemente, C. C. (1992): The Transtheoretical Approach. In: Nocross, J. C.; Goldfried, M. R. (Hrsg.): Handbook of Psychotherapy Integration. Basic, New York, 276–288
Pustrom, E.; Speers, R. W. (1964): Elective Mutism in Children. Journal of the American Academy of Child Psychiatry 3, 287–297

Quasthoff, U.; Katz-Bernstein, N. (2007). Diskursfähigkeiten. In: Grohnfeldt, M. (Hrsg.): Handlexikon der Sprachtherapie. Kohlhammer, Stuttgart, 72–75
Quasthoff, U.; Fried, L.; Katz-Bernstein, N.; Lengning, A.; Schröder, A.; Stude, J. (2011): (Vor-) Schulkinder erzählen im Gespräch. Kompetenzunterschiede systematisch erkennen und fördern. Dortmunder Beobachtungsinstrument zur Interaktion und Narrationsentwicklung (DO-BINE) und der Dortmunder Förderkonzept zur Interaktion und Narrationsentwicklung (DO-FINE). Schneider. Hohengehren, Baltmannsweiler

Rahm, D. (2004): Integrative Gruppentherapie mit Kindern. 2. Aufl. Junfermann, Paderborn
Rapoport, J. L. (1989): The Boy Who Couldn't Stop Washing. Penguin Books, East Rutherford New Jersey
Reddemann, L. (2001): Imagination als heilsame Kraft. Zur Behandlung von Traumafolgen mit ressourcenorientierten Verfahren. Pfeiffer, Stuttgart
Remschmidt, H.; Schmidt, M. (Hrsg.) (1994): Multiaxiales Klassifikationsschema für psychische Störungen des Kindes- und Jugendalters nach ICD-10 der WHO. 3. Aufl. Huber, Bern
Rosenfield, I. (1999): Das Fremde, das Vertraute und das Vergessene. Anatomie des Bewusstseins. Fischer, Frankfurt a. M.
Rösler, M. (1981): Befunde beim neurotischen Mutismus der Kinder – Eine Untersuchung an 32 mutistischen Kindern. Praxis der Kinderpsychologie und Kinderpsychiatrie 30, 6, 187–194
Roth, G. (2001): Fühlen, Denken, Handeln. Wie das Gehirn unser Verhalten steuert. Suhrkamp, Frankfurt a. M.
Roth, G.; Grün, K. J. (Hrsg.) (2006): Das Gehirn und seine Freiheit. Beiträge zur neurowissenschaftlichen Grundlegungen der Philosophie. Vandenhoeck & Rupprecht, Göttingen
Roth, G.; Grün, K. J.; Friedman, M. (2010): Kopf oder Bauch? Zur Biologie der Entscheidung. Vandenhoeck & Rupprecht, Göttingen
Röthlein, B. (2002): Sinne, Gedanken, Gefühle. Unser Gehirn wird entschlüsselt. dtv, München
Rutter, M. (1977): Delayed Speech. In: Rutter, M.; Hersov, L. (Hrsg.): Child Psychiatry: Modern Approach. Blackwell Scientific, Oxford, 698–716
Rutter, M. (1981): Attachment and the Development of Social Relationship. In: Rutter, M. (Hrsg.): Scientific Foundation of Developmental Psychiatry. Univ. Park Press, Baltimore
Rutter, M. Garmezy, N. (1983): Developmental Psychopathology. In: Hetherington, E. M.; Mussen, P. H. (Hrsg.): Handbook of Child Psychology, Vol. 4: Socialization, Personality, and Social Development. Wiley, New York, 775–911

Sage, R.; Sluckin, A. (Hrsg.) (2004): Silent Children. Approaches to Selective Mutism. University of Leicester

Saß, H.; Wittchen, H. U.; Zaudig, M.; Houben, I. (2003): Diagnostisches und Statistisches Manual Psychischer Störungen DSM-IV-TR. Hogrefe, Göttingen

Satir, V. (1988): Selbstwert und Kommunikation. Familientherapie für Berater und zur Selbsthilfe. 8. Aufl. Pfeiffer, München

Schärli, J. (2004): Böses Blut. Eltern, die von ihren Kindern misshandelt werden. Das Magazin, Tages Anzeiger 22 (29.05.2004), 36–47

Schmidbauer, W. (1971): Mutismus. In: Arnold, W.; Eysenck, H. J.; Meili, R. (Hrsg.): Lexikon der Psychologie, Bd. 2, Freiburg/Basel/Wien, 1438

Schölmerich, A., Lengning, A. (2014): Neugier, Exploration und Bindungsentwicklung. In: Ahnert, L. (Hrsg.): Frühe Bindung. Entstehung und Entwicklung. Ernst Reinhardt, München, 198–210

Schoor, U. (1996): Mutismus – Eine Kommunikationsbehinderung bei Mädchen? Die Sprachheilarbeit 40, 4, 215–227

Schoor, U. (2001): Mutismus. In: Grohnfeldt, M. (Hrsg.): Lehrbuch der Sprachheilpädagogik und Logopädie. Band 2: Erscheinungsformen und Störungsbilder. Kohlhammer, Stuttgart, 183–197

Schoor, U. (2002): Schweigende Kinder im Kindergarten und in der Schule. Die Sprachheilarbeit 5, 219–225

Schröder, A. (2012): Alexander bleibt dazwischen. In: Katz-Bernstein, N.; Meili-Schneebeli, E.; Wyler-Sidler, J. (Hrsg.): Mut zum Sprechen finden. Therapeutische Wege mit selektiv mutistischen Kindern. 2., aktual. Aufl. Ernst Reinhardt, München/Basel, 174–194

Schröder, A.; Katz-Bernstein, N.; Quasthoff, U. (2014): Erzählen: Ein „Spiel" für Kinder aber kein „Kinderspiel". Aufbau der Erzählkompetenz mit Kindern mit Spracherwerbsstörungen. Praxis Sprache 4, 229–238

Sharkey, L.; McNicholas, F. (2008): More than 100 years of silence, elective mutism. A review of the literature. European Child and Adolescent Psychiatry 17, 255–263

Sharp, W. G.; Sherman, C.; Gross A. M. (2007): Selective Mutism and Anxiety. A Review of the Current Conceptualization of The Disorder. Journal of Anxiety Disorders 21, 568–579

Shreeve, D. F. (1999): Elective Mutism: Origins in Stranger Anxiety and Selective Attention. In: Spasaro, S. A.; Schaefer, Ch. E. (Hrsg.), 133–151

Sluckin, A.; Foreman, N.; Herbert, M. (1991): Behavioural Treatment Programs and Selectivity of Speaking at Follow-Up in a Sample of 25 Elective Mutes. Australian Psychologist 26, 132–137

Smith, B. R.; Sluckin, A. (2015): Tackling Selective Mutism. A Guide for Professionals and Parents. JKP, London/Philadelphia

Solms, M.; Turnbull, O. (2004): Das Gehirn und die innere Welt. Neurowissenschaft und Psychoanalyse. Patmos, Düsseldorf

Spasaro, S. A.; Schaefer, Ch. E. (Hrsg.) (1999): Refusal to Speak. Treatment of Selective Mutism in Children. Jason Aronson, Northvale/New Jersey/London

Spere, K. A.; Schmidt, L. A.; Theall-Honey, L. A.; Martin-Chang, S. (2004): Expressive and receptive language skills of temperamentally shy preschoolers. Infant and Child Development 13, 2, 123–133

Spitzer, M. (2002): Lernen. Gehirnforschung und die Schule des Lebens. Spektrum Akademischer Verlag, Heidelberg/Berlin

Spoerri, T. (1986): Mutismus. In: Müller, C. (Hrsg.): Lexikon der Psychiatrie. Springer, Berlin/New York/Heidelberg

Starke, A. (2015): Selektiver Mutismus bei mehrsprachigen Kindern. Eine Längsschnittstudie zum Einfluss kindlicher Ängste, Sprachkompetenzen und elterlicher Akkulturation auf die Entwicklung des Schweigens. Diss., Technische Universität Dortmund

Starke, A.; Subellok, K. (2012): KiMut NRW. Eine Studie zur Identifikation von Kindern mit selektivem Mutismus im schulischen Primarbereich. Empirische Sonderpädagogik 1, 63–77

Starke, A.; Subellok, K.; Käppler, C. (in Vorb.): Entwicklung und Evaluation des Dortmund Mutismus-Screenings

Starkweather, C. W. (1987): Fluency and stuttering. Englewood Cliff, New York

Starkweather, C. W.; Gottwald, S. R.; Halfond, M. M. (1990): Stuttering Prevention – A clinical Method. Englewood Cliffs, New York

Steinhausen, H. C. (2000): Seelische Störungen im Kindes- und Jugendalter. Klett-Cotta, Stuttgart

Steinhausen, H. C.; Adamek, R. (1997): The Family History of Children With Elective Mutism: A Research Report. European Child and Adolescent Psychiatry 6, 107–111

Steinhausen, H. C.; Juzi, C. (1996): Elective Mutism. An Analysis of 100 Cases. Journal of the American Academy of Child an Adolescent Psychiatry 35, 606–614

Steinhausen, H. C.; Wachter, M.; Laimböck, K.; Winkler Metzke, C. (2006): A long Term Outcome Study of Selective Mutism in Childhood. Journal of Child Psychology and Psychiatry 47, 751–756

Stern, D. N. (1995): Die Repräsentation von Beziehungsmustern. Entwicklungspsychologische Betrachtungen. In: Petzold, H. (Hrsg.): Die Kraft liebevoller Blicke. Psychotherapie und Säuglingsforschung. Bd. 2. Junfermann, Paderborn, 193–218

Subellok, K.; Cornelißen-Weghake, J. (2002): Stottern und/oder nicht stottern? Zum Phänomen der „Ambivalenz" in der Gruppentherapie mit stotternden Grundschulkindern – das Dortmunder Konzept. In: Katz-Bernstein, N.; Subellok, K. (Hrsg.): Gruppentherapie mit stotternden Kindern und Jugendlichen. Ernst Reinhardt, München/Basel, 57–79

Subellok, K.; Bahrfeck-Wichitill, K. (2007): Schweigen – Spritzen – Sprechen: Ein selektiv mutistisches Kind kommt in Bewegung. Die Sprachheilarbeit 52, 96–106

Subellok, K.; Katz-Bernstein, N.; Bahrfeck-Wichitill, K.; Starke, A. (2012): Dort-MuT (Dortmunder Mutismus-Therapie). Eine (sprach-)therapeutische Konzeption für Kinder und Jugendliche mit selektivem Mutismus. L.O.G.O.S. interdisziplinär 20, 2, 84–96

Subellok, K.; Katz-Bernstein, N. (2006): Die unterstellte Resilienz. Wie eine Negativspirale in der Kooperation mit Eltern (nicht nur) sprachauffälliger Kinder und Jugendlicher unterbrochen werden kann. LOGOS Interdisziplinär 3, 164–172

Subellok, K.; Kresse, A.; Bahrfeck-Wichitill, K. (2010): Gemeinsam Schweigsam: Selektiver Mutismus bei Zwillingen. Teil I: Spezifische Risikofaktoren für die Entstehung und Aufrechterhaltung des Schweigens. Die Sprachheilarbeit 55, 110–120

Tarr Krüger, I. (1995): Das Puppenspiel. In: Tarr Krüger, I.; Katz-Bernstein, N. (Hrsg.): Wann braucht mein Kind Therapie? Die acht wichtigsten Methoden. Kreuz, Stuttgart, 107–114

Thomae, H. (1988): Das Individuum und seine Welt. Eine Persönlichkeitstheorie. Hogrefe, Göttingen

Thyer, B. A. (1991): Diagnosis and Treatment of Child and Adolescent Anxiety Disorders. Behaviour Modification 15, 310–325

Tinker, R. H.; Wilson, S. A. (2000): EMDR mit Kindern. Ein Handbuch. Junfermann, Paderborn

Titze, M. (1993): Die Bedeutung therapeutischen Humors in der Arbeit mit behinderten Kindern. Zeitschrift für Individualpsychologie 18, 307–318

Tomasello, M. (2009): Die Ursprünge der menschlichen Kommunikation. Suhrkamp, Frankfurt a.m.

Tomasello, M. (2010): Warum wir kooperieren. Suhrkamp, Berlin

Toppelberg, C. O.; Tabors, P.; Coggins, A.; Lum, K.; Burger, C. (2005): Differential Diagnosis of Selective Mutism in Bilingual Children. American Academy of Child & Adolescent Psychiatry 44, 592–595

Tramer, M. (1934): Elektiver Mutismus bei Kindern. Zeitschrift für Kinderpsychiatrie 1, 30–35

Traverthen, C. (1998): The Concept and Foundation of Infant Intersubjectivity. In: Braten, S. (Hrsg.): Intersubjective Communication and Emotion in Early Ontogeny. University Press, Cambrige, 15–46

Vecchio, J. L.; Kearney, C. (2005): Selective Mutism in Children: Comparison to Youth With and Without Anxiety Disorders. Journal of Psychopathology and Behavioral Asessment 27, 31–37

Wagner, C. (2004): Migration als Risikofaktor für die Entwicklung eines selektiven Mutismus. Eine Studie anhand eines Falles. Unveröffentlichte Hausarbeit. Universität Dortmund

Wallis, H. (1957): Zur Systematik des Mutismus im Kindesalter. Acta Paedopsychiatrica 24, 129–133

Watkins, J. G.; Watkins, H. H. (2003): Ego States, Theorie und Therapie. Carl-Auer, Heidelberg

Weckstein, S. M.; Krohn, D. D.; Wright, H. L. (1999): Elective Mutism. In: Spasaro, S. A.; Schaefer, Ch. E. (Hrsg.), 233–264

Weininger, O. (1999): Elective Mute Children. A Therapeutic Approach. In: Spasaro, S. A.; Schaefer, Ch. E. (Hrsg.), 153–171

Welzer, H. (2002): Das kommunikative Gedächtnis. Eine Theorie der Erinnerung. C. H. Beck, München

Westrich, E. (1986): Die Sprechangst als dialogisches Problem. In: Lotzmann, G. (Hrsg.): Sprechangst in ihrer Beziehung zu Kommunikationsstörungen. Marhold, Berlin, 1–22

Wilkins, R. (1985): A Comparison of Elective Mutism and Emotional Disorders in Children. British Journal of Psychiatry 146, 198–203

Winnicott, D. W. (2002): Vom Spiel zur Kreativität. Klett-Cotta, Stuttgart

Wittchen, H.-U. (1989): Diagnostisches und statistisches Manual psychischer Störungen. Beltz, Weinheim

Wright, H. L. (1968): A Clinical Study of Children Who Refuse to Talk in School. Journal of the American Academy of Child Psychiatry 7, 603–617

Wright, H. H.; Cuccaro, M. L.; Leonhardt, T. V.; Kendall, D. F.; Anderson, J. H. (1999): Case Study: Fluoxetine in the Multimodal Treatment of a Prescool Child with Selective Mutism. In: Spasaro, S. A. ; Schaefer, Ch. E. (Hrsg.), 297–308

Wright, H. H.; Miller, M. D.; Cook, M. A.; Littmann, J. R. (1985): Early Identification and Intervention With Children Who Refuse to Speak. Journal of the American Academy of Child Psychiatry 24, 739–746

Wygotsky, L. (1986): Denken und Sprechen. Fischer, Frankfurt a. M.

Yeganeh, R.; Beidel, D. C.; Turner, S. M.; Pina, A. A.; Silverman, W. K. (2003): Clinical Distinction between Selective Mutism and Social Phobia: An Investigation of Childhood Psychopathology. American Academy of Child & Adolescent Psychiatry 42, 1069–107

Yeganeh, R.; Beidel, D.; Turner, S. M. (2006): Selective mutism – more than social anxiety? Depression and Anxiety 23, 117–123

Zaepfel, H.; Metzmacher, B. (1998): Kinder- und Jugendlichentherapie in komplexen Lebenswelten. Das Konzept des Sozialen Sinnverstehens. Integrative Therapie 3–4, 314–335

Zaepfel, H.; Metzmacher, B. (2004): Der Verlust der Triangulierungsfähigkeit und der sozialen Fantasie. Zur Genese und Behandlung schwerer Interaktionsstörungen bei Kindern und Jugendlichen. In: Metzmacher, B.; Wetzorke, F. (Hrsg.): Entwicklungsprozesse und die Beteiligten. Perspektive einer schulübergreifenden Kinder- und Jugendlichenpsychotherapie. Vandenhoeck & Ruprecht, Göttingen, 182–202

Zollinger, B. (1989): Spracherwerbsstörungen. Haupt, Bern

Zollinger, B. (1995): Die Entdeckung der Sprache. Haupt, Bern

Zulliger, H. (1963): Heilende Kräfte im kindlichen Spiel. Frankfurt a. M.

Sachregister

Aggression 146–152
aggressiv 29f, 30f, 65, 127, 146f, 206f, 237
Alter Ego 16f, 112f
Alternative Augmentative Communication (AAC) 18
Ambivalenz 18, 54, 91f, 105, 117, 125, 191f, 205
Anforderungen-Kapazitäten-Modell 38
Angespanntheit 28
Ängstlichkeit 14, 16, 18, 27f, 32, 35, 83, 85, 107, 127, 146, 192f, 200f, 218f, 234
–, Überängstlichkeit 28
Angststörung 18f, 25f, 27f, 30, 32f, 36, 70, 89, 101, 110, 135, 146, 165, 175, 201f, 212f
Anhänglichkeit 33, 239
Aphasia Voluntaria 24
Autismus 48f
Autistisches Spektrum 34
autobiographisch 32f, 37f, 55f, 139, 144

behavioral 16f, 56, 87, 135f, 145
Bilingualität 35
Bindung 37, 45f, 73, 83, 190, 199, 206
Blickdialog 43, 120f, 130, 155, 239
Blickkontakt 76, 107, 120f, 173, 195, 237, 242,

Case Management 14, 16, 70f, 221, 223
Co-Morbidität 10, 28, 30f, 57, 221

Depression 25f, 30f, 53, 61, 88, 92, 95, 114f, 135, 146, 213
Desensibilisierung 17, 97, 110, 135, 139, 166–169, 180, 218
Dialog 17, 38, 41–48, 58, 121, 127f, 154f, 171, 177, 237, 239, 241
–, äußerer 41, 57,
–, innerer 41, 57f, 102, 138, 189
Dysarthrie 35, 49, 68, 161
Dysgrammatismus 81, 160
Dyslalie 35, 49, 161f, 238, 243
Dyspraxie 35, 49, 68, 243

Ego State 17, 93f, 176–180
Einzelfallorientierung (s. a. idiographisch) 13, 19

Eltern 14f, 17, 19f, 28, 34f, 37, 43, 58, 65, 67, 70f, 78, 83, 86, 89, 91f, 95, 105, 129, 144, 183, 192, 198–219, 229
Elternberatung 131, 202ff
Empowerment 94
Entspannung 37, 67, 66, 110f, 117, 139, 149, 169, 218
Enttabuisierung 78, 101f
Entwicklungspsychologie 15, 29, 35–36, 39–62, 87, 95f, 107, 123
Entwicklungsstörung 26f, 33f, 42, 44, 68f, 200

Facilitating (s. a. Scaffolding) 97
Frustrationstoleranz 96f, 150

Gegenübertragung 18, 77, 88f, 92f, 115, 189
Gewalt 69, 82, 84, 149, 201f, 206, 212, 215, 220

Heimeinweisung 14, 19f, 222
Hysterie 27, 29

Identität 38, 41f, 51, 60f, 62, 81, 83, 136, 145, 201, 224
–, Konstruktion einer 59, 136, 201
–, kontinuierliche 60, 137f
–, Soziale 51, 58
idiographisch (s. a. Einzelfallorientierung) 14, 19f, 28, 40, 78
Imagination 17, 79, 109–112, 139f, 169f, 179, 186, 218
Innere Repräsentation 41f, 50–53,
Innere Stimmen 17f, 113, 176–180, 194
Insuffizienzgefühle 88, 92
Integrative Therapie 10, 13, 16f, 20, 87, 95–97
Interdisziplinarität 9f, 14f, 16, 28, 31, 36, 70, 72, 87, 136, 219
Introjekt 113, 176–180

Katatymes Bilderleben 17
Kommunikationsgestaltung 16, 87
Kommunikationsfähigkeit 222
Konversation 57–59, 78, 120, 129, 160
–, imaginäre 128
–, protokonversationelle Fähigkeiten 38, 42

Leistungsstörung 32, 57
Lerntheoretischer Ansatz 36

Medikation 26, 135, 206, 212–215, 221
Mehrsprachigkeit 35f, 67, 81
Migration 34f, 52f, 68
Missbrauch 53, 68, 84, 93, 201, 206,
    215–217
–, sexueller 69, 92, 93
Modelllernen 27, 121
Motivation 44, 88–96, 139

Narrative Kompetenz 34, 38, 41,
    54–57, 58f, 79, 138
Narrative Verarbeitung 17, 56, 78,
    107, 134ff

Pathogenese 39
Peer Gruppe 39, 59, 61, 138, 144, 176
Phobie 135, 212
–, hysterische 27
–, soziale 10, 25, 27, 70, 135, 213
Poltern 35, 44, 86, 149, 236
Pragmatische Kompetenz 34f, 41, 58,
    127
Psychoanalytischer Ansatz 36
Psychogene Störung 28, 39, 247
Psychodynamik 14, 17, 19f, 45, 61,
    73, 77, 87–88, 92, 109, 114ff, 127,
    135–137, 144, 146, 176, 193
Psychose 28f, 57

Qualitätsmerkmale der Therapie 71,
    118, 222

Redestörung 44, 86
Redeflussstörung 28f, 48, 122, 240
Regulatoren 44, 64, 120
Referenzperson 47, 62, 102f, 202, 239
Repräsentation 44f, 50f, 132, 138
–, innere 41, 45, 50–54
–, kulturelle 54
Respekt 87, 99f, 117, 123, 125, 149,
    151, 165, 184, 193, 203, 207f
Response 19, 89f, 96, 98, 115, 117–
    118, 155

Resonanz 18, 77, 99, 115f, 121, 146,
    188f
Risikofaktoren 27, 29, 30–38, 39, 52f,
    57, 61, 67, 129, 198, 200
Rituale 37, 44f, 53, 60, 64, 96, 102,
    131f, 151, 194f, 243
Rollenspiel 79, 90, 104, 120, 137f, 145,
    146–152, 156, 160, 238, 240

Safe Place 16, 106–111, 123, 146, 237,
    241–243
Salutogenese 39
Scaffolding 86, 91, 94f, 130, 140, 147
Setting 70–73, 187, 237
Spieltherapie 16
Sprachaufbau 14, 18, 129–133, 174,
    219
Sprachentwicklungsstörung 33f, 44,
    58, 68, 135
Sprachtherapie 14, 17, 34, 70, 221
Sprechangst 30, 64–66, 100, 146, 169,
    236
Stationäre Unterbringung 14, 19f, 23,
    222
Stottern 16, 27, 35, 38, 44, 50, 68, 86,
    113, 120, 135, 169, 173, 178f, 236,
    240
Supervision 13, 17f, 69, 70f, 77, 86,
    92f, 103, 115, 127, 190, 204f, 222,
    238
Symbolspiel 17, 45, 78, 80–82, 98,
    123, 126, 134–152, 235, 239, 240
Systemisches Vorgehen 15–17, 19f, 36,
    40, 71, 82f, 87, 89, 136, 189, 202,
    211

Trauma 16f, 27, 34, 69–80, 88, 95,
    110f, 134, 176f, 198, 201f, 206, 216f,
    220, 240
Trennungsangst 26f, 33, 50, 83,
    102–106, 206
Trennungsproblematik 51f
Triangulierung 41f, 48, 122, 211
Turn-taking 43f, 48, 64, 115, 120f, 155

Überbehütung 34, 201

5.1 Prinzipien und Voraussetzungen

Im ungestörten Spracherwerb entsteht bei Kindern Neugierde auf die Welt. Sie wollen alles sehen, hören, greifen
und begreifen. Dafür stellen sie mit ihren wichtigen
Bezugspersonen immer wieder eine gemeinsame Aufmerksamkeit her und fordern diese durch Blicke, Zeigen
und später durch Fragen auf, ihnen neue Informationen
zu geben (Tomasello 2003). Entwicklungspsychologen
beschreiben bereits um das zweite Lebensjahr die erste
intensive Fragephase, in der das Kind Fragen nach dem
Namen von Dingen stellt. Im dritten Lebensjahr beginnt
die zweite Fragephase, in der vermehrt „Warum"-Fragen
hinzukommen. Fragen sind das ideale Mittel zur Wortschatzerweiterung des Kindes (Zollinger 2010). Manche
Kinder müssen Wörter nur ein- bis zweimal gehört haben,
um diese dauerhaft im Langzeitgedächtnis abzuspeichern. Dadurch verfügen Schulanfänger bereits über
mehr als 10.000 Wörter in ihrem mentalen Lexikon und
haben schon im Vorschulalter begonnen, die Wörter und
die damit verbundenen Konzepte zu ordnen und nach
semantischen Feldern und nach semantischen Relationen
zu vernetzen, sodass ihnen der Wortabruf häufig gelingt
(Kap. 1).

Bei lexikalisch gestörten Kindern sieht das anders aus.
Ihnen gelingt es nicht so leicht, gehörte Worte vollständig abzuspeichern. Die ungenaue Abspeicherung der
Wortformen verbunden mit unvollständigen Konzept-
merkmalen sowie die unzureichende Vernetzung vorhan-
dener Einträge führen dazu, dass der Wortabruf häufig
misslingt (Kap. 2).

ℰ⅀ reinhardt
www.reinhardt-verlag.de

Manche dieser Kinder haben erfahren, dass es nicht immer ungefährlich ist, bei fehlendem Wortwissen nachzufragen. Wenn sie erlebt haben, dass man wegen des Nichtwissens auch ausgelacht oder ausgeschimpft werden kann, schämen sie sich, verstummen und verwenden das effektivste Mittel zur weiteren Wortschatzerweiterung nicht mehr. Neues wird gefährlich, weil es mit neuen Wörtern verbunden ist, die man nicht kennt und nach denen man sich nicht mehr zu fragen traut. Die Kinder werden zu „Ja-Sagern", zu „Weghörern", zu „Sicherheitssprechern", deren aktiver Wortschatz aus wenigen, sicher verfügbaren Wörtern (oft Basic Level-Wörtern) besteht. Die Neugierde auf Neues geht verloren.

Diese Vorüberlegungen führen zu den drei übergeordneten Prinzipien der Wortschatzsammler-Therapie.

Der neue Blick

Die Therapie versucht, den Kindern wieder einen „neuen Blick auf die Welt" zu ermöglichen. Dieser neue Blick ist verbunden mit der angstfreien, ja lustvollen Neugierde auf Neues. In den ersten Stunden der Therapie wird der Blick auf die Welt begrenzt durch den Blick in die überschaubare und planbare Füllung der Schatzkiste. Das wichtigste, unverzichtbare Element der Strategietherapie ist die Zweihandpuppe Tom. Tom geht als Wortschatzsammler in jeder Therapiestunde auf die Suche nach Wörtern, die er nicht kennt und versteht. Allein dadurch ist er für das lexikalisch gestörte Kind das glaubhafte Modell dafür, dass es normal ist, Wörter nicht zu kennen. Zudem ist es geradezu spannend, diese unbekannten Wörter als Schätze zu suchen und zu finden.

ℰⅤ reinhardt
www.reinhardt-verlag.de

Der „alte Blick" des Kindes

Das Kind und Tom haben die versteckte Schatztruhe gefunden und geöffnet. Das Kind greift hinein, holt einen Gegenstand heraus und sagt: „Ein Hammer". Tom: „Schade. Das kennst du ja schon. Dann ist es kein Schatz für dich. Ich kenne das nicht. Ich stecke es in meinen Schatzsack!"
Das Kind hat etwas Neues entdeckt und sagt (bereits etwas verunsichert): „Nagel?"
Tom: „Du hast aber heute Pech. Das kennst du auch. Wieder kein Schatz. Findest du denn etwas, was du noch nicht kennst?"

Wortschatzsammler

Evidenzbasierte Strategietherapie
lexikalischer Störungen
im Kindesalter

Leseprobe (S.116 – 117) aus:

Hans-Joachim Motsch / Dana-Kristin Marks
Tanja Ulrich
Wortschatzsammler
Evidenzbasierte Strategietherapie
lexikalischer Störungen im Kindesalter
2015. 299 Seiten. 122 Abb. 24 Tab.
(978-3-497-02511-4) kt

ℰᴠ reinhardt
www.reinhardt-verlag.de

Sprache wecken

Nitza Katz-Bernstein
Erika Meili-Schneebeli
Jeannette Wyler-Sidler (Hg.)
Mut zum Sprechen finden
Therapeutische Wege mit
selektiv mutistischen Kindern
2., aktual. Aufl. 2012.
220 S. 10 Abb. 3 Tab.
(978-3-497-02330-1) kt

Katz-Bernstein · Meili · Wyler (Hg.)

Mut zum Sprechen finden

Therapeutische Wege
mit selektiv mutistischen Kindern

Kinder mit selektivem Mutismus fordern ganz besondere Kompetenzen und Einfühlungsvermögen der Therapeutin. Denn das beharrlich schweigende Kind wendet sich möglicherweise ab, reagiert auf Angebote gar nicht oder feindselig. Wie überwindet man das hartnäckige Schweigen in der Therapie? Wie gestaltet sich der Transfer in den Alltag? Welche „Tricks" sind hilfreich? Welche Fallen sind zu umschiffen?

Die Autorinnen aus unterschiedlichen Fachdisziplinen zeigen in sieben Falldokumentationen 4- bis 10-jähriger Kinder, wie die therapeutische Arbeit verlaufen kann.

reinhardt
www.reinhardt-verlag.de

Compact Basic Knowledge

Nitza Katz-Bernstein
Selective Mutism in Children
Manifestations,
Diagnosis, Therapy
Translated into English
by Terry Moston
3rd revised edition. 243 pages.
(978-3-497-02392-9) kt

Why does the girl not speak in kindergarten? Why does the boy remain silent during school? Selectively mute children have the ability to speak, but choose not to use it in unfamiliar situations or in communication with certain people. A conversation with these children is often not possible at all or only via gestures or written messages. Nitza Katz-Bernstein elaborates in her book the symptoms of this dysfunction and explains the diagnostics and different therapies. She takes into consideration therapeutic elements from various disciplines such as speech therapy, as well as different schools of child and adolescent psychotherapy.

EV/ reinhardt
www.reinhardt-verlag.de

Sprache richtig einsetzen

Bettina Achhammer
**Pragmatisch-kommunikative
Fähigkeiten fördern**
Grundlagen und Anleitungen für
die Sprachtherapie
in der Gruppe
2014. 190 Seiten. 36 Abb. 5 Tab.
(978-3-497-02488-9) kt

Störungen pragmatisch-kommunikativer Fähigkeiten
rücken zunehmend in den Fokus von Wissenschaft und
Praxis. Betroffene Kinder haben Schwierigkeiten, Sprache
kontextangemessen zu verwenden. Dies zeigt sich an
sprachlichen Auffälligkeiten und spiegelt sich im sozialen
Verhalten wider. Zentrale Entwicklungsaufgaben werden
erschwert, wie z. B. Freundschaften zu knüpfen.

Die Autorin gibt einen Überblick über Entwicklung und
Störung pragmatisch-kommunikativer Fähigkeiten. Sie
stellt ihr Therapiekonzept vor, bei dem Methoden aus
dem Improvisationstheater zum Einsatz kommen. Die
einzelnen Übungsformate werden praxisnah erläutert
und geben wertvolle Hinweise für die Therapie von Kindern mit pragmatisch-kommunikativen Störungen.

www.reinhardt-verlag.de

Das Standardwerk in 7. Auflage!

Walburga Brügge / Katharina Mohs
**Therapie funktioneller
Stimmstörungen**
Übungssammlung zu Körper,
Atem, Stimme
7., überarb. Aufl. 2014.
186 Seiten. 29 Abb. 3 Tab.
(978-3-497-02453-7) kt

Brügge • Mohs
**Therapie funktioneller
Stimmstörungen**
Übungssammlung
zu Körper, Atem, Stimme

Dieses Buch enthält über 200 Übungen zur Behandlung funktioneller Stimmstörungen im Rahmen der logopädischen Stimmtherapie. Der Schwerpunkt liegt in der Anregung für die praktische Arbeit; auf ausführliche theoretische Erklärungen wurde bewusst verzichtet. Die Übungssammlung soll helfen, die Therapievorbereitung zu erleichtern, und will darüber hinaus anregen, Neues auszuprobieren.

Mit zahlreichen Übungen zu den Bereichen Körper, Atmung und Stimmbildung, mit Wort- und Satzübungen sowie einem Textanhang.

reinhardt
www.reinhardt-verlag.de

Kommunizieren mit und ohne Lautsprache

Hildegard Kaiser-Mantel
**Unterstützte Kommunikation
in der Sprachtherapie**
Bausteine für die Arbeit mit
Kindern und Jugendlichen
(Praxis der Sprachtherapie und
Sprachheilpädagogik; 9)
2012. 156 S. 46 Abb. 3 Tab.
(978-3-497-02263-2) kt

Kinder und Jugendliche, bei denen die Lautsprache noch nicht oder nur unzureichend ausgebildet ist, benötigen unterstützende, alternative oder ergänzende Kommunikationsmittel.

Die Unterstützte Kommunikation bietet eine Fülle von Möglichkeiten für die sprachtherapeutische Arbeit mit Kindern. Sie eignet sich z.B. bei sprechmotorischen Auffälligkeiten, Sinnesbeeinträchtigungen, Autismus-Spektrum-Störungen, Intelligenzminderung, aber auch bei primären Sprachentwicklungsstörungen.

www.reinhardt-verlag.de

Zweisprachig aufwachsen

Stefan Schneider
Bilingualer Erstspracherwerb
2015. 315 Seiten. 18 Abb. 4 Tab.
UTB-S (978-3-8252-4348-7) kt

Frühkindliche Zweisprachigkeit ist heute keine Selten-
heit mehr. Doch was bedeutet dies für den Spracherwerb?

Dieses Buch bietet eine fundierte Einführung in den bilin-
gualen Erstspracherwerb, d.h. den gleichzeitigen Erwerb
von zwei Sprachen von Geburt an. Grundlegende Konzepte und Fragestellungen werden dargestellt. Ein besonderer Fokus liegt dabei auf dem Spracherwerb in den
ersten drei Lebensjahren. LeserInnen erhalten einen
umfassenden Überblick über linguistische, entwicklungspsychologische, kognitive und soziale Aspekte des bilin-
gualen Spracherwerbs.

 reinhardt
www.reinhardt-verlag.de

Anamnese für alle Fälle

Petra Korntheuer / Maike Gumpert
Susanne Vogt (Hg.)
Anamnese in der Sprachtherapie
Mit CD-ROM mit Anamnesebögen
und Arbeitshilfen.
2014. 193 Seiten. 4 Abb. 5 Tab.
(978-3-497-02438-4) kt

Das Buch rückt die Anamnese als einen wichtigen Be-
standteil der sprachtherapeutischen Diagnostik in den
Mittelpunkt.

Detaillierte Angaben zur Durchführung von Anamnese-
gesprächen bieten Orientierung. Sie werden durch
Gesprächsleitfäden für unterschiedliche Aufgabenstel-
lungen, Altersstufen und Störungsbilder ergänzt. Die
Leitfäden umfassen je ein Grundlagenkapitel, einen Doku-
mentationsbogen sowie ausformulierte Fragen für das
Anamnesegespräch. Sie basieren auf der ICF und ermöglichen, dass TherapeutInnen bereits im Anamnesegespräch eine gute Beziehung zu ihren KlientInnen aufbauen.

www.reinhardt-verlag.de